"十三五"高等院校物业管理专业创新规划教材

物业管理概论与实务

主　编　李海波

副主编　李映辉　张　慧　柳易林

中国财富出版社

图书在版编目（CIP）数据

物业管理概论与实务／李海波主编．—北京：中国财富出版社，2015.4（2020.1重印）
（"十三五"高等院校物业管理专业创新规划教材）
ISBN 978－7－5047－5823－1

Ⅰ.①物… Ⅱ.①李… Ⅲ.①物业管理—高等学校—教材 Ⅳ.①F293.33

中国版本图书馆CIP数据核字（2015）第173139号

策划编辑 郑欣怡 **责任编辑** 郑欣怡
责任印制 尚立业 **责任校对** 梁 凡 **责任发行** 敬 东

出版发行 中国财富出版社
社　　址 北京市丰台区南四环西路188号5区20楼 **邮政编码** 100070
电　　话 010－52227588转2098（发行部） 010－52227588转321（总编室）
010－52227588转100（读者服务部） 010－52227588转305（质检部）
网　　址 http://www.cfpress.com.cn
经　　销 新华书店
印　　刷 北京京都六环印刷厂
书　　号 ISBN 978－7－5047－5823－1/F·2440
开　　本 787mm×1092mm 1/16 **版　　次** 2015年4月第1版
印　　张 23.25 **印　　次** 2020年1月第2次印刷
字　　数 482千字 **定　　价** 48.00元

前 言

自1981年第一家物业管理企业成立以来，物业管理行业在我国取得了飞速发展，截至2012年年底，我国物业管理面积达到145.3亿平方米，物业服务企业有71000余家，物业管理从业人数约为612.3万人。物业管理的业态范围由住宅物业逐渐涵盖到写字楼、学校、医院、体育场馆等物业，展现出物业管理覆盖面的巨大潜能。物业管理的内容在清洁、绿化、秩序维护、设施设备维护等基本服务的基础上，纵向延伸至房地产开发的整个链条，横向涵盖消费者居家养老、家政服务、电子商务等各类个性化需求，体现出物业管理蕴含着丰富的商业价值。

物业管理活动具有社会性、综合性，物业管理理论研究又具有滞后性、学科交叉性等特性，因而物业管理是一个复杂的管理过程，涉及管理学、经济学、法学、公共关系学、建筑学等多个学科的知识。而目前国内所出现的教材或偏重于实践，或偏重于传统内容，而将理论基础、方法指导、国内外实践与新趋势、新特点进行有效综合的教材尚不多见。正是基于这样的背景，长沙学院物业管理教材编写小组在多年探索开展物业管理教育和教育部“本科专业综合改革试点”项目建设经验的基础上，编写了这本《物业管理概论与实务》教材。

本教材具有以下四个方面的特点：一是理论、方法与实践的综合，教材在整体介绍物业管理的基本理论与方法的基础上，每章都体现了理论、方法与实践的层次性；二是传统内容与新趋势的综合，教材在介绍传统内容的基础上，增加了物业品牌管理、新技术与物业管理等体现物业管理发展新趋势、新特点的内容；三是物业项目管理全过程与物业服务企业运营的综合，教材既强调物业项目的管理，又兼顾物业服务企业的运营；四是产学研的综合，教材的内容既考虑了企业人才需求和物业管理师资格考试的要求，又是编写小组教改课题“和谐社会视域下物业管理专业人才培养体系研究”研究成果的体现。

本教材共四部分十七章。第一部分是物业管理基础，内容包括：总论、物业管理基本理论、物业管理基本制度和不同类型物业的物业管理。第二部分是面向过程的物业管理，内容包括：物业项目的早期介入、物业项目管理权的获取、物业项目的承接查验和物业项目的前期管理。第三部分是面向对象的物业管理，内容包括：房屋及设施设备管理、物业环境管理、公共秩序管理和客户服务管理。第四部分是面向运营的物业管理，内容包括：物业项目的资金管理、物业管理资源经营、物业风险管理、物业品牌管理和新技术与物业管理。每一章的结构包括学习目标、知识结构导图、主体内容、本章小结、复习题、问题与应用等部分。

本教材是为物业管理专业本科学生编写的专业基础教材，也可供其他层次物业管理相关专业学生、物业管理从业人员自学和培训使用。

本教材由李海波担任主编，李映辉、张慧、柳易林担任副主编。全书编写分工如下：李映辉编写第八章和第九章，张慧编写第一章和第四章，柳易林编写第三章和第十七章，其余章节由李海波编写。长沙学院物业管理教研室的同事缪悦、黄宇、黄蕾、汤进华、姜惠芬、刘红艳、陈赛君参与了部分章节的编写。

教材的编写得到了诸多领导、同事和朋友们的关心、指导和帮助，得到了家人的大力支持与帮助，长沙学院物业管理教研室的黄蕾博士提供了部分案例素材；长沙学院物业管理专业学生何婷、周丽丽、文诗骅、周炜炜、潘中杰、盛双璐、方琼、刘丹和刘涛在资料的搜集与整理方面做了大量工作，在此一并表示真诚的感谢！

由于编者水平有限，加上时间仓促，教材难免存在一些不足和疏漏之处，敬请广大读者在使用本教材的过程中批评指正，以便再版时修订。

编　者

2015 年 2 月

目　录

第一部分　物业管理基础

第二部分　面向过程的物业管理

第三部分　面向对象的物业管理

第一部分　物业管理基础

第一章　总　论

学习目标

本章作为全书的总论，是后续章节学习的基础。本章介绍了物业与物业管理的相关概念，阐述了房地产与物业管理的关系、物业管理市场的基本情况，并对物业管理的起源、我国物业管理的发展以及先进国家与地区物业管理的发展状况进行了介绍。

1. 知识目标

➢掌握物业与物业管理的概念；

➢理解物业管理在房地产开发中的地位与作用；

➢掌握物业管理市场的运营与供求关系；

➢了解物业管理在国内外的发展情况。

2. 能力目标

➢具备运用物业管理相关理论分析物业管理活动的能力。

知识结构导图

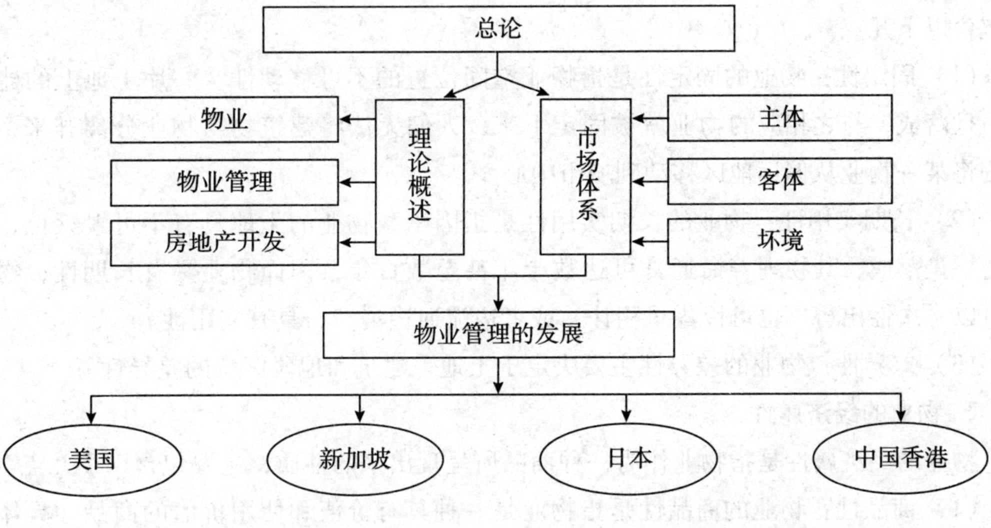

第一节 物业与物业管理概述

一、物业

（一）物业的定义

“物业”一词源自中国香港地区对房地产的称谓，20 世纪 80 年代被引入内地，它与英语中的 Property 或 Estate 一词相对应。在《香港房地产法》一书中，作者李宗锋称“物业”是单元性的房地产。它既可以是单元性的地产，也可以是单元性的房产；既可以是一套住宅，也可以是一栋楼宇或房屋，故物业所涉及的范围非常广泛。应注意的是，尽管物业常常与房地产相提并论，但是两者的确存在差异。一般来说，“房地产”涉及宏观领域，泛指一个国家或地区的整个房地产业或房地产市场；而“物业”则是一个微观概念，通常是指一个单项的房地产，或一项具体的实物资产。

我国《物业管理条例》对物业的定义：物业是指已建成并投入使用的各类房屋及与之相配套的设施、设备和场地。该定义强调了物业的内涵应该包括已经形成的实物形态（如建筑物、配套设施和场地等）和蕴含在物业中的权益（如业主的占有权、使用权、收益权、处置权与转让权等）。

（二）物业的特性

1. 物业的自然属性

物业的自然属性又叫物理属性，是指物业的实物形态所呈现出来的固有特性，主要包含以下几点。

（1）固定性：物业的固定性是指物业空间位置的不可移动性。一片土地上的建筑物一旦落成，与之相应的物业就被固定下来，人们无法将建筑物与物业分离开来，也无法将某一物业从偏远地区移动到城市中心。

（2）长期实用性：物业的长期实用性是指因承载物业的土地具有不可毁灭性，建筑物一旦落成，其物理寿命通常可达数十年甚至数百年，因而物业具有长期性；物业既可以一次性出售，也可以零星租让，或者边流通边消费，具有实用性。

（3）差异性：物业的差异性主要决定于土地、建筑和地段区位的差异性。

2. 物业的经济属性

物业的经济属性是指物业作为一种商品所呈现出来的性质，主要包含以下几点。

（1）商品性：物业的商品性是指物业是一种具有价值和使用价值的商品。具体而言，物业的开发过程凝结了多个行业工作人员的体力和智力劳动，因而具有价值；物业还能够满足消费者的某种需要，具有使用价值；物业的价值和使用价值是通过买卖、租赁、抵押、转让等市场交易活动实现的。

（2）稀缺性：物业的稀缺性是指物业的供给低于人们的需求。既表现为土地资源供应的绝对稀缺，又表现为建筑物资源供应的相对稀缺。

（3）保值增值性：物业的保值增值性是指，从长期来看，土地资源的有限性和人口不断增长的矛盾促使物业的价格呈现螺旋式上升的趋势。

（4）社会经济位置的可变性：物业的社会经济位置不是一成不变的，易受政策的宏观调控、物业服务企业的经营能力和经济发展方式转变等的影响。

3. 物业的法律属性

物业的法律属性主要指物业的物权所反映出来的性质。主要包含以下几点。

（1）对政策法规的敏感性：物业的物权受到国家法律法规的约束与规范，物权随政策法规的变化做出相应调整，表现较为敏感。

（2）“权利束”性：物权不是一项单独的权利，而是包含占有权、使用权、收益权、处置权与转让权等权能的权利体系。

（3）相邻性：物业的相邻性是指因物业专有或共有部分引起的相邻关系，以及因物业距离、不可称量物引起的相邻关系。其实质都是物业所有权或使用权的适当扩展或限制。依据法律，相邻人必须相互给予便利或接受限制。

（三）物业的类型

根据视角不同，物业可以按用途、收益性、所有权归属、构成、结构材料、高度和完好程度等多个方式分类。结构材料、高度和完好程度三类分类方式主要是基于建筑物的结构特点差异。

（1）按照用途，物业可以分成：居住物业，如住宅小区、单体住宅楼、公寓、别墅等；商业物业，如综合写字楼、购物中心、酒店、宾馆、健身中心、度假中心等；工业物业，如工业车间、储货仓库等；公共物业，如交通运输、邮政通信、广播电视、医院、学校等；其他物业，如农业类物业。

（2）按照收益性，物业可以分成：经营性物业，如商场、餐厅、娱乐中心等；公益性物业，如学校、医院、市政基础设施等。

（3）按照所有权归属，物业可以分成：国有产权物业、集体产权物业和私有产权物业。

（4）按照构成，物业可以分成：主体物业和辅助物业。

（5）按照结构材料，物业可以分成：钢结构、钢筋混凝土结构、混合结构、砖木结构和其他结构。

（6）按照高度，物业可以分成：

按照《办公建筑设计规范》（JGJ 67—1989），办公建筑高度划分规定如下：①建筑高度24米以下为低层或多层办公建筑；②建筑高度超过24米而小于100米为高层办公建筑；③建筑高度超过100米为超高层办公建筑。

按照《民用建筑设计通则》（JGJ 37—1987）以及《住宅设计规范（2003年版）》（GB 50096—1999），民用建筑高度划分规定如下：①住宅建筑按层数划分为：1~3层为低层；4~6层为多层；7~9层为中高层；10层以上为高层。②公共建筑及综合性建筑总高度超过24米者为高层（不包括高度超过24米的单层主体建筑）。③建筑物高度超过100米时，不论住宅或公共建筑均为超高层。

结合以上规定，物业按高度的基本划分如表1-1所示。

表1-1　物业按高度的基本划分

物业类型	层数	高度
低层物业	1~3层	小于10米
多层物业	4~7层	10~24米
高层物业	8层以上	大于24米

（7）按照完好程度标准，物业可以分成：完好房、基本完好房、一般损坏房、严重损坏房和危险房。

二、物业管理

（一）物业管理的概念

从物业管理的实践角度，综合学者们的研究，主要有广义与狭义两种理解。

广义的物业管理是指在物业的寿命周期内，为发挥物业的经济价值和使用价值，管理者采取多种科学技术方法与管理手段，对各类物业实施全过程的管理，并为物业所有者或使用者提供有效周到的服务。它涉及物业全部生命周期内的多种管理与服务活动。如物业的开发建设管理、租售管理、装修管理、修缮管理以及为物业使用者的经营、生产、居住而提供的多种形式的服务。

狭义的物业管理（在建设部2007年颁布的《建设部关于修改〈物业服务企业资质管理办法〉的决定》中将“物业管理”改称为“物业服务”）是指业主通过选聘物业服务企业，由业主和物业服务企业按照物业服务合同约定，对房屋及配套的设施设备和相关场地进行维修、养护、管理，维护物业管理区域内的环境卫生和相关秩序的活动。

我国对物业管理的定义是指：专门的机构受物业所有人的委托，按照国家法律以及合同和契约行使管理权，运用现代管理科学和先进的技术对已投入使用的物业以经营的方式进行管理，同时对物业周围的环境、清洁卫生、安全保卫、公共绿化、道路养护等统一实施专业化管理，并向业主或租户提供多方面的综合性服务。其最终目的是实现社会、经济、环境效益的同步增长。

（二）物业管理的性质

物业管理集管理、经营、服务于一体，因而呈现出服务型产业的特性。

1. 服务性

物业管理的本质是服务。它并不直接提供实物形态的劳动产品，而是向业主或使用人提供无形的服务。其服务对象是业主或者使用人。

2. 经营性

从事物业管理的是一些独立核算、自负盈亏、自我管理的服务型企业。物业管理是以向业主或使用人提供体力与智力劳动为手段，以收取报酬为目的的有偿的经营性活动。

3. 专业性

物业管理的专业性体现在专门的组织机构、专业的人员配备和专门的管理工具与设备上。

4. 综合性

物业管理就是帮助业主或使用人处理保安、保洁、绿化、维修等综合性事务。随着社会分工的深化，物业管理的各项工作还可以分包给专业的保安公司、清洁公司、园艺公司和维修公司去做，而物业管理的主要任务是负责信息的传达与工作过程的监督检查。

5. 不可储存性

物业管理所提供的服务在时间和空间上是即时性的，一旦物业管理结束，服务也就消失。物业管理服务的不可储存性要求物业服务企业与业主或使用人在时间和地点上进行有效地配合，才能提高服务的满意程度。

6. 持续性

物业管理的持续性体现在三个方面：一是从时间上来看，物业管理时时刻刻都在进行。如保安人员 24 小时为业主或使用人提供安保服务；保洁人员每天定时为业主或使用人提供保洁服务等。二是从对象来看，物业管理长期服务于物业范围内的业主或使用人。三是从内容来看，物业管理为业主或使用人的基本生活、工作等基本活动提供服务，只要生命过程不断，物业管理提供的服务就不会间断。

（三）物业管理的特点

物业管理是与住房产权多元化格局相衔接的统一管理，是与建立社会主义市场经济体制相适应的社会化、专业化、市场化的科学管理。因此，物业管理呈现出四个特点。

1. 社会化

物业管理的社会化，是指摆脱了传统的自建自管的分散的管理体制，由多个产权主体通过业主大会选聘出特定的物业服务企业，由该物业服务企业负责物业的管理、保养和维修等工作。这样做既降低了业主或使用人自行管理私有部分物业所带来的高昂的时间成本和机会成本，又可以避免公共部分无人管理和业主或使用人之间损人利己的行为后果。

2. 专业化

物业管理的专业化，是指由物业服务企业通过签订合同或契约，按照业主或使用人的意志和要求实施专业化管理。如由专业的保安公司负责该物业的安保工作；专业的保洁公司负责该物业的保洁工作；专业的维修公司负责该物业相关设备的维修等。专业化的工作团队保证了物业管理服务的质量，保障了业主或使用人的合法权益。

3. 市场化

物业管理因物业的商品属性而具有了市场化特点。建设单位通过投标招标方式选聘物业服务企业。物业服务企业为业主或使用人提供实时的劳务和服务，业主或使用人购买并消费这种服务，并且有权解聘服务质量差的物业服务企业，因而形成了竞争性的物业管理市场。物业管理的市场化也是不断提高物业服务企业自身的服务品质的有效方式。

4. 科学化

物业管理的科学化是指物业服务企业自身经营的科学化、提供服务的科学化和物业费用收支使用的科学化。首先，物业服务企业面临着日益激烈的市场竞争，如果不加强企业自身的管理科学性，很难在市场上立足。其次，物业管理所提供的服务日益科技化、专业化，如果不能及时更新提供服务的手段，则很容易被业主或使用人所淘汰。最后，物业服务企业是一个薄利企业，以提高业主或使用人的生活品质为目标，如果不能科学管理物业费用，则容易陷入入不敷出的亏损境地。

（四）物业管理的基本环节

物业管理分为前期策划阶段、前期准备阶段、启动阶段和日常运作阶段四个阶段

（环节）。

1. 前期策划阶段

这一阶段的工作包括物业管理的前期介入、制订物业管理方案、选聘或组建物业服务企业三个基本环节。

2. 前期准备阶段

物业管理的前期准备工作包括物业服务企业内部机构的设置与拟订人员编制、物业管理人员的选聘与培训、规章制度的制定、物业租售的介入四个基本环节。

3. 启动阶段

物业管理的全面正式启动以物业的接管验收为标志，从物业的接管验收开始到业主委员会的正式成立，包括物业的接管验收、用户入住、产权备案及档案资料的建立、首次业主大会的召开及业主委员会的正式成立四个基本环节。

4. 日常运作阶段

物业管理的日常运作是物业管理最主要的工作内容，包括日常的综合服务与管理、系统的协调两个基本环节。

（五）物业管理的内容

从物业管理的对象来看，主要涉及物的管理和人的管理两个方面的内容。从物业管理服务的特征来看，又可以概括为三个方面的内容。

1. 基本内容

（1）日常养护。主要是指对物业内涵中物的管理，包括各类建筑物、附属设施、设备的维修与养护。具体来说，就是房屋建筑，道路、水电供给、生活废料处理、燃气等附属设施，公共照明、空调、电梯、通信、水电供应等附属设备的定期保养与计划维修。

（2）秩序维护。是指为维护物业区域内正常的工作、生活秩序而进行的一系列专门的管理与服务工作。包括五个具体内容：①治安管理，指物业区域内的安全、保卫和警戒工作，为业主或使用人的生命财产安全提供保障，营造一个安全、宁静的工作和生活环境。②清洁管理，指对物业区域内的垃圾、各种废料、雨水等进行定时排泄与清除，以保持物业环境的干净、整洁。③绿化管理，是指物业区域内植被的保养，为业主或使用人创造一个绿色怡人的工作、生活环境。④消防管理，制定并执行物业区域内的消防制度，配备消防设备、器械，为消除火灾风险和降低火灾损失时刻处于战备状态，保障业主或使用人的人身财产安全。⑤车辆管理，指对物业区域内车辆的出入、停放、安保进行管理，以保障车辆的秩序和道路的通畅。

2. 特色服务

（1）特约服务。是指物业服务企业接受业主或使用人的委托，提供内容丰富的各种服务项目，包括房屋和家电的维修、室内的装修与清洁、代交水电煤气费用、代收资料与信件、代为照顾老人与小孩等。

（2）便民服务。是指物业服务企业与社会企事业单位联合举办的服务项目，包括建立各种商业网点、开办教育卫生机构、开设文娱场所、设立交通网点和开展老年福利项目等。

物业管理开展的特色服务能够最大限度地满足业主或使用人的消费需求，有偿地解决业主或使用人的生活难题。该项服务的消费者可参照价目表，根据自身的实际需要进行自主选择。

3. 多种经营服务

（1）建筑设施的租赁经营。指物业服务企业经业主同意后，可对特定的房屋、停车场等进行租赁经营。

（2）中介服务。指物业服务企业可以开展不动产投资咨询、法律咨询、房屋置换等中介服务。

（六）物业管理的目标

物业管理是受业主委托，以维持并提高物业的价值和使用价值为总体目标。具体来说，可以概括为三个方面的目标。

1. 质量目标

质量目标既包括保证物业的结构功能、建筑功能、机电设备功能等硬件质量目标，又包括保证服务的完备、及时、高效、使用户满意等软件质量目标。其中，物业管理的硬件质量目标主要在项目实施期得以完成，因此要加强监督与检查工作。物业管理的软件质量目标主要在项目验收使用后才开始实现，因此，务必提高物业管理水平，保障用户接受服务的满意度。

2. 安全目标

安全目标主要指保障物业的安全，如防水、防火、防盗；保障业主或使用人的安全，如保护业主或使用人的人身安全不受侵犯。

3. 费用目标

费用目标主要是指物业的费用产生于项目实施期的一次性投资和使用期的经常性支出。物业管理的费用目标主要针对后者，即物业服务企业应该对物业管理费用做出预算，科学合理地对物业进行保养和维护，延长物业的使用寿命，降低因维护不及时所带来的巨大损失，节约物业管理的经常性支出。

第二节 房地产开发与物业管理

一、房地产开发的概述

（一）房地产开发的概念

1994 年《中华人民共和国城市房地产管理法》（国家主席令第 29 号）对房地产的概念做出了界定。房地产开发是指在依据本法取得的国有土地使用权的土地上进行基础设施、房屋建设的行为。房地产开发的含义可以归纳为以下四点：

（1）房地产开发是一个动态过程，是一个从项目选择、地质勘查、规划设计、施工招标、工程管理到中介服务、物业租赁与管理等复杂的系统工程。

（2）房地产开发的全过程必须在法律框架下进行。依法进行的房地产开发必须遵守《中华人民共和国土地管理法》《中华人民共和国城市规划法》《中华人民共和国环境保护法》《中华人民共和国建筑法》和《中华人民共和国招标投标法》等法律法规。

（3）房地产开发的前提是依法取得国有土地使用权。

（4）房地产开发的对象是基础设施和房屋建设。如居住建筑、商业建筑、工业建筑、公共建筑等。

（二）我国房地产开发的发展历程

自 1949 年新中国成立到 1978 年推行改革开放，国家将土地收归国有，全面实行公有制。房屋建设基本上由国家把控，并作为福利手段分配下来，房地产开发进入了冬眠期。

改革开放以来，我国经济体制全面改革，房地产开发产业开始逐渐形成，发展十分迅速。我国房地产开发的历程可以归纳为五个阶段：萌芽阶段、过热阶段、稳步发展阶段、快速发展阶段和宏观调控阶段。

1. 萌芽阶段（1978—1991 年）

1978 年改革开放的号召推动了全国经济体制的改革，尤其是土地使用制度和住房制度改革促进了我国房地产开发的萌芽。1979 年，国家城建总局推行补助形式的建房全价出售，并在西安、南宁、桂林、梧州等市进行试点。1982 年 4 月，国家城建总局发布国务院《关于出售住宅试点工作座谈会情况的报告》推行住房补贴出售给职工的试点工作在常州、郑州、沙市、四平等地进行。1988 年 2 月，国务院印发《关于在全国城镇分期分批推行住房制度改革的实施方案》，标志着我国住房制度改革进入全面试点阶段。尽管国家努力推行多种试点工作，但是房地产开发步履维艰。

2. 过热阶段（1992—1993 年）

1992 年 1 月，邓小平发表南行讲话，推动了我国房地产开发进入急速膨胀的时期。表现为房地产投资高速增长，实际土地开发面积比上年增长 175%，房地产开发公司迅速发展，房价大幅上涨。1993 年，我国房地产仍然保持快速发展的势头，投资增长迅速。

3. 稳步发展阶段（1994—1997 年）

1994 年《人民日报》发表“防止房地产盲目发展”“基础建设也要量力而行”等文章，使房地产开发迅速降温。同年 7 月，国务院发布《关于深化城镇住房制度改革的决定》，再次开启了城镇住房制度改革之路。1995 年 1 月，《中华人民共和国房地产管理法》《中华人民共和国土地增值税条例实施细则》《房地产估价师职业资格考试实施办法》等相关法律法规的出台，标志着我国房地产开发的有法可依和稳步前行。

4. 快速发展阶段（1998—2002 年）

1998 年 7 月，国务院发布《关于进一步深化城镇住房制度改革加快住房建设的通知》（国务院令第 23 号），提出稳步推进住房商品化，促使住房业成为新的经济增长点。这次房改不仅促使居民住房消费需求的释放，还在税收、利息等方面提供了优惠政策，提高了居民的住房购买力。我国房地产开发开始走向繁荣。

5. 宏观调控阶段（2003 年至今）

2001 年，“温州炒房团”事件引发了房地产产业的泡沫。2002 年 5 月，经国务院同意发布《关于整顿和规范房地产市场秩序的通知》并没有从根本上改变全国范围内的住房结构性失调的问题。

2003 年 6 月，中国人民银行发布《关于进一步加强房地产信贷业务管理的通知》（第 121 号）；同年 7 月，《关于进一步推动和完善房地产信用档案系统建设的通知》（建办住房函〔2003〕第 326 号）；2004 年 11 月，《建设项目用地预审管理办法》（国土资源部令〔2004〕第 27 号）；2006 年 1 月，《房屋建筑工程抗震设防管理规定》（建设部令〔2006〕第 148 号）；2008 年 2 月，《房屋登记办法》（建设部令〔2008〕第 168 号）；2010 年 12 月，《商品房屋租赁管理办法》（建设部令〔2010〕第 6 号）；2011 年 1 月，《房地产经纪管理办法》（建设部、发改委、人力资源与社会保障部令〔2011〕第 8 号）；2013 年 10 月，关于修改《房地产估价机构管理办法》（建住部令〔2013〕第 14 号）；2015 年 5 月，住房和城市建设部关于修改《房地产开发企业资质管理规定》等部门规定的发布，这一系列政策法规的出台，表明我国房地产开发正处于法制化宏观调控发展阶段。

（三）房地产开发的主要程序

房地产开发的过程是指从开发商有意向投资开始到项目建成出让完毕并实施全部

寿命周期的物业管理为止，遵循着一个合理的发展程序。从逻辑顺序来看，可以分为：投资机会寻找、投资机会筛选、可行性研究、获取土地使用权、规划设计和方案报批、签署有关合作协议、施工建设和竣工验收、租售营销、物业管理。从时间顺序来看，可以分为：投资机会选择和决策分析、前期工作、建设阶段和租售阶段（如图 1－1 所示）。

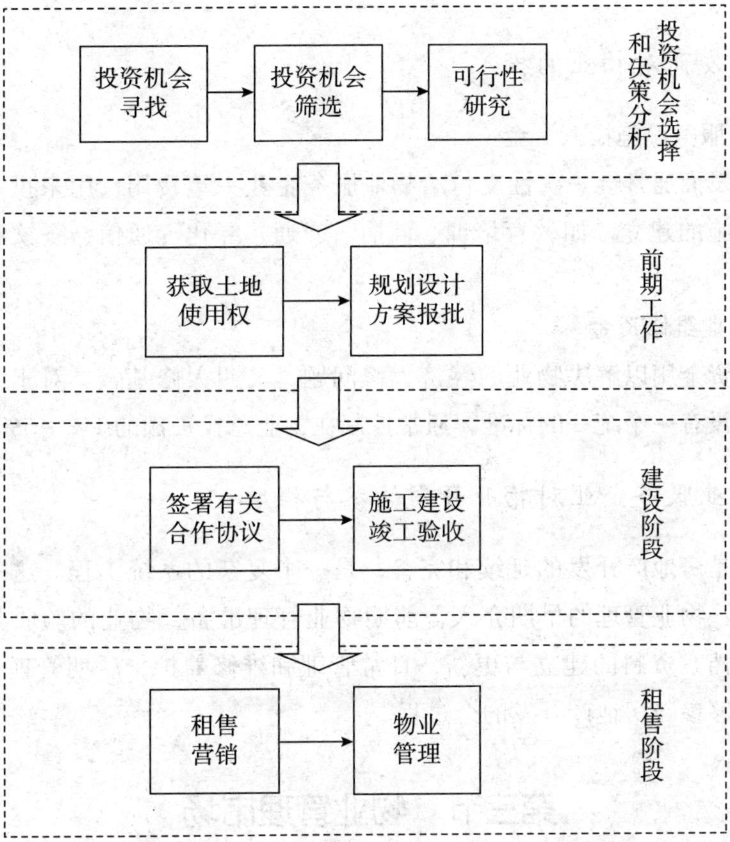

图 1－1 房地产开发的过程

二、房地产开发与物业管理

（一）物业管理在房地产开发中的地位

1. 物业是房地产开发的重要组成部分

物业管理是衔接房地产前期开发、建设与后期投入运营的良好纽带，是将房屋建筑由开发商顺利转移到业主用户手中的桥梁。

2. 良好的物业管理能使物业的价值最大化

物业管理对房屋建筑的维修养护和土地资源的合理利用，能够延长物业的物理寿命，减少折旧与损耗，节约大量的社会财富。

3. 物业管理是房地产开发的需要

物业管理能对接管验收房屋建筑之前的房地产开发起到监督作用，在验收接管之后又扮演着售后服务“大管家”的身份。因此房地产开发需要有物业管理来解决售前的监管问题和售后服务问题。同时，物业管理文化和口碑的建立也是影响房地产市场竞争的主要因素之一。

（二）开发商对物业的投入

1. 为配套服务设施投入资金

房地产开发商通常会一次性支付给物业服务企业一笔费用，用来投资物业范围内的附属配套设施的建立。如教育培训、商店、交通、绿化、通信、餐饮和文化娱乐场所等。

2. 交纳物业维修资金

物业维修资金用以解决物业的经济大修问题，又叫大修基金。对于大修基金的比例，目前国内没有一个统一的标准，通常控制在物业总投资额的1%～5%。

（三）物业服务企业对物业开发的参与程度

物业管理是房地产开发的延续和完善，是一个复杂的系统工程。这一工程可以归纳为七个环节：物业管理的早期介入，前期物业管理准备，物业的验收与接管，入住期管理服务，档案资料的建立与更新，日常管理和维修养护，后期管理。可以说，物业服务企业能够参与房地产开发的全过程。

第三节　物业管理市场

一、物业管理市场概述

（一）物业管理市场的概念

市场是商品经济发展的产物，是指为实现商品价值而进行交换的场所及一切交换关系的总和。

物业管理市场是房地产行业不断发展的产物，是商品市场的一个有机组成部分。物业管理活动提供的商品是物业管理服务，是一种无形商品，具有使用价值和价值双重属性。物业服务企业向社会提供物业管理服务这种无形商品，而业主或使用人获得物业服务的使用价值，双方就物业服务的不断交换过程就形成了物业管理市场。因此，物业管理市场是指物业管理服务或商品的交换领域，是物业管理一切交换关系与流通关系的总和。

（二）物业管理市场的构成

物业管理市场是物业管理服务交换关系的总和，因此包含了参与交换的市场主体、市场客体和市场环境。

1. 市场主体

物业管理市场的主体，是指参与或影响物业管理服务交易的各类行为主体，包括供给主体、需求主体和协调主体。

（1）供给主体，主要是指各类物业服务企业和一些提供专门服务（外包）的外聘公司，如保安公司、清洁公司、园艺公司、维修公司等。

（2）需求主体，主要指业主或使用人。他们的需要主要指，业主为了使自己的不动产保值增值，希望能够对其进行保养维护和经营管理的需要；以及物业使用人为了使工作、生活环境更加安全、宁静、舒适而对物业进行管理的需要。

（3）协调主体，主要指政府的行业行政主管部门和物业管理的行业协会，如各省、市、自治区及以下各级政府所属的建设厅、房地产管理局等。

2. 市场客体

物业管理市场的客体，是指市场的供需主体用来交换的对象——物业管理服务。包括物业管理的基本服务和多种经营服务。

3. 市场环境

物业管理市场环境，是指用以规范物业管理市场的各种社会制度、相关法律、政策规定以及具有效应的契约文件。具体包括以下内容：

（1）基本社会经济制度和相关法律，如经济体制、宪法、民法及经济合同法等。

（2）物业管理行业的政策法规，如物业管理条例、各地的物业管理行业管理办法、物业管理规范等。

（3）物业服务企业的设立与资质审查制度，如物业服务企业资质管理办法等。

（4）业主委员会的组建和运作规定，如业主大会章程等。

（5）各类物业管理契约，如物业服务合同等。

（6）物业管理市场运作法则，如前期物业管理投招标管理暂行办法等。

（三）物业管理市场的特征

1. 物业管理市场是房地产市场的重要组成部分

物业管理能够有效解决房屋建成后的一系列问题、矛盾、纠纷，是衔接开发商、建筑商与业主的桥梁。物业的规划、设计和建设早已融入项目建设的过程之中，对房屋的质量起到监督作用。

2. 物业管理市场具有空间有形性和有限性

物业管理市场的空间有形性是指提供物业管理服务的场所是有形的。物业管理市场的空间有限性是指物业管理服务的交换关系是有限的。

3. 物业管理市场中的物业经营服务只涉及特定的使用权与经营权

物业经营服务交换的只是物业在某一时段的使用权与经营权，没有发生所有权的变更，因此是物业管理区别于房地产市场中其他交易的一个产权特点。

（四）物业管理市场的运行机制

物业管理市场的运行机制是指调节资源在物业管理领域内分配的动力因素，以及各动力因素相互联系和作用的机理。它形成于物业管理市场的主体、客体和市场环境之间的相互联系，又作用于整个市场运行过程，指引着市场主体的行为，促进市场交换的顺利进行。具体来说，物业管理市场的运行机制可以概括为以下四种。

1. 供求机制

物业管理市场的供求机制是指物业管理服务的供求关系，以及它们之间相互制约、联系和影响而发挥作用的机理。只有出现了物业管理的需求，才会产生物业服务企业；只有提供了满足业主或使用者需求的服务，才能维持物业服务企业的生存与发展，保证需求的持续性。物业管理市场需求会带动物业管理市场供给的发展，同时，如果物业管理供给市场能满足业主或使用者的潜在需求则能创造物业管理或服务的新需求。

2. 价格机制

物业管理市场的价格机制是指价格对物业管理服务供求关系等经济活动的调节与影响的过程与形式。价格机制是物业管理市场运行的核心机制。它既是调节物业管理市场需求方向、规模、结构的工具，又是企业竞争的手段。

3. 竞争机制

物业管理市场的竞争机制是指市场竞争对物业管理服务产生影响的形式与过程。业主大会对物业服务企业的聘用制度导致了物业管理市场的竞争。服务质量，管理水平，和收费水平的差异是产生竞争的主要源泉。竞争机制会促使物业服务企业在竞争中不断提高服务水平和质量，加强管理，从而提高物业管理市场的运行效率。另外，从长期来看，只有声誉良好的物业（包括业主的素质）才会吸引优质的物业管理企业入驻，所以竞争机制对业主和物业也有约束作用。

4. 利益风险机制

物业管理市场的利益风险机制是指物业管理服务的交易双方必须承担市场中的利

益与风险，并能够按照经济效益最大化原则调节自身的行为与决策。信息不对称是风险与不确定性的主要来源。业主或使用人需求的不确定性是物业服务企业利益风险的主要来源；物业服务企业的管理经营能力不确定性是业主或使用人的风险来源。减少信息不对称，物业服务企业不断提高升华经营理念，提高管理与经营能力，发掘用户需求，从而降低风险，达到物业服务供需双方的互利共赢。

（五）物业管理市场的供求分析

1. 物业管理市场的需求

物业管理市场的需求是指在一定时期内对物业管理服务商品有支付能力及购买意愿的需要；也是消费者在一定条件下的物质需要和精神需要的反映。

同其他商品的需求相比，物业管理的市场需求具有生产与消费同时性、多样性、集中性、长期性、依赖性和情感性等特点，因此，物业服务企业要密切关注物业管理市场需求状况的变化，并及时对物业管理市场进行调研与预测。

2. 物业管理市场的供给

物业管理市场的供给是指在一定时期内，既定价格条件下，物业服务企业愿意提供到市场上出售的服务商品的意愿。物业管理市场的供给受到物业管理服务价格、劳动力价格、资本价格、相关服务价格及税收、行业平均利润、行业需求与供给规模等因素的影响。

3. 物业管理市场的均衡分析

物业管理市场的均衡是指市场上物业管理的价格和买卖双方的需求与供给数量达到一种稳定的状态。在这种状态下，物业服务企业与业主或使用人都不愿改变价格与数量。

在物业管理的实践当中，完全竞争和市场均衡是非常态，不完全竞争和非均衡才是常态。这是因为物业管理市场达到均衡需要满足三个前提条件：完全竞争的物业管理市场、供求水平代表着整个行业的供求、非价格变量保持不变。其中任何一个条件得不到满足都会将物业管理市场由均衡状态拉离到非均衡状态。因此，需要政府对物业管理市场做出适时调控。

二、物业服务企业

（一）物业服务企业的概念

《物业服务企业资质管理办法》（以下简称《办法》）是为了加强对物业管理活动的监督管理，规范物业管理市场秩序，提高物业管理服务水平，根据我国《物业管理条例》而制定。《办法》自2004年5月1日起施行。《办法》所称物业服务企业，是指依法设立、具有独立法人资格，从事物业管理服务活动的企业。

物业服务企业的主要特点可以概括为：

（1）物业服务企业是营利性组织，以追求利润最大化为目的。

（2）物业服务企业必须具备物业管理资质。

（3）物业服务企业的服务对象是业主或使用人。

（4）物业服务企业的服务具有多样性和综合性。

（二）物业服务企业的类型

根据不同的标准，可以将物业服务企业划分为不同的类型。

（1）按组建渠道不同，物业服务企业可以分为：①由房地产开发企业投资设立的物业服务企业；②由房地产行政管理部门所属的房管所转制的物业服务企业；③由大中型企事业单位自行组建的物业服务企业；④按照公司法的要求，由公司制企业或个人发起组建的，通过市场竞争取得物业管理权的物业服务企业；⑤由街道办事处组建的物业服务企业。

（2）按股东出资形式的不同，物业服务企业可以分为：①有限责任公司。由50个以下股东出资设立，股东以其出资额对公司承担有限责任，公司以全部资产对其债务承担责任。大部分的物业服务企业属于这种形式；②股份有限公司。由2～200个发起人设立（其中需半数以上的发起人在中国境内有住所），注册资本的最低限额为人民币500万元，全部资本分为等额股份，股东以其所持股份对公司承担责任，公司以全部资产对债务承担有限责任，公司可以向社会公开发行股票筹资，股票可以依法转让，每一股有一票表决权，公司应当将经注册会计师审查验证过的会计报告公开。

（3）按投资主体经济成分的不同，物业服务企业可以分成：①国有物业服务企业；②集体所有物业服务企业；③私营物业服务企业；④联营物业服务企业；⑤三资物业服务企业。

（4）按经营服务方式的不同，物业服务企业可以分为：①委托服务型物业服务企业；②自主经营型物业服务企业。

（5）按物业服务企业内部运作方式的不同，物业服务企业可以分成：①管理型物业服务企业；②顾问型物业服务企业；③综合性物业服务企业。

（6）按是否具有法人资格，物业服务企业可以分成：①具有企业法人资格的物业管理专营公司或综合公司；②以经营其他项目为主，兼营物业管理且不具备企业法人资格的物业管理部门。

（三）物业服务企业的权利和义务

根据建设部（现为住房和城乡建设部）颁布的《城市新建住宅小区管理办法》等相关法律法规，物业服务企业具有以下权利和义务。

1. 权利

（1）依照物业管理委托合同，采取完成委托任务所必需的行为或制止违背全体业主利益的行为。

（2）依照物业管理委托合同和管理办法对物业实施管理。

（3）依照物业管理委托合同和有关规定收取管理费。

（4）有权制止违反规章制度的行为。

（5）有权要求业主委员会协助管理。

（6）有权选聘专业公司承担专项管理业务。

（7）有权开展多种经营服务。

2. 义务

（1）依法履行物业管理委托合同。

（2）接受业主委员会、业主及使用人的监督。

（3）重大管理举措应提交业主委员会审议批准。

（4）接受行政主管部门的监督指导。

（5）定期（如半年）向全体业主公布管理费的收支账目。

（6）提供优良的生活环境，搞好社区文化。

（7）发现违法行为要及时向有关行政管理机关报告。

（8）物业管理委托合同终止时，必须向业主委员会移交全部租用房屋，物业管理档案、财务等资料以及本物业的公共财产。

（四）物业服务企业的设立

根据建设部2007年11月26日颁布的《物业服务企业资质管理办法》，物业服务企业资质等级分为一级、二级、三级。其中，一级资质物业服务企业可以承接各种物业管理项目。二级资质物业服务企业可以承接30万平方米以下的住宅项目和8万平方米以下的非住宅项目的物业管理业务。三级资质物业服务企业可以承接20万平方米以下的住宅项目和5万平方米以下的非住宅项目的物业管理业务。

关于物业服务企业的资质管理的具体内容详见第三章第四节“物业服务企业资质管理”，在此不再阐述。

（五）物业服务企业的机构设置

1. 物业服务企业机构设置的原则

根据所面临的环境、采用的技术、制定的战略、发展的规模、各司的职务所呈现的差异，物业服务企业在进行机构设置时，必须遵守一定的原则。

（1）目标任务原则。没有适用所有企业的组织形式，机构设置要以目标、任务为中心，根据管理经营的需要设置机构、岗位，并配备相应设备与人员，协调好人岗之间的关系。

（2）权责一致原则。机构层级的高低与权责大小相对应。在委以任务时，必须授予其相应的权力，包括人力、财力、物力及信息等方面的支持，权责一致才能真正实现约束与激励的统一。

（3）统一指挥原则。此原则最早由亨利·法约尔提出，即一个下级只能接受一个上级的指挥或只接受一个命令。因此，如果存在多位领导，要求在命令下达前，领导成员之间必须先达成一致观点。只有这样，才能避免政出多门，遇事扯皮推诿的现象。

（4）分工与协作原则。在专业化的基础上，根据工作性质和工作量合理分工，同时加强上下级之间的纵向合作，以及部门之间的横向合作，提高分工协作的效率。

（5）经济原则。物业服务企业的机构必须精简，层次尽量少，信息沟通通畅，人员办事效率才会高，从而节约管理成本。

2. 物业服务企业的组织机构类型

物业服务企业的组织机构一般分为直线型、直线职能型、事业部型和矩阵型四种。四种主要组织形式的比较如表 1－2 和图 1－2 所示。

表 1－2　四种组织形式的比较

名　称	优缺点	特　征
直线型［图 1－1（a）］	优点	集指挥和职能于一身，命令统一，权责统一，行动效率高
	缺点	要求领导有丰富的专业知识，授权程度低，组织不够灵活
直线职能型［图 1－2（b）］	优点	发挥职能机构专业管理的作用，又便于统一领导与指挥
	缺点	横向协调配合困难，不利于信息沟通，工作效率较低
事业部型［图 1－3（c）］	优点	管理灵活性高，市场的适应力强，注重业绩考核和人才培养
	缺点	机构重置，管理人员冗余，易造成事业部本位主义，影响合作
矩阵型［图 1－4（d）］	优点	各职能部门高度协作，灵活性强，人员利用率高，办事能力强
	缺点	组织结构的稳定性差，人员变动大，易出现双重领导、权责不清

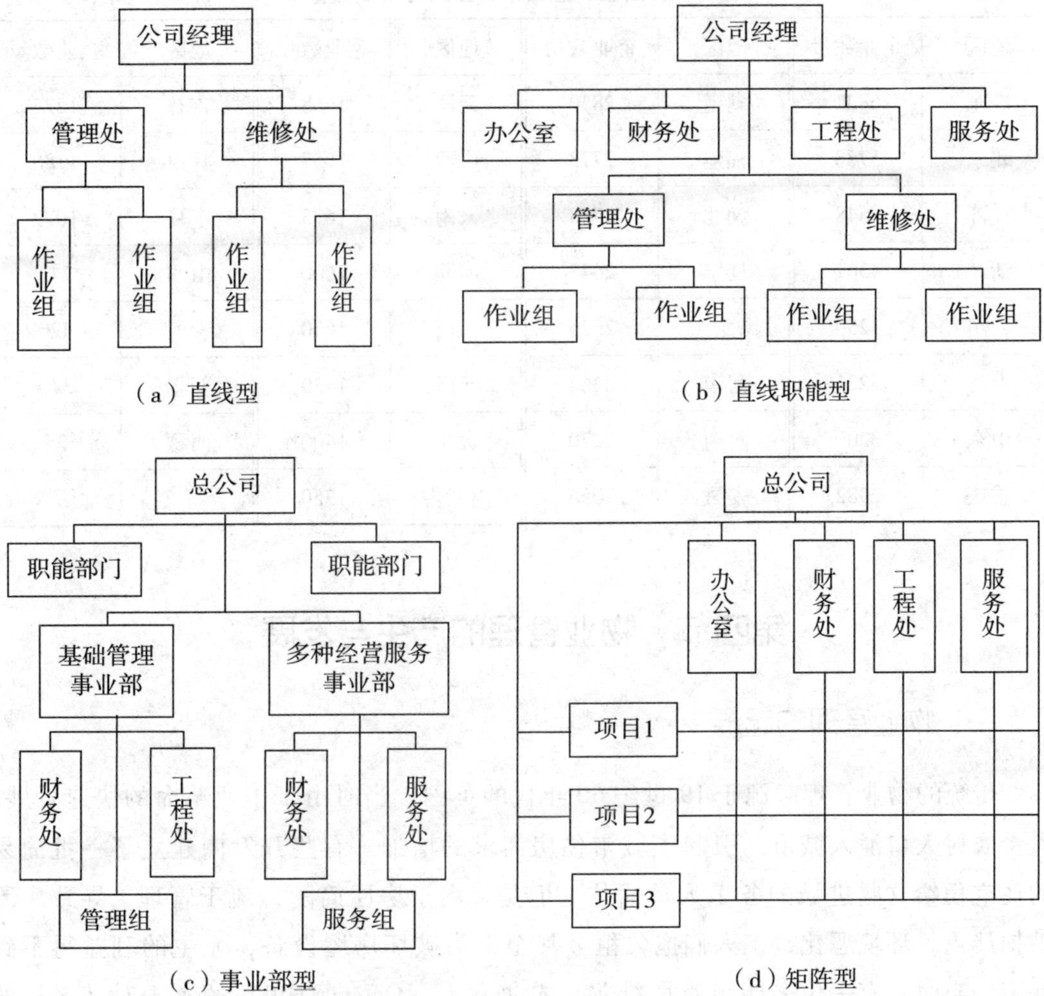

图1－2　物业服务企业的四种组织形式

参考资料

我国各地区一级资质物业服务企业统计情况

根据《2013年物业管理行业发展报告》显示，截至2012年年底，全国物业服务企业数量约为71000家，各地区物业服务企业的数量分别如表1－3所示。

表 1－3　　各省、自治区、直辖市物业服务企业数量　　（单位：家）

地区	企业数量	地区	企业数量	地区	企业数量	地区	企业数量
广东	6821	湖南	2850	天津	1668	吉林	1225
北京	5768	福建	2773	广西	1657	甘肃	1186
江苏	4548	湖北	2748	云南	1623	宁夏	1079
浙江	4367	辽宁	2643	河北	1600	山西	743
四川	3259	黑龙江	2625	江西	1600	青海	420
上海	3221	河南	2264	海南	1430	新疆	340
山东	3200	陕西	2070	贵州	1400	西藏	35
重庆	2982	安徽	2056	内蒙古	1350		

第四节　物业管理的产生与发展

一、物业管理的起源

传统的物业管理起源于19世纪60年代的英国。当时由于工业革命的快速发展，大量农村人口涌入城市，引起了城市住房需求的增加。有些开发商建立了一批简易的住宅租给这些进城的务工人员居住。但是，由于房屋简陋，疏于管理，导致房屋破损严重，环境恶化，工人们拖欠租金甚至人为破坏房屋设备，业主的利益得不到保障。当时，有一位名叫奥克塔维尔·希尔女士（Octavia Hill）的女士对其名下的物业制定了一套规范租户行为的管理办法，要求租户遵守；并且及时对房屋设备进行修缮和维护，改善工人们的居住环境，收到了意想不到的效果。这就是世界上最早的“物业管理”。自此以后，物业管理逐步受到业主和政府的重视，同时成立了英国皇家物业管理学会。

现代物业管理形成于19世纪末的美国。当时美国进入垄断资本主义经济发展时期，官僚垄断资本和金融托拉斯的跨国经营集聚了巨额财富，带动了大规模的国内民工潮和国际移民潮，推动了美国人口的急剧增长。而当时政府出于环保的考虑，严格限制城市土地的使用，加上新材料、新技术的出现，特别是电梯的发明使用，使高层建筑蓬勃兴起，高楼大厦鳞次栉比。高层建筑的维护、保洁、消防等工作的难度加大，推动了专业化物业管理机构的产生和发展，标志着现代物业管理的诞生。

现代物业管理诞生的另一个标志是物业管理行业组织的成立。1908年，世界上第一个物业管理组织——芝加哥建筑物管理人员组织（Chicago Building Managers Organization，CMBO）成立，旨在探索解决高层建筑管理难题的办法。在 CMBO 的推动下，在美国成立了世界上第一个全国性的业主组织——建筑物业主组织（Building Owners Organization，BOO）。在 CMBO 和 BOO 两个组织的基础上，成立了建筑物业主与管理人员协会（Building Owners and Managers Association，BOMA）。这些组织共同推动了美国的现代物业管理的发展。

20 世纪 30 年代以后，美国大力发展住房建设，物业管理也日趋社会化，逐步发展成为了一个影响广泛的专门性的职业门类。1933 年，美国房地产管理协会（Institute of Real Estate Management，IREM）成立，是国家地产协会（National Association of Realtors，NAR）的附属组织，主要致力于房地产及物业管理相关从业人员的专业教育培训和职业资格认证。IREM 对从事物业管理的专业人员颁发两种资格证书：居住物业管理经理（ARM）和注册物业管理经理（CPM）。1934 年，美国房地产管理学院成立，对合格的物业管理人员签发 3 种证书：合格物业经理（ARM）、合格住宅经理（CAM）和合格管理组织成员（AMO）。

20 世纪中叶以后，物业管理在世界范围内得到更为广泛地传播，特别是日本、新加坡和我国香港发展迅速，由此，也影响了我国物业管理的兴起与发展。

二、我国物业管理的发展

19 世纪 20 年代初到新中国成立前夕，是中国房地产和物业管理的萌芽阶段。当时，我国上海、天津、武汉、广州等城市出现了一大批八九层高的建筑物。那时，产生了代理经租、清洁卫生、住宅装修、服务管理等服务性的专业公司，与现在的物业管理公司相似，因此，可以称为中国“物业管理的萌芽”。

1949 年新中国成立以后，城市土地收归国有实行无偿划拨使用，房产绝大部分转为公有制，住宅建设基本上由政府承包下来作为福利分配。房地产不再作为商品进行流通，物业管理也随着房地产市场而进入休眠状态。

中国内地真正意义上的现代物业管理，是从 20 世纪 80 年代初开始的，经济体制的改革，推动了房地产市场的蓬勃发展和住房制度的改革。我国现代物业管理的发展经历了四个阶段。

（一）第一阶段——起步和探索阶段

第一阶段从 20 世纪 80 年代初至 1994 年 3 月建设部发布《城市新住宅小区管理办法》（建设部第 33 号令）。这个阶段主要表现为我国沿海地区和城市引进境外的专业物业管理模式，并开始探索、改造和试用，专业化的物业管理处在探索和起步阶段。

在沿海开放城市和经济特区，尤其是深圳和广州，率先推行了专业化的物业管理。1981 年 3 月，为满足深圳第一个涉外商品房住宅区（东湖丽苑小区）的业主的要求，深圳市房地产管理局打破了我国 30 多年来的福利性房管模式，经市编制委员会的批复，深圳市成立了我国第一家涉外商品房物业管理的专业公司——深圳市物业管理公司，这标志着我国现代物业管理的诞生。1985 年年底，深圳市房管局成立，对全市住宅物业进行了调查研究，肯定并推广了物业管理公司的专业化管理经验。1993 年 6 月，成立了首家物业管理协会——深圳市物业管理协会。当时，深圳市的专业性物业管理公司和物业管理专业机构已逾百家。

1989 年 9 月，建设部在大庆市召开了第一次全国住宅小区管理工作会议。随后几年，建设部先后颁布了《关于在全国开展住宅小区管理试点工作的通知》《全国文明住宅小区标准》《全国城市文明小区达标考核办法》《城市住宅小区综合验收管理办法》等一系列法规文件。1994 年 3 月，建设部颁布了有关物业的第一个部门规章——《城市新住宅小区管理办法》，明确指出：住宅小区应当逐步推行社会化、专业化的管理模式，由物业服务企业统一实施专业化管理、正式确立了我国现代物业管理的新体制和新方向。同年 6 月，深圳市人大常委会通过了我国有关物业管理的第一个地方法规——《深圳经济特区物业管理条例》。

（二）第二阶段——快速发展阶段

第二阶段从 1994 年 3 月至 1999 年 5 月。这个阶段主要表现为我国住房体制改革全面展开，物业服务企业逐步建立，物业管理专业人员和行业管理组织有了长足的进步。

1996 年 2 月，国家计委、建设部联合发布《城市住宅小区物业管理服务收费暂行办法》（以下简称《办法》）（计价费〔1996〕266 号），规范城市住宅小区物业管理服务收费行为，促进物业管理事业健康发展，推动物业管理走向社会化。1996 年 9 月，建设部人事劳动教育司和房地产司联合发出了《关于实行物业服务企业经理、部门经理、管理员岗位培训持证上岗制度的通知》（建教培〔1996〕41 号），为提高物业管理人员素质和物业管理资格的鉴定提供了依据。1999 年 5 月，建设部在深圳市召开了全国物业管理工作会议，这次会议的中心议题是推进物业管理的市场化与规范化，提出了今后几年的发展任务：建立业主委员会；发挥业主委员会的作用；推行招投标机制；引导大规模经营，加强物业管理市场竞争。这次会议大大推动了物业管理市场化的进程。

（三）第三阶段——规范化、法制化发展阶段

第三阶段从 1999 年 5 月至 2010 年 5 月。这个阶段主要表现在重点培育物业管理市

场，建立竞争机制，加快物业管理规范化、法制化的步伐。

1999年10月，建设部颁布了《物业服务企业资质管理试行办法》（建住房第261号），规定了物业服务企业的资质等级、评定标准和管理办法，规范了物业服务企业的资质管理。2003年6月，建设部颁布《前期物业管理投招标管理暂行办法》（建住房〔2003〕130号），规范物业管理的投招标活动，促进了物业管理市场的公平与竞争。同月，国务院颁布了《物业管理条例》（国务院令第379号），这是我国物业管理行业以国务院名义颁布的第一部法律法规，标志着我国物业管理行业进入了法制化的轨道。2004年7月。国家发改委、建设部联合颁布了《物业服务收费明码标价规定》（发改价检〔2004〕1428号）。2005年11月，人事部会同建设部颁布《物业管理师制度暂行规定》《物业管理师资格考试实施办法》和《物业管理师资格认定考试办法》（国人部发〔2005〕95号），推动了物业管理的专业化、规范化和市场化。2007年3月，《物权法》（国家主席令第62号）颁布实施，奠定了物业管理的法律基础，明确了物业管理的法律性质和物权人在物业管理中的地位、权利、义务和职责，确立了物权人在物业管理活动中的主体地位。同年9月，国家发改委和建设部联合发布了《物业服务定价成本监审办法（试行）》（发改价格〔2007〕2285号）。同年12月，建设部和财政部联合颁布了《住宅专项维修资金管理办法》（建设部和财政部令第165号）。2009年10月，建设部发布关于修改《房屋建筑工程和市政基础设施工程竣工验收备案管理暂行办法》的规定（建设部令第2号）。

（四）第四阶段——网络化、多种经营服务阶段

第四阶段从2010年5月至今。这个阶段主要表现在信息技术与互联网的发展为物业管理网上交易市场平台的建立和多种经营服务的规范化发展提供了技术支持和便利，降低了交易费用（Transaction Costs）。这个阶段更多地强调了物业管理活动的经营性特点，以及物业管理信息化与网络化的发展趋势。

2010年5月，国家工商行政管理总局正式颁布《网络商品交易及有关服务行为管理暂行办法》以下简称《办法》（工商总局令第49号）。《办法》的颁布推动了物业管理服务的电子商务模式的快速发展。社区服务O2O（Online to Offline）模式逐步开启。同年12月，建设部颁布《商品房屋租赁管理办法》（建设部令第6号）；2012年5月，建设部颁布《公共租赁住房管理办法》（建设部令第11号）；2015年4月，国家发改委携同财政部、建设部、交通运输部、水利部和人民银行共同颁布《基础设施和公共事业特许经营管理办法》为物业管理的多种经营服务提供了参考依据，真正实现了物业管理的经营性特征。

参考资料

“互联网 +” 时代的物业管理

2014 年，深圳市彩生活服务集团有限公司在港交所主板挂牌交易，引发社会重新审视物业管理市场的价值。2014 年，彩生活的年总收入为 3.89 亿元，同比增长 67%，毛利 3.09 亿元，同比增长 115%，彩生活的成功说明传统物业与互联网 + 的整合可以产生良好的化学反应。

彩生活的基本思路就是两个转型，将传统物业管理转型升级为社区服务，将对物的管理转变为对人的服务。具体而言，主要体现在以下四个方面。

1. 服务目标和内容

服务目标和内容由物业管理向生活服务转型，轻资产，重服务。这是服务思维的转变，要求从高层战略到基层执行，都要贯彻。

2. 服务要素

服务要素从传统的“三保”（秩序维护员、保洁、保修）向“三化”（智能化、自动化、互联网化）转型，彩生活的业务全部实现互联化，有了一种全新的成本结构，人工成本从 70% 左右下降到 50% 左右，这是服务方式的转变，也是彩生活能够在传统物业普遍低利润或者亏损状态下，能获得超高利润的原因所在。

3. 商业模式

商业模式由“服务生产者”向服务连接者转型。过去做增值服务，主要靠增量解决，不断加法，也不断挑战管理能力。彩生活现在做减法，把这些服务内容标准化，变成平台的服务，让周边专业的供应商来做，彩生活只需把平台做好，控制服务质量和对产品质量认证。

4. 发展方向

未来方向向构建智慧社区、O2O 生态圈转型。把线下的服务能力和资源与线上服务平台结合起来，提供的区域、时间要求比较强，利用物业最后一公里的优势，构建社区家庭需求的生态系统，形成与开发商、业主、周边商家共生共荣，互惠互利的关系。

物业处在社会和社区的节点上，掌握着最贴近社区用户的资源，了解并更贴近社区和业主的各种需求，与社区基层组织、各种专业服务部门、周边商业圈关联度最高，在最后一公里和最后一百米范围内，有一支 24 小时可以为业主提供服务的专业队伍。这些为物业管理与“互联网 +”的融合奠定了基础。

三、先进国家与地区物业管理的发展状况

（一）美国的物业管理

1. 美国物业管理的概况

在美国，物业管理行政管理由行业协会承担。虽然成立物业服务企业的手续简便，只需符合一些基本的法定条件，但是行业协会对物业服务企业资质和从业人员资格的管理比较严格，而且业主通常只聘用知名度与美誉度较高的物业服务企业。对于私人所有房屋的物业管理，既可由业主自我管理，又可以委托专业物业服务企业进行管理。美国房地产管理协会（IREM）对物业管理从业人员颁发居住物业管理经理（ARM）和注册物业管理经理（CPM）两种资格证书。美国消费者对物业管理费比较敏感，是其购房时的一个重要参考依据。业主委员会成立之后就成了收取物业管理费的真正主体，在此之前可由开发商或物业服务企业代收。美国是一个法制化高度发展的国家，对于拖欠物业管理费的追讨将采取诉讼手段。美国房地产协会主要针对居住物业，而除该协会之外具有一定规模和影响力的物业管理相关组织还有 IFMA 和 BOMA，他们针对的更多的是非居住类物业的管理。IFMA（国际设施管理协会）主要负责对物业设施的管理，BOMA（建筑业主与经理人协会）搭建了业主与物业管理人员沟通的桥梁，并开设教育性专题讲座和课程，帮助物业管理人员优化知识结构、培养职业道德。

2. 美国物业管理的特点

美国的物业管理位居世界领先水平，已经成为城市建设和管理的一个重要产业，具有以下六个特点。

（1）管理细分程度高，专业化服务发达。

（2）以人为本，顾客至上。

（3）制度健全，管理严格。

（4）信息技术应用广泛，基本实行“全过程”物业管理。

（5）风险防范机制健全。

（6）职业化体系完备。

（二）新加坡的物业管理

1. 新加坡物业管理的概况

新加坡的物业管理具有成熟、完善的组织体系，提供“以人为本”的全方位服务。新加坡的物业管理统归建屋发展局负责。建屋发展局于 1960 年成立，隶属于国家发展

部，行使公共住宅区的管理职能、政府组屋建设职能和住房分配职能。1988 年以后，由市镇理事会接管原本由建屋发展局管理的公共住宅及其物业管理。建屋发展局只负责提供支援性服务。物业服务企业受到市镇理事会的委托，代为管理物业。“大而全”的物业服务企业和“专而精”的专业承包公司组成了一个成熟的物业管理服务产业。其中，政府的约束作用是支配物业管理产业发展的一支主要力量。资金问题是新加坡物业管理面临的难题之一，新加坡物业管理的资金主要来源于以下几个途径：政府补贴，物业管理费用，物业管理单位便民服务的收入，以及建屋发展局在售屋及租屋的利润中留下一部分作为物业管理资金。

2. 新加坡物业管理的特点

新加坡政府在物业管理中扮演着规范与监督的作用，主要表现在：

（1）新加坡政府重视公共住宅物业的管理。

（2）新加坡政府注重物业内公共设施的保养与维修。

（3）新加坡政府对物业服务企业的管理非常严格，其营业执照需要每年审批核发。

（4）新加坡政府强调对居民小区进行法制化管理。

（三）日本的物业管理

1. 日本物业管理的概况

日本健全的市场体制与高素质的居民为物业管理提供了良好的环境。2000 年 12 月，日本颁布了物业管理法律《关于推进公寓管理规范化的法律》，对物业管理涉及的各类法律关系，对物业公司及从业人员的资格，以及物业管理者与业主之间的权责关系作了十分明确的规定。日本的物业管理十分严格，物业管理企业需领取特别经营许可证才能够从事物业管理，物业管理从业人员需经过考试并取得资格后才能担任管理职务。日本物业服务企业的职责是向业主提供服务，而服务的内容是由业主事先同公司协商确定的。由业主自行组织成立的居民管理委员会有权选择和淘汰物业服务企业，在日本业主与物业服务企业之间的纠纷很少见。居民管理委员会负责了解业主的意见与要求，监督和检查物业服务企业的工作，同时确定专人管理账目。居民管理委员会所有成员都是业余的，没有报酬。日本物业服务企业之间的竞争十分激烈，因而各企业特别注重降低成本和提高工作效率，住宅楼的管理人员很少，没有安保人员 24 小时值班，由警察负责社区的安全防范。一旦住户的水、电、气等发生故障，居民可直接通知相关公司前来维修。

2. 日本物业管理的特点

日本是一个法制成熟的市场经济国家，物业管理的发展也较为成熟，主要体现在以下五个方面。

（1）物业管理的法律基础好。

（2）物业管理企业资质与从业人员资格管理十分严格。

（3）居民素质高，物业管理的社会环境好。

（4）物业服务企业的专业化程度高。

（5）政府依赖社会中介组织实现对物业管理行业进行规范和管理。

（四）中国香港的物业管理

20 世纪 60 年代，中国香港在实施公共房屋计划的同时，从英国引进物业管理理论和方法，并结合本土的实际情况于 1966 年成立了“英国皇家物业经理学会香港分会”。香港物业管理主要法规是立法局于 1970 年制定的《多层建筑物（业主法团）条例》。直接负责物业管理的政府机构是房屋署。香港的物业大体上可分为公共屋邨（村）、居屋苑、私人楼宇、商业楼宇及临时房屋等几类。公共屋邨（村）由香港房委会下属的物业管理委员会管理，私人楼宇大部分由“业主立案法团”及其管理委员会自行管理，小部分私人楼宇由物业管理公司管理，临时房屋区由政府下属的物业管理机构负责管理。总的来说，香港的物业管理呈现出以下特点。

（1）独特的物业管理组织体系。涉及物业管理的机构与组织主要包括：公共村屋办事处、业主立案法团、业主咨询委员会、大厦户主委员会等。

（2）公共屋邨（村）的物业管理占有重要地位。

（3）能很好地贯彻物业保值增值的目标，并为住户提供良好的居住环境。

（4）政府与私营物业服务公司合作多样化，尤其是 1997 年香港回归之后。

（5）物业管理业务范围多元化、全方位。

（6）注重对物业管理操作流程，不管是前期管理阶段的接管验收工作，还是后期物业管理服务工作的流程都非常全面、具体。

本章小结

1. 物业是指已建成并投入使用的各类房屋及与之相配套的设施、设备和场地，具有自然属性、经济属性和法律属性的特点。

2. 物业管理是指专门的机构受物业所有人的委托，按照国家法律以及合同和契约行使管理权，运用现代管理科学和先进的技术对已投入使用的物业以经营的方式进行管理，同时对物业周围的环境、清洁卫生、安全保卫、公共绿化、道路养护等统一实施专业化管理，并向业主或租户提供多方面的综合性服务。

3. 物业管理在房地产开发中的作用主要体现在以下方面：物业是房地产开发的重

要组成部分、良好的物业管理能使物业的价值最大化、物业管理是房地产开发的需要。

4. 物业管理市场是物业管理服务交换关系的总和，因此包含了参与交换的市场主体，市场客体和市场环境。其中市场主体包括供给主体、需求主体和协调主体。市场客体包括物业管理的基本服务和多种经营服务。

5. 物业服务企业是指依法设立、具有独立法人资格，从事物业管理服务活动的企业，我国物业服务企业实施资质管理，物业服务企业资质等级分为一级、二级、三级。

6. 我国物业管理的发展经历了起步和探索、快速发展、规范化与法制化发展、网络化与多种经营服务四个阶段。

复习题

1. 简述物业与物业管理的概念。

2. 物业管理对房地产开发有何作用？

3. 物业管理市场包括哪些要素？

4. 我国物业管理现在处于哪个阶段？有何特点？

问题与应用

1. 我国物业管理的发展分为几个阶段？简述其特征、代表性事件和法规。

2. 思考美国、日本、新加坡和中国香港等先进国家与地区物业管理主要特征，以及与我国物业管理的异同。

3. 物业管理服务，是指业主与物业服务企业通过物业服务合同约定的（　　）基础服务。

A. 公有性　　　　B. 专业性

C. 关联性　　　　D. 全面性

4. 关于物业管理的说法，正确的是（　　）。

A. 物业管理的直接责任主体是物业服务企业

B. 物业管理的对象是房屋及其附属设施设备和相关场地

C. 物业管理的内容是维修、养护、管理

D. 物业管理的性质是公益性的公共服务活动

5. 我国第一部系统规范物业管理制度的规范性文件是（　　）。

A. 《城市新建住宅小区管理办法》

B. 《全国城市物业管理优秀大厦评分标准》

C. 《物业管理条例》

D. 《物业住宅小区物业管理服务收费暂行办法》

第二章　物业管理基本理论

学习目标

物业管理实践活动需要理论的支持与指导，本章从法律学、经济学角度介绍了建筑物区分所有权理论、公共产品理论和委托代理理论对物业管理的解释与指导。本章内容是物业管理活动开展的理论基础。

1. 知识目标

➢掌握建筑物区分所有权理论的内涵以及对物业管理的指导；

➢掌握公共产品理论的内涵以及物业管理的公共产品属性；

➢掌握委托代理理论的内涵以及物业管理中的委托代理关系。

2. 能力目标

➢具备运用建筑物区分所有权理论、公共产品理论和委托代理理论分析物业管理实践活动的能力。

知识结构导图

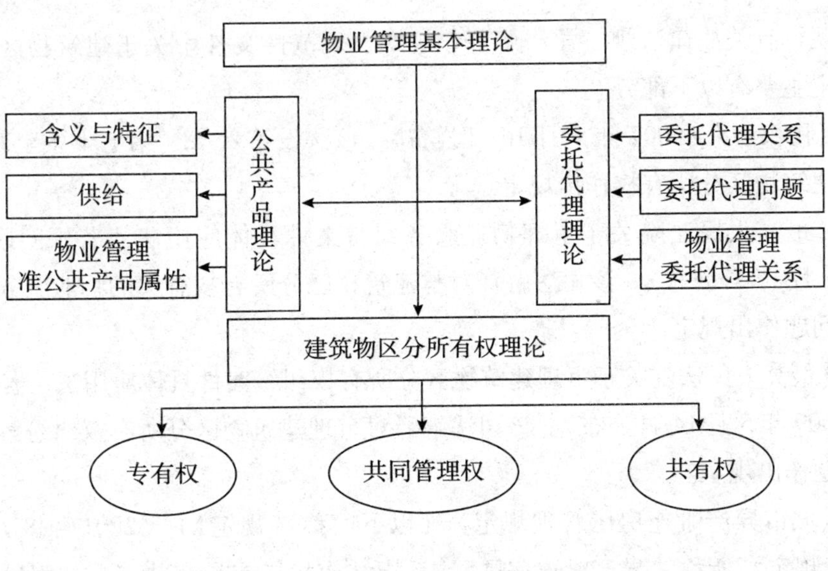

第一节　建筑物区分所有权理论：物业管理的法律学依据

一、建筑物区分所有权概述

（一）建筑物区分所有权的概念

建筑物区分所有权，是指多个业主共同拥有一栋建筑物时，各个业主对其在构造和使用上具有独立的建筑物部分所享有的所有权和对供全体或部分所有人共同使用的建筑物部分所享有的共有权以及基于建筑物的管理、维护和修缮等共同事务而产生的共同管理权的总称。《物权法》第七十条规定：业主对建筑物内的住宅、经营性用房等专有部分享有所有权，对专有部分以外的共有部分享有共有和共同管理的权利。根据上述规定可知，业主的建筑物区分所有权由以下三部分构成。

（1）业主对专有部分的所有权。即业主对建筑物内的住宅、经营性用房等专有部分享有所有权，有权对专有部分占有、使用、收益和处分。

（2）业主对建筑区划内的共有部分的共有权。即业主对专有部分以外的共有部分如电梯、过道、楼梯、水箱、外墙面、水电气的主管线等享有共有的权利。

（3）业主对建筑物区划内的共有部分的共同管理权。即业主对专有部分以外的共有部分享有共同管理的权利。

（二）建筑物区分所有权制度的相关规定

我国现行有关法律法规、司法解释、规章、规范性文件中关于建筑物区分所有权制度的规定主要有以下部分。

（1）《物权法》（2007 年 9 月 16 日公布）。该法设第六章（第七十条至八十三条）对业主的建筑物区分所有权作出规定。

（2）《最高人民法院关于审理物业服务纠纷案件具体应用法律若干问题的解释》（2009 年 5 月 15 日公布）。该司法解释对与建筑物区分所有权有关的物业服务纠纷案件应用法律问题作出规定。

（3）《最高人民法院关于审理建筑物区分所有权纠纷案件具体应用法律若干问题的解释》（2009 年 5 月 14 日公布）。该司法解释对审理建筑物区分所有权纠纷案件具体应用法律问题作出规定。

（4）《城市异产毗连房屋管理规定》（以下简称《规定》）（2001 年 8 月 15 日修正）。该《规定》所称“异产毗连房屋”，系指结构相连或具有共有、共用设备和附属建筑，而为不同所有人所共有的房屋。此所谓“异产毗连房屋”即指存在区分所有权形式的建筑物。该《规定》对有关区分所有建筑物的共有权的行使和限制、共有和共用部分的管理和维护、修缮费用的分担、纠纷处理程序等问题作了具体的规定。

(5) 其他。如：①1997 年 4 月 3 日，建房〔1997〕65 号《关于加强公有住房售后维修养护管理工作的通知》；②1995 年 12 月 1 日建设部发布的《商品房销售面积计算及公用建筑面积分摊规则（试行)》；③1996 年 2 月 9 日国家计委、建设部颁发的《城市住宅小区物业管理服务收费暂行办法》；④建设部 1997 年 8 月 29 日建房字第 219 号文发布《关于加强商品房销售、房改售房与物业管理衔接工作的通知》等。建设部发布的这些办法、通知等均从不同侧面涉及了区分所有权法律制度的某些内容。

二、建筑物区分所有权的内容

(一) 专有部分的所有权

1. 专有部分的范围

建筑物的专有部分是指构造上能够明确区分、具有排他性且可以独立使用登记的建筑物构成部分。建筑区划内符合下列条件的房屋，以及车位、摊位等特定空间，应当认定为建筑物的专有部分。

(1) 具有构造上的独立性，能够明确区分。

(2) 具有利用上的独立性，可以排他使用。

(3) 能够登记成为特定业主所有权的客体。

(4) 规划上专属于特定房屋，且建设单位销售时已经根据规划列入该特定房屋买卖合同中的露台等。

2. 专有部分所有权的行使

(1) 业主对其建筑物专有部分享有占有、使用、收益和处分的权利。

(2) 业主行使专有部分所有权时，不得危及建筑物的安全，不得损害其他业主的合法权益。

(3) 业主转让建筑内的住宅、经营性用房等专有部分，其对共有部分享有的共有和共同管理的权利一并转让。

(二) 共有部分的共有权

1. 共有部分的范围

共有部分是指建筑物专有部分以外的部分。《物权法》第七十三条规定：“建筑区划内的道路，属于业主共有，但属于城镇公共道路的除外。建筑区划内的绿地，属于业主共有，但属于城镇公共绿地或者明示属于个人的除外。建筑区划内的其他公共场所、公用设施和物业服务用房，属于业主共有。”需要注意的是，法律规定的绿地、道路归业主所有，不是说绿地、道路的土地所有权归业主所有，而是说绿地、道路作为土地上的附着物归业主所有。物业管理用房归业主所有，与《物业管理条例》的规定一致。《物业管理条例》第三十八条规定：“物业管理用房的所有权依法属于业主。未经业主大会同意，物业服务企业不得改变物业管理用房的用途。”

除法律、行政法规规定的共有部分外，建筑区划内的以下部分，应当认定为建筑物的共有部分：

（1）建筑物的基础、承重结构、外墙、屋顶等基本结构部分，通道、楼梯、大堂等公共通行部分，消防、公共照明等附属设施、设备，避难层、设备层或者设备间等结构部分；

（2）其他不属于业主专有部分，也不属于市政公用部分或者其他权利人所有的场所及设施等。

建筑区划内的土地，依法由业主共同享有建设用地使用权，但属于业主专有的整栋建筑物的规划占地或者城镇公共道路、绿地占地除外。

2. 专有部分所有权的行使

（1）业主对共有部分享有权利、承担义务，不得以放弃权利不履行义务。

（2）建筑物共有部分及其附属设施的费用分摊、收益分配等事项，有约定的，按照约定；没有约定或者约定不明确的，按照业主专有部分占建筑物总面积的比例确定。

（3）业主转让建筑内的住宅、经营性用房等专有部分，其对共有部分享有的共有和共同管理的权利一并转让。

（三）共同管理权

1. 共同管理权的范围

《物权法》第七十六条第一款规定，建筑区划内的下列事项需由业主共同决定：

（1）制定和修改业主大会议事规则。业主大会议事规则是业主大会组织、运作的规程，需要由业主共同决定。

（2）制定和修改建筑物及其附属设施的管理规约。建筑物及其附属设施的管理规约是业主自我管理、自我约束、自我规范的规则约定，涉及每个业主的切身利益，应当由全体业主共同制定和修改。

（3）选举业主委员会和更换业主委员会成员。业主通过业主大会选举能够代表和维护自己利益的业主委员会委员，成立业主委员会。对不遵守管理规约，责任心不强的业主委员会委员予以更换。

（4）选聘和解聘物业服务企业或者其他管理人。物业服务企业或者其他管理的管理水平如何，与业主利益有着直接的关系，通过业主大会集体决策，可以较好的选聘和解聘物业服务企业或者其他管理人。

（5）筹集和使用建筑物及其附属设施的维修资金。维修资金的筹集、使用关系到业主的切身利益，应当由业主共同决定。

（6）改建、重建建筑物及其附属设施。建筑物及其附属设施的改建、重建，涉及业主建筑物区分所有权的行使及费用的负担，需要业主共同决定。

（7）有关共有和共同管理权利的其他重大事项。除上述所列事项外，对建筑区划内有关共有和共同管理权利的其他重大事项，也需要由业主共同决定。例如，如何对物业公司的工作予以监督，如何与居民委员会协作等。

2. 共同管理权的行使

《物权法》第七十六条规定了业主共同管理权行使的表决规则：

（1）决定筹集和使用建筑物及其附属设施的维修资金；改建、重建建筑物及其附属设施，应当经专有部分占建筑物总面积2/3以上的业主且占总人数2/3以上的业主同意。

（2）决定有关制定和修改业主大会议事规则；制定和修改建筑物及其附属设施的管理规约；选举业主委员会或者更换业主委员会成员；选聘和解聘物业服务企业或者其他管理人以及有关共有和共同管理权利的其他重大事项，应当经专有部分占建筑物总面积过半数的业主且占总人数过半数的业主同意。

第二节　公共产品理论：物业管理的经济学依据

一、公共产品理论

（一）公共产品的含义与特征

公共产品理论的发展源头，最早可追溯到古典学派，以大卫·休谟的“搭便车”思想和亚当·斯密的政府“守夜人”职能等理论为代表。1954年萨缪尔森在著名的《公共支出的纯粹理论》中对公共产品进行了经典定义，他认为，公共产品是每个人对它的消费不会减少他人对该产品的消费量的产品。简言之，公共产品一般指的是具有“非竞争性”和“非排他性”两个特征的产品。其中，“非竞争性”是指一个人对于某一产品的消费并不减少或不影响其他人同时对它的消费，“非排他性”是指一种产品一旦生产出来，无论是否支付了费用，任何人都可消费。这一公共产品经典定义的完成标志着现代公共产品理论的诞生。

其后，国内外学者在萨缪尔森的基础上对公共产品的概念进行了补充和发展，现代公共产品理论得到进一步发展。一方面，马斯格雷夫、布坎南、洪银兴、刘建平等学者对萨缪尔森的经典定义进行了拓展，进一步丰富了现代西方公共产品理论体系。以马斯格雷夫、布坎南等为代表的学者从物品“非排他性”和“非竞争性”的强弱出发，结合实际情况，提出了准公共产品概念。他们认为同时具有“非排他性”和“非竞争性”的纯公共产品在现实生活中是很难找到，广义的公共产品应该既包括纯公共产品，又包括具有有限“非竞争性”或有限“非排他性”的准公共产品。以洪银兴、刘建平等为代表的学者从公共产品的特征出发，认为公共产品除了“非竞争性”和“非排他性”特征，还有其他一些派生特征，主要包括生产的不可分割性，规模效益与初始投资大，具有较大的社会效益等。

另一方面，国内部分学者在比较中外国情差异的基础上对公共产品进行了研究，形成了具有中国特色的公共产品理论。区别于西方公共产品经典定义的“经济属性”基础，中国特色公共产品理论强调了公共产品的社会属性，认为公共产品的本质属性是满足社会的共同需要，因此，在理解公共产品时，要看产品被消费后的受益属性，如果一个产品消费产生的主要是“外部社会受益”，即使产品不满足“非竞争性”和“非排他性”特征，也可以判断为公共产品。基于此，中国特色的公共产品理论认为公共产品应该具有“满足社会公共需求”和“应该由具有权威的公共组织提供”的特征。

（二）公共产品的供给

对于公共产品而言，不管是在中国特色公共产品理论下的公共产品属性还是在西方公共产品理论下的准公共产品属性都决定了它的有效生产必须由公共组织补助或者直接提供，以弥补私人供给的不足性。

首先，在中国特色的公共产品理论中，“由具有权威的公共组织（如政府）提供”是公共产品的基本特征之一。其次，在西方经济学理论中，公共产品属于“市场失灵”的一个重要领域，也就是私人供给具有不足性。一方面，由于公共产品具有非排他性，如果由私人通过市场提供会有“搭便车”现象的存在，从而导致“公共地的悲剧”；另一方面，外部性的存在会导致其产出数量低于最优数量的产出，其结果便是供给数量的不足。可见，公共产品的本质特征决定了私人组织是不愿意也没有能力提供的，这也为由公共组织（如政府）提供公共产品提供了理论依据。因为相较于私人组织而言，公共组织可以通过强制性的政策或合同来解决公共产品的非竞争性和非排他性的问题，减少“搭便车”现象，以此弥补“市场缺陷”，实现公共产品的帕累托最优。

二、物业管理与公共产品理论

（一）物业管理的准公共产品属性

物业管理是指业主通过选聘物业服务企业，由业主和物业服务企业按照物业服务合同约定，对房屋及配套的设施设备和相关场地进行维修、养护、管理，维护相关区域内的环境卫生和秩序的活动。根据公共产品理论和物业管理的产品特征，可以认为物业管理具有有限“非排他性”和有限“非竞争性”特征，可归属于准公共产品。

1. 物业管理具有有限“非排他性”

在公共环境、安全护卫以及社区秩序等方面提供的服务无法按照谁付款谁受益的原则，限定给某些住户享受，小区的住户不管付费与否，都能同时享受这些服务。但是，这些服务对于小区外的人来说则是排他的，因此，物业管理具有局部的排他性。

2. 物业管理具有有限“非竞争性”

在一定的消费容量下，对于物业服务者提供的公共服务，不付费住户的“搭便车”行为不影响付费住户的使用效果。但是，当消费人员超过一定规模后就会产生拥挤效应，因此，物业服务具有一定的竞争性。

3. 物业管理具有外部性

物业管理的外部性表现在以下几个方面：首先，高质量的物业管理能使物业保值增值，提升物业的价值；其次，小区物业管理是社区管理的组成部分，高质量的物业管理能够有效提高政府社区管理的效率；再次，高质量的物业管理能够通过社区文化活动，改善邻里关系，提升业主素质，促进和谐社会的建设。

（二）物业管理的供给

根据公共产品理论，物业管理的准公共产品属性决定了私人是不愿意也没有能力提供的，这为政府介入提供了必要条件，但是并非充要条件。政府与市场一样也存在着缺陷，市场解决不好的事情，政府的干预也未必能有效，正如科斯所言，“直接的政府管制未必会带来比市场和企业更好的解决问题的结果”，政府也可能会产生失灵。一方面，政府部门的行政性质决定了其在社会中不存在竞争对象，支配私人企业行动的价格机制在政府身上将失去应有的效力，在没有成本约束和不以利润最大化为标准的情况下，政府在弥补市场失灵过程中所支付的成本可能超出社会本应支付的成本。另一方面，政府决策中的行为主体具有与市场经济人一致的“经济人”特性，在缺乏诸如经济效益等约束机制的限制下，将会以追求个人效用最大化为目的。这样一来，行为主体将以个人边际利益等于个人边际成本来选择和实施相应的准则和制度，而不是社会边际利益等于社会边际成本，导致决策的结果偏离公共目标，出现“政府失灵”现象。

物业管理市场的失灵需要政府直接参与提供物业管理服务或者进行干预，政府失灵的存在又要求政府减少对物业管理市场的干预或调节。然而无论如何，政府在物业管理中的作用是不可或缺的，尤其是像中国这样一个市场经济尚不成熟的国家，政府的作用显得更加重要。因此，物业管理的供给需要政府和市场共同完成。政府的职能主要体现为物业管理法律规范体系的制定者、物业管理主体活动的监督者，而物业管理的直接供给则由市场完成，例如物业服务企业、专业管理机构等。

第三节　委托代理理论：物业管理的经济学基础

一、委托代理理论

委托代理理论是制度经济学契约理论的主要内容之一，委托代理理论的中心任务是研究在利益相冲突和信息不对称的环境下，委托人如何设计最优契约激励代理人。

（一）委托代理关系

只要在一种安排中一个人的福利取决于另一个人所做的，委托代理关系就存在了。委托代理关系是指一个或多个行为主体根据一种明示或隐含的契约，指定、雇用另一些行为主体为其服务，同时授予后者一定的决策权利，并根据后者提供的服务数量和质量对其支付相应的报酬。授权者就是委托人，被授权者就是代理人。

委托代理关系起源于“专业化”的存在。当存在“专业化”时就可能出现一种关系，在这种关系中，代理人由于相对优势而代表委托人行动。现代意义的委托代理的概念最早是由罗斯提出的：“如果当事人双方，其中代理人一方代表委托人一方的利益行使某些决策权，则代理关系就随之产生。”

委托代理关系形成的基本条件为：

（1）市场交易中，存在两个或两个以上相互独立的行为主体，他们在一定约束条件下各自追求效用最大化。

（2）市场交易的参与者均面临不确定性风险，而他们掌握的信息处于非对称状态。

（二）委托代理问题

当代理人的利益与委托人的利益不一致时，就出现了委托代理问题，即委托人无法确保代理人按照自己的要求行事。

导致委托代理问题的原因主要有以下几个方面。

（1）委托人与代理人之间信息不对称。一方面，委托人无法确切地知道代理人的知识、能力、素质等；另一方面，由于时间与精力的限制、知识与能力等技术上的制约以及成本方面的考虑，委托人不能对代理人的工作行为如努力程度、有无机会主义做法进行全面的监督，于是委托人只能根据可观测到的变量来推断代理人的隐藏信息和隐藏行动，导致委托人的主动权和对代理人的有效监控受到制约。

（2）委托人与代理人责任不对称。代理人不按合同规定行事对委托人造成了损害，但却没有对这种导致损害的行为进行惩罚。例如，代理人掌握着企业的经营管理权，却对企业的盈亏不直接承担责任，而委托人失去了企业的经营管理权，却直接承担企业盈亏的后果，这种责任上的不对称极大地弱化了代理人的约束，使得代理人缺乏认真负责、努力工作的压力。

（3）委托人与代理人目标函数不一致。例如，资本所有者作为委托人拥有剩余索取权，所追求的目标函数是利润最大化，从而实现资本收益的最大化，而拥有企业控制权的经理人员作为代理人，一方面追求更高的薪酬、资金等货币效用；另一方面还力图追求更高的非货币效用，如舒适的办公条件、晋升等。委托人与代理人的预期目标的不一致会导致两者的行为准则、价值取向不和谐甚至相互冲突。

（三）委托代理问题的解决

1. 充分信息

公司的内部治理机制在信息充分的条件下即股东对董事会及经理人的行为无所不知的情况下，股东可以清楚地知道经理人的经营能力，据此付酬或预先确定使其利润最大化的某一水平，与经理人签订契约。所以，如果信息充分，不管目标函数是否不一致，股东仍可以很好地控制经理人的行为，这种公司治理效率是最高的，其结果会达到帕累托最优状态。因此，解决信息不对称问题理论上讲，关键在于要有一个完全竞争和完备的市场体系。

2. 内部控制

内部控制是基于经营管理当局与次级管理人和一般员工之间的委托代理关系而产生的。从目标来看，建立有效的公司治理结构是在股东大会、董事会、监事会和经营管理者之间合理配置权限和公平分配利益，明确各自职责，建立有效的激励、监督和制衡机制，实现所有者、管理者和其他利益相关者之间的制衡，其侧重点是实现各相关主体责权利的对等，减少代理成本。

3. 报酬激励机制

设计一套合理的报酬激励机制能有效解决委托代理问题。在该报酬激励机制下，委托人把自己的利益“植入”代理人的利益之中，或者“搭载”到代理人的利益之上，这样，当代理人为自己的利益而采取行动时，他同样也就是在为委托人的利益服务，从而解决委托人与代理人利益不一致问题。例如，股票期权计划能够通过把股东与经理的利益捆绑在一起而解决委托代理问题；绩效工资计划能够通过把雇主与雇员的利益捆绑在一起而解决委托代理问题。

二、物业管理中的委托代理关系

（一）物业管理委托代理的含义

由于以下几个原因，房屋产权人需要寻找代理人进行自己没有能力或者不愿意进行的物业管理活动，物业管理的委托代理关系也就此产生。

1. 消费偏好各异

随着我国经济体制由计划经济向市场经济转变，住房制度改革逐步深化，房屋商品化，房屋产权多元化。由于个人消费偏好的差异，业主们对物业管理的要求不尽相同，业主自治难以实现。

2. 服务需求增强

房屋作为价值高的资产，是大多数家庭最主要财产以及财富积累的主要形式，人们对房屋财产的使用、维护、保值提出了较强的服务要求，这些需要高水平的专业物业管理服务。

3. 专业化要求高

一个物业项目里往往有成百上千业主，而随着科学技术的发展，建筑物技术含量越来越高。这种公共性的物业管理服务不可能由单个业主或少数业主来完成，需要通过全体业主委托专业化的物业服务企业来提供这种服务。

因此，物业管理的委托代理关系可以理解为：业主为了使自己的物业能正常使用、服务需求得到满足、物业保值增值，成立能代表业主利益的机构，并委托该机构在市场中寻找合适的代理人，将其物业的管理权委托给代理人行使，并付给一定的酬金。

（二）物业管理委托代理关系的类型

由于物业管理中涉及多个主体，如业主、业主委员会、物业服务企业、建设单位、专业服务企业等，这些主体之间存在着较大的信息不对称，从而导致物业管理中存在着复杂的委托代理关系。物业管理中的委托代理关系主要有以下几种。

1. 前期物业管理中的委托代理关系

建设单位与物业服务企业签订前期物业服务合同，把物业的前期物业管理权委托给物业服务企业行使，物业服务企业通过劳务合同聘请管理和服务人员开展物业服务工作。必要时，通过签订服务外包合同，把其中一些项目外包给专业服务企业。如图2－1所示。

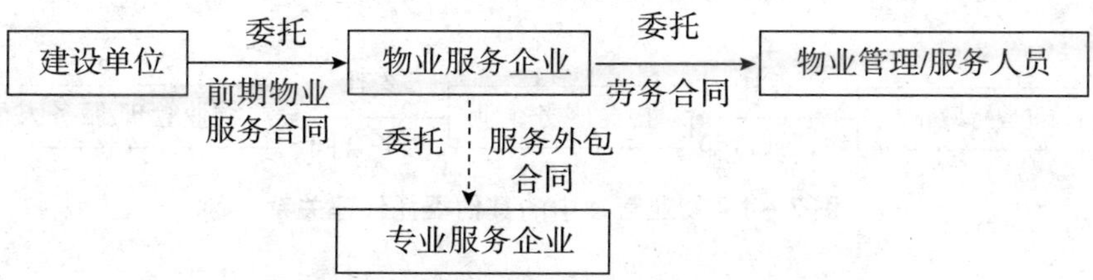

图2－1　前期物业管理中的委托代理关系

2. 单一业主的物业管理委托代理关系

单一业主与物业服务企业签订物业服务合同，把物业的物业管理权委托给物业服务企业行使。物业服务企业通过劳务合同聘请管理和服务人员开展物业服务工作。必要时，通过签订服务外包合同，把其中一些项目外包给专业服务企业。如图2－2所示。

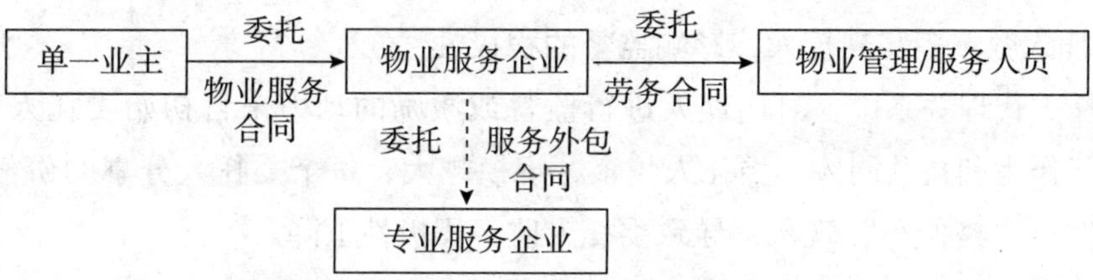

图2－2　单一业主的物业管理委托代理关系

3. 多个业主的物业管理委托代理关系

业主通过业主大会选举组建业主委员会，业主委员会代表业主与物业服务企业签订物业服务合同，把物业的物业管理权委托给物业服务企业行使。物业服务企业通过劳务合同聘请管理和服务人员开展物业服务工作。必要时，通过签订服务外包合同，把其中一些项目外包给专业服务企业。如图2－3所示。

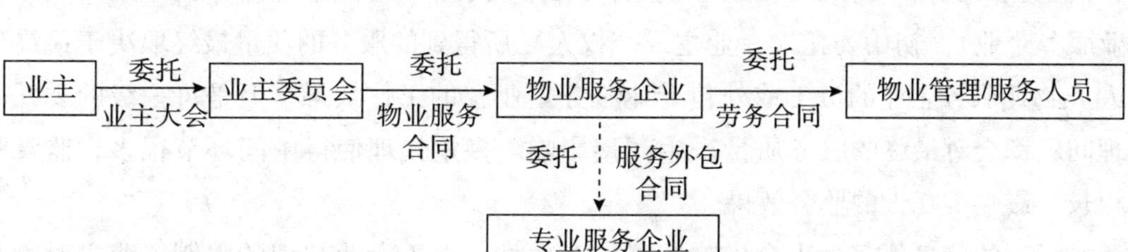

图2－3　多个业主的物业管理委托代理关系

4. 物业管理中的其他委托代理关系

市政事业单位通过签订服务协议，把相关事项委托给物业服务企业，如代收代缴水电气费等。政府相关行政部门通过相关政策制度，把相关行政事务委托给物业服务企业，如，装饰装修监督、社区治安宣传等。如图 2－4 所示。

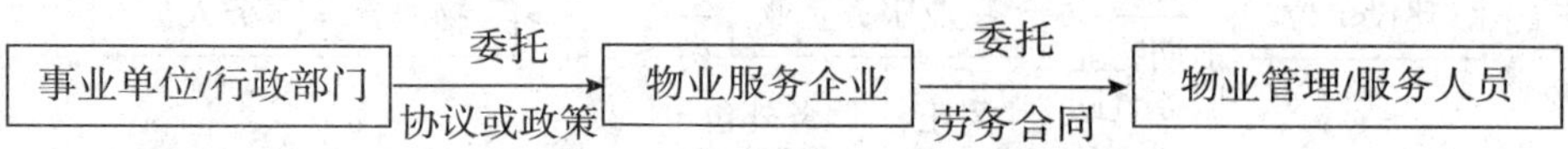

图 2－4　物业管理中的其他委托代理关系

（三）物业管理委托代理特点及问题

物业管理的质量取决于物业服务企业的工作水平和工作积极性，其中，工作积极性受监督与激励的影响，工作水平由物业服务企业的管理和服务水平决定。因此，从委托—代理关系角度而言，物业管理委托—代理关系的可持续性取决于两方面：一是业主所采取的监督与激励的有效性；二是物业服务企业的管理和服务水平。这两方面都会导致相应的委托代理问题，影响物业管理的效率与质量。

1. 委托人数量多与规模大，影响监督的积极性

在委托—代理关系中，对代理人进行监督或激励的动力来自初始委托人对产权利益的追求。作为利益共同体，委托人越多，规模越大，每个委托人分享的份额就越小，很可能会发生“搭便车”现象，导致委托人监督积极性下降。

物业管理委托—代理关系中的委托人包括建设单位、业主、业主委员会、物业服务企业等，其中业主是最重要的委托人。住宅小区的业主一般都具有人数多、规模大的特点，因此，在监督物业服务企业服务方面存在“搭便车”现象，导致业主对物业服务企业的监督积极性不够。

2. 多重代理与信息不完全，影响监督的有效性

物业管理委托代理关系由若干个连续性的合约构成，从初始委托人（业主或产权人）到业主委员会，再到物业服务企业，到最终代理人（物业管理与服务人员或外包专业服务企业）。初始委托人（业主或产权人）所得到的服务的质量最终取决于最终代理人（物业服务企业的员工或外包专业服务企业）的工作效果，但是每一级的委托—代理问题都会对最终的服务质量产生间接影响。多重代理使得中间环节很多，监督距离很长，影响委托人的监督效果。

委托人的信息不完全也会影响监督的有效性。由于专业知识的限制，业主对物业服务企业的工作缺乏正确认识与判断，导致业主不能有效履行监督业主委员会或物业服务企业的权利。

（四）物业管理委托代理问题的解决

委托人进行监督与激励的有效性和代理人代理能力的提高都能有效缓解委托—代理矛盾。具体到物业管理委托—代理问题，提高业主监督与激励的有效性，从而促使物业服务企业提高工作积极性和工作水平显得更为重要。

1. 建立健全物业管理政策与制度体系

政策与制度是委托人监督代理人的依据，是明确双方权利义务的依据，也是制定合约的依据。建立与完善物业管理政策与制度体系能够保障物业管理工作的权威性和科学性，提高委托人和代理人的违约成本，减少信息不对称带来的违约行为。

2. 有效组建与发挥业主委员会作用

首先，要组建一个有能力和有意愿履行工作职责的业主委员会。委员会对业主负责，真正代表全体业主，实施监督物业管理工作的权利与义务。其次，业主委员会要加强学习与宣传物业管理相关政策与制度，提高业主委员会和全体业主监督物业管理工作的有效性。

参考资料

物业管理的特点与现实困境

1. 物业管理的特点

物业管理因其性质决定，无疑是最具市场化特征的行当之一。首先，由谁管、怎么管是物业公司与业主双向选择的结果；其次，日常管理也不是由物业公司一方完成，而是由物业公司与业主委员会双方来完成。自然，管理效果也是由物业公司与业主委员会包括业主行为决定的。任何一方的不作为或行为失当，都会影响物业拥有者的工作生活及环境秩序甚至使之陷入混乱。生活小区尤其如此。因为，现如今，生活小区的许多居民住的都是公寓——高层或低层楼房，也就是说，其物业许多是共有的，属公共物产，从某种程度上说大家是共存共生的。

业主与物业公司，实际上是主人与管家的关系。业主将自己的物产委托给物业公司来管理，这是产权人对物产的一种处置权。但不是让管家管，自己就什么都不管了。业主委员会包括业主，有责任督促、协助管家管好自己及大家的物业。

2. 物业管理的现实问题

目前，我国许多物业公司及小区居民对物业管理的特点仍缺乏足够的认识。最明显的误区是：物业公司认为我就是来管业主的而缺少服务意识；而业主则认为我就是享受服务的而缺少参与管理、监督管理的意识，缺少公共意识、责任意识。这种认识上的误区以及对双方责权利的模糊认识，加之相关制度的缺失及职业素养、个人素养的欠缺，就带来许多问题，产生许多矛盾。

物业公司方面，不尊重业主权利，摆不正自身位置，管理特别是收费管理缺乏公开透明；只注重赢利，忽视自身管理服务方面存在的问题，如人员素质不高、服务意识和技能不强、服务标准和服务水平低下等，不能按照合同工要求为业主提供质价相符的服务。

业主方面，业主的物业知识缺乏，部分业主习惯于过去的"无偿福利型"服务，缺乏"花钱买服务"的消费意识，物业服务费标准低、收缴率低，致使物业企业生存困难，服务难以为继；有些业主将违章建筑、治安问题、垃圾费收取问题、毁绿种菜等不完全属于物业管理方面的问题也完全归罪于物业公司，而不知或无视物业公司无行政执法权的事实；有的业主将前期开发建设环节遗留的配套设施、房屋质量等"先天不足"带来的后遗症等问题也视为物业管理问题，并以此为由少缴费或不缴费等。

许多小区未成立业主委员会，一些成立业主委员会的也未履行相应责任，甚至有的借此谋利，等等。业主知情权和选择权无法得到保证、设施收益权属模糊、业主委员会无社团法人地位等问题，也时常困扰着住宅小区的物业管理。

因此，好的物业管理，不仅取决于物业公司的成熟度，更取决于业主的成熟度，当然也取决于相关法律的成熟度。

资料来源：《人民日报》（2015 年 6 月 23 日 20 版）。

本章小结

1. 业主的建筑物区分所有权由三部分构成：业主对专有部分的所有权、业主对建筑区划内的共有部分的共有权、业主对建筑物区划内的共有部分的共同管理权。业主对其建筑物专有部分享有占有、使用、收益和处分的权利。业主对共有部分享有权利、承担义务，不得以放弃权利不履行义务。《物权法》第七十六条规定了业主共同管理权按照《物权法》规定的表决规则行使。

2. 西方经济学理论认为，公共产品一般指的是具有"非竞争性"和"非排他性"两个特征的产品，广义的公共产品应该既包括纯公共产品，又包括具有有限"非竞争性"或有限"非排他性"的准公共产品。中国特色的公共产品理论认为公共产品具有"满足社会公共需求"和"应该由具有权威的公共组织提供"的特征。

3. 公共产品必须由公共组织补助或者直接提供，以弥补私人供给的不足性。

4. 物业管理具有有限“非排他性”、有限“非竞争性”和外部性等特征，属于准公共产品。

5. 物业管理市场的市场失灵与政府失灵的同时存在，决定了物业管理的供给需要政府和市场共同完成。政府的职能主要体现为物业管理法律规范体系的制定者、物业管理主体活动的监督者，而物业管理的直接供给则由市场完成，例如物业服务企业、专业管理机构等。

6. 导致委托代理问题的原因主要包括委托人与代理人之间信息不对称、委托人与代理人责任不对称、委托人与代理人目标函数的不一致等。

7. 物业管理中的委托代理关系主要包括前期物业管理中的委托代理关系、单一业主的物业管理委托代理关系、多个业主的物业管理委托代理关系以及其他委托代理关系。

8. 由于物业管理委托代理具有委托人数量多与规模大、多重代理与信息不完全等特点，导致委托人监督的积极性与有效性不高的问题。可通过建立健全物业管理政策与制度体系、有效组建与发挥业主委员会作用等措施解决委托代理问题。

复习题

1. 建筑物区分所有权的内容包括哪些以及如何行使?
2. 如何理解物业管理的准公共产品属性?
3. 物业管理中存在着哪些委托代理关系?
4. 物业管理委托代理存在着哪些问题以及该如何解决?

问题与应用

1. 下列现象中，属于经济学意义上的外部性的是（　　）。

A. 个别业主在过道上摆放物品妨碍他人通行

B. 专业公司服务中偷工减料使业主受损

C. 物业服务企业依约美化小区环境使业主受益

D. 突降暴雨导致小区车辆遭受水浸

2. 物业服务产品具有（　　）的特征。

A. 无形性　　B. 排他性

C. 不可储存性　　D. 差异性　　E. 一致性

3. 在委托—代理关系下，最大的问题是（　　）。

A. 信息不对称　　B. 契约不完备

C. 激励不相容　　D. 代理人和委托人目标的不一致

第三章　物业管理基本制度

学习目标

物业管理的复杂性与准公共产品特点决定了物业管理政策与制度的重要性，《物业管理条例》的出台为物业管理活动的开展提供了指导与保障。本章在介绍《物业管理条例》整体结构的基础上，重点介绍了业主大会制度、管理规约制度、物业服务企业资质管理制度和住宅专项维修资金管理制度。

1. 知识目标

➢掌握《物业管理条例》的指导思想与主要内容；

➢掌握业主大会制度的基本思想与内容；

➢掌握管理规约制度的基本思想与内容；

➢掌握物业服务企业资质管理制度的基本思想与内容；

➢掌握住宅专项维修资金管理制度的基本思想与内容。

2. 能力目标

➢具备运用《物业管理条例》中的基本制度指导物业管理活动的能力。

知识结构导图

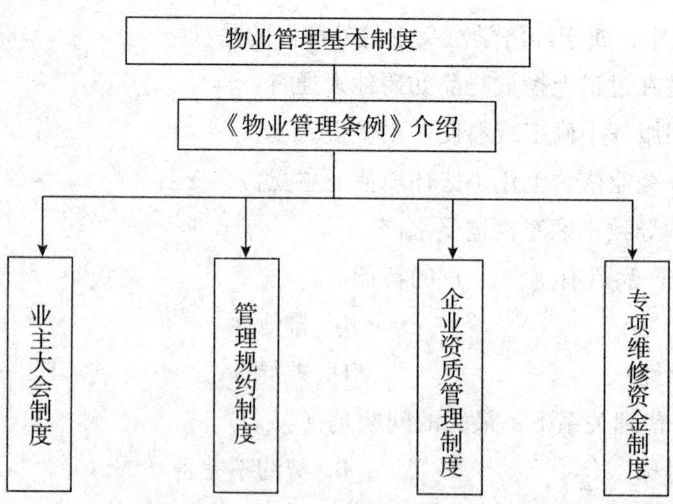

第一节 《物业管理条例》介绍

2003 年 9 月 1 日，《物业管理条例》（以下简称《条例》）正式实施。《条例》的颁布与实施，是我国物业管理发展历史上一件具有里程碑意义的大事，标志着我国物业管理进入了法制化、规范化发展的新时期。

一、指导思想和立法原则

《条例》在坚持民法基本原则和立法法的原则下，突出了发展为重、平衡利益、保护弱者的立法理念。《条例》的立法指导思想，主要表现在以下三个方面：一是强调保护业主的财产权益，协调单个业主与全体业主的共同利益关系；二是强调业主与物业服务企业是平等的民事主体，是服务与被服务的关系；三是强调业主与物业服务企业通过公平、公开和协商方式处理物业管理事项。

《条例》在立法过程中，主要遵循以下几个基本原则。

1. 物业管理权利和财产权利相对应的原则

物业管理权利是业主财产权利的重要组成部分。《条例》对业主权利义务的规定，其实就是明确了业主作为建筑物区分所有权人的权利义务。对业主在首次业主大会会议上的投票权的规定，是基于业主拥有的财产权份额，将业主的物业管理权利相应建立在对自有房屋拥有的财产权基础之上。

2. 维护全体业主合法权益的原则

为维护全体业主的合法权益，《条例》既对物业服务企业的行为、业主大会的职责及其涉及业主共同利益事项的表决、个别业主不按合同约定交纳物业管理费用损害全体业主利益的行为、有关政府部门行政监督管理责任等作了明确规定，也对建设单位、公用事业单位等物业管理相关主体依法应当履行的义务作了详尽规定。在处理行政处罚和承担民事责任关系方面，《条例》设定的法律责任充分体现了优先保护全体业主利益的原则。

3. 现实性与前瞻性有机结合的原则

《条例》注重保持法规、政策的持续性和承继性，对被实践证明是行之有效的制度，如前期物业管理招投标、物业服务企业资质管理制度，予以保留。《条例》注重肯定实践成果，将在实践中积累的良好经验，如加强街道办事处、乡镇人民政府对业主大会的指导和监督等，确立为法律规范。对于如何解决现实中存在的问题，如开发企业不缴纳未售出物业的物业服务费用、任意扩大物业服务企业的治安责任、公用事业单位向物业服务企业转嫁责任等，《条例》作出了明确规定。《条例》贯穿着眼未来、着眼发展的指导思想，设立的业主大会和住宅专项维修资金等制度，符合市场经济的基本规律，符合未来立法趋势。

4. 从实际出发，实事求是的原则

我国各地区的物业管理发展很不平衡，沿海地区与中西部地区、大城市与中小城市，在物业管理市场发育程度、市场环境、管理服务水平等方面差异较大。《条例》在坚持法律制度统一性的前提下，充分考虑各地区的实际情况，对房地产开发与物业管理分业经营、物业管理区域划分等问题仅作出原则性规定，有的规定的具体执行办法，授权省、自治区、直辖市制定。

二、主要内容

1. 第一章　总则

该章共5条，对《条例》的立法目的、调整对象和适用范围、倡导原则和行政管理体制等做了规定。

2. 第二章　业主及业主大会

该章共15条，规定了业主的概念、权利与义务，业主大会的组成、宗旨、成立条件、职责、会议制度、议事规则，业主委员会的性质、职责与组成，管理规约的内容、法律效力，业主大会、业主委员会与居民委员会的关系等内容。该章对规范业主行为，保障业主合法权益，促进物业管理活动的健康发展将起到重要作用。

3. 第三章　前期物业管理

该章共11条，是关于前期物业管理的规定，包括前期物业服务合同、临时管理规约、前期物业管理招标投标、物业承接查验、物业资料的移交、物业管理用房、物业的保修责任等内容。

该章的一个基本思想，就是通过制度的建立和完善，明确建设单位的责任，打破旧有的“谁开发、谁管理”的模式，增强前期物业管理的透明度，如对前期物业服务合同签订的特殊要求、住宅前期物业管理招投标制度的推行等，都体现了这个思想。

4. 第四章　物业管理服务

该章共18条，旨在明确物业管理服务中各方主体的权利义务关系。该章的各条规定，明确了物业管理当事人之间的法律关系，促进物业管理活动的顺利开展。

5. 第五章　物业的使用与维护

该章共7条，对物业的使用与维护相关问题进行了规范。该章规定对于规范业主、物业服务企业以及供水、供电、供气、供热、通信、有线电视等单位的行为，保障物业的正常使用与维护，具有十分重要的意义。

6. 第六章 法律责任

该章共13条，规定了物业服务中相关主体的违法行为对应的法律后果。条例的法律责任有以下几个方面的特点。

（1）行政责任和民事责任并存。物业管理本质上是一类特殊的民事关系，即使在其中的一方主体广大业主中，还存在着单个业主利益和全体业主共同利益的冲突。同时，物业服务企业的违法行为往往损害的是多数业主的公共利益，不仅要承担民事责任，而且要服从行政机关的监督，因此物业管理中的违法行为，可能同时构成民事违法和行政违法。《条例》在设定法律责任时，对行政责任和民事责任都做了相应的规定。

（2）为了处理好行政处罚和承担民事责任之间的关系，《条例》在设定法律责任时遵循了以下原则：凡是能够通过承担民事责任解决的，不再设定行政处罚的原则；确实涉及违反行政管理规定，损害公共利益。需要给予行政处罚的，则优先保证民事责任的承担，以充分体现优先保护全体业主利益的原则。

（3）体现了业主自我管理、自我监督的原则。由于物业管理中涉及单个业主和全体业主共同利益的矛盾，当业主的某些违法行为损害全体业主共同利益时，由业主先进行自我管理、自我约束，然后再追究相应的法律责任。

7. 第七章 附则

附则是关于《条例》生效日期的规定，明确《条例》自2003年9月1日起实施。按照法律不溯及既往的一般原理，《条例》生效以前的物业管理活动，不适用《条例》的规定。

参考资料

我国物业管理相关政策法规概况

法律层面上，有全国人民代表大会及常委会通过的《物权法》和相关法律；最高人民法院发布的《关于审理建筑物区分所有权纠纷案件具体应用法律若干问题的解释》和《关于审理物业服务纠纷具体应用法律若干问题的解释》；行政法规层面上，有《物业管理条例》；行政规章层面上，有国家发改委、建设部印发的《物业服务收费管理办法》，建设部、财政部印发的《住宅专项维修资金管理办法》，建设部、人事部共同制定的《物业管理师制度暂行规定》，建设部修改发布的《前期物业管理招投标管理暂行办法》《物业服务企业资质管理办法》《业主大会和业主委员会指导规则》《物业承接查验办法》等。

全国31个省、自治区、直辖市，有20个颁布了条例、4个颁布了管理办法或规定。27个省会城市，有16个颁布了条例，4个制定了办法，3个颁发了规定。

第二节　业主大会制度

业主大会制度是《条例》确定、《物权法》确认的一项基本制度。《条例》确立了业主大会和业主委员会并存、业主大会决策、业主委员会执行的制度，规定物业管理区域内全体业主组成业主大会，业主大会代表和维护物业管理区域内全体业主的合法权益。业主委员会作为业主大会的执行机构，可以在业主大会的授权范围内就某些物业管理事项作出决定，但物业管理重大事项的决定只能由业主大会作出。

2009年12月，住房和城乡建设部制定并印发了《业主大会和业主委员会指导规则》，进一步规范了业主大会和业主委员会的活动，推进了业主大会制度建设的进程。

一、业主的权利与义务

（一）业主的权利

在物业管理活动中，业主基于对房屋的所有权享有对物业和相关共同事务进行管理的权利。这些权利有些由单个业主享有和行使，有些只能通过业主大会来实现。《条例》规定业主在物业管理活动中享有的权利包括以下内容。

（1）按照物业服务合同的约定，接受物业服务企业提供的服务；

（2）提议召开业主大会会议，并就物业管理的有关事项提出建议；

（3）提出制定和修改管理规约、业主大会议事规则的建议；

（4）参加业主大会会议，行使投票权；

（5）选举业主委员会委员，并享有被选举权；

（6）监督业主委员会的工作；

（7）监督物业服务企业履行物业服务合同；

（8）对物业共用部位、共用设施设备和相关场地使用情况享有知情权和监督权；

（9）监督物业共用部位、共用设施设备专项维修资金的管理和适用；

（10）法律、法规规定的其他权利。

（二）业主的义务

权利和义务是相对应的，《条例》规定业主在物业管理活动中应当履行的义务主要有以下几方面。

（1）遵守管理规约、业主大会议事规则；

（2）遵守物业管理区域内物业共用部位和共用设施设备的使用、公共秩序和环境卫生的维护等方面的规章制度；

（3）执行业主大会的决定和业主大会授权业主委员会作出的决定；

（4）按照国家有关规定交纳专项维修资金；

（5）按时交纳物业服务费用；

（6）法律法规规定的其他义务。

二、业主大会

（一）业主大会的组成和性质

业主大会由物业管理区域内的全体业主组成，代表和维护物业管理区域内全体业主在物业管理活动中的合法权益，履行相应的义务。业主大会是业主参与物业管理活动的组织形式，有权依据法律法规的规定和管理规约的约定，决定物业管理区域内的所有物业管理事项。物业管理区域内的业主，都必须遵守业主大会制定的管理规约和业主大会议事规则，遵守业主大会制定的各项规章制度，并执行业主大会作出的决定。

业主大会和业主委员会应当依法履行职责，不得作出与物业管理无关的决定，不得从事与物业管理无关的活动。

（二）业主大会的筹备与成立

1. 成立业主大会的原则规定

业主大会根据物业管理区域的划分成立，一个物业管理区域只能成立一个业主大会。《条例》规定“同一个物业管理区域内的业主，应当在物业所在地的去、县人民政府房地产行政主管部门或者街道办事处、乡镇人民政府的指导下成立业主大会，并选举产生业主委员会。但是，只有一个业主的，或者业主人数较少且经全体业主一致同意，决定不成立业主大会的，由业主共同履行业主大会、业主委员会职责。”

2. 业主大会的筹备

根据《业主大会和业主委员会指导规则》的规定，物业管理区域内，已交付的专有部分面积超过建筑物总面积50%时，建设单位应当按照物业所在地的区、县房地产行政主管部门或者街道办事处、乡镇人民政府的要求，及时报送下列筹备首次业主大会会议所需的文件资料：①物业管理区域证明；②房屋及建筑物面积清册；③业主名册；④建筑规划总平面图；⑤交付使用共用设施设备的证明；⑥物业服务用房配置证明；⑦其他有关的文件资料。

符合成立业主大会条件的，区、县房地产行政主管部门或者街道办事处、乡镇人民政府应当在收到业主提出筹备业主大会申请后60日内，负责组织、指导成立首次业主大会会议筹备组。

首次业主大会会议筹备组由业主代表、建设单位代表、街道办事处、乡镇人民政府代表和居民委员会代表组成。筹备组成员人数应为单数，其中业主代表人数不低于筹备组总人数的一半，筹备组组长由街道办事处、乡镇人民政府代表担任。

业主大会筹备组应当做好以下筹备工作：①确认并公示业主身份、业主人数以及所拥有的专有部分面积；②确定首次业主大会会议召开的实践、地点、形式和内容；③草拟管理规约、业主大会议事规则；④依法确定首次业主大会会议表决规则；⑤制定业主委员会委员候选人产生办法，确定业主委员会委员候选人名单；⑥制定业主委员会选举办法；⑦完成召开首次业主大会会议的其他准备工作。上述内容应当在首次业主大会会议召开15日前以书面形式在物业管理区域内公告。业主对公告内容有异议的，筹备组应当记录并作出答复。

3. 业主大会的成立

业主大会自首次业主大会会议表决通过管理规约、业主大会议事规则，并选举产生业主委员会之日起成立。

业主大会成立后，业主委员会应当自选举产生之日起30日内，持下列文件向物业所在地的区、县房地产行政主管部门和街道办事处、乡镇人民政府办理备案手续：①业主大会成立和业主委员会选举的情况；②管理规约；③业主大会议事规则；④业主大会决定的其他重大事项。

业主委员会办理备案手续后，可持备案证明向公安机关申请刻制业主大会印章和业主委员会印章。

（三）业主大会的职责

《业主大会和业主委员会指导规则》明确了业主大会的十项职责：①制定和修改业主大会议事规则；②制定和修改管理规约；③选举业主委员会或者更换业主委员会委员；④制定物业服务内容、标准以及物业服务收费方案；⑤选聘和解聘物业服务企业；⑥筹集和使用专项维修资金；⑦改建、重建建筑物及其附属设施；⑧改变共有部分的用途；⑨利用共有部分进行经营以及所得收益的分配与使用；⑩法律法规或者管理规约确定应由业主共同决定的事项。

（四）业主大会会议

1. 定期会议和临时会议

业主大会会议分为定期会议和临时会议。业主大会定期会议，应当按照业主大会议事规则的规定由业主委员会组织召开。当出现下列情况之一时，业主委员会应当及时组织召开业主大会临时会议：①经专有部分占建筑物总面积20%以上且占总人数20%以上业主提议的；②发生重大事故或者紧急事件需要及时处理的；③业主大会议事规则或者管理规约规定的其他情况。

召开业主大会会议，应当于会议召开15日以前通知全体业主，住宅小区召开业主大会会议，还应当同时告知与物业管理区域相关的居民委员会。

2. 业主大会会议形式

业主大会会议可以采用集体讨论的形式，也可以采用书面征求意见的形式；但应当有物业管理区域内专有部分占建筑物总面积过半数的业主且占总人数过半数的业主参加。采用书面征求意见形式的，应当将征求意见书送交每一位业主，无法送达的，应当在物业管理区域内公告。凡需投票表决的，表决意见应由业主本人签名。

3. 业主投票权数的确定

业主大会确定业主投票权数，可以按照下列方法认定专有部分面积和建筑物总面积：①专有部分面积按照不动产登记簿记载的面积计算；尚未进行登记的，暂按测绘机构的实测面积计算；尚未进行实测的，暂按房屋买卖合同记载的面积计算；②建筑物总面积，按照前项的统计总和计算。

业主大会确定业主投票权数，可以按照下列方法认定业主人数和总人数：①业主人数，按照专有部分的数量计算，一个专有部分按一人计算。但建设单位尚未出售和虽已出售但尚未交付的部分，以及同一买受人拥有一个以上专有部分的，按一人计算；②总人数，按照前项的统计总和计算。

4. 业主代理人和代表人

业主因故不能参加业主大会会议的，可以书面委托代理人参加。代理人应当在业主委托书的授权范围内行使代理权，如投票、发表意见、参加表决等。

物业管理区域内业主人数较多的，可以按照幢、单元、楼层等为单位，推选一名业主达标参加业主大会会议，推选及表决办法应当在业主大会议事规则中规定。

5. 业主大会决定事项的表决

业主大会会议决定筹集和使用专项维修资金以及改造、重建建筑物及其附属设施的，应当经专有部分占建筑物总面积2/3以上的业主且占总人数2/3以上的业主同意；决定其他共有和共同管理权利事项的，应当经专有部分占建筑物总面积过半数且占总人数过半数的业主同意。

三、业主委员会

（一）业主委员会的职责

业主委员会由业主大会依法选举产生，履行业主大会赋予的职责，执行业主大会决定的事项，接受业主的监督。业主委员会主要履行以下职责：①执行业主大会的决定和决议；②召集业主大会会议，报告物业管理实施情况；③与业主大会选聘的物业服务企业签订物业服务合同；④及时了解业主、物业使用人的意见和建议，监督和协助物业服务企业履行物业服务合同；⑤监督管理规约的实施；⑥督促业主交纳物业服务费及其他相关费用；⑦组织和监督专项维修资金的筹集和使用；⑧调解业主之间因物业使用、维护和管理产生的纠纷；⑨业主大会赋予的其他职责。

（二）业主委员会委员的认知条件和资格终止

1. 业主委员会委员的任职条件

业主委员会由业主大会会议选举产生，由 5 ~ 11 人单数组成。业主委员会委员应当是物业管理区域内的业主，并符合以下条件：①具有完全民事行为能力；②遵守国家有关法律法规；③遵守业主大会议事规则、管理规约，模范履行业主义务；④热心公益事业，责任心强，公正廉洁；⑤具有一定的组织能力；⑥具备必要的工作时间。

业主委员会委员实行任期制，每届任期不超过 5 年，可连选连任，业主委员会委员具有同等表决权。业主委员会应当自选举之日起 7 日内召开首次会议，推选业主委员会主任和副主任。

2. 业主委员会委员的资格终止

业主委员会委员有下列情况之一的，其委员资格自行终止：①因物业转让、灭失等原因不再是业主的；②丧失民事行为能力的；③依法被限制人身自由的；④法律法规以及管理规约规定的其他情形。

业主委员会委员有下列情况之一的，由业主委员会 1/3 以上委员或者持有 20% 以上投票权数的业主提议，业主大会或者业主委员会根据业主大会的授权，可以决定是否终止其委员资格：①以书面形式提出辞职请求的；②不履行委员职责的；③利用委员资格牟取私利的；④拒不履行业主义务的；⑤侵害他人合法权益的；⑥因其他原因不宜担任业主委员会委员的。

业主委员会委员资格终止的，应当自终止之日起 3 日内将其保管的档案资料，印章及其他属于全体业主所有的财物移交业主委员会。

3. 业主委员会会议

业主委员会应当按照业主大会议事规则的规定及业主大会的决定召开会议，经 1/3 以上业主委员会委员的提议，应当在 7 日内召开业主委员会会议。业主委员会会议由主任召集和主持，主任因故不能履行职责，可以委托副主任召集。业主委员会会议应有过半数的委员出席，作出的决定必须经全体委员半数以上同意。业主委员会委员不能委托代理人参加会议。

4. 业主委员会的补选与换届

业主委员会任期内，委员出现空缺时，应当及时补足。业主委员会委员候补办法由业主大会决定或者在业主大会议事规则中规定。业主委员会委员人数不足总数的 1/2 时，应当召开业主大会临时会议，重新选举业主委员会。

业主委员会任期届满前 3 个月，应当组织召开业主大会会议，进行换届选举，并报告物业所在地的区、县房地产行政主管部门和街道办事处、乡镇人民政府。

5. 业主委员会的工作经费

业主大会、业主委员会工作经费由全体业主承担。工作经费可以由业主分摊，也可以从物业共有部分经营所得收益中列支。工作经费的收支情况，应当定期在物业管理区域内公告，接受业主监督。工作经费筹集、管理和适用的具体办法由业主大会决定。

参考资料

中国“业主委员会”诞生史

1. 诞生背景

在深圳万科天景花园里有一栋商住楼，小区规划时设计了两台变压器，分供住宅楼和商铺。居民入住一段时间之后，由于变压器负荷不足，管理处便向供电局申请通过供给商铺用电的变压器补充居民楼，电费统一按照商业用电收取。小区居民对此甚是不满，部分干脆拒缴电费。

找供电局不能解决，又无法停电，管理处只能暂替业主垫缴，但这种垫支远超物业公司的能力范围。与此同时，业主的意见越来越大。

物业公司试着找一部分理性的业主心平气和地一起协商解决办法，并策划以成立“业主管理委员会”（以下简称业委会）的方式来搭建一个沟通平台。

2. 中国第一个业委会成立

物业公司从小区全部 6 栋楼 14 个单元中以每单元为单位，选出 1 位代表作为业委会委员，加上管理处1位执行秘书共15人组成业主管理委员会。

1991年3月22日19点30分，中国第一个业委会宣告成立。包括王石在内的万科高管，与第一届15位业委会委员，对业委会的章程、用电、水使用及费用情况、增设休闲椅和果皮箱、管理费构成等问题进行了讨论，并就议案形成了决议。

在业委会的协调下，商业用电的分类收取得以解决，业委会的能量第一次得以体现。业委会宣布成立一个月后，第二次会议通过了《天景花园业主委员会章程》，选举产生了会长、副会长。由于电费问题获得圆满解决，业委会这种社区组织模式也获得了业主的认可。

第三节　管理规约制度

管理规约是区分所有建筑物的业主行使共同管理权的契约性文件，是物业管理区域内业主共同制定并遵守的行为准则。《条例》第十七条规定："管理规约应当对有关物业的使用、维护、管理，业主的共同利益，业主应当履行的义务，违反规约应当承担的责任等事项依法作出约定。管理规约对全体业主具有约束力。"

一、管理规约

（一）管理规约的概念

管理规约是由全体业主共同制定的，规定业主在物业管理区域内有关物业使用、维护、管理等涉及业主共同利益事项的，对全体业主具有普遍约束力的自律性规范。

管理规约一般以书面形式订立，要求全体业主共同遵守。

（二）管理规约的主要内容

根据《条例》，管理规约应当包括以下四个方面的内容。

（1）有关物业的使用、维护、管理事项；

（2）业主的共同利益；

（3）业主应当履行的义务；

（4）违反管理规约应当承担的责任。

在《条例》的基础上，《业主大会和业主委员会指导规则》进一步明确管理规约应当对下列主要事项作出规定：①物业的使用、维护、管理；②专项维修资金的筹集、管理和使用；③物业共用部分的经营与收益分配；④业主共同利益的维护；⑤业主共同管理权的行使；⑥业主应尽的义务；⑦违反管理规约应当承担的责任。

（三）管理规约的法律效力

管理规约对物业管理区域内的全体业主具有约束力。其含义包括两个方面，一是管理规约对物业使用人产生法律效力；二是管理规约对物业继受人（新业主）产生法律效力。

二、临时管理规约

（一）临时管理规约的概念

《条例》第二十二条规定："建设单位应当在销售物业之前，制定临时管理规约，对有关物业的使用、维护、管理，业主的共同利益，业主应当履行的义务，以及违反公约应当承担的责任等事项依法作出约定。"

（二）临时管理规约的制定

1. 临时管理规约制定的主体

临时管理规约一般由建设单位在出售物业之前预先制定。临时管理规约只存在于前期物业管理阶段，具有过渡性质。

2. 临时管理规约制定的时间

《条例》规定建设单位制定临时管理规约的时间为物业销售之前。

（三）相关主体的法律义务

（1）建设单位不得侵害物业买受人权益的义务；

（2）建设单位对临时管理规约的明示和说明义务；

（3）物业买受人书面承诺遵守临时管理规约的义务。

（四）临时管理规约的内容

（1）物业的自然状况与权属状况；

（2）业主使用物业应当遵守的规则；包括相邻权规定、房屋装饰装修规定、共用部位共用设施设备的使用规定、使用物业的禁止性规定等；

（3）维修养护物业应当遵守的规则；如物业维修养护中业主应当相互配合与协助、涉及公共利益与公共安全的物业维修养护、保修责任与住宅专项维修资金的交存、使用和管理；

（4）涉及业主共同利益的事项；

（5）违约责任。

第四节　物业服务企业资质管理制度

《条例》第三十二条规定："国家对从事物业管理活动的企业实行资质管理制度。"2004 年 3 月，建设部发布《物业管理企业资质管理办法》，规定了物业管理企业资质的条件、分级、申请、审批和年检等内容。2007 年 11 月，建设部对《物业管理企业资质管理办法》进行了修订，取消了企业资质年检的有关规定。

一、物业服务企业的性质和成立条件

《条例》明确规定，从事物业管理活动的企业，必须具备独立的法人资格。按照《民法通则》的规定，法人是具有民事权利能力和民事行为能力，依法独立享有民事权利和承担民事义务的组织。物业服务企业应当具备下列条件：

（1）依法成立；

（2）有必要的财产或者经费；

（3）有自己的名称、组织机构和场所；

（4）能够独立承担民事责任。

二、物业服务企业的资质等级

（一）取得各级资质的条件

《物业服务企业资质管理办法》规定，物业服务企业资质等级分为一级、二级、三级。各资质等级物业服务企业的条件如下。

1. 一级资质

（1）注册资本人民币 500 万元以上；

（2）物业管理专业人员以及工程、管理、经济等相关专业类的专职管理和技术人员不少于 30 人。其中，具有中级以上职称的人员不少于 20 人，工程、财务等业务负责人具有相应专业中级以上职称；

（3）物业管理专业人员按照国家有关规定取得职业资格证书；

（4）管理两种类型以上物业，并且管理各类物业的房屋建筑面积分别占下列相应计算基数的百分比之和不低于 100%：

①多层住宅 200 万平方米；

②高层住宅 100 万平方米；

③独立式住宅（别墅）15 万平方米；

④办公楼、工业厂房及其他物业50万平方米。

（5）建立并严格执行服务质量、服务收费等企业管理制度和标准，建立企业信用档案系统，有优良的经营管理业绩。

2. 二级资质

（1）注册资本人民币300万元以上；

（2）物业管理专业人员以及工程、管理、经济等相关专业类的专职管理和技术人员不少于20人。其中，具有中级以上职称的人员不少于10人，工程、财务等业务负责人具有相应专业中级以上职称；

（3）物业管理专业人员按照国家有关规定取得职业资格证书；

（4）管理两种类型以上物业，并且管理各类物业的房屋建筑面积分别占下列相应计算基数的百分比之和不低于100%：

①多层住宅100万平方米；

②高层住宅50万平方米；

③独立式住宅（别墅）8万平方米；

④办公楼、工业厂房及其他物业20万平方米。

（5）建立并严格执行服务质量、服务收费等企业管理制度和标准，建立企业信用档案系统，有良好的经营管理业绩。

3. 三级资质

（1）注册资本人民币50万元以上；

（2）物业管理专业人员以及工程、管理、经济等相关专业类的专职管理和技术人员不少于10人。其中，具有中级以上职称的人员不少于5人，工程、财务等业务负责人具有相应专业中级以上职称；

（3）物业管理专业人员按照国家有关规定取得职业资格证书；

（4）有委托的物业管理项目；

（5）建立并严格执行服务质量、服务收费等企业管理制度和标准，建立企业信用档案系统。

（二）资质证书的颁发和管理

国务院建设主管部门负责颁发和管理一级物业服务企业资质证书。省、自治区人民政府建设主管部门负责颁发和管理二级物业服务企业资质证书，直辖市人民政府房地产主管部门负责二级和三级物业服务企业资质证书的颁发和管理，并接受国务院建设行政主管部门的指导和监督。设区的市人民政府房地产主管部门负责三级物业服务企业资质证书的颁发和管理，并接受省、自治区人民政府建设主管部门的指导和监督。

（三）资质等级与项目承接

物业服务企业经主管部门审查核定资质等级后，按照以下规定承接物业管理项目：

（1）一级资质物业服务企业可以承接各种物业管理项目。

（2）二级资质物业服务企业可以承接30万平方米以下的住宅项目和8万平方米以下的非住宅项目的物业管理业务。

（3）三级资质物业服务企业可以承接20万平方米以下的住宅项目和5万平方米以下的非住宅项目的物业管理业务。

三、物业服务企业资质等级的申请与核定

（一）新设立物业服务企业的资质申请

新设立的物业服务企业应当自领取营业执照之日起30日内，持下列文件向工商注册所在地直辖市、设区的市的人民政府房地产主管部门申请资质：①营业执照；②企业章程；③验资证明；④企业法定代表人的身份证明；⑤物业管理专业人员的职业资格证书和劳动合同，管理和技术人员的职称证书和劳动合同。

新设立的物业服务企业，其资质等级按照最低等级核定，并设一年的暂定期。

（二）物业服务企业资质等级的核定

申请核定资质等级的物业服务企业，应当向房地产主管部门提交下列材料：①企业资质等级申报表；②营业执照；③企业资质证书正、副本；④物业管理专业人员的职业资格证书和劳动合同，管理和技术人员的职称证书好劳动合同，工程、财务负责人的职称证书和劳动合同；⑤物业服务合同复印件；⑥物业管理业绩材料。

资质审批部门应当自受理企业申请之日起20个工作日内，对符合相应资质等级条件的企业核发资质证书。

四、物业服务企业资质证书的变更、注销与撤销

（一）资质的变更和注销

（1）物业服务企业的名称、法定代表人等事项发生变更的，应当在办理变更手续后30日内，到原资质审批部门办理资质证书变更手续。

（2）物业服务企业发生分立、合并的，应当在向工商行政管理部门办理变更手续后30日内，到原资质审批部门申请办理资质证书注销手续，并重新核定资质等级。

（3）物业服务企业破产、歇业或者其他原因终止业务活动的，应当在办理营业执照注销手续后15日内，到原资质审批部门办理资质证书注销手续。

（二）资质证书的撤销

《物业服务企业资质管理办法》第十八条规定：有下列情形之一的，资质审批部门或者其上级主管部门，根据利害关系人的请求或者根据职权可以撤销资质证书：

（1）审批部门工作人员滥用职权、玩忽职守作出物业管理企业资质审批决定的；

（2）超越法定职权作出物业管理企业资质审批决定的；

（3）违反法定程序作出物业管理企业资质审批决定的；

（4）对不具备申请资格或者不符合法定条件的物业管理企业颁发资质证书的；

（5）依法可以撤销审批的其他情形。

参考资料

我国各地区一级资质物业服务企业统计情况

根据《2013年物业管理行业发展报告》显示，截至2012年年底，全国一级资质物业服务企业有1168家，一级资质物业服务企业在各地区的分布如下表所示。

各省、自治区、直辖市一级资质物业服务企业数量（单位：家）

地区	企业数量	地区	企业数量	地区	企业数量	地区	企业数量
广东	220	湖南	43	天津	17	吉林	5
北京	122	福建	36	广西	14	甘肃	5
江苏	99	湖北	34	云南	14	宁夏	5
浙江	92	辽宁	27	河北	12	山西	4
四川	90	黑龙江	26	江西	9	青海	4
上海	75	河南	25	海南	8	新疆	3
山东	67	陕西	21	贵州	8	西藏	0
重庆	59	安徽	20	内蒙古	5		

第五节　住宅专项维修资金制度

2007 年 12 月，根据《物权法》《条例》等法律、行政法规，建设部会同财政部发布了《住宅专项维修资金管理办法》，对加强住宅专项维修资金的管理，保障住宅共用部位、共用设施设备的维修和正常使用，维护住宅专项维修资金所有者的合法权益，都起着重要的作用。

一、住宅专项维修资金的定义

1. 定义

住宅专项维修资金，是指专项用于住宅共用部位、共用设施设备保修期满后的维修和更新、改造的资金。

共用部位，是指根据法律法规和房屋买卖合同，由单幢住宅内业主或者单幢住宅内业主及与之结构相连的非住宅业主共有的部位，一般包括：住宅的基础、承重墙体、柱、梁、楼板、屋顶以及户外的墙面、门厅、楼梯间、走廊通道等。

共用设施设备，是指根据法律法规和房屋买卖合同，由住宅业主或者住宅业主及有关非住宅业主共有的附属设施设备，一般包括电梯、天线、照明、消防设施、绿地、道路、路灯、沟渠、池、井、非经营性车场车库、公益性文体设施和共用设施设备使用的房屋等。

2. 管理原则

住宅专项维修资金管理实行专户存储、专款专用、所有权人决策、政府监督的原则。

3. 监管部门

国务院建设主管部门会同国务院财政部门负责全国住宅专项维修资金的指导和监督工作。县级以上地方人民政府建设（房地产）主管部门会同同级财政部门负责本行政区域内住宅专项维修资金的指导和监督工作。

二、住宅专项维修资金的交存

1. 交存主体

下列物业的业主应当按照本办法的规定交存住宅专项维修资金：

（1）住宅，但一个业主所有且与其他物业不具有共用部位、共用设施设备的除外；

（2）住宅小区内的非住宅或者住宅小区外与单幢住宅结构相连的非住宅。

前款所列物业属于出售公有住房的，售房单位应当按照本办法的规定交存住宅专项维修资金。

业主交存的住宅专项维修资金属于业主所有。从公有住房售房款中提取的住宅专项维修资金属于公有住房售房单位所有。

2. 住宅专项维修资金的交存金额

（1）商品住宅的业主、非住宅的业主按照所拥有物业的建筑面积交存住宅专项维修资金，每平方米建筑面积交存首期住宅专项维修资金的数额为当地住宅建筑安装工程每平方米造价的5%～8%。直辖市、市、县人民政府建设（房地产）主管部门应当根据本地区情况，合理确定、公布每平方米建筑面积交存首期住宅专项维修资金的数额，并适时调整。

（2）出售公有住房的，按照下列规定交存住宅专项维修资金，业主按照所拥有物业的建筑面积交存住宅专项维修资金，每平方米建筑面积交存首期住宅专项维修资金的数额为当地房改成本价的2%。售房单位按照多层住宅不低于售房款的20%、高层住宅不低于售房款的30%，从售房款中一次性提取住宅专项维修资金。

3. 住宅专项维修资金的交存方式

（1）商品住宅的业主应当在办理房屋入住手续前，将首期住宅专项维修资金存入住宅专项维修资金专户。

（2）已售公有住房的业主应当在办理房屋入住手续前，将首期住宅专项维修资金存入公有住房住宅专项维修资金专户或者交由售房单位存入公有住房住宅专项维修资金专户。公有住房售房单位应当在收到售房款之日起30日内，将提取的住宅专项维修资金存入公有住房住宅专项维修资金专户。

（3）未按本办法规定交存首期住宅专项维修资金的，开发建设单位或者公有住房售房单位不得将房屋交付购买人。

（4）业主分户账面住宅专项维修资金余额不足首期交存额30%的，应当及时续交。成立业主大会的，续交方案由业主大会决定。未成立业主大会的，续交的具体管理办法由直辖市、市、县人民政府建设（房地产）主管部门会同同级财政部门制定。

三、住宅专项维修资金的管理

1. 业主大会成立前住宅专项维修资金的管理

业主大会成立前，已售公有住房住宅专项维修资金，由物业所在地直辖市、市、县人民政府财政部门或者建设（房地产）主管部门负责管理。

2. 业主大会成立后住宅专项维修资金的管理

业主大会成立后，应当按照下列规定划转业主交存的住宅专项维修资金：①业主大会应当委托所在地一家商业银行作为本物业管理区域内住宅专项维修资金的专户管理银行，并在专户管理银行开立住宅专项维修资金专户。开立住宅专项维修资金专户，应当以物业管理区域为单位设账，按房屋户门号设分户账。②业主委员会应当通知所在地直辖市、市、县人民政府建设（房地产）主管部门；涉及已售公有住房的，应当通知负责管理公有住房住宅专项维修资金的部门。③直辖市、市、县人民政府建设（房地产）主管部门或者负责管理公有住房住宅专项维修资金的部门应当在收到通知之日起 30 日内，通知专户管理银行将该物业管理区域内业主交存的住宅专项维修资金账面余额划转至业主大会开立的住宅专项维修资金账户，并将有关账目等移交业主委员会。

住宅专项维修资金划转后的账目管理单位，由业主大会决定。业主大会应当建立住宅专项维修资金管理制度。业主大会开立的住宅专项维修资金账户，应当接受所在地直辖市、市、县人民政府建设（房地产）主管部门的监督。

四、住宅专项维修资金的使用

1. 使用原则

住宅专项维修资金应当专项用于住宅共用部位、共用设施设备保修期满后的维修和更新、改造，不得挪作他用。住宅专项维修资金的使用，应当遵循方便快捷、公开透明、受益人和负担人相一致的原则。

2. 分摊规则

住宅共用部位、共用设施设备的维修和更新、改造费用，按照下列规定分摊：①商品住宅之间或者商品住宅与非住宅之间共用部位、共用设施设备的维修和更新、改造费用，由相关业主按照各自拥有物业建筑面积的比例分摊。②售后公有住房之间共用部位、共用设施设备的维修和更新、改造费用，由相关业主和公有住房售房单位按照所交存住宅专项维修资金的比例分摊；其中，应由业主承担的，再由相关业主按照各自拥有物业建筑面积的比例分摊。③售后公有住房与商品住宅或者非住宅之间共用部位、共用设施设备的维修和更新、改造费用，先按照建筑面积比例分摊到各相关物业。其中，售后公有住房应分摊的费用，再由相关业主和公有住房售房单位按照所交存住宅专项维修资金的比例分摊。

3. 使用程序

住宅专项维修资金划转业主大会管理前，需要使用住宅专项维修资金的，按照以下程序办理：①物业服务企业根据维修和更新、改造项目提出使用建议；没有物业服务企业的，由相关业主提出使用建议；②住宅专项维修资金列支范围内专有部分占建筑物总面积 2/3 以上的业主且占总人数 2/3 以上的业主讨论通过使用建议；③物业服务企业或者相关业主组织实施使用方案；④物业服务企业或者相关业主持有关材料，向所在地直辖市、市、县人民政府建设（房地产）主管部门申请列支；其中，动用公有住房住宅专项维修资金的，向负责管理公有住房住宅专项维修资金的部门申请列支；⑤直辖市、市、县人民政府建设（房地产）主管部门或者负责管理公有住房住宅专项维修资金的部门审核同意后，向专户管理银行发出划转住宅专项维修资金的通知；⑥专户管理银行将所需住宅专项维修资金划转至维修单位。

住宅专项维修资金划转业主大会管理后，需要使用住宅专项维修资金的，按照以下程序办理：①物业服务企业提出使用方案，使用方案应当包括拟维修和更新、改造的项目、费用预算、列支范围、发生危及房屋安全等紧急情况以及其他需临时使用住宅专项维修资金的情况的处置办法等；②业主大会依法通过使用方案；③物业服务企业组织实施使用方案；④物业服务企业持有关材料向业主委员会提出列支住宅专项维修资金；其中，动用公有住房住宅专项维修资金的，向负责管理公有住房住宅专项维修资金的部门申请列支；⑤业主委员会依据使用方案审核同意，并报直辖市、市、县人民政府建设（房地产）主管部门备案；动用公有住房住宅专项维修资金的，经负责管理公有住房住宅专项维修资金的部门审核同意；直辖市、市、县人民政府建设（房地产）主管部门或者负责管理公有住房住宅专项维修资金的部门发现不符合有关法律、法规、规章和使用方案的，应当责令改正；⑥业主委员会、负责管理公有住房住宅专项维修资金的部门向专户管理银行发出划转住宅专项维修资金的通知；⑦专户管理银行将所需住宅专项维修资金划转至维修单位。

4. 使用禁止和限制

下列费用不得从住宅专项维修资金中列支：①依法应当由建设单位或者施工单位承担的住宅共用部位、共用设施设备维修、更新和改造费用；②依法应当由相关单位承担的供水、供电、供气、供热、通信、有线电视等管线和设施设备的维修、养护费用；③应当由当事人承担的因人为损坏住宅共用部位、共用设施设备所需的修复费用；④根据物业服务合同约定，应当由物业服务企业承担的住宅共用部位、共用设施设备的维修和养护费用。

在保证住宅专项维修资金正常使用的前提下，可以按照国家有关规定将住宅专项维修资金用于购买国债。

五、住宅专项维修资金的监督管理

直辖市、市、县人民政府建设（房地产）主管部门，负责管理公有住房住宅专项维修资金的部门及业主委员会，应当每年至少一次与专户管理银行核对住宅专项维修资金账目，并向业主、公有住房售房单位公布下列情况：①住宅专项维修资金交存、使用、增值收益和结存的总额；②发生列支的项目、费用和分摊情况；③业主、公有住房售房单位分户账中住宅专项维修资金交存、使用、增值收益和结存的金额；④其他有关住宅专项维修资金使用和管理的情况。

业主、公有住房售房单位对公布的情况有异议的，可以要求复核。

六、住宅专项维修资金违法行为的法律责任

挪用住宅专项维修资金的，由县级以上地方人民政府建设（房地产）主管部门追回挪用的住宅专项维修资金，没收违法所得，可以并处挪用金额两倍以下的罚款；构成犯罪的，依法追究直接负责的主管人员和其他直接责任人员的刑事责任。

物业服务企业挪用住宅专项维修资金，情节严重的，除按前款规定予以处罚外，还应由颁发资质证书的部门吊销资质证书。

直辖市、市、县人民政府建设（房地产）主管部门挪用住宅专项维修资金的，由上一级人民政府建设（房地产）主管部门追回挪用的住宅专项维修资金，对直接负责的主管人员和其他直接责任人员依法给予处分；构成犯罪的，依法追究刑事责任。

直辖市、市、县人民政府财政部门挪用住宅专项维修资金的，由上一级人民政府财政部门追回挪用的住宅专项维修资金，对直接负责的主管人员和其他直接责任人员依法给予处分；构成犯罪的，依法追究刑事责任。

本章小结

1.《物业管理条例》在立法过程中主要遵循以下几个基本原则：物业管理权利和财产权利相对应的原则；维护全体业主合法权益的原则；现实性与前瞻性有机结合的原则；从实际出发，实事求是的原则。

2. 业主大会制度规定物业管理区域内全体业主组成业主大会，业主大会代表和维护物业管理区域内全体业主的合法权益。业主委员会作为业主大会的执行机构，可以在业主大会的授权范围内就某些物业管理事项作出决定，但物业管理重大事项的决定只能由业主大会作出。

3. 管理规约是区分所有建筑物的业主行使共同管理权的契约性文件，是物业管理区域内业主共同制定并遵守的行为准则。

4.《物业服务企业资质管理办法》规定了物业服务企业资质的条件、分级、申请、审批和年检等内容。

5.《住宅专项维修资金管理办法》是为了加强住宅专项维修资金的管理，保障住宅共用部位、共用设施设备的维修和正常使用，维护住宅专项维修资金所有者的合法权益。

复习题

1. 《物业管理条例》的基本内容有哪些?
2. 业主大会制度的基本内容是什么?
3. 管理规约制度的基本内容是什么?
4. 住宅专项维修资金管理制度的基本内容是什么?

问题与应用

1. 某小区刚刚入住，部分业主因外墙渗水、供暖不足、物业配套等遗留问题多次交涉物业公司和开发商，均未得到合理解决。于是部分业主通过串联协商、互相选举等方式，自己组建成立了“临时业主委员会”，与物业公司、开发商展开了几轮谈判，仍没有结果。于是“临时业主委员会”做出决定：集体拒交物业费、炒掉现有物业公司、另聘新的物业公司、邀请媒体介入。随后得到业主广泛响应，随即以协议方式选聘了新的物业服务企业。媒体相继报道了此事后社会反映强烈，部分业主甚至围堵售楼处、物业管理处办公室。

请回答：参照业主大会管理制度，分析上述材料中存在哪些违规操作。

2. 某大型住宅小区2005年建成交付使用。由于尚未成立业主大会，物业管理公司聘请了30位业主作为物业服务义务监督员，并定期召开会议征求意见，通报情况。

2010年，在义务监督员会议上，义务监督员提出如下建议：由物业服务企业同义务监督员共同组成筹备组，组织召开首次业主代表大会，选举产生业主委员会。

请回答：义务监督员提出的建议是否可行？请说明理由。

3. 关于管理规约的说法，错误的是（　　）。

A. 管理规约是业主自我管理、自我约束、自我规范的规则约定

B. 管理规约对全体业主具有约束力

C. 对不遵守管理规约的业主委员会委员，业主可以依法予以更换

D. 管理规约对物业使用人不发生效力

4. 某物业服务总建筑面积36万平方米，其中高层住宅21万平方米，办公楼10万平方米，商业5万平方米，该物业项目的物业管理服务应当由（　　）资质的物业服务企业承接。

A. 一级　　B. 二级　　C. 三级　　D. 三级（暂定）

5. 关于管理规约效力的说法，正确的是（　　）。

A. 管理规约对物业的继受人不具有约束力

B. 管理规约对物业使用人不具有约束力

C. 管理规约对生效后新入住的业主不具有约束力

D. 管理规约对尚未售完房屋的建设单位具有约束力

6. 物业买受人在与建设单位签订物业买卖合同时，应当对遵守临时管理规约予以(　　)。

A. 表示同意　　B. 补充完善　　C. 另行约定　　D. 书面承诺

第四章　不同类型物业的物业管理

学习目标

随着物业管理行业的深入发展，物业管理的范围从居住类物业逐渐涵盖到写字楼、零售商业、学校、医院、体育场馆等物业。本章介绍居住类、商业类以及高校、医院、体育场馆等特殊类物业的物业管理特点、内容及工作要点。

1. 知识目标

➢掌握居住类物业的物业管理特点与内容；

➢掌握商业类物业的物业管理特点与内容；

➢掌握高校、医院和体育场馆的物业管理特点与内容。

2. 能力目标

➢具备管理居住类、商业类和其他特殊类物业的能力。

知识结构导图

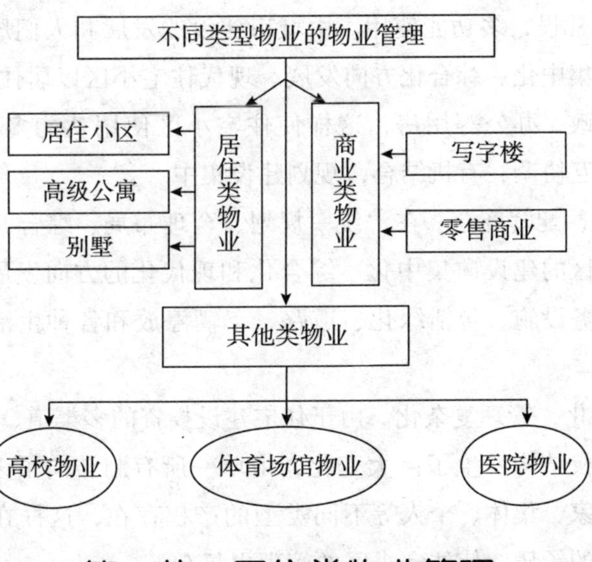

第一节　居住类物业管理

居住类物业是以满足人们居住使用功能为主的物业类型，主要包括住宅小区、公寓、别墅等。随着物业管理行业的发展，居住类物业的物业管理已经逐步进入到成熟阶段，主要体现在物业服务市场化程度越来越高、覆盖面越来越大。与其他业态的物业管理相比，居住类物业管理具有其自身的特点。

一、住宅小区物业管理

（一）住宅小区概述

1. 住宅小区的定义

住宅小区是指在一定区域内由多种不同的建筑类型组合在一起的小区，它是居住物业的一种主要形式，是根据城市统一的规划、建设达到一定的规模，基础设施设备配套齐全，集体使用，共同拥有，形成相对封闭、相对独立的住宅群体或住宅区域。而随着社会的发展，现代住宅小区已由传统住宅小区（只限居住）发展成为居住、服务、经济、社会于一体的社会缩影。

2. 住宅小区的特点

（1）形式多样化，具有相对封闭性。随着城市建设的发展与人们物质文化水平提高及居住条件的改善，现代住宅小区已由传统住宅小区的结构构造、室内布局、建筑外形单一逐渐转变成建筑造型多样化，风格各异，形式多样化，同时住宅小区也是相对封闭独立的，它是主要为小区内居民生活而设计和建造的，而不包括生产和社会公益等功能。

（2）集中规划建设，多功能使用。由城市建设的发展和人们居住水平的提高，现代住宅小区正在向集中化、综合化方向发展。现代住宅小区以居住为主，增加了商业、服务业、银行、邮政、办公等用房，这样使住宅小区使用功能多样性。而配套设施、公共设施和环境相互协调，有机结合，规划建设集中。

（3）规划统一，配套齐全。在“统一规划、合理布局、综合开发、配套建设”原则指导下，住宅小区的建设向集中化、综合化和现代化的方向发展。而在住宅小区中大都配置着各种服务设施，包括绿化、道路、车辆停放和各种生活系统，使整个小区成为一个小型社会。

（4）产权多元化，管理复杂化。由于住宅建设投资的多渠道、住宅商品化等因素，住宅小区房屋的产权结构发生了巨大变化，由单一所有制转向了多元化。一个住宅小区内，通常会有国家、集体、个人等不同类型的产权存在，这样在管理上就会出现统一管理和产权分散的矛盾，使住宅小区的管理更复杂。

（5）人员密集，服务时间长。随着城市建设的发展，大型居住社区逐步兴起，建筑面积从几十万平方米到上百万平方米，居住人员众多，人员密集。小区内有上班一族，也有居家主妇，还有颐养天年的老人，24 小时有人员进出与活动是住宅小区的典型特征，这就要求物业服务企业提供24 小时不间断的服务。

（二）住宅小区物业管理

1. 住宅小区物业管理的特点

（1）管理具有社会性。住宅小区是人们居住、生活的地方，是整个社会的一个组成部分，它的管理必然具有很强的社会性。小区内居住着各行各业的人员，居住的人口结构十分复杂，产生社会化现象。因此，住宅小区物业管理工作的顺利开展需争取小区居民和社会各方面力量的支持与帮助。

（2）管理具有统一性。住宅小区内部的各个组成部分形成一个整体。如果仍然采用传统的房屋管理模式进行管理，各自为政，则会互相推诿责任，其弊端显而易见。因此，住宅小区管理服务的内容和标准应该统一。对房屋及配套设施设备的管理、环境的维护管理、公共秩序的管理等进行统一的管理，既可保证有效的成本控制，又能提供综合服务质量，使业主直接享受到物业服务的成果。

（3）管理强调服务性。为业主提供一个优美、安全、舒适、满意的居住环境是住宅小区物业管理的主要目标。物业服务企业应该本着服务至上的宗旨，强化服务意识，为居住在小区内的人们提供优质的服务，达到管理的目的。同时，管理的服务性要求物业管理企业不仅要提供物业管理服务委托合同范畴内的基本服务，还要结合小区内的特点、业主的需求提供有针对性的个性化服务。

（4）管理具有复杂性。住宅小区的物业管理涉及众多主体，包括业主与物业使用人、建设单位、专业管理企业、市政管理、水电暖供应部门、街道办等多个部门和单位。物业管理涉及业主生活的方方面面，而业主的个人素质、消费意识、消费能力等各方面都存在较大差别。这些都使得住宅小区物业管理的复杂性。

2. 住宅小区物业管理的内容及要点

（1）做好常规服务。常规物业管理是为全体业主提供的最基本的公共性的管理与服务，目的是确保物业的完好与正常使用，保证正常的工作、生活秩序和净化、美化环境。例如保洁、绿化、秩序服务、房屋维修；入住手续办理、装修申请登记、物业服务费的缴纳等。

（2）提供经营服务。物业服务企业有必要提供一些与住宅小区的业主生活、工作、生产相配套的经营服务，以方便业主和满足业主的不同需求，同时也能增加物业服务企业的经营收入。物业服务企业应根据住宅小区的基本情况，在了解业主需求的基础上，有选择性地提供经营服务项目。

（3）重视文化建设。随着人们生活水平和生活质量的不断提高，人们对精神方面的需求日益增加。营造和谐社区、开展社区文化建设是住宅小区物业管理的一项重要内容，好的社区文化对物业管理工作的开展具有很大的促进作用。因此，物业服务企业要重视住宅小区文化的建设，成立社区文化管理的专门部门，负责社区文化活动的组织与执行。

二、高级公寓物业管理

（一）高级公寓概述

1. 高级公寓的定义

公寓是一种重要的居住类物业，以市场为导向的，一般为分层住宅形式，成为各个独立居住单位的物业。公寓式住宅比住宅小区各方面要求档次更高，而高级公寓住宅是设施设备配套最完善、最先进、房屋设计更规范，并使用的建筑材料、施工及环境等方面要求档次更高的公寓式住宅。现有的高级公寓根据其设计和建造的不同可以分为三类：花园式公寓、高层豪华公寓和一般的公寓。

2. 高级公寓的特点

（1）具有独立封闭性与共处性。高级公寓的每个单元既是独立的也是相对封闭的，功能完善，它有着私人空间，让业主能有着自己独立的空间；但同时公寓里的每一个单元又是在同一栋楼宇中，共同使用同样的设施设备。

（2）建筑档次高，设备设施齐备并先进。目前，我国的高级公寓都有着完善的、先进的设施设备，房屋设计更规范，更讲究。除了水、电、暖气等基本设施外，还配备着各种家用设施设备。

（3）居住面积大，户型设计合理。一般来说，高级公寓是比普通住宅小区的每户的居住面积大得多，而且高级公寓设计质量更好，设计原理多数是延长建筑寿命，确保安全，讲究自然采光，户型设计合理。

（4）业主收入水平高，多具有国际性。高级公寓是属于国内较为高档的住宅小区，公寓内的业主们大多数是白领阶层和富裕人士，收入水平都较高。其中随着国家的发展，增加了各国的交流，业主中也出现了不少不同国籍的人士，很多港澳人士和知名人士。

（二）高级公寓物业管理

1. 高级公寓物业管理的特点

（1）市场化程度高。高级公寓的住户经济条件较好，物质方面和精神方面要求都高。在物业管理中，业主们要求获得全方位多项目的服务，同时也能够承受与之匹配的价格。业主们要求服务质量档次与服务收费标准对应。

（2）管理和服务水平要求高。高级公寓的业主们对居住条件和环境要求都很高，因而对公寓中的物业服务管理水平和房屋质量要求也很高，业主们希望形成一个安全、舒适、优美的良好生活环境。同时也要提供各方面的服务，使业主们生活便利，如在小区内有购物中心、餐饮、洗衣等项目。

（3）服务对象相对稳定，服务周期长。高级公寓的开发商对于建筑的处理一般是采用出售或出租，所以业主和客户较为稳定，变动不大。其次，大多数业主主要是白领阶层，朝九晚五的，从早上到晚上，从晚上到早上，一天 24 小时，每时每刻都有人进出公寓，物业服务周期长。

2. 高级公寓物业管理的内容及要点

高级公寓物业是居住类物业重要的一部分，物业管理内容与住宅小区的物业管理内容有很多相同之处，但因其本身物业特点和服务对象的不同，对物业管理的要求标准不同。高级公寓物业管理需注意以下几点。

（1）重视早期介入。物业服务企业应重视早期介入，尽早参与建设单位对公寓的管理。依据专业知识，向建筑单位提供更有利于业主居住的建议，以避免业主入住后对于公寓建筑及公共场所的不满等纠纷。

（2）建立完善的服务机制。制定好完善的服务制度，及时满足业主们的要求。在房屋及设备要及时维修，要求平时严检查、勤检查，确保设备的安全；在配套设备中，要逐渐完善缺少的，增加生活娱乐文化设备，如餐饮、邮局、银行等；在特约服务中要做到项目多、服务全、范围广；在保安、消防服务管理措施得当，制定严格。

（3）提高专业化服务水平。由于高级公寓的业主对管理与服务的要求高，这就要求物业服务企业的管理与服务人员具备较高的专业化水平，以满足业主的多样性高标准需求。同时，由于业主们可能来自不同的经济层次及国籍，所以物业服务企业需要多种专业性人才，如涉外小区对双语服务人员的需求。

三、别墅物业管理

（一）别墅概述

1. 别墅的定义

别墅一般是指带有庭院的、2～3 层的独立居室和住宅。别墅一般可分为独立式和连体式两种类型。独立式是指四面临空，有院落和围墙；而连体式是有一面或两面与相邻的别墅连接，其他三面或两面临空。

2. 别墅的特点

（1）地处郊外，风景优美。别墅一般选址在郊外，远离市区，公共交通相对不够便利。别墅建筑周围大多是有山有树，大面积的绿地，空气新鲜，风景优美。

（2）建筑档次高，配套设施齐备。别墅在建筑档次和设备设施配套上均采用高标准，建筑修建、装修使用的材料，主要采用的是世界最先进的，最好的，进口的材料。别墅区一般均有食、住、行、购物、健身、娱乐等较为完善的配套，使业主感觉到生活舒适和便捷。

（3）业主收入层次高 。别墅的售价或租金远远高于普通住宅或公寓，因此，居住在别墅的人一般都是文化层次或社会地位较高的人。这类人对居住条件和居住环境要求高，对物业管理和服务的要求也高。

（二）别墅物业管理

1. 别墅物业管理的特点

（1）管理服务要求高。由于别墅区的业主们大多数是文化层次高和经济地位高的人，则他们对于精神要求更高，属于享受主义者，所以对于物业管理服务要求高，要求物业公司高标准、严要求，达到他们满意的程度。

（2）特约服务需求大。别墅的住户一般都是各个行业中领先人物，如国内外企业家或者高级管理者们，他们工作繁忙，每天的工作时间可能大于在家的时间，所以他们的家政事务需要由专业人员去处理，所以需要物业公司提供各种各样的特约服务。

（3）物业管理费较高。虽在目前我国及各政府还未对花园别墅等做出具体规定，但由于别墅物业提供着高标准，高服务，多种多样的特约服务，其物业管理收费标准高。然而，最终物业管理费则是由业主们与物业方共同协商。

2. 别墅物业管理的内容及要点

别墅物业是居住类物业的一部分，物业管理内容与其他居住类物业的物业管理内容有相似，由于服务对象的不同，别墅物业管理的管理质量与服务水平要求更高。

（1）确保别墅区整体规划的完整性。管理别墅区的物业企业，应按照规划设计的要求不得随意改变物业小区内的建筑风格和整体布局，周围的绿地更是不可侵占的，禁止擅自改变用地位置或扩大用地范围的任何违章用地或违章建筑。

（2）做好别墅建筑与设施的养护维修工作。按照国际标准的管理要求，对别墅区每隔5～7年就要进行一次装修，更新设施，以保持全新面貌，要保证设备设施的良性运行，有问题及时检修。

（3）做好消防与保安工作。对于别墅区的管理，应具有高度的私密性，安全性和技术性。因为住在这里的人一般都是有钱人，财产较多，更容易引起坏人的注意。因此，物业公司应加大消防和保安工作，避免偷盗事件发生。

（4）做好环境绿化卫生工作。因为别墅的业主一般都是经济实力强大，不仅仅是为了解决基本的住宅问题，更希望的是得到享受。他们除了要求自己的生活在一个安全便利的环境中，更要求有一个安静、舒适、健康、优美的环境中。所以，物业公司要重点做好环境绿化卫生工作。

（5）做好全方位服务。为了便利业主，在别墅小区内能够享受更多的服务。在保证别墅区设施设备正常安全使用，卫生保洁达到标准要求，可在别墅区内增添多种服务，如餐饮、康乐、健身馆、学校等，为业主们提供全方位服务。

参考资料

国内 TOP 200 物业服务企业管理的项目统计情况

根据《2013 年物业管理行业发展报告》显示，截至 2012 年年底，国内 TOP 200 企业总管理面积 19.68 亿平方米，约占全国 145.3 亿平方米物业管理面积的 13.54%。TOP 200 企业管理的项目共计 16174 个，其中：住宅项目 7376 个，占项目总个数的 45.6%；办公项目 5636 个，占 34.8%；工业和其他类型项目 3162 个，占 19.6%。

TOP 200 物业服务企业管理的项目情况

指标名称	项目数（个）	管理面积（万平方米）	各类型项目面积占比
物业项目总数	16174	196753	100%
1. 住宅物业	7376	137588	69.9%
其中：多层住宅	—	36952	—
高层住宅	—	86989	—
独立式住宅	—	13647	—
2. 办公物业	5636	23064	11.7%
3. 工业物业	621	9276	4.7%
4. 其他物业	2541	26825	13.7%
其中：学校物业	614	6175	—
医院物业	305	2605	—
商业物业	953	6599	—
场馆物业	301	2237	—
其他物业	368	9209	—

第二节　商业类物业管理

一、写字楼物业管理

（一）写字楼概述

1. 写字楼的定义

写字楼是指供各种政府办公机构的行政管理人员和企事业单位的职员办理行政事务和从事商务活动的大厦或楼宇。而现代写字楼是指位于城市中心或交通干道附近的繁华地区，建筑规模大，先进的设施设备，如由电脑控制的楼宇自动化系统、中央空调系统等，而且环境优越，通信便捷，专业程度高，主要用于大公司或大企业从事各种商务活动的场所。

2. 写字楼的特点

（1）地理位置优越，交通条件良好。地理位置优越，写字楼一般位于城市繁华地区交通方便，经贸活动频繁，信息集中通畅，因此，市场的各类行业都倾向在城市中心修建建筑或者租赁写字楼，使得集中办公、处理公务和经营等事务。

（2）规模大，办公单位多，人口密度大及国际化。一般的写字楼建筑都多为高层建筑、楼体高、层数多，建筑面积大，办公单位多且集中，充分利用周边共有资源。而且写字楼是开放式建筑，工作人员与往来客人使其人流大，并且人层次不同，不同国家的人交流沟通。

（3）建筑现代，设备系统先进，智能水平高。写字楼多为高档建筑，为了吸引有实力的公司驻入写字楼，写字楼建筑一般有着独特的格局和色彩，内部一般都配置着先进的设备，智能化管理。

（4）功能齐全，自成体系。现代写字楼一般还拥有自己的设备层、停车场以及商场、会议、商务、娱乐、餐饮、健身房等工作与生活辅助设施，为客户的工作和生活提供很多方便，进而满足租户的需要。

（5）使用时间集中，人员流动性大。写字楼物业使用时间较为集中，一般都是朝九晚五的白领工作的地方，在工作期间整个写字楼都是人来人往，下班的时候就是人去楼空，一整天的人员流动量大。

（6）物业管理与经营要求高，时效性强。时代的变化，伴随着写字楼越来越高档，规模大，功能变多，从而使整个写字楼的物业管理与经营要求变高。另外，由于写字楼具有收益性物业的特征，所以其物业服务与经营的时效性极强。

（二）写字楼物业管理

1. 写字楼物业管理的特点与工作要点

（1）管理要求高，科技含量大。

由于现代化的写字楼本身规模大、功能多、设备先进，加之进驻的多为大型客户，各方面的管理要求都较高。特别是现代化的智能写字楼，因为采用的全部是最先进的技术和设备，所以对物业管理人员提出了更高的要求。

物业管理人员不仅要具有管理知识，更要具有与之相配套的专业技术知识，才能驾驭这些设备，担负起管理和维护这些设备系统的重任。同时，物业管理人员还要指导客户正确使用这些设备，避免设备被人为损坏。

（2）设备设施多，管理难度大。

写字楼内办公人员众多，电脑、打印机、复印机、传真机、电话等各种办公设备基本上都是全天使用，因此，必须保证供电系统的正常运行。否则，将直接影响楼内办公人员的工作效率，给客户带来巨大损失，导致客户的不满，甚至是投诉或索赔。

为了给客户提供一个舒适的工作环境，消除病菌从空调通风管道传播的可能，物业管理公司必须保证楼内空调系统的正常运行，定期对空调通风管道进行消毒，保证楼内的温度、湿度和空气质量符合国家的相关标准。

为了保证客户的正常生活用水，物业管理公司必须对楼内的给排水系统设备进行定期的维修、养护及按时对生活水箱进行清洗消毒，保证客户的用水安全。

对那些在高层办公的客户来说，电梯是其最重要的交通工具，如果电梯出现故障将会给客户的出行带来很大的不便，因此物业管理公司必须制定严格的电梯运行保养制度，通过合理的运行和科学的养护，提高电梯运行的安全性，确保客户正常使用。

保证客户和外界通信渠道的畅通，是现代化智能写字楼物业管理的重要任务之一。在这个信息社会中，信息的交流与获取是至关重要的，是客户获得巨大经济效益的前提，物业管理公司要通过对楼内通信设备日常及定期的维护，保证写字楼内通信系统设备的安全运行，以满足客户的需求。

（3）消防工作重，安全保障要求高。

写字楼内一旦发生火灾，后果将不堪设想，所以消防工作非常重要。在物业管理工作中，除了要保证消防设备设施的完好和消防渠道的畅通外，还要消除火灾隐患，加强写字楼内的装修管理，加强对员工及客户的防火宣传教育工作。

由于写字楼内人员流动较大，且楼内死角过多，因此必须加强对各区域的定时巡逻检查及完善楼内的安全监控措施，达到人防与技防的有机结合。对进入办公区的人员必须建立登记检查制度，并通过严格的监督检查机制以确保安全保卫管理制度的有效实施。

此外，在物业管理的过程中，还要随时做好应对突发事件的准备。由于写字楼内的设备系统、建筑结构和楼内人员的复杂性，作为物业管理公司应时刻保持警惕，随时准备应对各种突发事件。因此，物业管理公司要建立完善的应急预案，诸如火灾或刑事案件发生时的处理预案、意外人身伤害的处理预案、公共卫生应急预案等，并应定期进行演练，做到常抓不懈。

（4）清洁要求高，环境要优雅。

由于写字楼人员多，容易出现脏、乱和建筑材料损坏的问题。为了创造干净、整洁、优雅、舒适的办公环境，写字楼内卫生间、大堂、走廊、楼梯间、电梯厅等公共区域的卫生及办公区域的卫生应由专业的保洁人员进行定时、定期的清洁、打扫和维护。

楼内垃圾的及时清运、定期消毒工作是预防疾病传播的有效手段之一。定期的外墙清洗，还可以保持写字楼良好的外观形象。

在写字楼内外摆放适当的花卉和绿色观赏植物，既能增加视觉美感又能净化环境，还能使客户感到舒适。

2. 写字楼物业管理的内容

（1）前期管理内容。

①写字楼物业管理的委托签约。物业服务企业与业主或者写字楼业主委员会签订物业委托合同，以书面形式确定双方的法律关系，明确双方责任，以此来保护双方的权利和利益。

②写字楼管理计划的制订。物业服务企业运用先进的管理理念和管理知识制订服务方案及服务内容、草拟写字楼各项管理制定、服务质量标准、物业服务费标准、各工作组织和人事制度，各工作岗位的评定标准和奖惩方法等。

③写字楼的承接验收。按照有关法律规定，做好写字楼的接管、验收工作。仔细核查写字楼共有部分和专有部分，设施设备等。从物业管理和业主的角度，向建筑单位提供合理的建议，为日后的管理创造条件，减少一些难以解决却可在早期介入可解决的问题。

（2）后期管理内容。写字楼后期的物业管理除了房屋及设施设备管理、环境卫生管理、公共秩序管理等常规物业管理内容之外，还包括以下特殊内容。

①前台管理。小型写字楼的前台仅提供基本的询问解答、引导服务，而大型写字楼前台服务项目较多，主要包括：问询服务和留言服务，钥匙分布服务；信件报刊收发、分拣、递送服务；个人行李搬运、寄存服务；出租汽车预约服务；旅游活动安排服务；航空机票订购、确认等服务，而有些写字楼的前台也进行报修，方便客户报修。

②租赁管理。写字楼是收益性物业，除了业主少部分自用外，其他的用于出租。物业公司受业主委托，代为管理写字楼的租赁业务。出租业务并不是永久性业务，它随时都会出现变动，有较高的流动性。于是，物业公司为了提高写字楼的出租率，就要做好营销推广工作。做好写字楼营销市场调研和营销计划制度等一系列工作。

③商务管理。写字楼内部一般设有商务中心，写字楼一般都是商务繁忙，一早到晚在工作中度过，没有时间到处为日常生活奔跑，物业公司为了解决问题，满足客人需要，给客人带来便捷，设立的商务服务机构，从而写字楼就提供商务服务，管理上就增加了商务管理。

二、零售商业物业管理

（一）零售商业物业概述

1. 零售商业物业的定义

零售商业物业是被零售商用来销售商品或服务的物业。零售商业物业的范围相当广泛，从小型店铺、百货商场到大型现代化购物中心，面积规模从十几平方米到十余万平方米，其服务的范围从邻里、居住区到整个城市甚至全国。

根据2010年修订的零售业态的国家分类标准，零售商业物业业态可分为两类：

（1）有店铺零售业态：食杂店、便利店、折扣店、超市、仓储会员店、百货店、专业店、专卖店、购物中心、厂家直销中心。

（2）无店铺零售业态：电视购物、邮购、网上商店、自动售货亭、直销、电话购物。

2. 零售商业物业的特点

（1）规划科学实际，合理布局。商场楼宇在布局、规模、功能、档次等都根据所在周围地区的人口、交通、购买力、消费结构、人口素质、文化背景等特点，因地制宜的规划设计。无关整个商场楼宇规模大小、功能多少、档次高低，一切都从实际出发。

（2）结构设计新颖、舒适、便利。商场楼宇为了吸引大量的客源，促进消费，投资者投入大量资金，使楼宇结构设计新颖突出，将其打造成为舒适、高雅、便利、带给顾客购物的享受的场所。大多数商场内部还配置着一些像园林小品等小景点，在顾客休息时陶冶自己的心境，内部装修的颜色相互协调，令人赏心悦目，流连忘返。

（3）选址、设施和规模满足不同层次的消费需求。商业商场的选址和规模需要根据城市人口的数量、密集程度、顾客的多少进行布局。需要有足够的销售范围和足够的消费者来达到商业、服务企业对经济利益的追求，达到相对的利润。同时由于商场每天的流动人口多，消费水平较高，所以在商场的设施较为完善先进，对物业档次的要求也较高。

（4）客流量大，客户类型多样化。商场楼宇中每天都有着不同人进入商场进行购物，客流量大，人员杂乱，不受管制，客户类型也多种多样。

（二）零售商业物业管理

1. 零售商业物业管理的特点

（1）要保持商场的美观、整洁、有序。商场楼宇每天都要面对不同的客人，需要有一个美观、整洁、有序的形象。一个商场的形象决定着顾客是否愿意来到此消费，好的形象给顾客带来一种安全感、信任感，增大商场知名度，扩大影响力，吸引更多的顾客消费。

（2）设施设备配置齐全与先进，并要求正常运行。在我国一般商场除了提供水、电、卫生等基本设备，还提供着多项先进的设备，如高层电梯、自动扶梯、货梯和大型中央空调等，给顾客带来便利。同时，日常需做好设备的维修和养护等工作，确保商场的设备时时刻刻正常运行，以防影响商场的正常经营。

（3）确保商场场所与客户的安全。由于商场每天客流量大，人员杂乱，不受限制，特别是敞开式商场，商品堆积，易造成危险情况，所以物业公司应加强商场和客户安全，加大保安巡逻与管理，以及对于商场商品仓库等管理。

（4）管理服务必须按照合同约定实施。在物业管理服务一项服务前，必须按照合同约定实施，不可违背合同约定实施，物业管理者必须一一按照合同所写的给商场营造一种良好的环境和满意的服务。

2. 零售商业物业管理的内容

商场物业管理的内容和住宅小区物业管理一些日常管理相似，但要求比住宅小区管理要求更高，更严格。同时也有着不同之处，主要表现为以下几个方面。

（1）建立商场物业的识别体系。商场物业管理不同于住宅小区管理，它属于收益性物业管理，面对的是所有顾客，所有需要形成一个商场物业的识别体系，它是树立一个良好形象的重要方式。它包括理念识别体系、视角识别体系和行为识别体系，三者相互推进、互相作用、能产生良好的商业效果。

（2）广告管理。商场广告既多又杂，常常会出现广告无序有碍整体环境的情况，有的广告甚至违反广告法规定。根据《广告法》的规定，对其违背的做法应当制止和管理。并要求楼宇的广告应统一由物业公司制止、悬挂，橱窗展示宣传也由物业公司统一规划，达到整个楼宇统一整齐的形象。

（3）装修管理。商场楼宇的租赁往往以整个层面向外出租，出租后，由承租商依据经营要求，提出装修申请。也有的业主把一个层面装修完毕之后出租铺面。承租商户对铺面只能通过申请批准后作一些小的变动装修。

（4）租赁合同管理。租赁管理主要包括两个方面。一方面是出租方式，主要有租金投标和协议租金两种，在地段好，顾客量大的地方的商场，商户往往要竞相租赁。另一方面是租金管理。在租金商户时要考虑多方面因素，根据不同时间变化，租金也会有变化。

第三节　其他类物业管理

一、高校物业管理

（一）高校物业概述

1. 高校的属性

高校是大学、专门学院、高等职业技术学院、高等专科学校的统称，从学历和培养层次上讲，包括专科、本科、硕士研究生和博士研究生。高校属于学校的一种，其根本属性也是教书育人，所不同的是教育层次上的区别。

2. 高校物业的属性

高校物业指的就是学校房地产范围内全部教学、科研、生活房屋及其附属设备和公共设施。高校物业具有三个基本属性：首先，是一种资产，是固定资产，属于不动产；其次，是学校教学科研工作不可或缺的载体，属于生产资料；最后，是师生学习和生活的空间，属于生活资料。

（二）高校物业管理的重心与特点

1. 高校物业管理的工作重心

高校的职能和高校物业的属性决定了高校物业管理的重心，一方面，高校物业作为资产，物业管理要实现资产的保障增值；另一方面，高校物业作为教学科研的生产和生活资料，物业管理要为教学科研和师生学习生活的服务提供有力保障。

2. 高校物业管理的特点

以其他类型物业相比，高校物业管理具有以下几个方面的特点。

（1）服务要求高。高校是一个高层次、高学历的上层建筑，物业服务的对象是以广大教师和学生为主的知识群体，也是社会上的一个特殊群体。他们对物业服务企业的形象、服务人员的素质和服务内容都有较高要求，服务和管理更需要精心和讲究方式，秩序维持和学生安全显得特别重要。

（2）工作时间明确。高校教学的作息时间有规律，都是一年中的某几个月，除了国家法定节假日外，还有固定的寒暑假。因此，物业服务企业可以根据学校教学作息时间制订相应的管理计划，合理安排学校教学设备的维护和养护，确保教学正常运行。

（3）安全管理要求高。高校学生活拨好动，喜欢尝试与冒险。物业服务企业在开展物业管理工作时要充分考虑学生的人身安全，针对高校学生的特点，排查潜在的安全隐患。通过竖立警示标语，与学校一起开展安全宣传与教育，提高师生的安全意识。

（4）与学校职能部门配合多。高校是个小社会，校内各职能部门分工明确，物业服务企业在从事物业管理工作时要注意与校内各职能部门的配合，主动接受他们在具体工作上的指导、监督和检查。同时，要处理好与各职能部门的关系，以便在工作上获得他们的支持与帮助。

参考资料

全国首个省级《学校物业管理规范》发布

2015 年 5 月，由上海市物业管理行业协会、上海市学校后勤协会共同编制的上海市地方标准《学校物业管理服务规范》（以下简称《服务规范》）发布，该《服务规范》是全国首个由省级质监局发布实施的学校物业管理服务地方标准。该《服务规范》适用于除幼儿园以外的大学、高职、高级中学、初级中学、小学，以及职业高中、中等专业学校、技工学校等各类学校。

《服务规范》涵盖广大师生校园生活的方方面面，主要包括学校物业管理服务的基本要求、校舍与设施设备管理、秩序维护管理、消防安全管理、住宿管理与服务、环境保洁、绿化服务、特约服务、应急管理等 13 个章节。

《服务规范》具有三大亮点。第一，第一次明确提出，物业企业应当通过服务公示公布服务内容、要求及投诉电话，第一次就实验室设备设施管理的范围给出了边界，第一次明确提出，应建立和完善安全信息通报制度。

第二，对物业服务提出了更高的要求。例如，在安全管理方面，《服务规范》要求中小学安全管理应符合《中小学、幼儿园安全防范管理基本要求》（DB31/547），设施设备管理应符合《办公楼物业管理服务规范》（DB31/T 361）。

第三，进一步增加了物业企业所需承担的义务。例如，《服务规范》要求物业企业按规定承担消防安全管理义务，做好节能宣传和能耗分析，配合学校开展历史建筑物保护工作，劝阻公共场所的吸烟行为，在受委托情况下对学校外委单位进行服务监管等。《服务规范》还就教学辅助服务、会务服务、收发服务、代理租赁服务等特约服务的内容、要求等问题作出明确规定。

这些内容，不仅规定了学校物业服务“管物”的工作，规范了学校物业的标准化服务，使学校物业服务有章可循、有规可依、有据可引。同时，《服务规范》也与学校的教学秩序和师生生活紧密联系，充分体现了学校物业服务的“育人”特色。规范将对学校物业服务向更高层次推进，起到积极的指导和促进作用。

二、医院物业管理

（一）医院的属性

医院是指为患者提供医疗服务和进行医学教学和科研的特殊场所，具有以下基本属性。

（1）医院是为人民服务的重要单位，担负着救死扶伤、实行人道主义的义务和责任；

（2）医院的开放度高，营业时间长，来往人员构成复杂，矛盾交叉点多，容易形成冲突与纠纷。

（3）医院以病人和社会特殊群体为主要服务对象；

（4）医院不是纯粹的消费性服务。

（二）医院物业管理的特点

1. 需要不间断的设备运行

医院不及住宅小区管理简单，医院工作时间是整整一天，24 小时。在这 24 小时期间，不断有不同人进入医院，时刻要准备病人的治疗，因此医院里面的设备设施都需要 24 小时不间断地运行，几乎不能中断，否则会给整个医院带来相当大的困难。因此，医院物业管理要保证备用的设备，一旦出现设备出现故障，备用设备立即投入生产。

2. 需要专业的保洁

医院每天给病人提供治疗，每天都会产生大量的医疗废弃物，医疗废弃物包括很多有毒物质或病菌，这些都要经过及时并特殊处理，才能给医院营造清洁干净的环境，带给整个医院一个良好的形象。而医院的保洁工作人员必须经过严格的消毒、隔离和防护制度，并且有一定的医疗常识，在工作中能够做好自身的防护。

3. 特殊的公共秩序管理

医院是一个特殊的地方，含有很多特殊部分，就如手术室、化验室、太平间等，都要采取严密的警戒措施，重点地方（医疗档案和各种试剂等）加强保护和防范。准备紧急处理方案，一旦发生紧急事件，可及时处理，减少事件的危害。

（三）医院物业管理的内容

1. 医疗设备设施管理

物业服务企业主要负责对房屋建筑、中央空调系统、锅炉、高低压配电系统、备用发电机、消防报警系统，给排水系统、电梯、水泵系统、照明系统等进行维修与养护管理。要保持24小时的水、电、气、热供应，以及电梯、变配电、中央空调、氧气输送系统等的正常运行。物业服务企业需根据医疗要求和设施运行规律做好各项维修养护计划，提高维修养护的效率，准备备用的设备，以备不时之需，不得出现任何的有损患者的安全事故。

2. 清洁卫生及绿化管理

医院的卫生保洁工作主要是对医院各病区、各科室、手术室等部位的卫生保洁，进行其消毒、杀菌，防止造成大面积交叉感染；对医院产生的垃圾进行分类收集、清运，尤其是有毒有害物质特别注意，定期消毒杀菌，并且对这些垃圾要统一处理，绝不能流失到医院外，防止造成外部的污染。同时要开展对医院公共区域的绿化美化工作，定期对树木和绿地进行养护、灌溉和修剪，保证绿地、植被的正常生长。

3. 公共秩序管理服务

首先，是安全管理，包括是对门禁制度、消防安全巡查、安全监控、处理突发事件等管理，尤其对医院重点部位，如手术室、药剂室、太平间等的安全防范管理，对于医院打架、斗殴事件要及时处理，确保工作人员的人身安全。其次，是医院的消防工作，定期组织消防安全工作检查，对消防设施设备的检查，确保能正常使用。最后，是医院的停车管理，疏导进出车辆，保持道路畅通。

4. 医疗辅助服务

护工和专业陪护是医院管理的一大特色之处，它是对医生和护士工作的延续和补充，医院的医生是不能对所有的病人全面细致的照顾，因此就产生这种职业，护工人员需要有一定的医疗知识，能够处理简单的问题，同时也需要了解整个医院的科室设置、医院设施，有着耐心、负责、礼貌、热情主动、有问必答、百问不厌的心理。

三、体育场馆物业管理

（一）体育场馆物业的特点

1. 规模大，设备设施复杂

现代体育场馆的建设标准除了满足全民健身的需求外，还兼顾大型赛事、活动需要，基本上是按照满足大型国际、综合性赛事要求实施建设的，同时建设选址要充分考虑交通便利的要求。因此，现代体育场馆占地面积广，所提供的设施设备规模庞大，除了电、水等常规设备外，还专门配置了智能化的中央控制系统、无线上网系统等，设备齐全且先进。

2. 多元化使用功能

现代体育场馆的主要功能是为体育比赛提供专业化的场地，如田径、足球比赛等，同时也可用于大型商业演出、大型集会、会展等，呈现使用功能多元化的态势。

3. 配套商业网点密度大，交通通信容量大

作为对社会公众开放的现代体育场馆，商业网点、交通通信设施的配置大容量是现代体育场馆必需的，特别是在举行大型赛事、活动时要满足几万人的购物、餐饮、停车、通信信道的畅通并需具备在短时间内疏散观众、车辆的能力。

4. 人性化设计程度高

现代体育场馆在建筑设计上完全实现以人为本的人性化设计，各种配套设施齐全，如，供运动员、观众使用的洗手间，为弱势人群考虑的残疾人专用通道及残疾人专用看台，为运动员、观众配备的医务室，以及为满足高水平消费层次人群设计的贵宾包厢等。

（二）体育场馆物业管理内容

体育场馆由于自身的特点，它是大型社会公建项目类型之一，具有大型社会公建项目的特征，它主要包括日常管理、前期准备、期间管理。

1. 日常管理

非赛事期间，物业管理的工作主要包括体育场馆的建筑及设备的维修与养护、环境清洁卫生、车辆停放、安全消防管理等常规管理工作。

2. 前期准备

主要是在体育场馆内进行组织大型比赛、活动时，物业服务企业需提前制定大型赛事、演出活动的各种应急方案。由于活动都是大型的，并且参与者众多，一旦发生突发事件，所产生的损失不可估量。物业服务企业应根据赛事、活动的特点，制定各种应急方案，及时解决问题，并避免突发事件发生。如做好保洁工作，制订好保洁计划，使在活动期间不同区域达到清洁；做好保卫预案，确保设施设备、参与人员的人身安全等。

3. 期间管理

物业服务企业在赛事、活动期间需做好以下工作。

（1）机电设施设备的管理。体育场馆的机电设施设备在日常工作中，除了正常维

保与检查外，在每场赛事活动前，制订演练计划并进行实操演习是必须要做的工作。特别是在赛事和活动进行时，要确保各设备的运行不能出现一点闪失，并能随时启动应急设备。其管理范围突发性地剧增，是对高科技人才做好维保、记录及日常实操管理水平的集中考验。

（2）清洁卫生服务。对于一个大容纳量的体育场馆，保洁面广、工作量大，工作任务集中，且在赛事、活动期间，要根据不同功能区域采取不同的保洁标准和程序，事前制定保洁标准与程序。赛事期间要特别注意卫生间的清洁卫生，保洁人员要随时清扫、保洁，确保卫生间始终保持良好的卫生环节。

（3）公共秩序管理。在大型赛事、活动期间，体育场馆人口密度会急剧增大，公共秩序管理难度加大。物业服务企业要加强对设备设施安全、人身安全、车辆道路等各方面的管理，对于赛事期间的冲突闹事行为，物业服务企业应协助公安机关进行处理。入场与散场时要做好疏导工作，通过合理安排工作人员参与指挥疏导、设置指示牌等方式确保进出有序。

本章小结

1. 住宅小区物业管理具有以下特点：管理具有社会性、管理具有统一性、管理强调服务性、管理具有复杂性。

2. 高级公寓物业管理具有以下特点：市场化程度高、管理和服务水平要求高、服务对象相对稳定与服务周期长。

3. 别墅物业管理具有管理服务要求高、特约服务需求大和物业管理费较高等特点。

4. 写字楼物业管理的特点与工作要点主要包括管理要求高与科技含量大、设备设施多与管理难度大、消防工作重与安全保障要求高、清洁要求高与环境要幽雅。

5. 零售商业物业管理的特点包括：要保持商场的美观、整洁、有序；设施设备配置齐全与先进，并要求正常运行；确保商场场所与客户的安全；管理服务必须按照合同约定实施。

6. 高校物业管理具有服务要求高、工作时间明确、安全管理要求高、与学校职能部门配合多等特点。

7. 医院物业管理具有以下特点：需要不间断的设备运行、需要专业的保洁以及特殊的公共秩序管理。

8. 体育场馆物业具有规模大与设备设施复杂、多元化使用功能、配套商业网点密度大、交通通信容量大、人性化设计程度高的特点。

复习题

1. 居住类物业及其物业管理具有哪些特点?

2. 商业类物业及其物业管理具有哪些特点?

3. 高校、医院和体育场馆及其物业管理具有哪些特点?

4. 各类物业物业管理的管理重心分别是什么?

问题与应用

1. 以下关于学校物业属性的说法错误的是（　　）。

A. 是一种固定资产

B. 是学校教学科研工作不可或缺的载体，属于生产资料

C. 是师生学习和生活的空间，属于生活资料

D. 是一种动产

2. 以下关于别墅物业及其管理的特点的说法错误的是（　　）。

A. 需求多样，层次高大

B. 客户相对稳定，服务时间长，服务对象复杂

C. 居民收入差异较大

D. 服务品质要求高

3. 住宅小区最基本、最原始的功能是（　　），其他功能是这项功能的延伸。

A. 社会功能　　　　B. 经济功能

C. 生活服务功能　　　　D. 居住功能

4. 通过实地调查，分析你所在学校物业管理的现状，比较分析高校物业管理与住宅小区物业管理的区别。

第二部分　面向过程的物业管理

第五章　物业管理的早期介入

学习目标

物业项目的早期介入是物业管理的重要铺垫，对减少开发遗留问题，保护业主利益，方便物业管理具有重要意义。本章介绍了早期介入的相关知识，重点介绍了各阶段早期介入的内容与要点。

1. 知识目标

➢理解物业管理早期介入的内涵与意义；

➢掌握物业管理早期介入的流程；

➢掌握各阶段早期介入的内容与要点；

➢理解物业管理早期介入的注意事项。

2. 能力目标

➢具备开展早期介入工作的能力。

知识结构导图

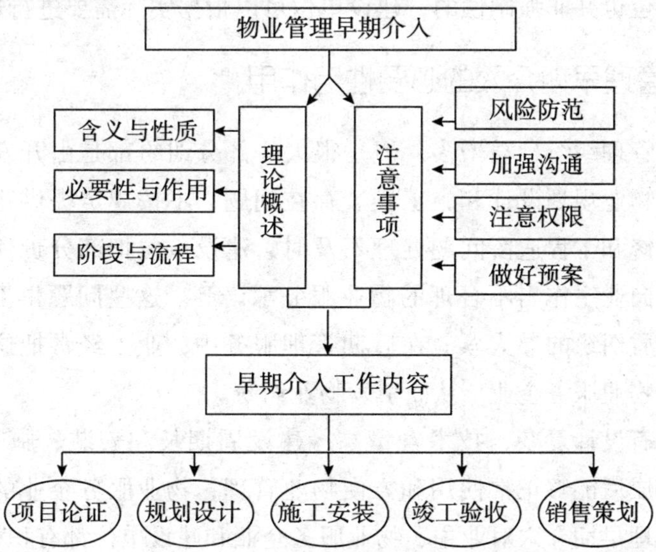

第一节　物业管理早期介入概述

一、物业管理早期介入的含义与性质

（一）物业管理早期介入的含义

物业管理早期介入是建设单位为提高项目价值所引入的物业管理咨询活动。具体而言，物业管理早期介入是指物业服务企业或专业公司在物业承接查验之前，接受建设单位的委托，早期介入项目的开发建设，参与项目的可行性研究、规划设计、施工安装、验收、销售等阶段的工作，凭借丰富的物业管理的经验和资源，从方便物业管理和业主使用以及提升物业价值的角度对物业的环境布局、功能规划、楼宇设计、配套设施、管线布置、房屋租售、竣工验收等多方面提供合理化建议，以使开发出的物业最大限度地满足业主的需求和物业管理的需要。

（二）物业管理早期介入的性质

早期介入是物业管理的重要铺垫，提供早期介入服务的主体可以是物业服务企业，也可以是具有丰富物业管理经验的专业公司或专业人员。从理论上讲，早期介入越早越深入对后期的物业管理越有利，但早期介入对开发建设单位而言并非强制性要求，而是根据项目和管理的需要进行选择。引入早期介入之后，早期介入主体提供的意见和建议对建设单位也并非强制性的，建设单位可以根据实际需要进行选择。

二、物业管理早期介入的必要性与作用

目前，物业管理纠纷日益增多，但是很大一部分纠纷都是由开发建设期间遗留问题所引起的。如物业规划设计和施工安装存在问题、不按规定提供物业管理的基础条件、工程质量保修和工程遗留问题处理不及时、建设单位把部分责任和义务转嫁给物业企业、售房时向业主作出不合理的物业服务承诺等。这些问题得不到有效解决，很容易成为引发矛盾纠纷的导火索。在后期管理服务中，业主经常把这些本属于建设单位的责任转嫁给物业服务企业，从而引发物业纠纷。

现代建筑具有设计复杂，技术含量高，建设周期长和安装、施工难度大的特点。为了保证物业建成后能够正常使用和方便物业管理，物业服务企业的早期介入是非常必要的。物业管理早期介入对业主、物业服务企业和建设单位都有积极的作用。

（一）从项目开发角度，有利于提高建设单位的效益

建设单位在项目开发时更加关注满足国家技术规范的要求，而对于项目开发后期的物业使用与物业管理并不十分关心。而且，由于自身缺乏后期物业管理的知识与经验，建设单位在满足后期的物业使用与物业管理方面也不擅长。物业服务企业早期介入项目，能够利用物业服务企业的知识与经验，从业主的使用和物业管理的角度提供建议，提高建设单位的开发效益。

1. 提升物业价值

物业管理早期介入有助于建设单位在项目开发各阶段充分考虑业主和物业使用人的需要，提高项目市场定位的准确性，从而提高项目的价值。一方面，通过引入高水平的物业管理咨询服务可直接提升项目的影响力，物业服务企业的先进理念、管理经验也都有利于提高项目的价值和促进项目的销售。另一方面，物业管理的早期介入可以配合开发商制定出更符合业主和使用人需要的开发设计方案，并在物业销售前拟订出能够满足潜在购房者需要的可行性物业管理方案，从而有利于提高项目的价值，促进项目的销售。

2. 降低开发成本

一些建设单位不愿意引进物业管理早期介入是担心物业服务企业提的各项建议会增加开发成本，其实，一些好的建议不但不会增加成本，而且还有助于降低成本。一方面，项目早期介入可以使规划设计方案的功能定位更加满足业主需求，从而避免开发建设中一些不必要投资。如公共设施配套、设备选型和材料选用等。另一方面，早期介入从后期维护管理的角度提供建议，从长期来看，能够减少由建设单位承担的后期维修整改方面的费用。

（二）从业主使用角度，有利于提高业主的满意度

从业主角度而言，物业管理早期介入能够维护业主利益、满足业主使用需求和提升项目价值，从而提高业主的满意度。

1. 满足业主使用需求

随着社会的进步，人们对物业的使用要求日益提高，而且不断发展，这就要求建设单位的开发建设应有长远的眼光，既要满足业主对物业使用过程中便利、安全、舒适的现阶段需求，又要考虑日后人们对物业功能的新需求。物业的设计人员不是专业的物业管理者，其在制定设计方案时，不可能将后期的物业管理中可能出现的问题考虑周到，造成物业建成后管理上的难度和功能布局上的先天不足。因此，物业管理早期介入能弥补建设单位的不足，使物业的设计更符合业主的使用要求。

2. 维护业主利益

一方面，物业服务企业凭借熟悉房屋和设备使用管理的专业优势，通过早期介入共同参与物业的规划、设计、施工、验收等工作，保证物业建设的设计合理和质量良好。另一方面，在施工、销售、竣工验收等阶段，建设单位或施工单位由于各种主客观原因可能会做出一些有损业主利益的行为，如在销售阶段，销售人员可能会提出一些有损业主利益的虚假承诺，在施工阶段，施工单位可能会偷工减料等。物业服务企业由于可能后期从事该项目的物业管理工作，在这些问题上会站在业主的角度，维护业主的利益。

（三）从物业管理角度，有利于提高物业服务企业的效率

从后期物业管理的角度而言，物业管理早期介入有利于物业服务企业掌握物业情况、规避各种物业管理风险，从而提高物业管理的工作效率。

1. 有利于物业基本情况的掌握

对物业服务企业来说，物业管理的早期介入阶段是物业服务企业熟悉物业实际情况的过程。一方面，由于参与了物业的规划设计、施工建设等各阶段，对物业的总体规划布局、工程的质量、可能出现的各种隐患都非常熟悉，在后期的物业管理工作中就可以做到有的放矢，提高工作效率。另一方面，早期介入使得物业服务企业有充裕的时间进行物业管理方案的设计、人员的安排，为后期物业管理打下良好的基础。亦可在收集的各种图纸等原始资料的基础上建立起完善的档案文件系统，减轻日后的管理难度。

2. 有利于物业管理风险的规避

物业管理各阶段都存在不同程度的管理风险，尤其是对新建项目来说更是如此。早期介入有利于物业服务企业掌握项目、业主、周围环境等情况，有助于制定科学合理的物业服务方案，提高业主的满意度和物业服务企业的竞争力，以保证物业管理的可持续经营管理。同时，通过早期介入，物业服务企业可以从方便后期物业管理和规避后期管理风险的角度对各阶段的工作提出意见与建议，减少后期物业管理的风险。例如，物业管理用房的规划设计，销售人员向业主提出一些有损物业服务企业利益的虚假承诺等。

三、早期介入的阶段和流程

（一）物业管理早期介入的阶段

物业管理早期介入是新建物业承接查验之前，建设单位在项目的各阶段引入的物

业服务咨询活动。因此，物业管理早期介入可贯穿房地产开发建设的全过程，这个全过程包括项目论证、规划设计、施工建设、竣工验收、房屋销售等阶段（如图 5－1 所示）。

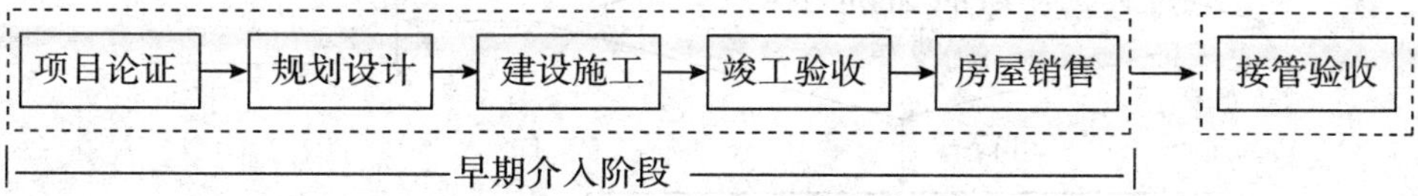

图 5－1　物业管理早期介入阶段

一般认为，早期介入越早越好，做得越主动、越具体、越扎实，对前期物业管理及以后的工作越有利，房地产开发建设的不同阶段，物业管理早期介入的作用与目标不一样。物业服务企业可从房地产开发的项目论证阶段介入，在此阶段物业服务企业提出的意见最及时，采纳后能帮助建设单位更准确地进行市场定位；规划设计阶段的介入能够在项目的结构布局、功能、环境及配套规划、设施设备等方面提供合理化建议；施工建设阶段的介入能够在设施设备的安装调试、规划设计阶段存在缺陷的整改等方面提出合理化建议；竣工验收阶段的介入能够协调跟进遗留问题的整改；销售阶段的介入能够提供现场物业管理咨询服务以及在物业服务费的定价、物业服务的宣传及承诺等方面提供帮助。

（二）物业管理早期介入的程序

物业管理早期介入是一项独立而完整的工作，一般包括获取信息、可行性研究、签订合同、制订工作计划、实施工作计划等基本程序（如图 5－2 所示）。

1. 获取信息，达成初步协议

物业服务企业通过多种渠道，获取项目委托服务信息，并积极与委托方建立联系，通过介绍和宣传，让开委托方对物业服务企业及其服务有一定认识，最好能与委托方达成初步意向。同时，在该阶段应多了解项目情况、对物业管理早期介入的需求等基本信息，为早期介入的可行性研究提供依据。

2. 科学论证，进行可行性研究

物业服务企业应根据目标项目的基本情况如物业的类型、建筑面积、建设单位资信、未来业主特征等方面考虑拟接管项目与企业自身的优劣势、发展战略等是否一致，科学论证项目接管的效益与风险。

3. 签订合同，确定工作内容与要求

可行性研究论证后，如果接管项目可行，可与建设单位进行具体谈判协商，签订物业管理早期介入服务合同，合同内容应包括项目早期介入概况、委托内容及要求、

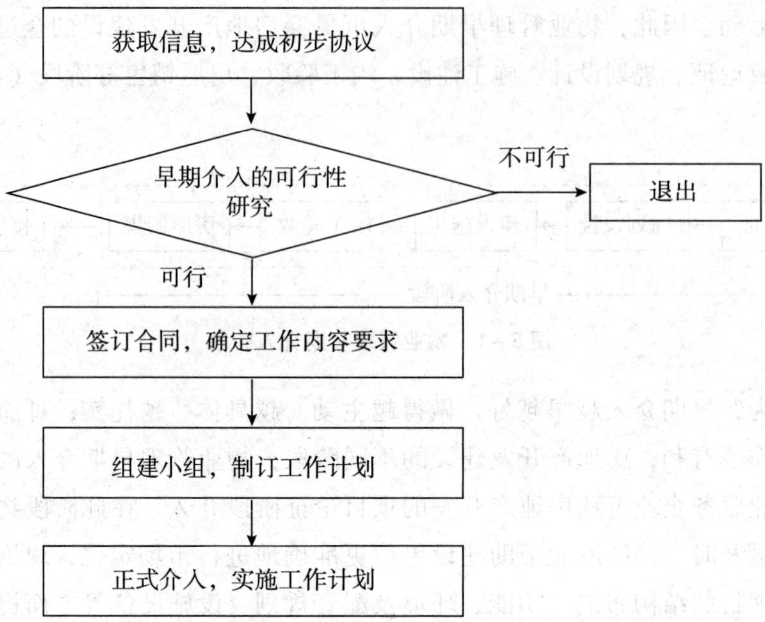

图 5－2　物业管理早期介入程序

服务费用、双方的权利义务、违约责任以及其他事项。

4. 组建小组，制订工作计划

在准备签订合同的同时，物业服务企业还应着手组建项目物业管理早期介入工作小组，制订早期介入工作计划，以便合同签订后及时进驻物业。在选择早期介入工作组成员时，要综合考虑小组成员专业搭配的合理性，工作小组应由具备房屋结构、设备专业等方面专业知识的人员组成，同时还需具备良好的沟通技巧和丰富的管理经验。

5. 正式介入，实施工作计划

按照物业管理早期介入合同和早期介入工作计划正式介入项目。根据介入的不同阶段，采取相应的介入方式，站在建设单位、业主和物业服务企业三方利益角度，提供合理化意见和建议，履行早期介入职责。

第二节　早期介入的工作内容

物业管理早期介入是配合建设单位做好房地产开发建设工作，因此，物业管理各阶段介入的工作内容与各阶段房地产开发的工作内容相对应，而且各阶段的工作内容、工作要点和介入形式也各有不同。

一、项目论证阶段的介入

(一) 早期介入的工作内容

1. 房地产开发建设的工作内容

项目论证阶段是房地产开发建设的源头，因一个房地产开发项目从规划到投入使用需要几年的时间，所以房地产开发商在项目论证阶段应具有超前意识，进行项目的可行性分析，通过市场调研和技术研究，对可能采取的规划方案、设计方案、建设方案进行分析和综合评价，对该项目建成后的经济效益、社会效益和生态效益进行合理的预估，最后确定是否投资。

2. 早期介入的工作内容

在这个阶段，物业管理人员的主要工作是对该项目的市场定位、潜在业主的构成和消费水平、周边的物业管理概况以及日后物业管理和服务的内容、标准、成本、利润测算等多方面提供参考建议，必要时可对今后物业管理的构想提供书面报告，以利于建设单位决策的客观性和合理性。

项目论证阶段物业管理早期介入的具体工作内容包括：

(1) 了解项目的周边环境。

(2) 协助建设单位评估项目所需相关配套设施。

(3) 向建设单位提供专业咨询意见和可行性研究报告建议。

(4) 设计与客户目标相一致并具备合理性价格比的物业服务框架性方案。

(二) 早期介入的工作要点

为提高工作效率并规避风险，物业服务企业在项目论证阶段的物业管理早期介入应注意以下工作要点。

(1) 推选知识面广、综合素质高、策划能力强的管理人员承担项目的早期介入工作。

(2) 可行性研究是项目开发建设的前提，物业服务企业就项目定位、物业管理的基本思路和框架、物业管理运作模式提供专业意见，帮助建设单位更准确地进行市场定位，提高项目的性价比。

(三) 早期介入的形式

物业服务企业在项目论证阶段获取项目信息，组织相关人员对项目的整体设想和建设思路、周边情况、项目定位等进行分析、评估，就项目的物业服务进行总体策划。

该阶段物业管理早期介入的形式包括市场调研、对标管理和项目沟通会。

1. 市场调研

物业服务企业通过对项目及周边情况进行调研，了解项目的交通、教育、医疗等相关配套情况和不利因素，综合分析、评估对项目产生的各种影响，并将结果向建设单位进行汇报说明，以助于建设单位进行项目决策。

2. 对标管理

物业服务企业通过对同类型物业的客户群、服务标准等调查比较的基准的方法，以便对新建物业的物业服务定位、物业服务模式等向建设单位提供建议。

3. 参加项目沟通会

物业服务企业过定期参加由建设单位组织的项目沟通会，以发函的方式提交建议书等，了解项目的建设进展情况，并就早期介入的相关问题交换意见。

二、规划设计阶段的介入

（一）早期介入的工作内容

1. 房地产开发建设的工作内容

房地产开发项目的立项报告批准后，进入实施阶段的第一项工作就是勘察、规划与设计招标。在规划设计阶段，房地产开发企业要从高起点起步，充分考虑人们对房屋产品和居住环境需求的不断变化。建设单位人员往往依据技术标准，对小区内建筑物、公共道路设计、园区景观和绿化规划及公共设施设备等进行规划设计，由于缺乏物业管理专业意识和知识，很少从业主长期使用和后续物业管理正常运行的角度考虑问题，造成物业建成后管理上出现漏洞，功能布局上存在缺陷。

2. 早期介入的工作内容

规划设计是决定日后物业管理能否高效、精简而优质服务的关键。物业管理人员参与物业的规划设计，具有自身独特的优势：他们对于物业在使用和管理的过程中细节问题的发现和处理有特殊的敏感性和应变力，改进意见更贴近消费者的实际需求，避免物业的先天不足，从而在源头上为管理创造条件。物业服务企业的主要工作是针对规划设计中存在的问题和缺陷提出专业的意见及相关建议。

规划设计阶段物业管理早期介入的具体工作内容包括：

（1）就项目的结构布局、功能方面提出建议。

（2）就项目环境及配套规划的合理性、适用性提出建议。

（3）就项目设备设施的设置、选型及运营、维护等方面提供改进建议。

（4）就物业管理用房、社区活动场所、公建配套等公共配套建筑、设施、场地的设置和要求等提出意见。

（5）搜集对建设单位规划设计的建议，整理成项目建议书并跟进落实。

（二）早期介入的工作要点

为提高工作效率并规避风险，物业服务企业在规划设计阶段的物业管理早期介入应注意以下工作要点。

（1）所提出意见和建议应体现专业性，并符合有关法律法规及技术规范的要求。

（2）从确定的目标客户的角度考虑问题。在设计上，比较物业建设、使用、维护的成本与目标客户的需求及经济承受力，使业主、建设单位与物业服务企业的目标利益相统一。

（3）要贯彻可行性研究阶段所确定的物业服务总体设计规划的内容和思路，保证总体思路的一致性、连贯性和持续性。

（三）早期介入的形式

在规划设计阶段，物业服务企业可以通过以下方式，从使用、维护、管理、经营以及未来功能的调整和保值、增值等角度，对设计方案提出意见或建议。

（1）组织结构、设备专业人员参与项目规划设计沟通会；

（2）召开有建设单位、规划设计部门、工程建设主管部门参加的意见交流会；

（3）对楼盘规划设计方面的意见以文件的形式向建设部门、规划设计部门反映；

（4）参加设计图纸会审，会同建设单位、设计单位、施工单位、监理单位等，对图纸进行分析、论证，并提出相关建议。

（5）利用其他工作场合，向设计人员提出意见或反映一些在物业管理和使用过程中遇到的问题。

三、施工安装阶段的介入

（一）早期介入的工作内容

1. 房地产开发建设的工作内容

建设单位在这阶段主要进行施工准备、进度管理和质量管理等部分进行施工与建设。施工准备部分是根据规划设计按照国家规定的技术标准进行图纸会审和技术交流，并审查施工组织设计和进行施工材料设备准备；进度管理部分则是根据初步设计编制项目工程建设总进度计划，避免工期拖延；质量管理部分是对工程建设活动所涉及的各种因素进行控制，在施工过程中进行质量跟踪监控。

2. 早期介入的工作内容

物业服务企业在施工安装阶段主要是派遣人员到施工现场，一方面通过参与工程监理，使工程质量多了一份保证；另一方面对开发项目的全面了解，熟悉基础隐蔽工程、机电设备安装调试、管道线路的铺设及走向等日后难以从外观上察觉的施工质量，从用户角度发现问题或遗漏项目，及时向建设单位反映并采取相应的整改措施。

施工安装阶段物业管理早期介入的具体工作内容包括：

（1）熟悉规划设计内容，对现场施工情况进行跟踪。

（2）参加项目沟通会，准确了解现场施工进度节点和各专业分项施工计划。

（3）跟进设施设备的安装调试，了解设施设备的使用功能和操作要求，并收集相关的技术资料及文件。

（4）熟悉并记录基础及隐蔽工程、管线的铺设情况，特别注意在设计资料或常规竣工资料中未反映的内容。

（5）与建设单位就施工过程中的问题共同磋商，及时提出并落实整改方案。

（二）早期介入的工作要点

为提高工作效率并规避风险，物业服务企业在施工安装阶段的物业管理早期介入应注意以下工作要点。

（1）要仔细做好现场记录，将重要的场面拍照、存档，为今后的物业服务提供资料，也为将来处理质量问题提供重要依据。

（2）物业服务企业不是建设监理单位，要注意介入的方式方法，既要对质量持认真的态度，又不能影响正常的施工、监理工作，而且要把握好“配角”的位置，明确责任，按程序行使职权，避免越权和推卸责任。

四、竣工验收阶段的介入

（一）早期介入的工作内容

1. 房地产开发建设的工作内容

竣工验收是指工程全部建成后为检查工程质量而进行的一项工作程序，是检验设计、施工质量的重要环节，也是物业由建设转入使用的标志。按照国家关于建设工程质量控制的有关规定，任何建设工程在竣工后都必须进行竣工验收，房地产开发项目竣工后，房地产开发企业应当向项目所在地的县级以上地方人民政府房地产开发主管部门提出竣工申请，配合政府相关人员进行房屋工程的验收。

2. 早期介入的工作内容

竣工验收属于政府行为，由政府机构组织专家小组从结构、建筑、设施设备安装运行、消防安全等方面作具体、专业的验证，检验房屋工程是否达到设计文件所规定的要求。物业服务公司参与竣工验收主要是协助房地产开发商共同把好质量关，确保交付使用的物业便于使用和管理。

竣工验收阶段物业管理早期介入的具体工作内容包括：

（1）搜集验收标准和法律法规；

（2）参与竣工验收；

（3）协助跟进遗留问题的整改及资料的搜集整理。

（二）早期介入的工作要点

为提高工作效率并规避风险，物业服务企业在竣工验收阶段的物业管理早期介入应注意以下工作要点。

（1）严把质量关，为前期物业管理做准备。物业服务企业要认真参与竣工验收，严把质量关，对影响将来业主使用和物业管理的，即使细微的问题也应及时要求整改，确保能接到一个质量合格的物业，为前期物业管理打下基础。

（2）熟悉物业，为后期的维修养护做准备。物业服务企业通过参与竣工验收，对物业公共部分进行查验，进一步熟悉了物业，为物业的接管验收以至将来的维修养护做好准备。

（3）查验竣工验收资料，为物业档案资料的管理做准备。物业服务企业通过参与竣工验收，细心查验竣工验收资料，保证资料齐全、准确，这样才能在接管物业时建立详尽的物业档案，为物业服务企业维修养护、物业报修、物业装饰装修和其他有关方面利用提供凭证和参考。

五、销售策划阶段的介入

（一）早期介入的工作内容

1. 房地产开发建设的工作内容

建设单位通过组织住宅、写字楼、仓库等房地产商品和相关的服务的供应与销售，实现自身企业的经济效益和社会效益的经营活动过程。建设单位在销售策划阶段主要进行市场招聘销售人员并根据物业客户定位实施宣传营销方案，并拟订相关销售合同。此外建设单位应制定住宅质量保证书、住宅使用说明书等附件。

2. 早期介入的工作内容

物业服务企业在此阶段需要完成物业管理临时规约和物业管理方案，此外还需对销售人员进行必要的物业管理基本知识培训及在售楼现场为客户提供物业管理咨询服务，并从业主角度出发，帮助建设单位拟订住宅质量保证书和住宅使用说明书，将全部早期介入所形成的记录、方案、图纸等资料，整理后归入物业管理档案。

销售策划阶段物业管理早期介入的具体工作内容包括：

（1）根据物业产品类型、目标客户群的定位确定物业服务的模式。

（2）根据物业规划、配套确定物业服务的基本内容和服务质量标准。

（3）拟定物业服务的各项费用的收费标准及收费办法，协助各种手续的报批。

（4）协助建设单位起草并确定前期物业服务合同和临时管理规约。

（5）安排现场咨询人员，在销售现场为客户提供物业管理咨询服务。

（6）评估项目红线内外影响业主生活的不利因素，向建设单位提出建议。

（7）接受建设单位的委托对销售中心、样板房等提供物业管理服务，并展示未来物业服务的状况。

（二）早期介入的工作要点

为提高工作效率并规避风险，物业服务企业在销售策划阶段的物业管理早期介入应注意以下工作要点。

（1）物业服务费的定价除考虑物业档次、定位外，还应考虑物业服务成本的增长趋势和可持续经营。

（2）对于物业服务的宣传及承诺，要实事求是，符合法规。在销售时应依据物业服务的策划方案，不应为了促销而夸大其词，更不能做出不切实际的承诺。

（3）征询业主对物业管理服务需求意见，以此作为前期物业管理服务方案的制订和修正依据。

参考资料

物业管理早期介入实例分析

一、项目背景

该物业项目位于粤西的一个沿海城市，开发规模较大，总建筑面积达40余万平方米，是当地最大的住宅建设项目，因此备受当地居民和政府的关注。整个项目分三期建设，第一期为经济适用房，同时被列为该市重点工作，整个小区建设申报国家康居示范工程小区。

该物业建设单位前期已开发过多项物业项目，自己组建了物业服务企业，为把这个项目建设好、经营好，该物业建设单位拟聘请有经验的物业服务企业担任项目的物业管理顾问，帮助解决前期的物业管理问题。

由于该地的房地产开发和物业管理水平在广东地区相对落后，消费者的置业观念和物业管理意识和其他地区比较还有差异，房地产售价和物业管理收费都处于较低的水平，因此以下的分析都是基于这种现状来展开。

二、物业管理早期介入的内容

（一）项目论证阶段物业管理介入的内容

在该项目的论证阶段，物业服务企业就参与了工作并就该物业的市场定位、物业管理的基本思路和框架、物业管理的运作模式发表了意见并得到物业建设单位的采纳。

(1) 考虑到整个工程项目的状况，第一期属经济适用房，消费者大多属于中低收入阶层，在市场定位上除合理控制建设成本外，还应考虑降低物业管理成本。按此思路，第一期的绿化率可以低一些，设备选型可以便宜一些；而第二期、第三期由于消费者为中高收入阶层，绿化率要高，设备选型要好。

(2) 对整个项目的配套设施建设提出了意见，重点考虑配套设施的布局，既要方便于未来业主的使用又要防止对业主的生活产生影响和干扰。

(3) 提出了人车分流的概念，这在该地属于新的提法，也是以后项目销售的亮点。

(4) 确定了物业管理早期介入和前期管理的时间、方式和工作内容，明确了各配合方之间信息沟通的渠道，确定了分阶段物业管理的目标和要求。

实践证明，这几条意见和建议对物业建设单位是非常有益的帮助，使之市场定位更加准确，性能价格比更为合适，在第一期销售过程中的良好业绩证明了这些。

（二）规划设计阶段物业管理介入的内容

在规划设计阶段，物业服务企业参加了多次论证会，就规划方案提出了多项建议，并得以采纳，也受到了业主的好评。

(1) 考虑到项目较大、分期开发的情况，建议在方案设计时采用分组团的布局，且各组团相对独立和封闭。这样有利于按服务对象的不同提供不同的服务内容，确定不同的收费标准，满足不同层次的消费者的需求。

(2) 对智能化系统的设计、商业配套设施的建设、中心会所及休闲区域的布局、幼儿园的安置、会所功能的设置等提供了主导意见。由于物业服务企业在实际运作方面有丰富的经验，深得建设单位和业主的好评。

(3) 就物业管理的条件在规划设计时予以落实，不仅明确了办公用房，还落实了物业管理人员宿舍、食堂、休息室、仓库以及清洁车的停放场地等。

(4) 此阶段根据前期物业管理总体策划方案的思路，进行了详细物业管理方案的制订和实施进度表的确定，包括人员的编制及招聘、培训计划、费用测算等，这些都得到了建设单位的支持和认可。

（三）建设阶段物业管理介入的内容

在建设阶段，物业服务企业跟踪了整个过程，召集或参与了多次专题讨论会，其中一次提出了18项整改意见，这些意见大部分都在建设中被采纳，典型的介入内容如下。

（1）对生活垃圾堆放、清运和处理方式提出了具体要求，要求设立足够的垃圾桶放置位置，要硬底化，同时要方便清洗。

（2）楼梯道大门的安排，既要便于安装对讲系统，又要便于安装集合信报箱，还要注重美观实用和便于维修。

（3）在绿化带施工时，首先要考虑浇水管道的铺设，否则又要返修，造成浪费。

（4）在施工过程中发现部分基础没有搞好，而该区属填海区，易发生不均匀沉降，如果发生这种情况，此处的管网就会发生断裂。建议予以重新施工。

（5）督促物业建设单位将一些特殊的装饰材料留出一部分以便于物业管理的维修和更换，如一些彩色地砖、镀膜玻璃、涂料等。

（6）对招聘的物业管理人员进行培训，并组织编写各类文件和规章制度，建立对内、外关系的工作程序和工作要求，起草业主公约、装修管理规定和物业管理中涉及的文件资料。

（7）与物业建设单位一起，同供电公司、自来水公司、煤气公司等相关部门协调，确定相应的管理方式和收费标准。

（四）销售阶段物业管理介入的内容

（1）在销售前，将物业管理方案整理并全面完成，将许多涉及业主买房应知的内容，以书面文件的形式确定下来。

（2）销售前对售楼人员进行系列的物业管理培训，使他们对物业管理的基本概念和基本知识有所了解，对将来该小区的物业管理内容和模式有统一的理解。

（3）在售楼现场设立了专职的物业管理咨询人员，接受购房者的咨询，这种咨询和宣传沟通起到了很好的效果，避免了物业建设单位对物业管理的乱承诺，也使未来业主对物业管理有了信心，增加了购买的欲望。

（4）为使业主或未来业主对物业管理有所了解，在销售时，就让已招聘的部分物业管理人员上岗，如清洁人员、保安人员、绿化人员的规范化工作，更使得业主对物业管理的印象加深。

三、物业管理早期介入的效果

该项目已取得了明显的经济效益和社会效益，同时也使该项目成为粤西地区最具有影响力的项目和物业管理的范例。

（一）经济效益

（1）首期16万平方米已基本售完，二期建设虽然还未完成，但销售势头强劲，部分户型甚至出现了抢购现象，房价也从最初的1200元/平方米，上升到目前的2000元/平方米，前期购房者都享受了房屋升值带来的收益。

(2) 物业管理由于该小区的入住率较高和其他方面的经营收入的补充，经济压力不大，由于物业建设单位体验到了物业管理带来的效果，主动提出了给予其他方面的帮助。

(二) 社会效益

(1) 该小区已被当地政府指定为参观点和示范小区，成为了当地城市建设和物业管理的样板。

(2) 该小区的物业管理已成为当地政府制定政策法规的实验地。

(3) 该小区物业管理的成功，为当地物业管理意识和物业管理水平的提高起到了非常积极的促进作用。

(4) 该项目成功后，物业建设单位的形象大大得以提升，使很多其他物业建设单位提高了对物业管理的认识，纷纷邀请物业服务企业合作和加盟。

第三节 早期介入的注意事项

一、开展风险评估，防范各类风险

风险管理是物业管理早期介入的一项重要工作，为了避免或降低物业管理早期介入的风险，最大程度提高早期介入的效率，物业服务企业应该对早期介入中的各项风险进行评估，并采取合理的规避措施。物业管理早期介入主要存在以下风险。

(一) 项目接管不确定带来的风险

在物业管理早期介入阶段，公司还没有确定取得项目前期物业管理权的时候，为了尽可能获得该项目的接管权，无可避免的投入了部分的人力、物力和财力来配合建设单位做好早期介入工作，争取赢得建设单位的认可。最后可能因为各种原因，未能获得项目的管理权，这将使得物业服务企业公司不仅蒙受人力、财力、物力的损失，企业的品牌形象也会受到损害。

(二) 合同签订不规范带来的风险

在签订物业管理早期介入服务委托合同时，如果双方的权利义务约定不明确，责任划分不清晰，甚至做出一些难以实现的承诺，可能成为建设单位向物业服务企业追责的理由，也可能使物业服务企业承担本不该承担的风险。物业服务企业为了取得项目早期介入委托，可能在订立合同时，盲目压低费用，物业服务费定价偏低，将直接影响到物业承接后的日常运营。

（三）专业能力不足造成的风险

项目的早期介入工作涉及面广、时间长、技术性强、难度大，早期介入人员专业技术能力不足时，难以发现所有的隐患与问题，所提出的专业咨询意见和建议也不能面面俱到，甚至可能出现不足和偏差，同时，建设单位忽视对建议的重视与采纳，造成后期承接的物业问题整改不及时。这些都可能导致物业建成后物业管理运作中的一定风险。

二、构建沟通机制，提高沟通效果

物业管理早期介入的主要工作职责是提出合理化建议和意见，并跟进与督促实施。早期介入过程中需要跟建设单位、施工单位、监理单位、规划设计院、各类供应商、销售单位等众多主体打交道，各主体都有各自的利益诉求，物业服务企业提出的建议和意见经常会与各主体的利益相冲突。因此，为了让各主体理解并接受物业服务企业提出的建议和意见，加强与各主体的沟通非常重要。

（一）提高工作组成员的沟通水平

首先，物业服务企业在选择早期介入工作组成员时，要把沟通技巧作为一项重要的指标来考察，以提高工作组成员的整体沟通能力。其次，针对早期介入不同阶段的特点和不同主体的利益诉求，对工作组成员进行有针对性的培训，提高工作组成员的沟通技巧，提高早期介入的工作效率。

（二）建立有效的沟通机制

在介入前，物业服务企业要与建设单位建立一套有效的沟通机制，明确物业服务企业与各主体沟通的方式，并在物业管理早期介入合同中明确约定，为早期介入的有效沟通提供保障。早期介入沟通的方式可多样化，可一对一沟通，可通过参加工程例会进行沟通，也可通过召开项目沟通会的形式就一些专题问题进行沟通。

（三）争取建设单位领导的支持

为提高与其他主体沟通的有效性，物业服务企业应努力争取建设单位领导的支持。选择引入早期介入，表示建设单位领导认可物业管理早期介入的必要性与作用，物业服务企业获取他们的支持比较容易。在与建设单位各部门以及其他单位进行沟通时，如果有建设单位领导在后面的支持，将大大提高沟通效果。

三、注意权限范畴，维护各方利益

物业管理早期介入属于咨询顾问服务性质，涉及房地产开发的多个阶段和多个利益主体，明确工作权限有助于物业服务企业降低成本、避免风险，提高工作效率。严格坚守合同范畴与专业范畴、坚持专业原则与维护各方利益是物业服务企业在早期介入时应注意和坚持的原则。

（一）坚守合同和专业范畴

物业服务企业在早期介入期间要履行好合同约定和做好专业本职工作。首先，要注意合同范畴，要尊重合同关系，严格按合同约定的工作内容及工作界面开展工作，不要超越合同范畴；其次，要注意专业范畴，做好自己能力范畴内的物业管理本职工作，不要轻易涉及甚至取代本该由设计院、施工单位、设备安装单位、监理公司等主体负责的工作。对于合同外各主体附加给的工作，物业服务企业要慎重，不要轻易承诺。

（二）坚持专业原则，维护各方利益

在物业管理早期介入中，物业服务企业既不能只站在业主或物业服务企业的角度，为了方便后期物业的使用或物业管理工作的开展，一味地向建设单位提要求；也不能只站在建设单位的角度，为了物业的销售与交付，而忽视有损业主或物业服务企业利益的隐患与问题。物业服务企业应坚持专业的原则，在早期介入过程中同时维护建设单位、物业使用人、物业服务企业三者之间的利益。

四、合理处理问题，做好预防措施

项目开发建设中的遗留问题多是一个不争的事实，这也是物业管理早期介入存在的原因之一。协助建设单位解决项目开发建设中的问题是物业服务企业早期介入的一项重要工作。然而，建设单位与物业服务企业在解决这些问题的立场上并非完全一致，这势必会给早期介入工作带来困难。

（一）合理处理发现的问题

对于早期介入过程中发现的问题，物业服务企业可根据以下程序进行处理：首先，提出物业建议，并与建设单位逐条沟通物业建议，争取获取建设单位的书面回复；其次，对于建设单位采纳的建议及时跟进并核实落实情况。对于建设单位未采纳的建议，早期介入人员需留存好记录，以便查验。对于一些严重影响后期物业使用和物业管理

的重大问题的物业建议，如果建设单位未予采纳，物业服务企业应该通过别的渠道与方式争取建设单位的支持。

（二）做好对问题的预防措施

并非物业服务企业提出的所有建议建设单位都会采纳，如果建议没有采纳而问题确实发生了，物业服务企业要留存记录，并争取在后续阶段得到解决，或者在物业管理方案中提出预防措施。比如，在规划设计中发现的问题如果没有得到解决，则要在施工阶段跟进并督促解决；在施工阶段发现的问题没有解决，则要在竣工验收阶段跟进并督促解决。在后续阶段都未能解决的问题则需要考虑在未来的物业管理方案中加以预防。

本章小结

1. 物业管理的早期介入是指新建物业承接查验之前，建设单位为提高项目价值所引入的物业管理咨询活动，物业管理早期介入对业主、物业服务企业和建设单位都有积极的作用。

2. 物业管理早期介入可贯穿房地产开发建设的全过程，这个全过程包括项目论证、规划设计、施工建设、竣工验收、房屋销售等阶段。物业管理介入越早越深入对后期的物业管理越有利。

3. 物业管理早期介入是一项独立而完整的工作，一般包括获取信息、可行性研究、签订合同、制订工作计划、实施工作计划等基本程序。

4. 物业管理各阶段介入的工作内容与各阶段房地产开发的工作内容相对应，而且各阶段的工作内容、工作要点和介入形式也各有不同。

5. 物业服务企业开展早期介入需注意以下事项：开展风险评估，防范各类风险；构建沟通机制，提高沟通效果；注意权限范畴，维护各方利益；合理处理问题，做好预防措施。

复习题

1. 物业服务企业在早期介入中扮演着什么样的角色？

2. 物业服务企业是如何开展物业管理早期介入的？

3. 物业管理早期介入的形式有哪些？

4. 各阶段物业管理早期介入的内容及要点分别是什么？

5. 在早期介入中物业服务企业应注意哪些问题？

问题与应用

1. 某建设单位通过招投标取得物业项目，并聘请了物业服务企业担任项目的物业服务顾问，帮助解决前期的物业服务问题。在服务过程中，物业服务企业在以下方面提供了建议和意见：①项目的结构布局，公共配套建筑、设施、场地的设置和要求；②项目定位、物业管理的思路、框架、模式的选择。

（1）以下关于早期介入的说法错误的是（　　）。

A. 新建物业竣工之前，建设单位引入的物业服务咨询活动

B. 从业主使用、建设单位利益角度提供建议

C. 以便物业更好地满足业主的需求，方便物业服务工作

D. 对于物业服务企业提出的建议，建设单位可以不采纳

（2）内容①是早期介入（　　）阶段的工作内容。

A. 规划设计阶段　　B. 建设阶段

C. 销售阶段　　D. 可行性研究阶段

（3）除了①和②中所体现的两个阶段外，早期介入还包括（　　）阶段。

A. 规划设计阶段　　B. 建设阶段

C. 可行性研究阶段　　D. 物业承接查验阶段

2. 某物业项目处于施工建设阶段，为促进销售，建设单位拟通过公开招投标聘请专业物业服务企业提供早期介入咨询服务。A 物业服务企业通过压低物业服务费和提供超值服务的承诺获得了该项目。A 企业组建了由一批由工程技术人员构成的早期介入小组，并随即制定了早期介入工作方案，内容主要包括：物业管理用房的设置与要求；物管服务收费标准及方法的确定；相关技术资料及文件的搜集；设施设备安装调试的跟进与现场施工跟踪等。

问题：

（1）根据本案例提供的材料，A 企业的早期介入工作有哪些不当和错误?

（2）根据该项目具体情况，列举早期介入工作的主要内容。

（3）根据该项目具体情况，分析项目早期介入存在的风险。

第六章　物业项目管理权的获取

学习目标

物业项目管理权的获取是物业服务企业开展物业管理业务的第一步，随着物业管理市场的日益规范，获取项目管理权已成为衡量一个物业服务企业竞争力的重要环节，也是物业服务企业生存的基础。

1. 知识目标

➢掌握物业项目管理权获取的三种方式；

➢掌握物业项目招标的方式、条件及程序；

➢掌握物业项目投标的原则、条件及程序；

➢掌握物业服务合同和物业前期物业服务合同的特征、内容及注意事项。

2. 能力目标

➢具备投标可行性分析、标书制作、投标现场答辩等基本能力。

知识结构导图

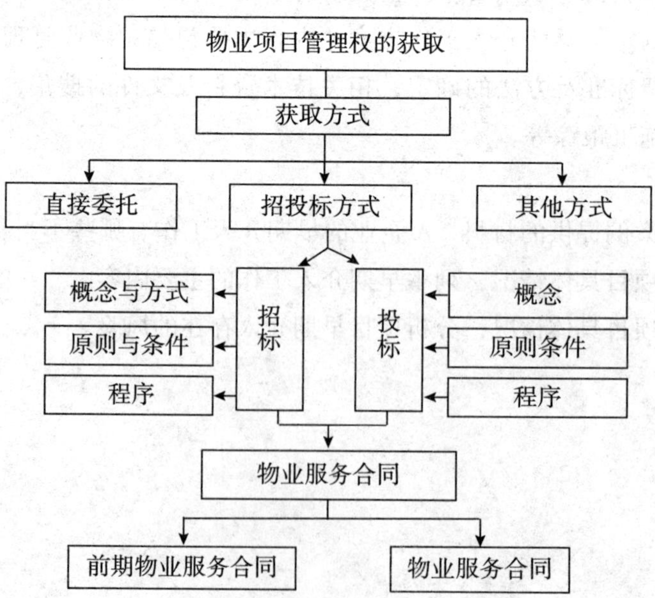

第一节　管理权的获取方式

《物业管理条例》第二十四条规定："住宅物业的建设单位，应当通过招投标的方式选聘具有相应资质的物业服务企业；投标人少于 3 个或者住宅规模较小的，经物业所在地的区、县人民政府房地产行政主管部门批准，可以采用协议方式选聘具有相应资质的物业服务企业。"物业项目管理权的获取一般有三种方式：招投标方式、直接委托方式和协议方式。

一、招投标方式

招投标方式是指建设单位、业主或业主委员会以招投标的方式，通过市场竞争选聘合适的物业管理机构。

根据《物业管理条例》和《前期物业管理招标投标管理暂行办法》的相关规定可知，招投标是国家提倡的一种物业项目管理权获取方式。

《物业管理条例》进一步规定，住宅物业前期的管理正常情况下原则上需要通过采用招投标方式选聘物业服务企业。也就是说，满足以下条件的物业原则上应该采用招投标方式：

（1）住宅物业及同一物业管理区域内的非住宅物业；

（2）前期物业管理，即指在业主、业主大会选聘物业管理企业之前，由建设单位选聘物业管理企业实施的物业管理。

二、直接委托方式

直接委托的方式是指招标主体不通过招投标的形式，直接把物业管理委托给物业管理机构。

《物业管理条例》规定，住宅物业前期的管理正常情况下原则上需要通过采用招投标方式选聘物业服务企业。对于其他类型的物业，国家只是倡导采用招投标方式选聘物业服务企业。因此，其他类型的物业可以选择适合自身物业特点的方式选聘物业服务企业。例如，单一业主的写字楼、商业综合体等，通常会采用直接委托的方式选择物业服务企业。

直接委托主要表现为两种形式：

（1）建设单位将物业直接委托给自己组建的物业服务企业；

（2）业主委员会在物业服务合同到期后直接与原物业服务企业续聘。

三、协议方式

除了招投标和直接委托方式以外，还有一些合法的项目管理权获取方式，如协议选聘。协议选聘实质上即为谈判性选聘，是选聘双方通过一对一谈判而最终达到选聘目的的一种方式。《物业管理条例》第二十四条规定：“住宅物业的建设单位，应当通过招投标的方式选聘具有相应资质的物业服务企业，投标人少于 3 个或者住宅规模较小的，经物业所在地的区、县人民政府房地产行政主管部门批准，可以采用协议方式选聘具有相应资质的物业管理企业。”

根据规定可知，符合下列条件之一的物业项目，经物业所在地的区房产管理局批准，可以采用协议方式选聘具有相应资质的物业服务企业。

（1）投标人少于 3 个。

（2）住宅规模较小。对于这个条件，不同地区的标准有所区别，如，长沙的标准是：住宅项目总建筑面积三万平方米以下、非住宅项目一万平方米以下；武汉的标准是：多层物业总建筑面积低于五万平方米，或单栋高层（含小高层）物业总建筑面积低于三万平方米，或多层、高层混合物业总建筑面积低于四万平方米。

第二节 物业项目的招标

一、物业项目招标概述

（一）物业项目招标的概念

物业服务项目的招投标是指由招标人根据物业服务内容，制订符合其管理服务要求和标准的招标文件，由多家物业服务企业或专业管理公司参与竞标，从中选择最符合条件的竞投者，并与之签订物业服务合同的一种交易行为。

物业服务项目的招标主体包括建设单位、业主大会和物业所有权人。前期物业管理中的招标由建设单位负责组织实施，业主大会成立后的招标由业主大会负责组织实施。产权归政府所有的物业，一般由产权人或管理使用单位、政府采购中心等作为招标人组织招标。

招标主体可以自行组织实施招标活动，也可以委托招标代理机构办理招标事宜。通过委托招标代理机构开展招标的，招标代理机构应当在招标人委托的范围内办理招标事宜，遵守相关规定。

（二）物业项目招标的方式

物业管理招标的形式分为公开招标和邀请招标。

1. 公开招标

公开招标是指招标人通过公共媒介发布招标公告，邀请所有符合条件的物业服务企业参加投标的招标方式。采取公开招标方式的，应当在公共媒介上发布招标公告，而且必须在中国住宅与房地产信息网和中国物业管理协会网上发布免费招标公告。

2. 邀请招标

邀请招标是指招标人向几家特定的物业服务企业直接发出投标邀请的招标方式。招标人采取邀请招标方式的，应当向3个以上物业服务企业发出投标邀请书。

（三）物业项目招标的原则

我国《招标投标法》和《前期物业招标投标管理办法》规定了招标投标活动应遵循的原则，即“招标投标活动应当遵循公开、公平、公正和诚实信用原则。”

1. 公开原则

公开原则是指招投标的程序应透明，招标信息和招标规则应公开，有助于提高投标人参与投标的积极性，防止权钱交易等腐败现象的滋生。

2. 公平原则

公平原则是指参与投标者的法律地位平等，权利与义务相对应，所有投标人的机会平等，不得实行歧视。

3. 公正原则

公正原则是指投标人及评标委员会必须按统一标准进行评审，市场监管机构对各参与方都应依法监督，一视同仁。

4. 诚实信用原则

诚实信用原则是指招标、投标人都应诚实、守信、善意、实事求是，不得欺诈他人，损人利己。“诚实信用原则”在西方常被称为债法中的“帝王原则”，也是我国《民法》和《合同法》的基本原则。“诚实信用原则”要求重合同、守信用，是对当事人利益之间的平衡。在法律上，“诚实信用原则”属于强制性规范，当事人不得以其他协议加以排除和规避。

（四）物业项目招标的条件

1. 招标主体应满足的条件

招标人为业主委员会的，须经业主大会授权，同时应将招标投标的过程和结果及时向业主公开。招标人为建设单位的，必须符合相应的法律法规规定的条件；招标项目为重点基础设施或公用事业物业的，招标人必须经相关产权部门的批准、授权。

有能力组织和实施招标活动的招标人，可以自行组织实施招标活动，也可以委托招标代理机构办理招标事宜。自行组织物业管理招标活动的招标人应具备以下条件：拥有与招标项目相适应的技术、经济、管理人员；具有编制招标文件的能力；具有组织开标、评标及定标的能力。

2. 招标项目应满足的条件

按照《物业管理条例》和《前期物业管理招标投标管理暂行办法》规定，住宅及同一物业管理区域内非住宅的建设单位，应当通过招投标的方式选聘具有相应资质的物业服务企业。国家提倡建设单位通过招投标的方式选聘具有相应资质的物业服务企业。新开发的住宅及同一物业管理区域内非住宅，必须通过招投标方式选聘物业服务企业的项目。

二、物业项目招标的程序

物业管理招标工作包括很多环节，根据招标的时间顺序，可概括为招标准备阶段、招标实施阶段和招标结束阶段三个阶段。

（一）招标准备阶段

招标准备阶段是指从开发商或业主决定进行物业管理招标到正式对外招标即发布招标公告之前的这一阶段所做的一系列准备工作。这一阶段的工作主要包括成立招标小组、编制招标文件和确定标底。

1. 成立招标机构

招标主体在政府房地产行政主管部门指导、监督下，成立招标机构，招标机构的主要职责是：拟定招标章程和招标文件；组织投标、开标、评标和定标；组织签订合同。

成立招标机构主要有两种途径。一种是开发商或业主自行成立招标机构，自行组织招标投标工作；另一种是开发商或业主委员会委托专门的物业管理招标代理机构招标。两种途径都符合我国《招标投标法》的规定，并各有特点。

招标是一项较为复杂和烦琐的工作，其中在编制招标文件和组织评标方面有较强的专业性，对招标人能力的要求也较高，因此，招标人应根据自己的实际情况，量力而行。如果采用委托招标代理机构的方式招标，应根据招标主体的自身情况和标的的规模选择合适的招标代理机构。

2. 编制招标文件

编制招标文件是招标准备阶段招标人最重要的工作内容。招标文件是招标机构向投标者提供的为进行招标工作所必需的文件。招标文件的作用在于：告知投标人递交投标书的程序；阐明所需招标的标的情况；告知投标评定准则以及订立合同的条件等。

招标文件既是投标人编制投标文件的依据，又是招标人与中标人商定合同的基础，因此它是对招标机构与投标人都具有约束力的重要文件。

招标主体应该根据物业管理项目的特点和需要编制招标文件，根据《前期物业管理招标投标管理暂行办法》规定，招标文件应包括以下内容：

（1）招标人及招标项目简介，包括招标人名称、地址、联系方式、项目基本情况、物业管理用房的配备情况等；

（2）物业管理服务内容及要求，包括服务内容、服务标准等；

（3）对投标人及投标书的要求，包括投标人的资格、投标书的格式、主要内容等；

（4）评标标准和评标方法；

（5）招标活动方案，包括招标组织机构、开标时间及地点等；

（6）物业服务合同的签订说明；

（7）其他事项的说明及法律法规规定的其他内容。

（二）招标实施阶段

招标实施阶段是整个招标过程的实质性阶段。招标的实施主要包括以下几个具体步骤：发布招标公告或投标邀请书、组织资格预审、接收投标文件以及开标、评标和定标。如图6－1所示。

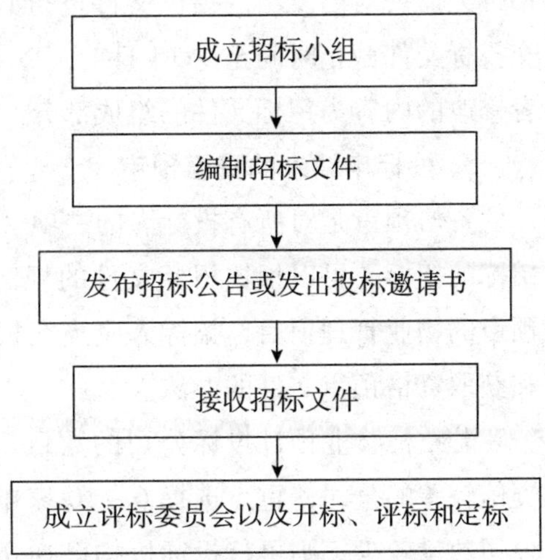

图6－1 物业项目招标实施步骤

1. 发布招标公告或者发出投标邀请书

招标人采用公开招标方式招标的，应当通过公共媒介发布招标公告。招标公告应当载明招标人的名称和地址、招标项目的基本情况以及获取招标文件的办法等事项。招标人采用邀请招标方式的，应当向三个以上具备承担招标项目的能力、资信良好的特定的法人或其他组织发出投标邀请书。

发布招标公告应根据项目的性质和自身特点选择适当的渠道。国际惯例中常见的招标公告发布渠道有：指定的招标公报、官方公报、技术性或专业性期刊以及信息网络等其他媒体。

为使潜在的投标人对招标项目是否投标进行考虑和有所准备，招标人在刊登招标公告时，在时间安排上应考虑两个因素：一是刊登招标公告所需时间；二是投标人准备投标所需时间。《前期物业管理招标投标管理办法》第十四条规定：公开招标的物业管理项目，自招标文件发出之日起至投标人提交投标文件截止之日止，最短不得少于20日。

2. 发放招标文件

招标人应当按招标公告或者投标邀请书规定的时间、地点，向合格的投标申请人发放招标文件。招标人可以通过信息网络或者其他媒介发布招标文件，也可以通过出售方式发放书面招标文件。通过信息网络或者其他媒介发布的招标文件与书面招标文件具有同等法律效力，但出现不一致时以书面招标文件为准。招标人应当保持书面招标文件原始正本的完好。

在进行规模较大、比较复杂的物业项目招标时，通常由招标人或招标机构在投标人获得招标文件后，统一安排投标人会议，即标前会议。标前会议一般安排在投标物业现场，在投标人进行现场踏勘后召开，标前会议的目的在于解答投标人提出的各类问题。

招标人应当确定投标人编制投标文件所需要的合理时间。公开招标的物业管理项目，自招标文件发出之日起至投标人提交投标文件截止之日止，最短不得少于 20 日。招标人需要对已发出的招标文件进行必要的澄清或者修改的，应当在招标文件要求提交投标文件截止时间至少 15 日前，以书面形式通知所有的招标文件收受人。该澄清或者修改的内容为招标文件的组成部分。

3. 投标申请人的资格预审

资格预审是对所有投标人的一项“粗筛”，也可以说是投标者的第一轮竞争。公开招标的招标人可以根据招标文件的规定，对投标申请人进行资格预审。实行投标资格预审的物业管理项目，招标人应当在招标公告或者投标邀请书中载明资格预审的条件和获取资格预审文件的办法。

若招标物业预计投标公司的数目众多，可预先对各投标公司进行资格预审，剔除资信较差的公司，重点选择 6 ~ 10 家申请者参与投标，这就是所谓早期预审；若投标公司数量较少，则可待投标机构已递送标书且开标之后进行资格预审，这也就是所谓后期预审。无论资格预审在何时进行，其审核程序和要求投标公司递交的文件都大致相同。

资格预审文件一般应当包括资格预审申请书格式、申请人须知以及需要投标申请人提供的企业资格文件、业绩、技术装备、财务状况和拟派出的项目负责人与主要管理人员的简历、业绩等证明材料。资格预审的重点在于投标人的经验、过去完成类似项目的情况；人员及设备能力；投标人的财务状况，包括过去几年的承包合同收入和可投入本项目的启动资金等。

经资格预审后，公开招标的招标人应当向资格预审合格的投标申请人发出资格预审合格通知书，告知获取招标文件的时间、地点和方法，并同时向资格不合格的投标申请人告知资格预审结果。在资格预审合格的投标申请人过多时，可以由招标人从中选择不少于5家资格预审合格的投标申请人。

4. 接收投标文件

招标人应按照招标文件规定的时间和地点接收投标文件。投标人在送达投标文件时，招标人应检验文件是否密封或送达时间是否符合要求，符合者发给回执，否则招标人有权拒绝或作为废标处理。投标书递交后，在投标截止期限前，投标人可以通过正式函件的形式调整报价及作补充说明。

招标人不得向他人透露已获取招标文件的潜在投标人的名称、数量以及可能影响公平竞争的有关招标投标的其他情况。

5. 成立评标委员会

评标活动由招标人依法组建的评标委员会负责。评标委员会由招标人的代表和评标专家共同组成，成员为5人以上单数，其中招标人代表以外的物业管理方面的专家人数不得少于成员总数的2/3。评标专家由招标人从房地产行政主管部门建立的专家名册中随机抽取确定。招标人的代表和评标专家与投标人有利害关系的，不得进入相关项目的评标委员会。

6. 开标、评标和中标

（1）开标。

开标应当在招标文件确定的提交投标文件截止时间的同一时间公开进行；开标地点应当为招标文件中预先确定的地点。

开标由招标人主持，邀请所有投标人参加。开标应当按照下列规定进行：由投标人或者其推选的代表检查投标文件的密封情况，也可以由招标人委托的公证机构进行检查并公证。经确认无误后，由工作人员当众拆封，宣读投标人名称、投标价格和投标文件的其他主要内容。招标人在招标文件要求提交投标文件的截止时间前收到的所有投标文件，开标时都应当当众予以拆封。开标过程应当记录，并由招标人存档备查。

（2）评标。

评标由招标人依法组建的评标委员会负责。除了现场答辩部分外，评标应当在保密的情况下进行。评标委员会应当按照招标文件的评标要求，根据标书评分、现场答辩等情况进行综合评标。

评标委员会可以用书面形式要求投标人对投标文件中含义不明确的内容作必要的澄清或者说明。投标人应当采用书面形式进行澄清或者说明，其澄清或者说明不得超出投标文件的范围或者改变投标文件的实质性内容。

评标委员会完成评标后，应当向招标人提出书面评标报告，阐明评标委员会对各投标文件的评审和比较意见，并按照招标文件规定的评标标准和评标方法，推荐不超过3名有排序的合格的中标候选人。

（3）中标。

招标人应当在投标有效期截止时限30日前确定中标人。招标人应当按照中标候选人的排序确定中标人。当确定中标的中标候选人放弃中标或者因不可抗力提出不能履行合同的，招标人可以依序确定其他中标候选人为中标人。

招标人应当向中标人发出中标通知书，同时将中标结果通知所有未中标的投标人，并应当返还其投标书。

（三）招标结束阶段

招标人在最后选出中标人时，招标工作便进入结束阶段。这一阶段最大的特点是招标人与投标人由一对多的选拔和被选拔关系逐渐转移到一对一的合同关系。这一阶段的具体内容包括合同的签订与履行，以及资料的整理与归档。

1. 合同的签订

《前期物业管理招标投标管理办法》第三十八条规定："招标人和中标人应当自中标通知书发出之日起30日内，按照招标文件和中标人的投标文件订立书面合同。"合同的签订，是整个招标投标活动的最后一个程序。合同的格式、条款、内容等都已在招标文件中作了明确规定，一般不做更改，然而按照国际惯例，在正式签订合同之前，中标人和招标人（开发商或业主）通常还要先就合同的具体细节进行谈判磋商，最后才签订新形成的正式合同。

2. 资料整理与归档

合同签订标志招标工作已经结束，招标人和投标人（这时为中标人）进入一对一的长期契约合同关系。由于物业服务合同具有长期性的特点，因此，为了让业主或建设单位能够长期对中标人的履约行为实行有效的监督，招标人（业主或开发商）在招标结束后，应对形成合同关系过程中的一系列契约和资料进行妥善保存，以备查考。招标活动是一项十分复杂的活动，涉及大量的合同、文件及信件往来，招标人应对其予以整理。通常这些文件主要包括：①招标文件；②对招标文件进行澄清和修改的会议记录和书面文件；③招标文件附件及图纸；④中标人投标文件及标书；⑤中标后签订的承包合同及附件；⑥中标人的履约保证书；⑦与中标人的来往信件；⑧其他重要文件。

第三节　物业项目的投标

一、物业项目投标概述

（一）物业项目投标的概念

物业项目投标是指物业服务企业为开拓业务，依据物业管理招标文件的要求组织编写标书，并向招标单位递交投标书和投标文件，参加物业管理竞标，以求通过市场竞争获得物业管理项目的过程。

（二）物业项目投标的原则

物业管理投标应遵守真实性原则与正当竞争原则。所谓真实性，即投标书内容要真实，不能弄虚作假。所谓正当竞争，一是参加投标的物业管理企业要反对其他参与竞投的物业管理企业进行不正当竞争行为，倡导物业管理投标企业遵守商业道德；二是参加竞投的物业管理企业要约束自己不做不正当竞争。

（三）物业项目投标的条件

投标是指投标人响应招标、参与投标竞争的活动，物业管理项目的投标人应当具有相应的物业服务企业资质和招标文件要求的其他条件。

1. 法律法规规定的要求

根据相关法律法规的要求，参与物业管理投标应当是具有相应物业服务企业资质和承担招标项目能力的法人企业。物业管理企业在国内参与投标业务的，必须取得《企业法人营业执照》和政府行政主管部门颁发的《物业服务企业资质证书》。具体可参照建设部2004年3月颁布的中华人民共和国建设部令第125号《物业管理企业资质管理办法》的相关规定。

2. 招标方规定的要求

在物业管理招标投标中，招标方在招标条件中除要求投标人具备相应的物业服务企业资质，一般还会要求投标方具有管理与投标物业类似项目的经验与业绩，并对投标人在资金、管理和技术实力，投标人的商业信誉，派驻项目的负责人、管理团队的条件，物业管理服务内容和服务标准，投标书的制作、技术规范和合同条款等方面作出明确具体的要求。

二、物业项目投标的程序

物业项目招标工作根据招标的时间顺序，可概括为投标前期工作、投标实施阶段和定标后的工作三个阶段。各阶段的内容及具体步骤如图6－2所示。

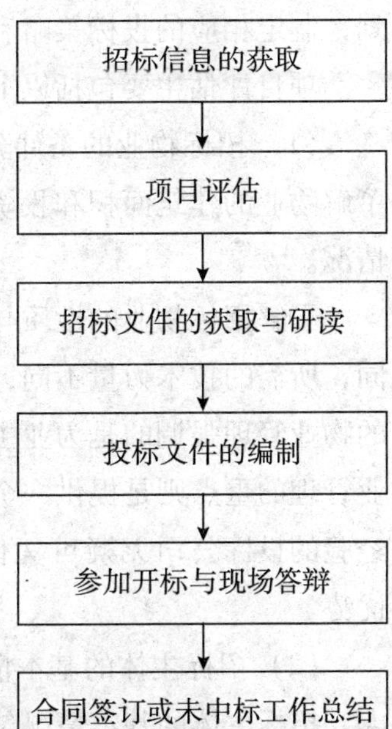

图6－2 物业项目招标实施步骤

（一）投标前期工作

投标前期工作主要包括：获取招标信息、项目评估等。

1. 招标信息的获取

获取信息是一项基础性工作，是物业项目拓展的第一步，项目信息把握得越早，就能够为投标争取到更多的时间。招标信息的来源有以下几个方面。

（1）定期做市场调查。物业服务企业要在市场竞争中立于不败之地，必须密切关注市场的发展状况。只有全面、系统地了解和掌握市场的发展动向，才能制定出正确的战略规划、发展目标和经营计划。物业服务企业应定期开展市场调查，形成详细的信息调查报告和信息记录，以备后用。

（2）从公共媒体获取招标信息。公开招标的项目大多会选择在公共媒体上发布招标信息。常见的媒体有报纸和网站。报纸或相关杂志历来是各种招标信息公开发布的传统渠道。国内某些专业网站也会刊登一些招标信息，如中国招投标网、中国物业管理协会网、地方政府或协会等网站，企业应多注意通过网络的渠道获取有价值的招标信息，企业也可以选择跟网站友好合作。

（3）客户主动联系。采取邀标方式选聘物业服务企业的，及委托招标代理机构运作招标的一些项目，会主动邀请企业参加。利用好这个渠道，需要依靠公司的品牌感召力、优质的服务和有效的宣传，需要提高公司在行业内的知名度，提高在业主心目中的知名度。

2. 项目评估

在获取招标信息后，投标人应首先组织经营管理、专业技术和财务等方面的人员对招标物业进行项目评估，预测中标成功的可能性和存在的风险，对投标活动进行策划，制定相应的投标策略和风险控制措施，确保投标的成功或避免企业遭受损失。

项目评估主要包括以下几个方面的内容。

（1）招标物业的条件分析。招标物业的分析主要从物业的性质、类型入手，着重了解物业的建筑面积和投资规模、建设周期、建筑规划设计、配套设施设备等的具体情况。

了解招标物业的性质与类型非常重要，因为不同性质的物业所要求的服务内容不同，所需的技术力量不同，物业服务企业的相对优劣势也差异明显。例如，住宅小区的物业管理强调的是为业主提供一个安全、舒适、和谐、优美的生活空间；写字楼物业管理的重点则是提供一个安全、舒适、方便、快捷的工作空间。具有类似物业管理经验的投标公司无疑可凭借其以往接管的物业在投标中占有一定的技术和人力资源优势。

（2）招标主体的基本情况分析。招标主体包括建设单位、业主大会或物业所有权人。招标主体的基本情况包括其背景资料以及是否具有合作诚意并具备履行合同的能力。属于新建物业的，要重点分析建设单位的技术力量、信誉度等。因为物业的质量取决于建设单位的设计、施工质量，而有些质量问题只有在接管后才会出现，这必然会增大物业服务企业的维护费用和与开发商交涉的其他支出，甚至还有可能会影响物业服务企业的信誉。因此，物业服务企业通过对开发商以往所承建物业质量的调查，以及有关物业服务企业与之合作的情况，分析判断招标物业建设单位的可靠性，并尽量选择信誉较好、易于协调的开发商所开发的物业。

（3）客户需求的分析。客户是物业服务产品的最终消费者，物业服务企业应当仔细研究招标项目的业主或租户的特点及对物业管理服务需求的内容、物业管理消费的承受能力，周边想类似项目的服务水平和客户群体等，以客户为导向，围绕客户需求设计服务产品。

有些物业可能会由于其特殊的地理环境和某些特殊功用，需要一些特殊服务。这些特殊服务可能在招标书中有说明，也可能没有书面说明，需要投标方的调查分析而获知。这些特殊服务很可能成为影响投标结果的重要因素，因此，物业服务企业必须认真对待客户的这种特殊服务，深入挖掘客户潜在的服务需求，认真核算特殊服务的支出费用，为服务方案的制订提供依据。

（4）竞争对手条件的分析。物业服务企业要想投标成功，就必须比竞争对手做得更好，给招标主体留下比竞争对手更适合管理招标项目的印象。因此，物业服务企业必须对竞争对手的条件进行分析。

竞争对手的分析评估可分为两部分，一是了解竞争对手的实力与策略，主要包括了解竞争对手的规模、数量和企业综合实力，竞争对手接管招标项目的优劣势，竞争对手可能采取的投标策略等。二是了解竞争对手的特殊情况，包括了解竞争对手与招标主体是否存在背景联系或关联交易，了解当地竞争者的地域优势等。

当地的物业服务企业可以利用其对当地文化、风俗的熟悉提供令业主满足的服务。较之异地进入的物业服务企业，他们一来可减少进入障碍，二来可利用以往业务所形成的与当地专业性服务公司的密切往来，分包物业管理，从而具有成本优势，同时他们还可能由于与当地有关部门的特殊联系而具有某些关系优势。

（5）企业自身条件的分析。物业服务企业应针对招标物业的性质与类型、招标主体的基本情况与要求、服务对象的特征与需求等外部条件，分析企业自身的发展战略与条件。

①物业服务企业的发展战略。物业服务企业在选择投标项目时应考虑企业的发展战略，分析招标项目的性质、所在区域及规模是否符合企业发展规划，项目类型是否符合企业确定的目标客户。

②物业服务企业的优势。主要从管理经验、人力资源、财务管理等方面分析物业服务企业管理招标项目的优劣势。具有类似物业管理经验的物业服务企业在竞标中更

易引起招标主体的注意，并且在成本管理方面具有优势。是否具有熟练和经验丰富的管理人员，是否具有物业管理相关高新技术、是否有完善的核算制度和先进的分析方法等方面也都能反映出物业服务企业在投标中是否具有优势。因此，物业服务企业应对这些方面进行具体分析，确定企业的竞争优势。

物业服务企业只有通过对招标项目进行合理的分析和正确的评估，并结合企业自身的优劣势，才能客观地确定是否参与投标以及如何具体实施投标活动。

（二）投标实施步骤

投标实施步骤主要包括获取招标文件、现场考察、编制投标文件、提交投标文件、参与开标与现场答辩等内容。

1. 招标文件的获取与研读

物业服务企业在确定参加投标后，按招标公告和投标邀请书指定的地点和方式登记并取得招标文件。

取得招标文件后，物业服务企业必须认真研读招标文件，这是关系到投标成败的重要环节。通过研读招标文件，正确全面了解招标主体的相关要求，对招标文件中的各项规定，如开标时间、定标时间、投标保证书等，尤其是图纸、设计说明书和管理服务标准、要求和范围应给予足够重视。此外，研读招标文件还可以及时发现招标文件中可能存在的问题或者某些内容不清晰的情况。这些问题可能影响投标标价的制定，以致影响投标的成功，甚至还可能影响中标后合同的履行。因此，物业服务企业应认真对待，对于招标文件中的错误或不清晰的内容，应通过书面的形式与招标主体进行确认。

2. 投标文件的编制

投标文件又称为标书，它既是物业服务企业对招标文件各项要求的响应，又是物业服务企业向招标主体展示企业实力、反映投标意图和策略的重要手段。根据《前期物业管理招标投标管理暂行办法》的规定，投标文件一般由投标函、投标报价表、资格证明文件、物业管理方案、招标文件要求提供的其他材料等几部分组成。常见的做法是将投标文件根据性质分为商务文件和技术文件两大类。

（1）商务文件。商务文件又称商务标，主要用来反映投标人的基本情况以及投标报价等内容。商务标主要包括：

①公司简介。包括投标公司的资质条件、以往业绩、人员等情况。

②公司法人地位及法定代表人证明。包括资格证明文件（营业执照、税务登记证、企业代码以及行业主管部门颁发的资质等级证书、授权书、代理协议书等）、资信证明文件（保函、已履行的合同及商户意见书、中介机构出具的财务状况书等）。

③投标报价单及招标文件要求提供的其他资料。

(2) 技术文件。技术文件又称技术标，主要用来反映物业服务企业对招标项目的服务理念、服务目标和服务措施等内容。技术标主要包括物业管理方案和招标方要求提供的其他技术性资料。其中，物业管理方案是企业核心竞争力的集中体现，因此，物业服务企业应利用好技术标，充分展示企业的优势与特色。

需注意的是，有的招标条件要求在技术文件中禁止透露可以反映企业情况的数据、文字、报价等，在准备材料时应按招标要求准备相关资料。

3. 参与开标与现场答辩

投标人在接到开标通知后，应在规定的时间到达开标地点参加开标会议和现场答辩，并接受评标委员会的审核。

(1) 现场答辩应选择经验丰富、性格沉稳、对项目情况熟悉的人。在开标前应对答辩人员进行模拟演练，正确把握招标文件的要点、投标文件的重点内容、对项目的熟悉程度等，对重点问题、难点问题、普遍性的问题一一准备答辩要点。

(2) 在正式开标时，一般要求在规定的时间内完整地将标书主要内容、特点作概要性介绍，答辩人员应当围绕招标方和评委普遍关注的问题集中阐述，重点突出，难点讲透，特色鲜明，从而体现投标企业的信心和实力，感染并打动招标方和评委。在现场发挥时要果断、明确，避免匆忙回答或含糊其辞。

(三) 定标后的工作

1. 合同签订

物业服务企业在收到中标通知书后，应在规定的时间内及时与招标主体签订物业服务合同。同时，投标人还要同招标单位协商解决进驻物业区域、实施前期物业管理的有关问题。

物业服务合同的签订一般需经过签订前谈判、签订谅解备忘录、发送中标函、签订合同几个步骤。由于在合同签订前双方还将就具体问题进行谈判，为了在谈判过程中把握主动，避免在合同签订过程中利益受损，物业服务企业应努力做好以下几点：

(1) 在谈判前对自己的优劣势、技术资源条件以及业主状况进行充分分析，并尽量熟悉合同条款。

(2) 在签约谈判时要准确把握对方的真实意图，准确判断对方履行合同的诚意和能力，对进驻物业和实施常规物业管理必备的条件应明确约定。

(3) 慎重考虑物业管理目标、前期投入费用及奖罚条件等方面的任何承诺。如对管辖区域刑事案件、业主（或物业使用人）人身和财产安全损失等的承诺。

(4) 预测承接物业后可能出现的各种风险，将其列入相应的合同条款中加以规避。

2. 未中标的总结

竞标失利不仅意味着前期工作白白浪费，而且还将对公司声誉产生不利影响，因此，物业服务企业应在收到通知后及时对本次失利的原因做出分析，并把分析结果整理归档，以备下次投标借鉴参考。分析可从以下几方面考虑：

（1）准备工作不充分。投标公司在前期搜集的资料是否不够充分，致使公司对招标物业的主要情况或竞争者了解不够，因而采取了某些不当的策略，导致失利。

（2）估价不准。投标公司还可分析报价与中标标价之间的差异，并找出存在差异的根源，是工作量测算得不准，还是服务单价确定得偏高，或是计算方法不对。

（3）报价策略失误。这里包含的原因很多，投标公司应具体情况具体分析。

3. 资料整理与归档

无论投标公司是否中标，在竞标结束后都应将投标过程中的一些重要文件进行分类归档保存，以备查核。这样一来可为中标公司在合同履行中解决争议提供原始依据，二来也可为竞标失利的公司分析失败原因提供资料。通常这些文档资料主要包括：①招标文件；②招标文件附件及图纸；③对招标文件进行澄清和修改的会议记录和书面文件；④投标文件及标书；⑤同招标方的来往信件；⑥其他重要文件资料。

参考资料

某项目投标文件目录

1　公司简介与组织架构

1.1　A物业管理有限公司简介

1.2　A物业管理有限公司组织架构

1.3　A物业管理有限公司企业价值理念

2　“××小区”物业管理的整体设想

2.1　“××小区”项目管理调研

2.2　“××小区”小区管理思路

3　“××小区”物业服务标准与目标

4　项目管理处人员、物资配备与培训

4.1　管理处组织结构图

4.2　管理处部门职责与分工

4.3　管理处拟派人员具体情况与岗位

4.4 物资配备和人员的培训计划
4.5 管理处内部主要管理制度
5 物业入伙、装修管理与日常修缮
5.1 物业入伙管理
5.2 房屋装修管理
5.3 日常房屋修缮
5.4 业主工程维修服务
6 公共区域清洁卫生与绿化服务
6.1 公共区域清洁卫生
6.2 公共区域绿化管理
7 公共设施设备运行、维修与养护
7.1 物业公共设施设备维护保养范围
7.2 物业公共设施设备维护保养内容
7.3 物业设施设备维护管理措施
8 公共秩序维护及停车管理
8.1 物业公共安全秩序管理
8.2 物业公共安全秩序管理制度
8.3 物业公共消防秩序管理
8.4 物业公共交通与停车秩序管理
9 小区文化管理
9.1 公司对小区文化与物业管理关系的认识
9.2 ××小区文化总体目标和构想
9.3 ××社区文化管理和活动
10 物业档案资料管理
10.1 档案管理运作流程
10.2 档案资料的具体分类
10.3 档案资料的管理要求
11 物业维修和管理的应急措施
11.1 断水、断电的应急措施
11.2 电梯突然停运或机电故障的应急措施
11.3 小区突然发生火警时的应急措施
12 物业管理费用收支测算及说明
12.1 测算依据

12.2　物业管理服务收费单价

12.3　物业服务费用收支测算表

第四节　物业服务合同

物业管理合同是一个综合的概念，它是指物业管理当事人之间就权利义务所达成的具有法律效力的协议或契约，包括售房合同、业主公约、早期介入合同、前期物业服务合同、物业服务合同、室内装饰装修管理服务协议、物业经营协议、供水供电有偿委托合同、专项管理项目及设备分包协议等。签订与履行物业管理合同，是物业管理优质服务的核心内容，也是保障物业管理活动顺利开展和物业管理优质服务的基石。

涉及物业项目管理权的获取的物业管理合同主要有两种：一种是建设单位与物业服务企业签订的前期物业服务合同；另一种是业主、业主大会（业主委员会）与物业服务企业签订的物业服务合同。本节重点介绍物业管理合同中的这两种合同。

物业服务合同是确立业主与物业服务企业在物业管理活动中的权利义务的法律依据。

一、前期物业服务合同

（一）前期物业服务合同的概念与特征

前期物业服务合同，是指物业建设单位与物业管理企业就前期物业管理阶段双方的权利义务所达成的协议，是物业管理企业被授权开展物业管理服务的依据。

前期物业服务合同具有以下特征：

（1）签订主体为建设单位和物业服务企业；

（2）期限具有不确定性。

《物业管理条例》规定：前期物业服务合同可以约定期限；但是，期限未满、业主委员会与物业服务企业签订的物业服务合同生效的，前期物业服务合同终止。实践中，由于物业销售、业主入住是持续的过程，首次业主大会召开的时间是不确定的，决定了业主大会选聘物业服务公司时间的不确定性。因此，前期物业服务合同的期限具有不确定性。

（二）前期物业服务合同的内容

根据建设部2004年制订的《前期物业服务合同（示范文本）》，前期物业服务合同应包括以下内容：

1. 合同当事人与物业的基本情况

前期物业服务合同的当事人指的是建设单位与物业服务企业，合同中应当对双方当事人的基本情况进行说明。

物业的基本情况包括物业名称、物业类型、坐落位置、建筑面积等内容。

2. 物业服务内容与质量

物业服务的内容一般包括以下方面：①物业共用部位、共用设施设备的运行、维修、养护和管理；②物业共用部位和相关场地的环境管理；③公共秩序维护、安全防范等事项的协助管理；④车辆停放管理；⑤装饰装修管理服务；⑥物业档案资料管理；⑦双方约定的其他管理服务内容。

3. 物业服务费用

主要内容包括：物业服务费用的收取方式（物业服务费用的收取方式有包干制和酬金制两种）；物业服务费用的收取标准与开支项目；物业服务费用的缴纳；物业管理服务费用标准的调整方式；资金收支情况的公布及争议的处理等。

4. 物业的经营与管理

物业经营管理是指利用物业共用部分与共用实施设备所进行的经营管理活动。合同双方可以就物业经营活动的项目作出具体约定，主要内容包括：物业经营活动的项目名称；物业经营部位的权属界定；物业经营项目的收费标准；经营项目收费或利润的分成比例。

5. 物业的承接查验与使用维护

承接查验和使用维护的主要内容包括，执行过程中双方责任义务的约定。其中，承接查验应包含：查验的共用部位共用设施设备的内容、共用部位共用设施设备存在的问题与责任主体以及解决的办法、质量保修责任等。

6. 专项维修资金

专项维修资金的主要内容包括这部分资金的缴存、使用、续筹和管理。

7. 违约责任

这部分内容主要包括建设单位与物业服务企业，以及业主与使用人的违约责任的约定和处理、免责条款的约定等。

8. 其他事项

其他事项主要包括合同期限、合同争议的解决方式、合同终止和续约、物业管理用房、物业管理相关资料归属以及双方认为需要约定的其他事项等。

（三）前期物业服务合同签订的注意事项

1. 物业的承接验收

物业共用部位、共用设施设备的承接验收是前期物业服务活动的重要环节，前期物业服务合同应当对物业共用部位、共用设施设备的承接验收内容、标准、责任等作出明确的约定。而对业主自有物业专有部分的承接验收则属于业主与发展商之间的问题，无须在合同中约定。

2. 物业服务的费用

前期物业服务合同涉及的费用种类多，情况复杂，支付主体及责任容易混淆，易造成矛盾，必须在合同中予以列明。例如，应当由建设单位支付的费用不能转嫁给业主；对于由业主支付的费用部分，则应当注意是否符合国家法律法规的要求，并应当在物业销售前予以明示或约定。

3. 前期物业服务合同的解除或终止

前期物业服务合同的履行受业主入住状况及房屋工程质量等各种因素的影响，合同的期限具有不确定性，当此类因素致使前期物业服务合同无法全面履行时，物业服务企业可以通过提前解除合同或要求补偿的方式规避风险。因此，有必要在前期物业服务合同中对解除合同的条件作出明确约定。

二、物业服务合同

物业服务合同与前期物业服务合同的内容、注意事项等各方面都具有相同的性质，因此，为了避免内容的重复，下面只介绍物业服务合同的概念及与前期物业服务合同的区别。

（一）物业服务合同的概念

物业服务合同是物业服务企业与业主、业主大会（或业主大会授权的业主委员会）之间就物业管理服务及相关的物业管理活动所达成的权利义务关系的协议。

（二）物业服务合同与前期物业服务合同的区别

1. 合同签订的主体不同

前期物业服务合同的当事人是建设单位与物业服务企业；物业服务合同的当事人是业主大会或产权单位与物业服务企业。

2. 合同期限不同

前期物业服务合同的期限虽然可以约定，但是期限未满、业主委员会与物业服务企业签订的物业服务合同又开始生效的，前期物业服务合同将会终止。物业服务合同期限则由订立合同双方约定，与前期物业服务合同相比，具有期限明确、稳定性强等特点。

3. 合同范围的阶段不同

前期物业服务合同的有效时间范围为从承接查验开始至新物业服务合同生效的前期物业管理阶段，这个时间阶段可长可短。物业服务合同的时间阶段从机构更迭时承接查验开始至合同期限截止的常规物业管理阶段。

参考案例

未签物业合同，能否拒交物业费

【案情回顾】

孙某系某小区业主。2008 年 12 月，该小区开发商与某物业公司签订一份《物业前期管理委托合同》，委托某物业公司对该小区实行物业服务管理，委托期限从 2009 年 1 月 1 日至 2011 年 12 月 31 日，期满后，双方续签合同将期限延长至 2015 年 12 月 31 日。合同签订后，某物业公司提供物业服务，但孙某以其与物业公司之间无任何书面合同，不成立物业服务关系，拒交物业费，物业公司于 2013 年 7 月诉至法院，要求孙某支付 2010 年 4 月至 2013 年 5 月期间所欠物业费、公共照明电费、垃圾清运费共计 2647.85 元。

【法院审理】

法院认为，被告是该小区业主，原告与小区开发商签订的《物业前期管理委托合同》对被告具有约束力，因原告没有证据证明公共照明电费的实际支出及分摊方式，故判决被告孙某一次性支付原告某物业公司物业服务费 2302.85 元、生活垃圾清运费 231 元。

【法官释法】

根据《最高人民法院关于审理物业服务纠纷案件具体应用法律若干问题的解释》第一条的规定，建设单位依法与物业服务企业签订的前期物业服务合同，以及业主委员会与业主大会依法选聘的物业服务企业签订的物业服务合同，对业主具有约束力；业主以其并非合同当事人为由提出抗辩的，人民法院不予支持。因此，即使业主未与物业公司直接订立书面合同，依上述解释订立的物业服务合同只要不违反相关法律法规，而业主也实际接受了物业公司的服务，就应向物业公司缴纳相应费用。

本章小结

1. 物业项目管理权的获取方式有招投标、直接委托和其他方式。其中物业项目招投标是指建设单位、业主或业主委员会以招投标的方式，通过市场竞争选聘合适的物业管理机构，是国家提倡的一种物业项目管理权获取方式。

2. 物业项目招标投标活动应当遵循公开、公平、公正和诚实信用原则，招标主体与招标物业要符合相应的招标条件要求。

3. 物业项目招标工作根据招标的时间顺序，可概括为招标准备阶段、招标实施阶段和招标结束阶段三个阶段。其中，招标准备阶段的工作包括成立招标小组、编制招标文件和确定标底。招标的实施阶段主要包括发布招标公告或投标邀请书、组织资格预审、接收投标文件以及开标、评标和定标。招标结束阶段的工作包括合同的签订与履行、资料的整理与归档。

4. 物业项目投标活动应当遵循遵守真实性原则与正当竞争原则，投标活动要满足法律法规规定的要求以及招标方规定的要求。

5. 物业项目招标工作根据招标的时间顺序，可概括为投标前期工作、投标实施阶段和定标后的工作三个阶段。其中，投标前期工作主要包括获取招标信息、项目评估等。投标实施阶段的工作主要包括获取招标文件、现场考察、编制投标文件、提交投标文件、参与开标与现场答辩等内容。定标后的工作包括中标后的合同签订、未中标的总结、资料整理与归档。

6. 前期物业服务合同是指物业建设单位与物业管理企业就前期物业管理阶段双方的权利义务所达成的协议。前期物业服务合同具有合同期限不确定性的特点。

7. 前期物业服务合同内容包括：合同当事人与物业的基本情况、物业服务内容与质量、物业服务费用、物业的经营与管理、物业的承接查验与使用维护、专项维修资金、违约责任、其他事项。

8. 物业服务合同与前期物业服务合同的区别体现在三个方面：合同签订的主体不同、合同期限不同、合同范围的阶段不同。

复习题

1. 物业项目招投标的方式有哪些？
2. 物业项目招投标包括哪些步骤？
3. 物业项目投标文件包括哪些内容？
4. 物业服务合同与前期物业服务合同有什么区别？

问题与应用

1. 某建设单位通过公开招投标对新建住宅项目选聘物业服务企业。A 物业服务企业拟参与投标，在获取招标信息后，开展了以下工作：①对物业项目和投标存在的可能风险进行评估；②根据招标文件的要求编写投标文件；③在招标方规定的时间内提交了投标文件。

问题：

（1）根据②，在下面的投标文件中属于需要准备的技术文件的是（　　）。

A. 公司简介　　　　　　　　　　B. 物业管理方案

C. 相关证明材料　　　　　　　　D. 投标报价

（2）除了①和②中所体现的几个程序外，物业项目投标还包括哪些程序：（　　）。

A. 项目评估　　　　　　　　　　B. 开标、评标和中标

C. 准备投标文件　　　　　　　　D. 现场答辩和评标签约

2. 某住宅项目由建设单位建设，拟采用公开招标方式选聘物业服务企业，2013 年 10 月 10 日在当地政府规定的招标信息网上发布招标公告。招标文件中规定投标文件提交截止日期为 10 月 18 日，通过资格预审，有 30 家投标申请人符合合格，建设单位从中选择了 4 家参与评选。其后，建设单位成立了一个由 3 名建设单位代表和 3 名物业管理专家组成的评标委员会进行评标，经过标书评审，A 投标人因报价最低被确定为中标候选人。发出中标通知书后，建设单位和 A 投标人进行了合同谈判，希望 A 投标人能再降低费用，并帮助完成竣工验收工作。经谈判后双方达成一致：帮助完成竣工验收工作，并降价 3%。

问题：

（1）根据本案例提供的材料，该项目的招投标工作有哪些不当和错误？

（2）根据该项目具体情况，简要说明物业项目招标的一般程序。

第七章　物业项目的承接查验

学习目标

物业的承接查验是物业管理的基础工作，是物业服务企业正式管理物业前的一个重要环节，对建设单位、业主、物业服务企业都具有重要意义。本章介绍了物业承接查验的相关知识。

1. 知识目标

➢掌握物业承接查验的概念与意义；

➢掌握物业承接查验的条件与程序；

➢掌握新建物业与机构更迭时承接查验的管理；

➢掌握物业承接查验中工程质量问题的处理。

2. 能力目标

➢具备开展承接查验和工程质量处理的能力。

知识结构导图

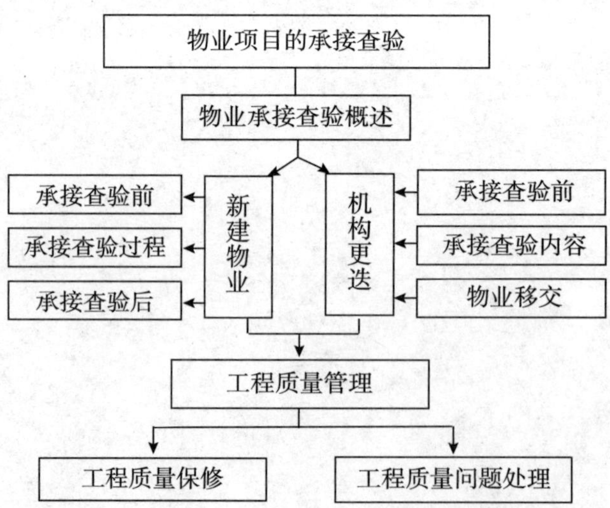

第一节　物业承接查验概述

一、物业承接查验的内涵

（一）物业承接查验的概念

物业承接查验是指物业服务企业和建设单位或物业产权人按照国家有关规定和服务服务合同（或前期物业服务合同）的约定，共同对物业共用部位、共用设施设备进行检查和验收的活动。物业承接查验分为新建物业的承接查验和物业管理机构更迭时的承接查验两种类型，前者发生在建设单位向物业服务企业移交物业的过程中，后者发生在业主大会或产权单位向新的物业服务企业移交物业的过程中。

物业承接查验是在工程竣工验收合格的基础上，物业服务企业代表业主，以工程主体结构安全和共用部位、共用设施设备满足使用功能等为主要内容的物业管理再查验。物业的承接查验是物业服务企业管理物业前必不可少的环节，其工作质量对以后的物业管理服务至关重要。

（二）物业承接查验的原则

根据《物业承接查验管理办法》的规定，物业承接查验应当遵循诚实信用、客观公正、权责分明以及保护业主共有财产的原则。

1. 诚实守信的原则

所谓诚实守信，即物业在承接查验时要讲究诚信，不弄虚作假。一方面，对物业项目验收中查出的各种问题做好详细的记录，并按实际情况责成施工单位返工或赔偿，对返工仍没有达到要求（如卫生间和房顶防水）给予维修；另一方面，不能为了得到项目或其他利益而对物业验收中发现的问题“视而不见”，一定要诚信做事，不欺瞒轻饶。

2. 客观公正的原则

所谓客观公正，即在承接查验时要保持客观、公正的立场，不虚与委蛇，不会偏袒建设单位，也不会为日后自身利益故意找虚有弊端。物业承接查验是今后物业服务的基础。因此，物业服务企业对物业的承接查验工作，绝不仅仅是形式上的简单接管，而是一种责任的承担。

3. 权责分明的原则

所谓的权责分明，即是在物业承接查验时，物业服务企业要与建设单位或移交单位确定好日后进行物业管理时，物业服务企业的职责和管理权限，避免日后管理进程中因权责界限不明而产生一系列的争议。

4. 保护业主权益的原则

所谓的保护业主权益的原则，即是在承接查验时，物业服务企业要从业主角度出发，要切实的为业主的权益做出努力。物业服务企业的服务对象是未来的业主群，业主的切身利益关系着物业服务管理进行。所以物业服务企业在进行工程查验时必须从业主立场出发，细致入微，因为任何一点忽视都会给日后的管理带来无限的困难，也将严重损害业主的利益。

二、物业承接查验的意义

物业承接查验对建设单位、业主、物业服务企业都具有重要的现实意义，从后期物业管理的角度来看，物业承接查验具有以下几个方面的意义。

（一）明确双方责任，规避企业风险

通过物业承接查验，各方共同确认交接内容和交接结果，有利于明确各方的责、权、利。在市场经济条件下，交接双方是两个独立的经济实体，通过承接查验，签署交接文件，实现权利和义务的互相转移，从而在法律上界定清楚交接双方的权责关系。对于房地产开发与建设中的遗留问题，通过查验确认，可以减少物业服务企业后期管理的风险。

（二）熟悉物业情况，方便后期管理

一方面在承接查验中物业服务企业可利用承接查验的权力要求工程达到质量标准，利用争取质量补偿的权力为某些工程争取更多的维修费用，这样可以减少日常管理过程中的维修、养护工作或经费开支；另一方面，在承接查验过程中，根据有关物业的文件资料可以摸清物业的性能、特点，预防管理事务中可能出现的问题，计划安排好各项管理事项等。

（三）保障物业质量，维护业主利益

做好物业承接查验工作，能够确保物业达到规划设计、购房合同等文件中所要求的数量、档次、功能等方面的标准，充分维护业主的利益。对于存在的问题，通过承接查验，物业服务企业能督促建设单位按标准要求进行整改，最大限度减少日后管理中不必要的工作量和开支。同时，物业服务企业能够弥补业主专业知识的不足，从整体上把握整个物业的质量。

三、物业承接查验的条件与程序

（一）物业承接查验的条件

1. 主体应具备的条件

新建物业的承接查验，要求建设单位与物业服务企业已经签订了前期物业服务合同；机构更迭时的承接查验，要求业主委员会或产权单位与原物业服务企业解除了物业服务合同，而且与新物业服务企业签订了新的服务服务合同。

2. 物业应具备的条件

《物业承接查验管理办法》规定，实施承接查验的物业，应当具备以下条件：

（1）建设工程竣工验收合格，取得规划、消防、环保等主管部门出具的认可或者准许使用文件，并经建设行政主管部门备案；

（2）供水、排水、供电、供气、供热、通信、公共照明、有线电视等市政公用设施设备按规划设计要求建成，供水、供电、供气、供热已安装独立计量表具；

（3）教育、邮政、医疗卫生、文化体育、环卫、社区服务等公共服务设施已按规划设计要求建成；

（4）道路、绿地和物业服务用房等公共配套设施按规划设计要求建成，并满足使用功能要求；

（5）电梯、二次供水、高压供电、消防设施、压力容器、电子监控系统等共用设施设备取得使用合格证书；

（6）物业使用、维护和管理的相关技术资料完整齐全；

（7）法律法规规定的其他条件。

（二）物业承接查验的程序

根据《物业承接查验管理办法》规定，物业承接查验一般按照下图所示程序进行。

1. 确定物业承接查验方案

物业服务企业与移交方（建设单位或业主委员会）协商好承接查验的日期、内容、标准、进度等，制定承接查验方案，作为承接查验的工作指南。

2. 移交有关图纸资料

移交方书面提请物业服务企业承接查验，在现场查验 20 日前，移交方应当向物业服务企业移交相关物业资料。

3. 查验共用部位、共用设施设备

现场查验应当综合运用核对、观察、使用、检测和试验等方法，重点查验物业共

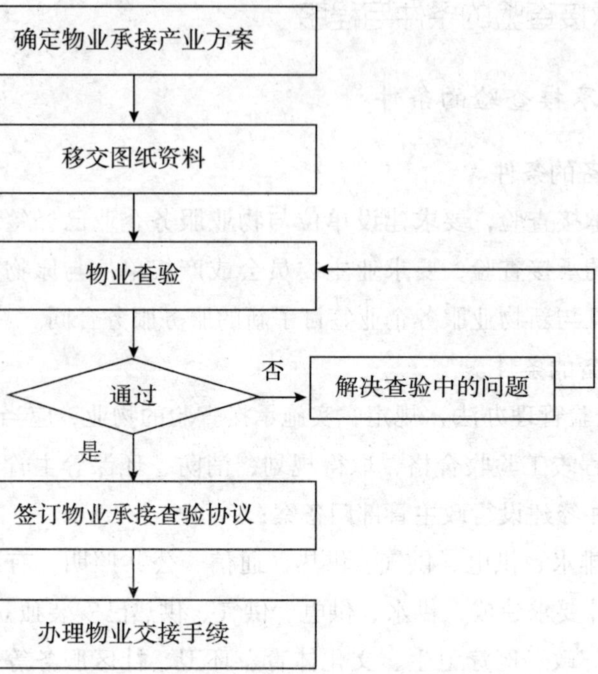

物业承接查验的程序

用部位、共用设施设备的配置标准、外观质量和使用功能。现场查验应当形成书面记录。查验记录应当包括查验时间、项目名称、查验范围、查验方法、存在问题、修复情况以及查验结论等内容，查验记录应当有双方参加查验的人员签字确认。

4. 解决查验发现的问题

现场查验中，物业服务企业应当将物业共用部位、共用设施设备的数量和质量不符合约定或者规定的情形，书面通知移交方，移交方应当及时解决并组织物业服务企业复验。

5. 确认现场查验结果，签订物业承接查验协议

移交方应当委派专业人员参与现场查验，与物业服务企业共同确认现场查验的结果，签订物业承接查验协议。物业承接查验协议应当对物业承接查验基本情况、存在问题、解决方法及其时限、双方权利义务、违约责任等事项做出明确约定。

6. 办理物业交接手续

移交方应当在物业承接查验协议签订后 10 日内办理物业交接手续，向物业服务企业移交物业服务用房以及其他物业共用部位、共用设施设备。交接工作应当形成书面记录，交接记录由移交方和物业服务企业共同签章确认。

第二节　新建物业承接查验的管理

一、承接查验前的准备

（一）制定承接查验方案

物业服务企业与建设单位共同制订物业承接查验实施方案，确保物业承接查验工作按步骤有计划地实施。

（1）承接查验方案的制订要充分了解和熟悉物业的基本情况；

（2）与建设单位确定承接查验的日期、进度安排、联合小组的组建及分工；

（3）要求建设单位在承接查验之前提供移交物业详细清单、建筑图纸、相关单项或综合验收证明材料。

（二）获取有关图纸资料

建设单位移交的图纸资料是物业承接查验的依据，也是物业服务企业承接查验前熟悉物业的重要方式。物业服务企业在与建设单位签订前期物业服务合同后，应尽快向建设单位索取以下图纸资料。

（1）关于工程质量合格证和规划、消防、环保认可及准许使用文件的备案文件；

（2）供水、供电、供气、供热等专业公司的供用合同与计量表具的相关文件；

（3）教育、卫生等公共配套设施的竣工验收文件；

（4）电梯、二次供水、高压供电、消防设施、压力容器、电子监控系统等共用设施设备取得使用合格证书；

（5）物业使用、维护和管理的相关技术资料完整齐全；

（6）物业买卖合同、临时管理规约等法规规定的物业管理必需的文件；

（7）物业竣工图纸及竣工资料。

（三）人员与物质的准备

1. 人员准备

物业的承接查验是一项技术难度高、专业性强、对日后的管理有较大影响的专业技术性工作。物业服务企业在承接查验前就根据承接物业的类型、特点，与建设单位工程部、监理公司、各施工单位协商成立承接查验联合小组，各自确定相关专业的技术人员参加。由建设单位和物业服务企业双方共同推选物业承接查验组长、副组长，制定各岗位职责与分工，规范物业承接查验工作。同时可以邀请业主代表和房地产行政主管部门参加。

2. 物质准备

物业承接查验的物质准备主要包括工具的准备和资料的准备。一方面，在物业承接查验中要采取一些必要的检验方法来查验承接物业的质量情况，应根据具体情况提前准备好所需要的检验设备和工具。另一方面，根据移交单位申请查验所提供的资料，编制查验所涉及内容的各种表格，并制定查验工作流程。承接查验的常用记录表格有工作联络登记表、物业承接查验记录表、物业工程质量问题统计表等。

二、承接查验过程管理

（一）承接查验的内容与标准

根据《物业承接查验管理办法》规定，物业服务企业应当对物业共用部位、共用设施设备进行现场检查和验收。《建设部房屋接管验收标准》对新建物业的质量与使用功能做了具体规定。

1. 主体结构部分

地基基础的沉降不得超过《建筑地基基础设计规范》的允许变形值；不得引起上部结构的开裂或毗邻房的损坏；钢筋混凝土构件产生形变、裂缝不得超过《钢筋混凝土结构设计规范》的规定值；砖石结构必须有足够的强度和刚度，不允许有明显的裂缝；木结构应当节点牢固，支撑系统可靠、无蚁害，其构建的选材必须符合《木结构工程施工质量验收规范》的规定；没有抗震设施的房屋，必须符合《建筑抗震设计规范》的有关规定；外墙不得渗水。

2. 屋面部分

各类房屋必须符合《屋面工程质量验收规范》的规定，排水通畅、无积水、不渗漏。平屋面应有隔热保温措施。阳台和三层以上房屋应当有排水、出水口，檐沟、落水管应当安装牢固，接口平密，不渗漏。

3. 楼地面部分

地面的面层与地基必须黏结牢固，不空鼓，整体平整，没有裂缝、脱皮、起砂等现象。卫生间、阳台、厨房地面相对标高应符合设计要求，不允许倒泛水和渗漏。

4. 装饰装修部分

钢木门窗均应安装平正牢固，无翘曲变形，开关灵活，零配件装配齐全，位置准确，钢门窗缝隙严密，木门窗缝隙适度；进户门不得使用胶合板制作，门锁安装牢固；门窗玻璃应安装平整，油灰饱满、粘贴牢固；抹灰应当表面平整；饰面砖应当表面洁净，粘贴牢固，阴阳角与线角顺直；油漆色泽一致，不脱皮、漏刷。

5. 电气部分

电气线路应安装平整、牢固、顺直，过墙有导管，铝导线连接不得采用绞接或绑接。应当按套路安装电表或者预留表位，并有电气接地装置。照明器具等支架必须牢固，部件齐全，接触良好。避雷装置的所有连接点必须牢固可靠，接地电阻值必须符合《电气装置安装工程施工及验收规范》的要求。电梯应能准确、正常运转，噪声震动不得超过规定，安装及试运记录、性能检测记录、图纸资料齐全。电视信号场强微弱或者被高层建筑遮挡及反射波复杂地区的住宅，应当设置电视公用天线等。

6. 水、卫、消防部分

管道应安装牢固，控制部件启闭灵活，无滴、漏、跑、冒现象；水压试验及保温、防腐措施必须符合《采暖与卫生工程施工及验收规范》的要求。卫生间、厨房间排水管应分设，出户管长不超过 8 米，不可使用陶管、塑料管。地漏、排污管接口，检查口不得渗漏，管道排水流畅。卫生器具质量良好，接口不得渗漏，安装应当平整、牢固、部件齐全，制作灵活。水泵安装应当平稳，运行时无较大震动。消防设施必须符合国家标准，并有消防部门检验合格证。

7. 采暖部分

工程的验收时间必须在采暖期以前 2 个月进行。锅炉、箱罐等压力容器应安装平正、配件齐全，没有缺陷，并由专门检验合格证。各种仪表、仪器、辅机应齐全、安全、灵敏、精确、安装符合规定，运转准确正常；设备、管道不应有跑、冒、滴、漏现象，保温、防腐措施必须符合《采暖与卫生工程施工及验收规范》的要求；消烟除尘、消音减震设备齐全，水质、烟尘排放浓度应当符合环保要求。经过 48 小时连续试运转，锅炉和附属设备的热工、机械性能及采暖区室温必须符合设计要求。

8. 附属工程及其他部分

如室外排水系统的标高，窨井的设置，管道坡度、管位、化粪池等都必须符合《室外排水设计规范》的要求；信报箱、挂物钩、晒衣架应按规定安装；另外，还包括场地清除，临时设施与过渡房拆除完毕，相应市政、公建配套工程和服务设施也应达到质量要求。

（二）承接查验的方式与方法

现场查验应当综合运用核对、观察、使用、检测和试验等方法，重点查验物业共用部位、共用设施设备的配置标准、外观质量和使用功能。

1. 核对查验

核对查验是主要的查验方式，依照建设单位移交的物业资料、有关单项报告以及其他的相关合格证明材料，对物业公用部位配套功能设施是否按照规划设计要求建设完成等进行核对查验。

2. 观察查验

观察查验是对查验对象进行外观上的检查，一般采取目视、触摸等方法进行。

3. 使用查验

使用查验是通过启用设施或设备来直接检验被查验对象的安装质量和使用功能，以直观地了解其符合性、舒适性和安全性。

4. 检测查验

检测查验是通过运用仪器、仪表、工具等对检测对象进行测量，以检测其是否符合质量要求。

5. 试验查验

试验查验是通过必要的试验方法（如通水、闭水实验）测试相关设施设备的性能。

现场查验应当形成书面记录。查验记录应当包括查验时间、项目名称、查验范围、查验方法、存在问题、修复情况以及查验结论等内容，查验记录应当由建设单位和物业服务企业参加查验的人员签字确认。

三、承接查验后的管理

（一）新建物业的移交

1. 移交双方主体

新建物业的移交过程中，移交方为该物业的建设单位，承接方为物业服务企业。双方在签订前期物业服务合同的前提下，建设单位应按照国家相关规定的要求，及时完整地提供物业相关资料并做好移交工作；物业服务企业要认真地做好承接工作。

2. 移交内容及对象

（1）移交的物业资料。包括物业产权资料、规划设计和施工资料，机电设备资料，竣工验收资料，物业保修和物业使用说明书，业主资料。

（2）移交的物业。包括物业公共部位、公用设施设备以及相关清单（如房屋建筑清单、共用设施设备清单、园林绿化工程清单、公共配套设施清单等）。

除此之外，建设单位还应按照有关法规政策的规定，向物业服务企业提供物业管理用房。

（二）遗留问题的处理

物业服务企业应对验收中发现的问题及时登记，记录即时状态和数据，并与建设单位共同签字确认。对于承接查验发现的资料遗留问题，物业服务企业应当积极同建设单位联系补充完整。对于设施、设备等硬件遗留问题，由建设单位负责整改，在实际工作过程中，物业服务企业在提出质量问题的同时，也可以提出相应的整改意见，便于建设单位进行针对性整改。物业服务企业对整改实施的过程进行现场跟踪，并进行整改完工后的验收。对于长时间解决不了，物业服务企业应当以备忘的形式将问题登记后交给建设单位进行备录。

第三节　机构更迭时承接查验的管理

机构更迭时承接查验的管理内容与新建物业承接查验的大同小异，也可以分承接查验前的准备、承接查验过程管理和承接查验后的管理三个部分。为避免重复，本节只重点介绍与新建物业承接查验管理不一样的内容。

一、承接查验的准备

（一）确定承接查验方式

机构更迭时承接查验主要有两种方式，一种是原物业服务企业先与业主委员会或产权单位进行承接查验，然后新物业服务企业再与业主委员会或产权单位进行承接查验；另外一种是新物业服务企业直接与原物业服务企业进行承接查验。物业管理实践中，主要采用的是第二种方式，业主委员会或产权单位在承接查验中主要起监督作用。物业服务企业可根据物业的具体情况，选择合适的查验方式。

（二）制订承接查验方案

机构更迭时承接查验方案的制订与新建物业承接查验基本一样，双方存在的最大差别在于承接查验主体的不同，导致承接查验方案的制订主体的不同。新建物业承接查验时，物业服务企业应与业主委员会（或产权单位）、原物业服务企业共同制订承接查验实施方案，确定就承接查验的日期、进度安排、小组分工等内容。

二、物业查验的内容

与新建物业承接查验相比，机构更迭时承接查验的内容除了物业共用部位、共用设施设备及管理现状外，还包括以下几个方面的内容。

（一）物业资金管理情况

机构更迭时承接查验需要对原物业服务企业管理期间各项费用与收支情况，项目机构经济运行情况进行查验。例如，物业服务费、停车费、水电费、其他有偿服务费的收取与支出，维修资金的收取、使用和结存等。

（二）合同签订与执行情况

机构更迭时承接查验需要对原物业服务企业管理期间与水、电、通信等市政管理单位的供水、供电的合同、协议及执行情况进行查验。如果有服务外包项目，还需对与承包方签订的服务外包合同及执行情况进行查验。

三、物业的移交或交接

（一）移交的主体

物业管理机构更迭时的管理工作移交包括两个程序：第一步，原有物业服务企业向业主委员会或物业产权单位移交；第二步，业主委员会或物业产权单位向新的物业服务企业移交。第一步的移交方是该物业的原物业服务企业，承接方为业主委员会或物业产权单位；第二步的移交方为业主委员会或物业产权单位，承接方为新的物业服务企业。

（二）移交的内容

物业管理机构发生更迭时承接查验后要移交的内容包括物业资料和物业共用部位及公用设施设备等硬件。

1. 物业资料的移交

除了新建物业承接查验需移交的物业产权与技术资料外，机构更迭时承接查验需移交的还包括以下资料。

（1）业主资料：业主入住资料包括业主入住通知书、入住登记表、身份证复印件、相片；房屋装修资料包括装修申请表、装修验收表、装修图纸、消防审批、验收报告、违章记录等。

（2）管理过程资料：①各类值班记录、设备维修记录、水质化验报告等各类服务质量的原始记录。②财务资料：固定资产清单、收支账目表、债权债务移交清单、水电抄表记录及费用代收代缴明细表、物业服务费收缴明细表、维修资金使用审批资料及记录、其他需移交的各类凭证表格清单。③合同协议书，指对内对外签订的合同、协议原件。④人事档案资料，指双方同意移交留用的在职人员的人事档案、培训、考试记录等。

2. 人员、财务、物资财产的移交或交接

与新建物业承接查验相比，机构更迭时承接查验后的移交内容还包括员、财务、物资财产的移交或交接。

（1）人员。在进行物业管理移交时，有可能出现原物业管理机构的人员继续留用的情况，为此，承接物业的企业应与移交方进行友好协商，达成共识。

（2）财务。移交双方应做好账务清结、财产盘点等相关移交准备工作。移交的主要内容包括物业服务费、维修资金、业主各类押金、停车费、欠收款项的水电费、应付款项、债务等。

（3）物资财产。包括建设单位提供和以物业服务费购置的物资财产等，主要有办公设备、交通工具、通信器材、维修设备工具、备品备件、卫生及绿化养护工具、物业服务软件、财务软件等。

第四节　承接查验中的工程质量管理

一、房屋建筑工程质量保修

根据《商品住宅实行住宅质量保证书和住宅使用说明书制度的规定》，物业的地基基础和主体结构在合理使用寿命年限内承担保修。

（一）保修范围和保修期限

房屋建筑工程保修期是指在正常使用条件下，建筑工期的最低保修期限，保修期从工程竣工验收合格之日起计算。根据《建设工程质量管理条例》和《房屋建筑工程质量保修办法》的规定，房屋建筑工程的保修范围和最低保修期限如下表所示。

房屋建筑工程的保修范围和最低保修期限

房屋建筑工程项目	最低保修期限
地基基础和主体结构工程	设计文件规定的该工程的合理使用年限
屋面防水工程、有防水要求的卫生间、房间和外墙面的防渗漏	5 年
供热与供冷系统	2 个采暖期、供冷期
电气系统、给排水管道、设备安装	2 年
装修工程	2 年
其他项目	由建设单位和施工单位约定

（二）保修责任及其归属

《房屋建筑工程质量保修办法》对房屋建筑工程保修期的保修责任做了以下具体

规定：

（1）房屋建筑工程在保修期限内出现质量缺陷，建设单位或者房屋建筑所有人应当向施工单位发出保修通知。

（2）施工单位接到保修通知后，应当到现场核查情况，在保修书约定的时间内予以保修。发生涉及结构安全或者严重影响使用功能的紧急抢修事故，施工单位接到保修通知后，应当立即到达现场抢修。

（3）发生涉及结构安全的质量缺陷，建设单位或者房屋建筑所有人应当立即向当地建设行政主管部门报告，由原设计单位或者具有相应资质等级的设计单位提出保修方案，施工单位实施保修，原工程质量监督机构负责监督。

（4）在保修期内，因房屋建筑工程质量缺陷造成房屋所有人、使用人或者第三方人身、财产损害的，房屋所有人、使用人或者第三方可以向建设单位提出赔偿要求。建设单位向造成房屋建筑工程质量缺陷的责任方追偿。

二、房屋建筑工程质量问题的处理

（一）工程质量问题的原因

1. 开发遗留质量问题

开发遗留质量问题包括：设计方案不合理或违反设计规范造成的设计缺陷，施工单位不按施工规范施工或施工工艺不合理、偷工减料等原因造成的质量缺陷等。

2. 使用过程中的质量问题

物业使用过程中的质量问题主要表现在两个方面：一是由于气候、环境、自然灾害等原因造成的质量缺陷。二是由于使用不当或管理不善造成的质量缺陷。

（二）工程质量问题的责任界定

1. 维修责任主体的界定

房屋建筑工程质量问题的按照以下方法界定维修责任主体：

第一步，判断造成质量缺陷的原因。如果是人为因素造成的，维修责任主体为造成质量缺陷的行为人。如果不是人为因素造成的或者找不到责任人则进入第二步。

第二步，判断建筑工程是否在保修期。如果建筑工程在保修期，维修责任主体为负有保修义务的主体。如果已过保修期，则维修责任主体为业主或产权单位。

2. 维修费用与赔偿责任的界定

一般而言，房屋建筑工程质量问题的维修责任主体承担维修费用与由此质量问题导致的赔偿责任。但是，具体到物业管理，情况有所不同。

（1）对于人为因素造成的质量问题，造成质量缺陷的行为人为维修责任主体，承担维修费用以及由此质量问题导致的赔偿责任。

（2）对于质量问题在保修期内发现或发生的，建设单位为维修责任主体，并承担维修费用以及由此质量问题导致的赔偿责任。建设单位可督促规划设计单位或施工单位负责整改，对造成的赔偿损失，建设单位也可向相关责任单位追偿。

（3）对于质量问题发生在在保修期满后的，维修责任主体为业主或产权单位，由于业主委托物业服务企业管理物业，所以，维修责任主体为物业服务企业。维修费用由业主承担，根据维修规模的大小，可从住宅专项维修基金或物业管理费中列支。

（4）因保修不及时造成新的人身、财产损害，由造成拖延的责任方承担赔偿责任。

（三）工程质量问题的处理

1. 新建物业工程质量问题的处理

（1）对在查验过程中发现的质量问题，首先要进行客观、翔实的记录，并填写物业查验记录表，然后，将经过整理的工程质量问题提交给建设单位确认，并办理确认手续。

（2）工程质量问题整理出来之后，建设单位根据质量问题的原因，制定相应的整改方案并组织实施。在实际工作过程中，物业服务企业也可以先行提出整改方案，供建设单位参考。

（3）为使物业工程质量问题得到及时圆满地解决，物业服务企业应安排专业技术人员进行现场跟踪，对整改完工的项目进行验收并办理查验手续。对整改不合要求的工程项目则应继续督促建设单位处理。

2. 原有物业工程质量问题的处理

（1）对在查验过程中发现的质量问题，首先要进行客观、翔实的记录，并填写物业查验记录表，然后，将经过整理的工程质量问题提交给原物业服务企业和业主委员会确认。

（2）如果存在质量问题的工程尚在保修期，则联系建设单位，由建设单位督促施工单位进行维修整改。处理流程与新建物业工程质量问题的处理流程一样。

（3）如果存在质量问题的工程已过保修期，则由原物业服务企业负责处理，也可由新物业服务企业代原物业服务企业处理。

参考案例

房屋漏雨，谁之责任

【案例】

2010 年 1 月 2 日业主宋某与北京市某物业公司签订了《前期物业管理服务协议（住宅）》，根据合同约定，某物业公司为宋某所居住的小区提供物业管理服务，宋某按年向物业服务公司交纳物业服务费。合同签订后，某物业公司向宋某所居住小区提供物业服务，宋某因对物业公司提供的服务不满意，未交纳 2011 年至 2012 年 8 月 31 日期间的物业费，物业公司向人民法院提起诉讼，要求宋某支付其拖欠的物业费。宋某辩称的理由之一是宋某房屋的厨房及阳台窗户漏雨，某物业公司对此一直没有解决，因此，不同意交纳服务费。

【判决】

法院认为，宋某所称其房屋窗户封闭不严漏雨的问题，系房屋质量问题，是基与房屋的建设单位之间的争议，与本案并非同一法律关系，宋某应向有关责任主体主张权利。故宋某拒交物业费的答辩意见，法院不予采纳。

【解读】

本案是一起因房屋漏水所导致的业主拒交物业服务费的典型案例。在日常生活中，当业主发现其所居住的房屋存在房屋漏水等质量问题时，其往往首先想到的是物业公司，并在第一时间向物业公司进行报修。如果物业公司无法为其解决房屋漏水等质量问题时，业主认为物业公司未尽到物业服务义务，违反物业合同的相关约定，并往往采取拒交物业费的方式进行维权。目前，因房屋漏水等质量问题导致业主拒交物业服务昆山的案件屡见不鲜。

对于房屋存在漏水等质量问题，根据《物业管理条例》第 31 条的规定，建设单位应当在国家规定的保修期限和保修范围，承担物业的保修责任。因此，如果房屋在保修期内，房屋的质量问题应由房屋的建设单位负责进行维修。

对于漏雨等房屋质量问题，是业主与房屋建设单位之间的争议，与物业服务合同关系不属于同一法律关系，业主应向房屋的建设单位主张权利。这里特别要提醒的是，根据《房屋建筑工程质量保修办法》第 7 条的规定，在正常使用条件下，房屋防水工程、有防水要求的卫生间、房间和外墙面的防渗漏最低保修期限为 5 年，因此，如果业主发现房屋存在漏水等质量问题，应及时向房屋的主张修复，以避免错过维权的时间，造成不必要的损失。房屋的保修期满后，则应由业主承担房屋修缮责任并承担修缮费用。

本章小结

1. 物业承接查验是指物业服务企业和建设单位或物业产权人按照国家有关规定和服务服务合同（或前期物业服务合同）的约定，共同对物业共用部位、共用设施设备进行检查和验收的活动。

2. 物业承接查验应当遵循诚实信用、客观公正、权责分明以及保护业主共有财产的原则。

3. 新建物业的承接查验，要求建设单位与物业服务企业已经签订了前期物业服务合同；机构更迭时的承接查验，要求业主委员会或产权单位与原物业服务企业解除了物业服务合同，而且与新物业服务企业签订了新的服务服务合同。

4. 物业承接查验的程序包括确定物业承接查验方案、移交有关图纸资料、查验物业、解决查验发现的问题、确认现场查验结果并签订物业承接查验协议和办理物业交接手续。

5. 新建物业承接查验的管理可分为承接查验前的准备、承接查验过程的管理和承接查验后的管理。其中承接查验前的准备包括制定承接查验方案、获取有关图纸资料、人员与物质的准备。

6. 与新建物业承接查验相比，机构更迭时承接查验的内容除了物业共用部位、共用设施设备及管理现状外，还包括物业资金管理情况、合同签订与执行情况等几个特殊内容。

7. 屋建筑工程保修期是指在正常使用条件下，建筑工期的最低保修期限，保修期从工程竣工验收合格之日起计算。

8. 房屋建筑工程质量问题的责任要根据工程质量问题是否在保修期以及造成问题的原因共同来界定。

复习题

1. 承接查验的目的是什么？承接查验时应当坚持哪些原则？

2. 新建物业承接查验和原有承接查验的查验程序各有哪些？

3. 在物业管理工作进行移交时，两种物业的交接主体和次序分别是？

4. 什么是物业保修责任？在物业管理的过程中，若发生质量问题，其保修责任的归属问题应当如何判断？应当由谁承担？

5. 如果在承接查验的过程中发现了问题或产生了争议，应当如何处理？

问题与应用

1. 某住宅小区入住不足两年，前期物业管理由开发商委托的甲物业管理有限公司负责。该小区业主大会成立后决定选聘乙物业管理公司承担小区的物业管理工作，业主委员会书面通知甲、乙公司办理移交。

现场交接时，乙公司派项目经理一人，在甲公司人员陪同下观察了小区内共用部位、共用设施设备及其附属设施的运行状况。观察结果是除部分屋面漏水外，其他部分运行状况正常。对于屋面漏水，甲公司解释属保修期，应由开发商解决。于是，甲、乙两公司未将该问题列入移交工作范围。

资料交接时，甲公司向乙公司移交了开发商提供的前期物业资料，甲称入住资料属短期保管，已销毁。费用交接时，甲公司提出因有部分未实际居住的业主以没有接受服务为由，不缴纳物业服务费，致使小区物业服务经营亏损，希望用小区楼内广告收入冲抵。上述情况乙公司给予确认，双方共同签署了交接文件。接管后，乙公司便陆续发现部分电梯存在故障，支出大量维修费用。

问题：

（1）本案例中物业承接查验的做法是否正确？简单说明理由。

（2）本案例中对于部分屋面漏水，甲公司的解释是否恰当？甲、乙两公司的处置方法是否正确？简单说明理由。

（3）物业资料的移交应该包含哪些内容（请列举）？本案例中，甲公司处置入住资料的行为是否符合档案管理规定？简要说明理由。

（4）本案例中部分业主拒缴物业服务费的理由是否成立？简要说明理由。甲公司提出的欠费以广告收入冲抵的处理方式是否恰当？请列出两条你认为恰当的处理方法。

（5）你认为可以从本案例吸取哪些教训来改进承接查验工作？简要说明理由。

2. 某住宅物业的部分业主，因外墙渗水、供暖不足、物业配套等问题，多次和建设单位、物业管理公司交涉。未有结果后，遂以串联协商、互选等方式自行组建了临时业主委员会。临时业主委员会与建设单位、物业管理公司经几轮谈判，上述问题仍未解决。临时业主委员会协商决定：业主集体拒缴物业服务费，“炒掉”现物业管理公司，另聘新的物业管理公司；同时，邀请媒体介入。决定公告后，广大业主积极响应，开始集体拒缴物业服务费。新的物业管理公司也以协议方式选定，经媒体报道后，社会、业主反响强烈，部分业主开始围堵售楼处和物业管理处办公室。

问题：

（1）根据本案例提供的材料，依照现行法规和物业管理服务操作要求，列举本案例中违规之处，并作简要阐明。

（2）如果您是该项目物业管理处经理，您将如何应对化解当前面临的问题。

第八章　物业项目的前期管理

学习目标

前期物业管理是物业项目管理的第一个阶段，该阶段对物业服务企业意义重大，也具有挑战性。本章在介绍前期物业管理内涵的基础上，重点介绍了前期物业管理内容中的入住管理和装饰装修管理。

1. 知识目标

➢掌握前期物业管理的概念与特点；

➢掌握物业项目入住管理的程序、内容与注意事项；

➢理解物业项目装饰装修管理的性质、难点与矛盾；

➢掌握物业项目装饰装修管理的流程与内容；

➢理解物业项目装饰装修中各方主体的责任。

2. 能力目标

➢具备开展入住管理和装饰装修管理实践活动的能力。

知识结构导图

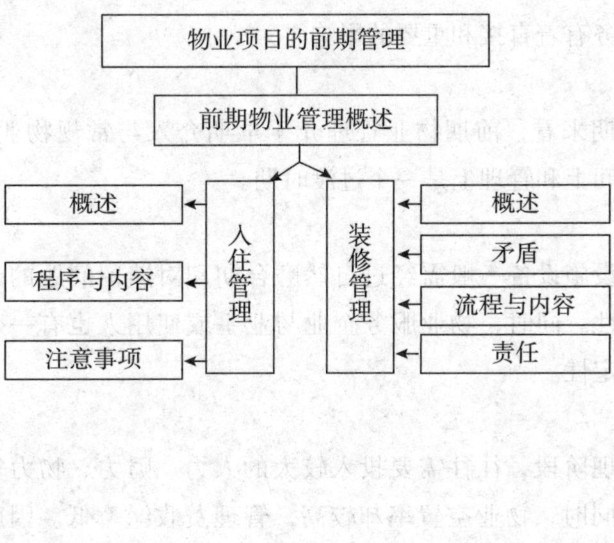

第一节　物业项目前期管理概述

一、前期物业管理的内涵

（一）前期管理的概念

自 1994 年《深圳经济特区住宅区物业管理条例》中首次提出“前期物业管理”概念以来，各种文件对前期物业管理的界定并不一致。《上海市居住物业管理条例》把前期物业管理定义为：“前期物业管理是指住宅出售后至业主委员会成立前的物业管理”。建设部颁布的《前期物业管理服务协议》对前期物业管理的界定是：“前期物业管理是指自房屋出售之日起至业主委员会与物业管理企业签订的《物业管理合同》生效时止的物业管理。”《前期物业管理招标投标管理暂行办法》和《物业管理条例》则认为：“前期物业管理是指在业主、业主大会选聘物业服务企业之前，由建设单位选聘的物业服务企业所进行的物业管理。”

本教材所指前期物业管理，是指从物业服务企业与建设单位签订的《前期物业服务合同》生效之日起至业主委员会与物业服务企业签订的《物业服务合同》生效止的这个期间的物业管理。

（二）前期物业管理的特点

与常规物业管理相比，前期物业管理具有以下几个方面的特点：

1. 基础性

前期物业管理的许多工作，尤其是前期管理的特定内容是常规物业管理服务的基础，对物业管理服务有着直接和重要的影响。

2. 过渡性

从物业管理周期来看，前期物业管理介于早期介入与常规物业管理之间。因此，前期物业管理在时间上和管理上是一个过渡时期。

3. 不稳定性

新建物业及其设施设备一般需经过自然磨合期和对遗留问题的处理过程，物业使用功能存在不稳定性。同时，物业服务企业与业主或使用人也有一个磨合的过程，双方关系也存在不稳定性。

4. 风险性

在前期物业管理阶段，往往需要投入较大的人力、财力、物力等资源，管理成本相对较高。但与此同时，物业空置率却较高，管理费收缴率低。因此，存在一定的经营风险。同时，前期物业服务合同期限的不确定性也会给前期物业管理带来经营风险。

二、前期物业管理的主要内容

物业服务企业在前期物业管理中提供的管理与服务，既包含与常规物业管理相同的房屋及设施设备管理、公共秩序管理、物业环境管理、客户服务等物业正常试用期所需要的日常服务内容，又包括物业承接查验、业主人住、物业装饰装修管理、工程质量保修处理、物业管理项目机构的前期运作和前期沟通协调等前期特有的管理内容。

（一）物业管理项目机构的前期运作

1. 管理资源的完善与优化

当物业服务企业通过市场竞争，招投标获得物业项目的管理权并与开发商签订书面形式的前期物业服务合同后，物业服务企业将开始着手落实物业管理用房、物资配备到位、物业管理人员培训到岗等工作。

2. 规章制度的制订

科学、健全的规章制度是实施和规范前期物业管理行为的保证。规章制度的制定应依据国家和政府有关部门的法律法规、文件和政策，并结合物业的实际情况。这是物业管理逐步走向规范化、程序化、法制化道路的重要前提。如制定管理机构的职责范围、各类人员的岗位责任制、业主委员会的成立办法等。

（二）前期沟通协调

物业服务企业应分析各相关部门和单位的作用及其与物业管理项目之间的相互关系，确定与各方面沟通协调的内容，建立沟通渠道。前期沟通协调的主体主要包括以下几方面：

（1）与市政单位就水、电、气等方面的沟通协调。

（2）与相关行政主管部门、街道办、派出所、物业管理协会的沟通协调。

（3）与专业管理公司就单项服务外包的沟通协调。

对具体的物业管理项目进行管理时，物业服务企业可以根据企业的自身情况和需要来确定是否需要将部分单项服务分包给社会专业服务公司。对分包的服务项目，要进行市场调查，筛选、确定符合自己要求的分包单位。

（三）入住和装饰装修管理

入住是指建设单位将已具备使用条件的物业交付给业主并办理相关手续，同时物业服务企业为业主办理物业管理事务手续的过程。入住管理是规范和引导业主办理各项入住手续。业主入住后，极大部分将开展装饰装修活动。物业服务企业要加强业主装修的管理，避免出现装修污染、装修扰邻、危害公共利益甚至装修工程质量等事故出现。

（四）工程质量保修

物业竣工验收后，工程进入质量保修期。物业工程质量保修分为两部分内容：一是物业服务企业承接管理的物业共用部位、共用设施设备部分；二是业主从建设单位购买的产权专有部分。这两部分的保修事务都应由建设单位负责。物业服务企业的工程质量保修相关工作，主要是向建设单位申报对物业公共部位、共用设施设备的质量保修跟踪并督促完成。业主产权专有部分由业主自行向建设单位提出处理要求。在实际管理中，业主也可以向物业服务企业反映，物业服务企业应及时转告建设单位。

第二节　物业项目的入住管理

一、入住管理概述

（一）入住管理的概念

入住是指建设单位将已具备使用条件的物业交付给业主并办理相关手续，同时物业服务企业为业主办理物业管理事务手续的过程。入住的内容包括两个方面：物业验收及其相关手续的办理和物业管理有关业务的办理。其中，物业验收及其相关手续的办理占主导地位。入住是物业服务企业与业主或物业使用人的首次接触，标志着物业管理工作将以人为中心而逐步展开管理工作。

（二）入住管理的模式

入住管理有两种操作模式：一是以建设单位为主体，物业服务企业相配合；此模式的核心内容是，建设单位具体负责向业主移交物业并办理相关手续；二是建设单位委托物业服务企业代为办理入住手续。这种情况多出现于物业管理的早期介入较深、物业建设单位楼盘较多、人力资源不足或物业建设单位与物业服务企业是上下级单位，以及其他建设单位和物业服务企业协商认为必要的情况等。

（三）入住管理的意义

入住管理是物业服务企业与业主或物业使用人的首次接触，这一阶段除了大量的接触工作和烦琐的手续办理外，各种服务与被服务的矛盾也会在短时间内集中爆发出来。因此，入住阶段通常也是物业管理过程中问题最集中的阶段。所以，对物业公司来说：

（1）入住管理既是一项挑战，也是机遇；

（2）展示优质服务管理水平、推行物业管理“品牌”营销；

（3）为业主提供优质服务，树立物业服务企业的良好形象；

（4）取得业主信赖，为日后的物业管理工作争取业主和使用人的支持和理解打下良好的基础。

二、入住管理的程序与内容

入住管理可分为入住前的准备、入住现场的管理、入住结束后的管理三个阶段。

（一）入住前的准备

1. 入住方案准备

建设单位和物业服务企业应在入住前一个月制定入住方案，方案中应明确：①入住时间、地点；②负责入住工作的人员及职责分工；③入住过程中使用的文件和表格；④入住手续办理和程序；⑤紧急突发事件识别、评价与处置预案；⑥注意事项及其他情况。

2. 人员准备

（1）要求入住管理与服务人员全部到位，并接受相关业务培训，提高员工的服务意识和工作能力，确保入住工作的顺利完成。

（2）要求入住管理和服务人员熟悉物业、业主的基本情况，以便为业主或物业使用人提供周全的服务。

3. 物业准备

（1）设施设备准备。给排水、电梯、照明、空调、燃气、通信、消防报警系统必须进行试运行，确保设备设施处于正常的工作状态。

（2）环境准备。入住前做好环境卫生清洁工作，让业主或物业使用人对环境留好第一印象。做好安全保卫工作，营造良好公共秩序环境。

4. 资料文件准备

入住前建设单位和物业服务企业要准备好相关资料与文件：

（1）住宅质量保证书、住宅使用说明书、入住通知书、物业验收须知、业主入住房屋验收表、业主（住户）手册、临时管理规约等资料。

（2）准备好与物业管理费、停车管理服务费、装饰装修管理、房屋质量保修等方面有关的政策文件，以便入住时使用。

参考资料

入住通知书范文

入住通知书

________女士/先生：

您好！您所认购的________小区________楼________层________号已于________年________月，经________省/市________部门和________开发商、________建筑工程公司、________物业服务企业等组成的验收小组验收合格，准予入住。

（1）请您接到本通知后按附表规定的时间前来办理入住手续。地点在________，在此期间内开发商财务部、工程部、销售部，以及物业服务业务等有关部门将到现场集中办公，为您提供一站式快捷方便的入住服务。

（2）如果您因故不能亲自前来，可委托他人代办。代办时，除应带齐相关的文件外，还应带上您的委托书、公（私）章和身份证。

（3）如果您不能在附件中规定的时间内前来办理手续，请您及时与我公司联系，落实补办事宜，联系电话________。

在您来办理各项手续前，请认真阅读住宅质量保证书、住宅使用说明书、物业验收须知、业主入住房屋验收表、业主（用户）手册、物业管理有关约定等内容。

特此通知！

________房地产开发有限公司

________物业管理有限公司

年　　月　　日

5. 入住仪式准备

在实际的物业项目服务中、业主入住其物业时，通常由物业服务企业组织其服务人员根据物业管理服务中的特点以及该物业项目的实际情况，为业主举办入住仪式。策划该仪式不仅能加强与业主或物业使用人的交流，还能提高该小区的整体形象以及物业服务企业的人文管理素养等。

（二）入住现场管理

入住现场服务的服务流程一般包括登记确认、房屋验收、签署有关物管服务约定等文件、缴纳当前物业服务等费用并开具票据、领取相关文件、领取房屋钥匙等程序（如图 8－1 所示）。

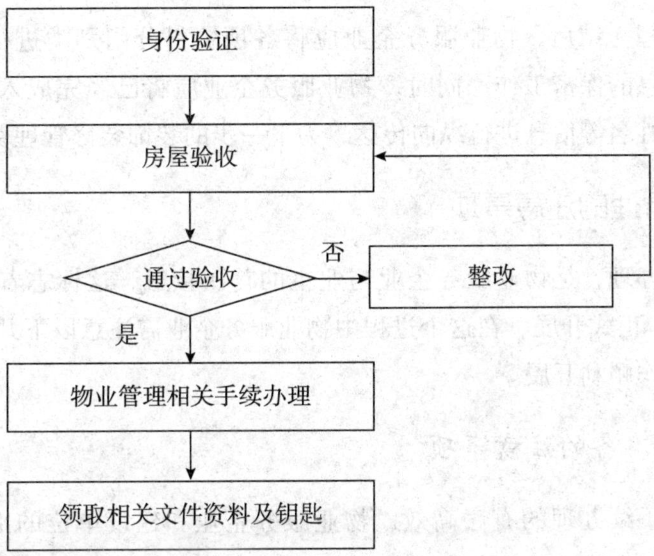

图 8－1　物业项目入住管理流程

1. 身份验证

建设单位或物业服务企业凭业主身份证、入住通知书或购房合同等对业主进行身份登记确认。

2. 房屋验收

验房人员陪同业主一起验收其名下的物业，登记水、电、气表起始数、房屋验收情况，建设单位和业主核对无误后在业主入住房屋验收表、房屋设备移交清单签章确认，建设单位向业主发放钥匙。

对于验收不合格的部分，物业服务企业可协助业主敦促建设单位、施工方进行工程不合格整改、质量返修等工作。若发现重大质量问题，业主可先不办理接收，待整改重新验收合格后再办理手续。

3. 办理物业管理相关手续

签署物业管理有关服务约定等文件，包括用电过户协议、委托银行代收款协议、车位使用协议、装饰装修服务协议、消防责任书等。同时，缴纳当期物业服务相关费用，包括物业服务费、停车费、装修管理费、代收代付水电供暖费等。

4. 领取相关文件资料及钥匙

发放并让业主签领提供给业主的相关文件资料，包括用户手册、智能系统使用说明书、房屋使用说明书、房屋质量保证书、装修服务协议、装修申报登记表、装修须知等，并发放钥匙、门禁卡、遥控器等物品。

（三）入住结束后的管理

入住手续办理完结后，物业服务企业应将各项资料分门别类进行资料归档保存，同时做好业主信息的保密工作。同时，物业服务企业应将已经完成入住手续的业主的物业信息和业主姓名等信息进行纵向传达，为下一步的装饰装修管理奠定基础。

三、入住管理的注意事项

入住手续的办理，是物业服务企业与业主的首次接触，这标志着物业项目将围绕"人"的服务工作正式开展。在这个过程中物业服务企业需注意以下几个方面的事项以确保入住管理工作顺利开展。

（一）入住准备的注意事项

为保障入住手续办理的有序高效，物业服务企业和建设单位的准备工作要充分，考虑问题要周全。入住准备充分，既能尽量减少入住期间突发事件的发生，又能为突发事件的处理争取时间，确保入住工作的顺利完成。在入住准备阶段，物业服务企业需注意以下事项。

1. 人力资源要充足

首先，入住服务人员数量要充足，分工要合理，指定专人负责咨询引导工作和突发状况的应对措施。入住期间小区人数会突然增加，充足的服务人员能够满足不同人员的服务要求。

其次，物业服务人员需对小区内的房屋及配置设施设备、物业管理服务内容等基本情况，掌握过硬的专业知识，熟悉物业管理相关法律法规。

2. 资料准备要充足

虽然物业管理公司可通过一定管理方法有意识地疏导业主，避免业主过于集中，但业主的随意性是不可控的，因此，有必要预留一定余量的资料。

3. 分批办理入住手续

为避免入住工作的混乱，降低入住工作强度，在向业主发出入住通知书时，应明确告知其入住办理时间，现场亦应有明确标识和提示，以便对业主入住进行有效疏导和分流，确保入住工作的顺利进行。

4. 紧急情况要有预案

入住时由于现场人员混杂、场面较大，随时可能发生治安、消防、医疗、纠纷等突发事件，建设单位及物业管理单位应预先设立各种处理方案，防患于未然。

（二）入住现场的注意事项

1. 人性化服务

一方面，为了办理工作的有效性与便利性，可实行一站式柜台服务，方便业主办理有关入住手续，同时，办理入住手续的工作现场张贴入住公告及业主入住流程图等；合理安排服务办理时间，适当延长办理时间。

另一方面，因故未能按时办理入住手续的可按照入住通知书中规定的办法另行办理。实施分期入住模式的，对于提前前来办理入住的业主，可根据实际情况特殊处理。

2. 专业化管理

首先，要合理安排人员，做好入住期间的安全保卫、环境、车辆引导等基础管理工作，给业主和物业使用人留好第一印象，展现物业管理的专业化形象。

其次，对于业主或物业使用人对物业管理或房屋验收存在的疑惑或提出的质疑要耐心、合理解释，有必要时，可拿出相关国家和地方政策与制度文件说明。

（三）入住办理后注意事项

入住手续办理结束后，物业服务企业要注意对工程遗留问题的处理。对于验收不合格的部分，物业服务企业可协助业主督促建设单位、施工方进行整改、质量返修等工作。

第三节　物业项目的装饰装修管理

2002 年施行的《住宅室内装饰装修管理办法》对物业装饰装修行为作了详细规定。

一、装饰装修管理概述

（一）装饰装修管理的概念

住宅室内装饰装修是指住宅竣工验收合格后，业主或者物业使用人（装修人）对住宅室内进行装饰装修的建筑活动。具体来说，物业装饰装修是业主或物业使用人办理完入住手续后、正式入住前，为改善居住、办公或经营环境，对自我物业或租赁物业进行重新设计、分隔、装饰、布置等活动。

物业装饰装修管理是指物业服务企业通过对物业装饰装修过程的管理、服务和控制，规范业主或使用人的装饰装修行为，协助政府行政主管部门对装饰装修过程中的违规行为进行处理和纠正，从而确保物业的正常运行使用，维护全体业主的合法权益。

装饰装修管理的依据是建设部110号令《住宅室内装饰装修管理规定》以及国家和地方的其他规定。

（二）装饰装修管理的性质与目的

1. 装饰装修管理的政府行为

根据《住宅室内装饰装修管理规定》的规定，物业服务企业有义务对业主或物业使用人的装饰装修行为进行监管，防止违规装修行为的发生，对已经发生的违规行为，物业服务企业可以责令装修人恢复或整改，对规劝不听的业主，物业服务企业上报有关行政部门，由行政主管部门对违规装修进行处理。

2. 装饰装修管理的企业行为

为保持房屋外观的整齐、统一，美化小区整体形象，物业服务企业在与装修人签订的物业装饰装修管理协议中会对装饰装修作出一些相关要求，比如，空调的安装位置、玻璃与外窗颜色的统一等。这种管理行为不属于政府行为，属于企业行为。

根据装饰装修管理的性质可知，装饰装修管理主要有以后三个方面的目的：

（1）保证装饰装修工程质量和安全，确保房屋及配套设施设备的正常运行和使用；

（2）保持房屋外观的整齐和统一，维护小区整体形象；

（3）维护施工期间的公共安全和公众利益。装饰装修的噪声、震动、尘埃、气味、物料运输等可能影响相邻业主正常生活与工作，进出人流大还可能影响小区的公共秩序。

（三）装饰装修管理的特点与难点

1. 集中，规模大，人流大

现代小区的规模越来越大，虽然入住可以采取分批办理，由于装修周期长的原因，小区装修会比较集中。装修期间小区人流会非常大，而且以外来人员居多，这给物业管理工作带来了很多挑战。

2. 装饰装修影响面广

装饰装修的噪声、震动、尘埃、气味、物料运输等可能影响相邻业主正常生活与工作，进出人流大可能影响小区的清洁绿化、公共秩序，这无疑增加了物业装饰装修管理的难度。

3. 个人意识与公共意识的矛盾

由于法律知识和意识的缺乏，业主对物业装饰装修管理规定缺乏客观正确的认识，在装饰装修过程中，一些业主为了满足个人需求，把个人意识凌驾在小区公共意识之上。

4. 义务与权利的矛盾

在物业装饰装修管理过程中，物业服务企业只有管理义务而没有处罚权。装饰装修管理是一项需要及时发现、及时处理、及时制止的工作。权利与义务分离增加了装饰装修管理的难度。

5. 服务与控制的矛盾

服务与控制是装修管理过程的一对矛盾，如何处理充分体现了物业管理的水平与技巧。物业管理式服务活动，而装修管理工作的核心是对装修人各项装修行为的控制，甚至是约束。因而，如何做好控制和服务，解决好这一矛盾，在实现控制的基础上让业主得到最大程度的满意，树立良好的服务形象，就需要物业管理各级人员真正做到坚持原则，熟悉装修管理规定，要换位思考，为业主着想，规范操作行为。

二、装饰装修管理过程中的矛盾

（一）物业服务公司与业主之间的矛盾

业主是一个物业管辖区域内的主体，而物业服务企业是管理主体，两者之间本身存在一种矛盾关系。物业服务公司与业主之间的矛盾是所有矛盾关系中的主要矛盾，其具体的表现形式有乱收费（自立项目乱收费；超过规定标准收费；只收费不服务或少服务）、违规装修：涉及环境卫生、安全、保卫、公共绿化、道路养护等多方面矛盾。

我们可根据矛盾的性质对矛盾采取不同的解决办法。对收费问题，虽《物业管理条例》中未有明确的规定，但地方政府在立法时可对该法律法规进行细化，可制定收费指导价格，从而规范收费；对违规装修活动，首先，物业服务企业应做好早期的宣传工作及监督管理工作，其次政府的相关部门也要做好监管工作，再者，严格按照物业服务合同开展小区内的管理；最后，对于不听劝告，肆意装修情节恶劣者，物业服务企业应及时上报政府部门，采取必要的行政手段等。

（二）业主与装修公司之间的矛盾

业主与装修公司之间的矛盾主要是施工进度、质量等方面的问题。通常情况下解决此类问题可以通过业主与装修公司协商处理，对于无法解决的问题除了可以求助于物业服务企业外，还可以与现行的装修公司解聘，另聘资质好的装修公司进行进一步的装修活动。

（三）业主与业主之间的矛盾

如果装修活动涉及房屋结构、漏水，通风等权益时，将会影响甚至侵占其他业主的利益；此时物业公司作为管理方除主动调节邻里关系外，更应当在业主入住装修前签订相关协议，并告知其邻近业主相关事宜，安排专业人员与其他业主共同进行监督，正确行使相邻权等法律条例保障其他业主的自身利益。

（四）物业服务公司与装修公司之间的矛盾

物业服务公司与装修公司之间的矛盾主要表现为：装修人员进小区装修受到的活动限制以及装饰公司要按规定要求进行施工。

物业服务企业可通过对装修施工队伍进行资质、专业审核等进行初步判断，待审核通过后装修公司须与物业服务企业签订书面协议，即在装修过程中按照物业管理的要求进行施工等；协议通过后才可发放小区出入证正式开展装修活动；在装修活动的进行中，物业方应该有效地对装修工作进行必要的监管，以此减少与装修公司的矛盾。

参考案例

业主不统一装玻璃怎么办

【案情介绍】

刘元是小区内的一位业主，有一次她在媒介中发现一种玻璃可以增加室内光线，且随外部温度变化能够调节室内温度。于是她几经周折买了此种玻璃，未经物业公司同意，拆除原有玻璃，将新买玻璃安装上去，结果因玻璃颜色与整个小区玻璃色彩反差很大，严重影响小区整体统一的布局，就此管理处向刘元提出异议。

刘元自有道理，产权是我自己的，我自家的玻璃愿意什么颜色就什么颜色，拒不拆换。之后管理处多次协调、回访，本着“着重调解”的原则向刘元宣传了《民法通则》《业主公约》《物业管理条例》等，最后刘元意识转换，拆除了有色玻璃。

【案例点评】

（1）业主装修应遵守小区内的装修规定，填写装修申请表，并经物业公司批准后方可进行装修，刘元未经物业公司同意，擅自装修本身就与《业主公约》相抵触。

(2)《民法通则》规定：个人利益与集体利益发生冲突时，应放弃个人利益，保持集体利益，刘元的有色玻璃与小区整体统一形成反差，如若任其作为，其他业主也效仿所为，小区的统一，整洁将被破坏。

(3) 人与人之间需要沟通，只要我们管理人员把管理工作做到家，动之以情，晓之以理，相信会取得业主的理解和支持。

三、装饰装修管理的流程与内容

(一) 装饰装修管理的流程（如图 8－2 所示）

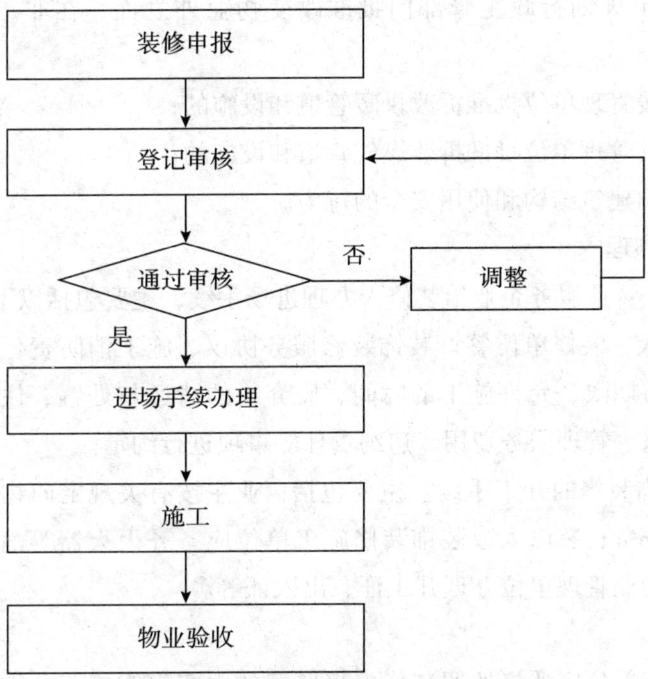

图 8－2　物业装饰装修管理流程

1. 装修申报

首先，准备好申报资料。资料由业主（或物业使用人）和施工队分别准备和提供，一般包括：相关证明资料；装饰装修设计方案；装修施工单位资质；原有建筑、水电气等改动设计和相关审批。物业使用人对物业进行装饰装修时，还应当取得业主的书面同意。

其次，填写申报登记表。物业服务企业应当告知业主认真阅读装修手册，填写申报登记表，登记时以书面形式将装饰装修工程的禁止行为和注意事项告知装修人和装饰装修企业。

2. 登记审核

物业服务企业应依据相关法规要求和本项目装修审批要求对装修登记表进行审核，对有下列行为之一的应不予登记：

（1）未经原设计单位或具有相应资质等级的设计单位提出方案，擅自变动建筑主体和承重结构的；

（2）将没有防水要求的房间或者阳台改为卫生间、厨房的；

（3）扩大承重墙上原有的门窗尺寸，拆除连接阳台的砖、混凝土墙体的；

（4）损坏房屋原有节能设施、降低节能效果的；

（5）未经城市规划行政主管部门批准搭建建筑物、构筑物的；

（6）未经城市规划行政主管部门批准改变物业外立面、在非承重外墙上开门、窗的；

（7）未经供暖管理单位批准拆改供暖管道和设施的；

（8）未经燃气管理单位批准拆改燃气管道和设施的；

（9）其他影响建筑结构和使用安全的行为。

3. 进场手续办理

审核通过后，物业服务企业给装修人办理进场手续，主要包括以下内容：

（1）与装修人、装修单位签订装饰装修服务协议、施工消防责任书。对装饰装修工程的实施内容与期限、允许施工的时间、废弃物的清运与处置、住宅外立面设计及防盗窗的安装要求、管理服务费用、违约责任等事项进行约定。

（2）办理装饰装修的开工手续。主要包括：业主按有关规定向物业管理单位缴纳装饰装修管理服务费；装修人或装饰装修施工单位应备齐灭火器等消防器材；装饰装修施工单位应到物业管理单位办理开工证、出入证等。

4. 施工

装修人和施工单位应严格按照装修申报登记的内容组织施工。物业服务企业按照管理服务协议做好管理和服务工作，发现有违反有关规定的行为，应当及时劝阻和制止；已造成事实后果或拒不改正的，应及时报告有关部门依法处理；对违反装饰装修管理服务协议的，应追究违约责任。

5. 物业验收

物业服务企业应按照装饰装修管理服务协议进行现场检查，对照装修登记表和装饰装修实际结果进行比较验收。

验收合格后在装修验收表上签署书面意见，并结清费用，退还押金。验收不合格的提出书面整改意见要求业主和施工方限期整改。无法统一意见或业主拒不接受时，报请有关行政部门处理，并将检查记录存档。

（二）装饰装修管理的内容

物业服务企业应当按照《住宅室内装饰装修管理办法》和《装饰装修管理服务协议》实施管理，加强现场检查，及时发现问题加以制止。包括以下几个方面：

1. 装修前的准备

为规范业主或物业使用人、装修公司的装饰装修行为，确保装饰装修管理的合法有序进行，物业服务企业可在装修前开展以下工作。

（1）人员准备。对装饰装修管理人员进行培训，使其熟悉装修管理相关法律法规和政策、熟悉相关的建筑装饰装修施工技术规范、工艺流程和施工验收标准、熟悉辖区环境以及配套的设备设施等。

（2）知识宣传。物业服务企业应该加强宣传，让业主或使用人以及施工人员知晓有关装修的规定，了解房屋装饰装修的申报程序、装修范围、各自职责和应承担的法律责任等。

（3）提供其他服务。邀请一些合格的装修公司在小区内摆台，方便业主或物业使用人选择正规的装修公司。

2. 装修审批管理

根据国家建设部颁发的《建筑装饰装修管理规定》和物业服务企业制定的《住户装修管理规定》，业主在装修前必须向物业管理部门进行申请登记，只有装修申请批准后业主才可动工装修。

物业服务企业应加强装修审批管理，严格按照规定进行审核，审核内容主要包括以下方面：

（1）业主或使用人提供的文件资料的审核；

（2）装修方案的审核；

（3）装修施工队伍的审核；

（4）按规定应提交的特殊批准文件的审核。

为规避风险，在审核通过后，要求业主和装修单位负责人在在装修管理服务协议或装修承诺书上签字，承诺遵守物业服务企业的装修管理规定。

3. 装修施工管理

装饰装修施工管理主要包括装修行为的监督、装修时间的管理、公共秩序的维护、环境的清理、人员材料的进出管理等内容。

（1）装修行为的巡查。

物业服务企业应加强对装修的监督管理，这不仅包括要详细审查装修的设计图纸，而且在装修过程中要加强巡视，对违规行为要及时制止，对拒不执行者，上报有关部门。

物业服务企业巡查的内容主要包括两个方面，首先，检查装饰装修的项目是否与申请的一致，包括：装饰装修项目是否已通过登记审核、装饰装饰装修的内容、项目是否跟申请的一样。其次，检查装修环境是否符合相关要求；最后，检查施工人员的现场操作行为是否符合相关要求。

为确保物业安全和全体业主的合法权益，物业装饰装修管理应重点检查以下行为：

有无变动建筑主体和承重结构。有无将没有防水要求的房间或者阳台改为卫生间、厨房间。有无扩大承重墙上原有的门窗尺寸，拆除连接阳台的砖、混凝土墙体。有无损坏房屋原有节能设施，降低节能效果。有无其他影响建筑结构和使用安全的行为。

有无未经有关单位批准的下列行为：搭建建筑物、构筑物；改变住宅外立面，在非承重外墙上开门、窗；拆改供暖管道和设施；拆改燃气管道和设施；超过设计标准或者规范增加楼面荷载的；改动卫生间、厨房间防水层的。

（2）公共秩序的维护。

由于装饰装修工人的来源控制有极大的不确定性、施工过程中的自我约束不足、施工单位管理不力等原因，在物业装饰装修期间，物业管理应严格物业区域出入口（包括电梯）的人员和材料管理。凡未佩带物业装饰装修施工标识的施工人员和其他闲杂人员，应一律禁止入内，保证装饰装修人员管理的有序化、规范化。

装饰装修材料和设备是装修违章的一个重要因素，应着重从以下两个方面加强控制和管理：

①核对是否为审批同意的材料。

②核对是否符合相关规定。

对于有特别要求的材料或设备（如电焊机），应按照规定办理相应手续；施工队须进行动火作业的，必须办理申报审批手续；进入物业区域的装饰装修材料、设备等，应符合物业装饰装修规定要求，否则拒绝入场。通过加强装饰装修材料和设备的出入管理，杜绝不安全因素的出现。

（3）装修时间与范围的管理。

物业装饰装修的区域应按照相关装饰装修管理规定和业主权益予以限定，原则上应统一要求、统一形式。如室内装饰装修只限于房屋本体单元内的自用部门；封闭阳台不得超过阳台顶部外边缘垂直投影面，封闭款式、材料力求统一等。

装饰装修时间应根据各地不同的作息时间、季节交换以及习惯习俗等综合确定。装饰装修时间包括一般装饰装修时间、特殊装修时间和装饰装修期。

①一般装修时间是指除节假日之外的正常时间。一般装修时间因地域和季节的差异而有所不同。如南方某些地区规定作业时间及拆打时间为：

作业时间：8：00—12：00，14：00—18：00。

拆打时间：8：30—11：30，14：30—17：30。

②特殊装修时间是指节假日休息时间。为保障其他业主的休息和正常生产生活秩序，原则上一般年允许在节假日进行装修。因特殊情况需要装修，应视具体情况相应缩短装修时间。

③装修期是指装饰装修过程的完结时间。目前国家颁布的法规虽无明确规定，但一般情况不超过三个月。

四、装修中各方主体的责任

《住宅室内装饰装修管理办法》对装修管理中各方主体的法律责任进行了具体规定，具体表现如下。

（一）装修人和装修企业的责任

（1）装饰装修活动造成相邻住宅受损，装修人应当负责修复和赔偿，属于装修企业责任的，装修人可以向装修企业追偿。装修人擅自拆改供暖、燃气管道和设施而造成损失的，由装修人负责赔偿。

（2）装饰装修活动侵占了公共空间，对公共部位和设施造成损害的，由房地产行政主管部门责令改正，造成损失的，应依法承担赔偿责任。

（3）装修人未申报登记进行住宅室内装饰装修活动的，由房地产行政主管部门责令改正，并处罚款。

（4）装修人将装饰装修工程委托给不具有相应资质等级企业的，由房地产行政主管部门责令改正，并处罚款。

（5）装饰装修企业自行采购或者向装修人推荐使用不符合国家标准的装饰装修材料，造成空气污染超标的，由房地产行政主管部门责令改正，造成损失的，依法承担赔偿责任。

（6）未经城市规划行政部门批准，在住宅室内装修活动中搭建建筑物、构筑物的，或者擅自改变住宅外立面、在非承重外墙上开门窗的，由城市规划行政主管部门按照《中华人民共和国城市规划法》及相关法规的规定处罚。

（7）装修人或装修企业违反《建设工程质量管理条例》的，由建设行政主管部门按照有关规定处罚。

（8）装修企业违反国家有关安全生产规定和安全生产技术规程，不按照规定采取必要的安全防护和消防措施，擅自动用明火作业和进行焊接作业的，或者对建筑安全事故隐患不采取措施予以消除的，由建设行政主管部门责令改正，并处罚款；情节严重的，责令停业整顿，并处更高额度的罚款；造成重大安全事故的，降低资质等级或者吊销资质证书。

（二）物业服务企业的责任

物业服务企业发现装修人或装饰装修企业有违反相关法规规定的行为不及时向有关部门报告的，由房地产行政主管部门给予警告，可处装饰装修管理服务协议约定的装饰装修管理服务费 2 ~3 倍的罚款。

（三）相关管理部门的责任

物业装饰装修行政主管部门的工作人员接到物业管理单位对装修人或者装饰装修企业违法行为的报告后，未及时处理，玩忽职守的，应依法给予行政处分。

本章小结

1. 前期物业管理是指从物业服务企业与建设单位签订的前期物业服务合同生效之日起至业主委员会与物业服务企业签订的物业服务合同生效止的这个期间的物业管理。

2. 前期物业管理具有基础性、过渡性、不稳定性、风险性等特点。

3. 前期物业管理内容既包含与常规物业管理相同的房屋及设施设备管理、公共秩序管理、物业环境管理、客户服务等物业正常试用期所需要的日常服务内容，又包括物业承接查验、业主入住、物业装饰装修管理、工程质量保修处理、物业管理项目机构的前期运作和前期沟通协调等前期特有的管理内容。

4. 入住是指建设单位将已具备使用条件的物业交付给业主并办理相关手续，同时物业服务企业为业主办理物业管理事务手续的过程。

5. 入住管理可分为入住前的准备、入住现场的管理、入住结束后的管理三个阶段。

6. 住宅室内装饰装修是指住宅竣工验收合格后，业主或者物业使用人（装修人）对住宅室内进行装饰装修的建筑活动，既是一种政府行为，也是一种企业行为。

7. 装饰装修管理具有以下特点与难点：集中、规模大、人流大；装饰装修影响面广；个人意识与公共意识的矛盾；物业服务企业没有处罚权；服务与控制的矛盾。

8. 装饰装修管理的流程包括装修申报、登记审核、进场手续办理、施工、物业验收。

复习题

1. 前期物业管理具有哪些特点？

2. 物业项目入住管理的内容包括哪些？

3. 物业项目入住管理需注意哪些事项？

4. 物业项目装饰装修管理中存在哪些矛盾？

问题与应用

1. 某住宅小区，2012 年 10 月组织业主入住。入住工作由开发商办理，物业服务企业协助。小区有 15 套房屋未销售，另 3 套房屋因建筑质量问题，业主拒绝办理入住手续，开发商也认可质量问题，表示维修后再交付。

业主张某在 10 月 8 日办理入住手续，领取了相关资料和钥匙后发现房屋门窗有质量问题，遂与开发商约定限期整改。由于开发商未在约定期限内完成房屋门窗整改，张某以此为由拒缴物业服务费。

物业服务企业在 10 月 20 日巡视过程中发现业主王某装修前未办理装修手续，并私自拆改天然气管道设施。王某称无人告知禁止拆改天然气设施的有关规定，所以便拆改了。物业服务企业要求其恢复原状。王某则提出自愿签署一份承诺书，内容包括“承诺因拆改天然气管道导致出现的安全事故，均由本人负责”等，并自愿交纳天然气改造押金 3000 元。

问题：

（1）15 套未售房屋和 3 套存在质量问题房屋的物业服务费分别应当由谁承担？简要说明理由。

（2）张某拒缴物业服务费的理由是否成立？简要说明理由。

（3）你认为王某拆改天然气管道的说法是否正确？简要说明理由。

（4）针对王某未办理装修手续即开始装修的情况，物业服务企业应该采取哪些管理措施？

（5）王某自愿签署的承诺书是否有效？为什么？

（6）请说明物业装修管理人员在巡视过程中应注意哪些问题。

2. 2012 年 6 月，业主王某在某小区购买一栋别墅，开发商当时在购房协议上有写到免交两年物业费，业主王某在购买房屋后未对房屋装修，且一直将房屋空置。1 年后，王某收到法院传票，物业公司要求王某支付拖欠的物业费总计 35410 元。业主王某认为自己没有入住，未享受到物业服务、并辩称自己购买别墅时，开发商曾承诺赠送两年的物业费，王某认为物业服务合同是开发商与物业公司签订的，与自己无关，因此拒绝支付物业费。

问题：

（1）王某是拒交物业服务费是否合理？说明理由。

（2）开发商赠送两年物业管理费是否有效？物业服务企业该如何解决此类问题？

3. 某新建物业进行入住仪式后，小区管理人员接到投诉，业主李女士家的隔壁因房屋装修发出刺耳的噪声，影响了李女士的正常生活。而当物业管理人员到达现场后，发现该房里的装修施工队伍并未佩戴相关证件。经初步了解，该装修团队是业主的朋友介绍而来，业主程先生在未告知物业服务方的情况下开展装饰装修活动，并擅自拆除了一面承重墙。装修垃圾随意倾倒在楼层的过道中间。

问题：

（1）此案例中，出现了哪些问题？物业服务企业的地位如何？

（2）对违规进行装饰装修活动的业主和装修单位，物业管理方的管理原则是什么？

（3）如果你是一名物业从业人员，你会采取什么措施进行管理与预防？

第三部分　面向对象的物业管理

第九章　房屋及设施设备管理

学习目标

随着城市现代化程度的不断提高，人们对房屋及配套设施设备的功能与保值增值的要求越来越高，房屋及设施设备管理已成为物业管理的核心工作内容。本章介绍了房屋维修管理、物业设施设备管理和物业公共能源管理。

1. 知识目标

➢了解房屋的基本功能与房屋损坏的原因；

➢掌握房屋维修的责任划分与房屋维修管理的内容；

➢掌握物业设施设备管理的特点与内容；

➢掌握物业公共能源管理的常见手段。

2. 能力目标

➢具备房屋与设施设备管理的能力；

➢具备物业公共能源管理的能力。

知识结构导图

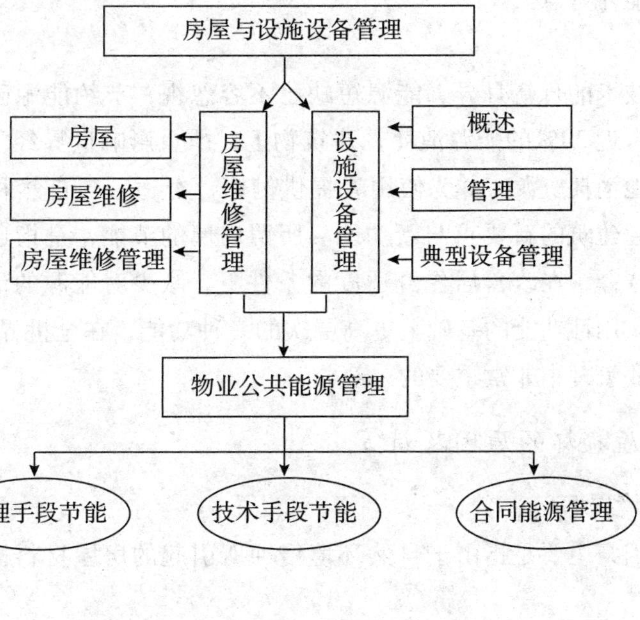

第一节　房屋维修管理

一、房屋概述

（一）房屋的基本功能与要求

1. 实用性

房屋的本质是人类建造以供居住和活动的生活场所，所以，实用性是房屋的首要功能。所谓实用性，是指建筑的目的首先是为了"用"，而不是为了"看"。房屋的实用性包含了安全性、适用性和耐久性三层含义。其中，安全性是在正常施工和正常使用的条件下，房屋结构应能承受可能出现的各种荷载作用和变形而不发生破坏，在偶然事件发生后，结构仍能保持必要的整体稳定性；适用性是指在正常使用时，房屋结构应具有良好的工作性能；耐久性是指在预期的使用年限内，在正常维护条件下不需进行大修就能完成预定功能的能力。

2. 艺术性

随着人类实践的发展，物质技术的进步，房屋仅有实用性功能还不够，还要能满足人们的审美需要，还要讲究艺术性。艺术性表现为通过空间实体的造型和结构安排、各门相关艺术的结合、与自然环境的协调等手段以实现房屋的审美功能和体现房屋的文化价值。

房屋的艺术性必须和实用性联系在一起，建筑的实用性特点，影响着人们的审美观。即是说，建筑物对人类生活的功能好坏，往往决定着人们观感的美与丑，因而建筑的审美意义，有赖于实用意义。从物业管理角度而言，只有实现了实用性功能，房屋的艺术性功能才有意义。

3. 节能性

随着科学技术的日新月异，能源短缺已不容忽视，节约能源已受到世界性的普遍关注。全世界有近30%的能源消耗在建筑物上，严重影响世界经济的可持续发展。因此，尽可能少地消耗资源，并为使用者提供健康、舒适、与自然和谐的工作及生活空间，已成为房屋建筑的新要求与新功能。所谓房屋的节能，是指通过合适的工程控制技术与材料的选择，在改善居住舒适度的条件下，减少对能源的消耗。房屋的节能性功能是建立在实用性功能的基础上更高层次的一种功能，在全世界节能减排的背景下，将成为未来物业管理中非常重要的一部分。

（二）房屋损坏的原因及对策

1. 自然环境损坏

自然环境因素主要是指由于自然环境侵蚀所引起的房屋材料机能退化失效而造成

的房屋损坏，自然环境包括气候因素、生物因素、地理因素等，例如，大气湿度和温度的变化引起房屋构件风化脱离，虫害对房屋的侵蚀等。自然环境引起的损坏与房屋的使用保养有较大关系，因此，从物业管理角度而言，对于自然环境造成的房屋损坏问题，物业服务企业可以通过做好日常的维护、保养、修缮等工作加以防范。

2. 突发事件损坏

由突发性、偶然性的事件引起的房屋损坏，如地震、特大暴风雨、山体滑坡、坍塌、爆炸、火灾、高温、腐蚀环境、暴风雪、战争等引起的房屋损坏。对于突发事件损坏，物业服务企业一方面要做好突发事件发生前的预防措施和建立突发事件预警机制，另一方面要做好突发事发生时的抢救和发生后的修复与整顿工作。

3. 人为因素损坏

人为因素损坏是造成房屋损坏最主要的因素。从物业管理的角度而言，房屋损坏的人为因素主要有以下几个方面。

（1）建设单位的原因。房地产开放建设期间存在的问题：一是设计方面问题，设计失误导致局部或构建承载能力不足引起的房屋损坏，例如，外延结构较长而引起正弯矩区版面裂缝和下扰墙体裂缝等；二是施工方面的问题，不按图施工，偷工减料，使建筑物出现损坏或虽暂时未出现损坏但已留下安全隐患，降低了房屋的安全储备。从物业管理角度而言，对于建设单位在房地产开放建设期间对房屋的损坏行为，物业服务企业可以通过早期介入的方法加以防范。

（2）物业使用人的原因。人们在房屋建筑内的生活或生产活动都会影响房屋的物理寿命，物业使用人在使用物业时的不当行为可能造成房屋的损坏。例如，超负荷使用或盲目改造与加层，室内装修墙体拆除与移位，打凿钻孔维修不当等。从物业管理角度而言，对于物业使用人在使用物业时对房屋的损坏行为，物业服务企业可以通过宣传教育、制度建设、预防保养等方式加以防范。

（三）房屋的基本组成部分

1. 房屋基本构成

房屋由主体结构、装饰装修和设施设备三部分组成：

（1）主体结构部分：基础、承重构件（包括梁、柱、承重墙等）、非承重墙、屋面、楼地面等；

（2）装饰装修部分：门窗、外抹灰、内抹灰、顶棚、细木装修等；

（3）设施设备部分：水卫、电气、暖通、特殊设备（如消防、避雷、电梯）等项目。

2. 房屋公用部位

根据建设部《住宅共用部位共用设施设备维修基金管理办法》中的规定，房屋共用部位是指住宅主体承重结构部位（包括基础、内外承重墙体、柱、梁、楼板、屋顶等）、户外墙面、门厅、楼梯间、走廊通道等。

（四）房屋质量的评定

1. 房屋完损等级的评定

房屋完损等级是指对现有房屋的完好或损坏程度划分的等级，即房屋的质量等级。根据房屋共用部位的结构、装修、设备等组成部分的完好及损坏程度，可以把房屋的完损等级分为完好房、基本完好房、一般损坏房、严重损坏房和危险房五个等级。

（1）完好房：结构完好，装修完好，设备完好，且房屋各部分完好无损，无须修理或经过一般小修就能正常使用。

（2）基本完好房：结构基本完好，少量构件有轻微损坏；装修基本完好，小部分有损坏，油漆缺乏保养，小部分装饰材料老化、损坏；设备基本完好，部分设备有轻微损坏。房屋损坏部分不影响房屋正常使用，一般性维修可修复。

（3）一般损坏房：结构一般性损坏，部分构件损坏或变形，屋面局部渗漏，部分结构变形，有裂缝；装修局部有破损，油漆老化，抹灰和装饰砖小面积脱落，门窗有破损；设备部分损坏、老化、残缺、不能正常使用，管道不够通畅，水电等不能正常使用。房屋需进行中修或局部大修、更换部分构件才能正常使用。

（4）严重损坏房：结构严重损坏，结构有明显变形或损坏，屋面严重渗漏，构件严重损坏；装修严重变形、破损，装饰材料严重老化、脱落，门窗严重松动、变形或腐蚀；设备陈旧不齐全，管道严重堵塞，水、卫、电等设备残缺不全或损坏严重。房屋需进行全面大修、翻修或改建，才能正常使用。

（5）危险房：指结构已严重损坏，承重构件已属危险构件，随时可能丧失稳定和承载能力，不能保证居住和使用安全的房屋。

2. 房屋完损评定指标

（1）房屋完好率。房屋完好率是指完好房屋数量（建筑面积）与基本完好房屋数量（建筑面积）与所管房屋总量（建筑面积）之比。

计算房屋完损等级，一律以建筑面积（平方米）为计量单位，评定时以幢为评定单位。

房屋完好率的计算公式：

$$房屋完好率 =（完好房屋建筑面积 + 基本完好房屋建筑面积）\div 房屋建筑总面积 \times 100\%$$

（2）危房率。危房率是指危险房屋数量（建筑面积）与房屋总量（建筑面积）之比。

危房率的计算公式：

$$危房率 = 危房建筑面积 \div 房屋建筑总面积 \times 100\%$$

3. 危险房屋的鉴定

危险房屋鉴定由房屋安全鉴定部门负责，根据《危险房屋鉴定标准》规定，房屋危险性鉴定按下列等级划分：

A 级：结构承载力能满足正常使用要求，未发现危险点房屋结构安全。

B 级：结构承载力基本能满足正常使用要求，个别结构构件处于危险状态，但不影响主体结构，基本满足正常使用要求。

C 级：部分承重结构承载力不能满足正常使用要求，局部出现险情，构成局部危房。

D 级：承重结构承载力已不能满足正常使用要求，房屋整体出现险情，构成整幢危房。

参考资料

浙江奉化居民房倒塌事件

2014 年 4 月 4 日早上 8 点 45 分，位于浙江省宁波奉化市大成路居敬小区 29 幢 1.5 单元房屋倒塌，涉及 15 户人家。事故致 1 死 6 伤。

调查得知，小区住户最近五六年以来，曾多次向政府部门反映这栋楼的安全隐患，奉化市锦屏街道去年 12 月 26 号，委托浙江建院建设检测有限公司对居敬小区 29 幢房屋结构的施工质量、结构安全性进行检测评估。记者从奉化市安监办陈科长手中拿到了一份《奉化市居敬路 29 幢房屋工程质量检测评估报告》（以下简称《报告》），上面详细记载了 29 幢房屋出现的各种问题：钢筋锈蚀受力弯曲、多处墙体裂缝且部分裂缝已属贯穿缝、房屋部分墙体的砖受压已出现断裂、楼面预制板缝隙增大、局部粉刷层脱落。报告结论显示，“该处房屋不能满足安全使用要求”。《报告》最终把 29 幢的房屋整体安全性等级评为 C 级，要对房屋尽快进行加固措施，确保安全使用。但直至楼房倒塌，当地也没有及时进行加固施工，最终酿成悲剧。

二、房屋维修概述

（一）房屋维修的概念

房屋维修的概念有广义与狭义之分。狭义的房屋维修仅指物业服务企业为维护和延长房屋实用功能而采取的各项维修养护活动。广义的房屋维修则还包括为改善房屋的艺术性功能、节能性功能而开展的装饰、改建、改造等特殊性维修活动。

（二）房屋维修的分类

根据不同的分类标准，房屋维修有不同的类型。

1. 维护和修缮

这是按对房屋磨损的作用来分的。房屋维护主要用来减缓房屋在使用或闲置过程中的磨损程度，维持房屋正常的使用状态，达到延长房屋物理与经济寿命的效果。房屋的维护主要包括日常养护与零星小修两项工作。而房屋的修缮主要用来补偿房屋所受的磨损，弥补并修复房屋各主要组成部分的破损，延长房屋的物理与经济寿命。

2. 恢复性维修和改良性维修

这是按维修的性质来分的。恢复性维修是指物业管理者对房屋由于受到物理磨损而对损坏部分的修复工作，是房屋简单再生产的实物及价值补偿形式。实际上，房屋的维修不仅包括房屋破损部分的修复，而且还包括房屋功能和装修的改善，设备与设施的更新改造等改良性维修。这两者在内容上缺一不可，在时间上也交叉或同时进行。通常，房屋的恢复性维修包括紧急性维修和计划性维修两种类型，而改良性维修则属于计划性维修范畴。

3. 计划性维修和紧急性维修

这是按时间的特点来分的。紧急性维修是指对突然发生的故障进行抢修。由于突然故障的发生在时间上没有规律，而且往往对房屋的使用功能产生较大的影响，不仅抢修工作时间要求紧、费用较大 ，而且工作的组织困难较大。这种类型的维修大多为小修及中修项目。而房屋的计划性维修是指物业管理者对避免房屋使用功能的严重破坏，在使用一定年限后，组织必要的人力与物力，集中一段时间对房屋实施有计划的修复或改良工作。房屋计划性维修的特点是：维修工作有一定规律的周期性；物业管理者有充裕的时间，根据房屋完损情况、维修规模与要求，组织相应的人力与物力资源，其计划性较强。

4. 小修、中修、大修、翻修和综合性维修

按照维修的规模，房屋维修可以分为小修、中修、大修、翻修和综合性维修五类。

（1）房屋小修。小修即房屋的日常养护，在房屋工作中，凡是为修复房屋的小损、小坏，维持房屋原来的使用状态及完损等级为目的所进行的零星养护项目均成为房屋的小修项目。房屋小修工作的特点是面广量小，工作时间短及人力、物力消耗少。小修项目的平均费用一般为房屋造价的1%以下。

（2）房屋中修。房屋中修是指需牵动或拆换少量主体构件，但仍保持原房屋的规模和结构的维修项目。中修的一次费用一般占该房屋同类结构新建造价的25%以下。

（3）房屋大修。房屋大修是指需牵动或拆换部分主体构件，但不需要全部拆除的维修工作。大修的一次费用一般占同类结构结构新建造价的25%以上。

（4）房屋翻修。房屋翻修是指需全部拆除、另行设计、重新建造的改造工程。其工程量及所需费用很大，但房屋翻修的费用一般均低于同类结构造价，这是因为房屋翻修可尽量利用原有旧料或设备。房屋翻修一般适用于主体结构严重破坏、丧失正常使用功能、有倒塌危险且不能通过一般维修恢复的或无维修价值的房屋。

（5）房屋的综合维修。房屋的综合维修是指对成片多幢房屋同时进行大、中、小维修工作。其工作面广量大，一次费用一般为同类结构的该片房屋新建造价20%以上。

（三）房屋维修的责任划分

房屋维修责任划分主要包括三种情况下的责任划分，即保修期内的房屋，保修期满的房屋，以及其他情况房屋维修责任的划分。

1. 保修期内的维修责任

房屋在保修范围和保修期限内发生质量问题的，施工单位应当履行保修义务，并对造成的损失承担赔偿责任。竣工验收与业主进入的时间差，由建设单位负责。

2. 保修期满的维修责任

保修期满后，由业主承担房屋维修责任，并承担维修费用，对业主委托物业服务企业管理的物业，其维修规定如下。

（1）房屋共用部位的维修由物业服务企业承担。住宅共用部位保修期满后的维修和更新、改造的费用可从住宅专项维修资金中列支。

（2）业主专有部分的维修由业主自己承担。业主可自行维修，也可委托物业服务企业维修，但维修费用由业主支付。

3. 其他情况的维修责任

不管房屋是处于保修期内还是保修期满后，如果属于使用不当或人为造成损坏的，房屋维修责任和维修费用由行为人承担。

三、房屋维修管理概述

（一）房屋维修管理的概念

房屋维修管理是指物业服务企业按照国家有关房屋维修管理标准和要求，运用科学的管理原理和方法，对所管房屋的维修活动所进行的管理。房屋维修管理是物业管理的一项基础性工作，在物业管理中占有非常重要的地位，房屋维修管理也是衡量物业服务企业管理水平的重要标志。

（二）房屋维修管理的原则

1. 用户第一、服务第一的原则

坚持为用户服务是房屋维修管理的一项基本原则。搞好房屋的维修管理，必须围绕为业主、使用人创造优良的生活环境与工作环境和提高物业的综合效益这一总体目标，把业主、使用人的需要和利益放在首位，维护业主的合法权益，树立为用户服务的指导思想，健全房屋维修服务制度，改善服务态度和提高服务质量。

2. 预防为主，管、修相结合的原则

房屋的使用、管理、维修、保养是一个统一的过程。这一原则要求贯彻以预防为主的方针，使房屋的使用、日常保养、维护、维修、改造等有机地结合起来。预防为主，首先可以避免大的损失和事故；其次也能保证用户正常的生活、工作；而严格的管理制度、措施既可以防人为因素造成的房屋损坏，又可以及时地发现隐患、排除故障与险情，防止事故的发生和扩大。

3. 经济、合理、安全、实用的原则

房屋维修管理必须坚持经济、合理、安全、实用的原则。经济，就是要节约和合理使用人力、财力和物力，尽可能少花钱、多修房；合理，就是要制订科学、合理的维修计划与方案，按国家的规定与标准以及用户的合理要求修房，不任意扩大维修范围和内容；安全，就是要坚持质量第一和房屋完好标准的要求，通过维修使房屋达到主体结构牢固，功能运转正常，用户住用安全；实用，就是因地制宜、因房制宜地进行维修，以满足用户在房屋质量和使用功能方面的需要，充分发挥房屋效用。

4. 区别对待的原则

房屋维修管理的对象大体可以分为新建房和旧房两类，旧房中又可分为有保存价值的建筑、尚可利用的建筑和无维修价值的建筑几类。在房屋的保养、维修与改造过程中，必须因房制宜，针对不同情况采取不同的维修方案。

对于新建房，重点是搞好房屋的日常养护工作，使房屋保持完好状态。对于城市中占比较大比例的老房、旧房要在充分、有效、合理利用的前提下，做好区别、分类和合理安排。对于有保存价值，需要长期保护的房屋建筑，如文化历史古迹、优秀传统建筑，应加强维护管理，合理使用和计划维修工作，并在维修过程中保持房屋原有的建筑风格、风貌，不能对建筑物部件做随意的变更。对可充分利用的旧房，要通过有计划的维修与适当的改建，尽可能改善居住条件，保证安全与正常使用，提高房屋的功能与建筑标准，使之具备或接近现行住用标准的基本要求。对于房屋结构简陋、破旧老朽的旧房、危房，由于已失去在维修的价值，要全部或大部分进行有计划的拆建，即进行旧房的更新与再开发。

（三）房屋维修管理的内容

房屋维修管理的主要内容包括房屋维修计划管理、房屋安全与质量管理、房屋维修技术管理、房屋维修施工管理和房屋维修费用管理等。

1. 房屋维修计划管理

房屋维修计划管理是指为高效率地实现企业计划职能而围绕房屋维修所开展的计划编制、组织实施及控制协调活动。其目的是通过合理安排和有效协调，高效率地利用企业现有的生产要素，协调好企业各职能部门的关系，从而使房屋维修工作正常开展。房屋维修计划管理的内容包括计划编制、计划执行、计划调整和计划控制等一系列工作。

（1）房屋维修计划的编制。物业服务企业应根据国家房管政策对维修工作的要求，结合房屋损坏情况及用户的实际需要，在调查研究及分析预测的基础上，制订房屋维修计划。

房屋维修计划可分为房屋维修施工计划和房屋维修辅助计划。①房屋维修施工计划。房屋维修施工计划是房屋维修计划的主导和核心，也是编制其他计划的依据。维修施工计划必须反映计划期内所需维修房屋的名称、维修部位及维修性质、建筑面积和实物工期量、投资额、各项工程开竣工日期、施工任务的分配方式、维修项目进度表及维修项目施工技术方案等。②房屋维修辅助计划。房屋维修辅助计划属于支持、保证性计划，它为确保完成房屋维修施工计划创造条件，其内容主要包括房屋维修施工力量计划、房屋维修技术支持计划、房屋维修资金使用计划、房屋维修成本与利润计划等。

（2）房屋维修计划的执行与控制。房屋维修计划是维修工作要达到的总要求。因此，物业服务企业必须加大对房屋维修计划实施过程中的监督检查与控制。

一方面，在计划贯彻执行过程中要进行经常性地监督检查和考核，以保证各项房屋维修计划的有序执行。房屋维修计划执行情况检查的主要内容包括：计划指标分解及措施落实情况；计划指标的完成情况；原计划的正确程度；执行过程中出现的问题及解决的办法；有哪些经验教训等。另一方面，要通过制度建设，建立责任机制，加强对房屋维修计划的控制。房屋维修计划控制的主要内容包括：房屋维修项目的进度、产量、质量、成本和安全等。

2. 房屋安全与质量管理

房屋安全与质量管理主要是指在房屋的使用过程中，通过定期和不定期对房屋的质量鉴定、安全检查以及危房的鉴定和排险工作，随时掌握房屋的质量分布状况，为房屋的合理使用、维护管理和计划维修提供基本的依据，确保房屋的完好和住用安全。

房屋安全与质量管理包括三方面的工作：房屋质量等级鉴定、房屋使用安全检查和危房的鉴定和排险。

（1）房屋质量等级鉴定。房屋质量等级鉴定是指按统一的标准、项目和方法，对现有整幢房屋进行综合性的完损等级评定。评定的依据是建设部1985年颁布的《房屋完损等级评定标准》。房屋质量鉴定的基本任务就是要搞清现有房屋的质量分布状况，为房屋的管理、保养、维修提供基本依据。

（2）房屋使用安全检查。房屋安全检查就是通过对房屋的经常性检查，了解房屋完损情况，发现房屋存在的隐患，及时采取抢修加固和排除险情的措施。房屋安全检查与房屋质量等级鉴定的工作性质、基本目的和主要作用大致相同，即掌握房屋完损状况，为房屋的管、用、养、修提供基本资料。但它们还有一定的区别，主要是：安全检查是一种经常性的工作，质量等级鉴定是阶段性的工作；安全检查的侧重点是发现和排除隐患，而质量等级鉴定是对房屋情况的全面评定。

（3）危房的鉴定和排险。对于评定为严重损坏房的房屋，如果觉得有必要，物业服务企业可向当地政府房屋安全鉴定机构申请危房鉴定。根据建设部颁布的《危险房屋鉴定标准》和《城市危险房屋管理规定》的有关规定，危房鉴定按照初始调查、现场查勘、检测验算、论证定性等程序进行，在掌握测算数据、科学论证分析的基础上，确认房屋的建筑质量及安全可靠程度，并提出处理意见。

3. 房屋维修费用管理

房屋的维修费用主要是指房屋保养维修过程中所花费的人工、材料及设备使用等方面的费用。房屋的保养与维修费用可分为房屋日常养护费用和维修费用。房屋日常养护费用主要是指物业服务人员用于检查、维护房屋公共区域及公共设施的费用，房屋的维修费用则用于房屋各种维修项目的费用。

房屋保养与维修的费用管理要求物业服务企业根据物业管理委托合同及政府的有关规定，本着科学与合理的原则，核定及控制费用的来源及支出，以保证整个保养与维修工作的顺利开展。同时，物业服务企业要合理监督和控制各项保养与维修费用的支出额，特别对于中修以上的维修工程应严格按照国家及地方政府的有关规定，结合各种材料、人工及设备使用的价格水平，合理征收或支付各项保养维修费用，以保障广大用户的利益。

4. 房屋维修技术管理

房屋维修技术管理是指按国家技术标准，对房屋维修过程中的各个技术环节进行的科学管理。房屋维修技术管理一般包括房屋维修设计、施下方案的制订，维修施工质量的管理，房屋技术档案资料的管理及技术责任制的建立等内容。

（1）房屋维修设计、施工方案的制订。这是对房屋维修、改善、翻建、改建、更新等各项维修工程的范围、项目、概预算及施工方案进行设计和审查的工作。

（2）维修施工质量的管理。维修施工质量管理包括两个方面：一是维修施工过程质量控制，二是维修工程质量的检查、验收。

（3）房屋技术档案资料的管理。房屋技术档案是记述和反映房屋建设、装饰和维修活动，具有保存价值的房屋技术资料。房屋技术档案资料管理的基本任务是为房屋的管、修、用提供必要的信息资料。

（4）技术责任制的建立。技术责任制是指房屋管理单位和维修施工单位根据需要设置总工程师、主任工程师、技术队长等技术岗位，实现技术工作的统一领导和分级管理，形成有效的技术决策管理体系以及以总工程师为首的技术责任制体系。

5. 房屋维修施工管理

房屋维修施工管理是指按照一定的施工程序、施工质量标准和技术经济要求，运用科学的方法对房屋维修施工过程中的各项工作进行有效的科学管理。其内容主要包括：维修施工队伍的选择，维修施工的组织与准备，维修施工的技术交底，施工的调度与管理，施工工程的竣工验收及资料的交接。

第二节　物业设施设备管理

一、物业设施设备概述

（一）物业设施设备的概念

物业设施设备是附属于房屋建筑的各类设施设备的总称，它是构成房屋建筑实体的不可分割的有机组成部分，是发挥物业功能和实现物业价值的物质基础和必要条件。从物业管理角度而言，本章所讲物业设施设备是指业主共用的设施设备。

根据建设部和财政部颁发的《住宅专项维修资金管理办法》中的界定，物业共用设施设备是指根据法律法规和房屋买卖合同，由住宅业主或者住宅业主及有关非住宅业主共有的附属设施和设备。

（1）共用设备：一般包括电梯、水泵、水箱、避雷设施、消防设备、楼道灯、电视天线、发电机、变配电设备、给排水管线、电线、供暖及空调设备等。

（2）共用设施：一般包括道路、绿地、人造景观、围墙、大门、信报箱、宣传栏、路灯、排水沟、渠、池、污水井、化粪池、垃圾容器、污水处理设施、机动车（非机动车）停车设施、休闲娱乐设施、消防设施、安防监控设施、人防设施、垃圾转运设施以及物业服务用房等。

（二）物业设备的寿命与磨损

1. 物业设备的寿命

设备寿命周期指设备从开始投入使用时起，一直到因设备功能完全丧失而最终退出使用的总的时间长度。设备的寿命可划分为物质寿命、经济寿命、技术寿命和折旧寿命。

（1）物质寿命。物质寿命是根据设备的物资磨损而确定的使用寿命，即从设备投入使用到因物资磨损使设备老化损坏，直到报废拆除为止的年限。

（2）经济寿命。经济寿命是指设备的使用费处于合理界限之内的设备寿命。

（3）技术寿命。技术寿命是指由于科学技术的发展，不断出现技术上更先进、经济上更合理的替代设备，使现有设备在物资寿命或经济寿命尚未结束之前就提前报废。这种从设备投入使用到因技术进步而使其丧失使用价值所经历的时间称为设备的技术寿命。

（4）折旧寿命。折旧寿命是指按国家有关部门规定或企业自行规定的折旧率，把设备总值扣除残值后的余额，折旧到接近于零时所经历的时间。

2. 物业设备的磨损

设备在使用和闲置过程中发生的有形和无形的磨损称为设备磨损。

（1）有形磨损。设备的有形磨损是指由于使用或自然力的作用造成设备的性能、精度等的降低，使得设备的运行费用和维修费用增加，效率低下，有形磨损有两种形式。

①第一种有形磨损。指设备在使用过程中，在外力的作用下实体产生的磨损、变形和损坏，这种磨损的程度与使用强度和使用时间长度有关。

②第二种有形磨损。指设备在闲置过程中受自然力的作用而产生的实体磨损，如金属件生锈、腐蚀、橡胶件老化等，称为第二种有形磨损，这种磨损与闲置的时间长度和所处环境有关。

（2）无形磨损。设备无形磨损不是由生产过程中使用或自然力的作用造成的，而是由于社会经济环境变化造成的设备价值贬值，是技术进步的结果，无形磨损也有两种形式。

①第一种无形磨损。指由于技术进步，设备制造工艺不断改进，社会劳动生产率水平的提高，同类设备的再生产价值降低，因而设备的市场价格也降低了，致使原设备相对贬值。

②第二种无形磨损。指由于科学技术的进步，不断创新出结构更先进、性能更完善、效率更高、耗费原材料和能源更少的新型设备，使原有设备相对陈旧落后，其经

济效益相对降低而发生贬值。

有形和无形两种磨损都引起设备原始价值的贬值，这一点两者是相同的。不同的是，遭受有形磨损的设备，特别是有形磨损严重的设备，在修理之前，常常不能工作；而遭受无形磨损的设备，并不表现为设备实体的变化和损坏，即使无形磨损很严重，其固定资产物质形态却可能没有磨损，仍然可以使用，只不过继续使用它在经济上是否合算，需要分析研究。

（三）物业设施设备的类型

通常而言，房屋建筑的常用设备一般由房屋建筑卫生设备和房屋建筑电气工程设备两大类组成，但是，随着智能化技术的应用，房屋建筑增加了一些智能化技术设备。

1. 房屋建筑卫生设备

（1）给排水设备系统。

①室内给水设备。指用人工方法提供水源的设备，有供水箱、供水泵、小水表、供水管网四个方面，组成生活给水、生产系统、消防三个给水系统。

②室内排水设施设备。指用来排放生产、生活污水和屋面雨雪水的设备，它包括排水管道、通风管、清通设备、抽升设备、室外排水管道等。根据所接纳的污（废）水性质，房屋的排水管道又可分为生活污水管道、工业废水管道、室内雨水管道，分别组成生活污水排水系统、生产污水排水系统、雨雪水排水系统。

③供热设施设备。指房屋设备中热水供应部分，它包括加热设备、储存设备（主要指热水容器）、供热水管道、热水表、循环管、自动温度调节器、减压阀等。

④卫生设备。指房屋设备中的卫生部分，主要包括浴缸、水盆、面盆、抽水马桶、镜箱、冲洗盆等。

（2）燃气设备系统。

①厨房设备。指房屋设备中用来做饭菜的部分，包括烤炉烘箱、灶台、洗菜盆、操作台、冰箱、冰柜、消毒柜等。

②燃气设备。指房屋设备中的燃气供应部分，包括供气管网、煤气管、减压阀、煤气表、煤气灶等。

（3）暖通空调设备系统。

①室内供暖设备。指用来供暖的设备，包括锅炉、壁炉、鼓风机、水汀片、循环泵等设备。按所用带热体（热煤）不同，可分为热水供暖系统和蒸汽供暖系统两大类。一般民用建筑大多采用热水供暖系统。

②室内通风设备。指房屋内部的通风设备，它包括通风机、排气口及一些净化除尘设备等。

③室内空调设备。指用于使室内空气流动，给住（用）着带来凉爽感觉的设备，包括制冷机、深井泵、空调机、电扇、冷却塔、循环泵等设备。

2. 房屋建筑电气设备

房屋建筑电气工程设备主要包括：

（1）供电及照明设备。指给房屋提供电源及各种照明用途的装置，包括变压器、低压配电柜、高压开关（户外型负荷开关，户内型漏电保护自动开关）、配电干线、楼层配电箱、电表、插座、照明器等。

（2）弱电设备。指给房屋提供某种特定功能的弱电设备与装置。随着现代化建筑水平的提高，房屋的弱电设备越来越多。目前，主要包括通信设备、广播设备、共用天线设备、闭路电视系统及网络设备等。

（3）运输设备。指房屋设备中载运人或物品的设备。目前，建筑中主要的运输设备是电梯和自动扶梯。

①电梯。电梯一般由传动设备、升降设备、安全设备和控制设备组成。电梯可以从不同的角度进行分类。例如，根据用途不同，电梯可分为客梯、货梯、客货梯、观光电梯、消防电梯、车辆电梯等各种其他专用电梯。

②自动扶梯。自动扶梯主要是用于相邻楼层的人流输送，可以在很小空间运送大量人员，常设置在人流集中的公共场所，如大型商场、超市、酒店、娱乐场所及车站、机场、地铁站等。

（4）防雷装置。防雷装置是根据建筑物本身的重要性、使用性质、发生雷电事故的可能性和后果，结合当地的雷电活动情况和周围环境的特点而安装的避雷设施。建筑物防雷设施分为针式和栅式两大类，由接闪器、引下线和接地极三个部分组成。一般建筑物的防雷设施要求装有避雷针、避雷网、避雷带、引下线和接地极。其中避雷针又可分为单支和双支及多支保护等几种形式。

3. 房屋建筑智能化技术设备

智能化建筑是指人们通过促使建筑物的 4 个基本要素——结构、系统、服务、管理以及他们之间的相互联系达到最佳组合，从而提供一个投资合理、高效率运作及舒适、方便的环境。

在建筑行业及地产界中常被提及的所谓超级“5A”大厦、“3A”商厦，就是通过高新科技的应用，出现的带有高度自动化的智能大厦。“5A”或“3A”，代表着多个不同的自动化系统的应用。其中，“5A”包括了：①通信自动化系统；②楼宇自动化系统；③管理自动化系统；④消防保安自动化系统；⑤办公室自动化系统。这些系统中的技术设备共同构成走了智能化建筑的智能化技术设备。

二、物业设施设备的管理

（一）物业设施设备管理的概念

根据国际物业设备管理协会（IFMA）和美国国会图书馆的定义，物业设备管理是指以保持业务空间高品质的生活和提高投资效益为目的，以最新的技术对人类生活环境进行有效的规划、整理和维护管理工作，它将人们的工作场所和工作任务有机地结合起来，是一门综合了工商管理、建筑行为和工程技术的综合学科。

本章所研究的物业设施设备管理是指物业服务企业根据国家有关设施设备管理标准和要求，运用科学的管理原理和方法，按照一定的技术管理要求和业主使用需求，对物业共用设施设备的日常运行和维修进行管理，以实现保障物业设备安全、正常运行和延长设备使用寿命的目的。

物业设施设备管理是物业管理的一项基础性工作，是房屋维修管理的有效补充，在物业管理中同样占有非常重要的地位，也是衡量物业服务企业管理水平的重要标志。

（二）物业设施设备管理的特点

1. 综合性强

综合性特点表现在两个方面：一是物业设施设备包括给排水、电气、运输设备、燃气、供热、通风、通信、计算机等多项功能，在这些设备的管理和维护过程中，牵涉到十几个技术工种，其中工种与工种之间、班组与班组之间的分工与合作、交叉与配合等构成一个复杂的系统；二是物业设施设备的规划、设计、制造、采购、安装、调试、使用、维修、更新等改造等工作的所有部门和有关人员均参与设备管理活动，物业设施设备管理部门也逐步从单一的维修部门发展到需多部门交叉、协调进行复合管理的部门。

2. 专业性与技术性要求高

随着科学技术的全面发展，信息技术、计算机网络技术等高科技技术越来越广泛地被应用于建筑物上，促进了智能建筑、绿色建筑的发展，物业建筑中的高科技设施设备越来越多，这对物业设施设备管理专业技术提出了很高的要求。

3. 服务性功能强

安居才能乐业，为业主的“安居”提供保障，是物业服务企业责无旁贷的义务，而物业设备设施的安全正常运行，是“安居”的前提和保障，是物业服务的底线。尽管这项工作不为多数业主所常见，具有“隐性管理”特点，但只有做好此项工作，其他各项“显性服务”才有意义。换言之，物业设备设施管理的水平从根本上决定了物业公司的管理水平和服务水准。

4. 可延续性要求高

一栋物业使用寿命少则四五十年，长则上百年，即使由一家物业服务公司长期管理，也需要几代人的衔接，而且随着物业管理的市场化和招投标制度的实施，物业服务公司的更换成为常态。在此情况下，设备设施的管理就要求具有很好的可继承性和可延续性，由此也决定了物业管理的指导思想必须具有长期性、连续性和可继承性。

（三）物业设施设备管理的内容

从设施设备的生命周期来看，对设施设备的管理可以划分为前期管理和后期管理两个阶段，其中，前期管理是指从设备规划，到投产阶段的过程管理，包括设备的规划决策、外购设备的选型和采购、设备的安装和调试和设备使用初期的管理。后期管理是指设备正式使用后的管理，涵盖从设备使用、维修、改造、更新等环节的管理。后期管理的内容主要包括物业设施设备的使用管理、物业设施设备的维修管理、物业设施设备的节能管理、物业设施设备的风险管理等。

1. 物业设施设备前期管理

物业设施设备前期管理是指从设备需求提出直至设备采购、安装调试、验收投入使用的管理，从物业服务企业的角度而言，由于设施设备的规划、采购、安装与调试等工作在物业服务企业接管项目前已经完成，因此，为了参与这些阶段的管理，减少设施设备后期使用中的问题及资金投入，物业服务企业可通过两个环节做好物业设施设备的前期管理：早起介入和承接查验。

（1）早期介入阶段的管理。物业服务企业可以通过介入房地产开发建设的规划设计阶段与施工安装阶段，从后期物业管理的角度，对物业设施设备的规划、设备的选型、安装与调试等工程提出建议，间接参与物业设施设备的前期管理。

（2）承接查验阶段的管理。在承接查验阶段，物业服务企业对物业设施设备进行全面仔细的查验，确保设施设备的质量和功能的有效发挥，降低后期使用管理的风险。同时，做好物业设备技术档案资料的收集与整理，如设备安装与结构图、设备质量保修资料、设备登记表、设备验收资料等，以便后期使用。

2. 物业设施设备运行管理

物业设施设备的运行管理主要是指为保证物业设施设备的正常运行在日常运行与使用过程中所开展的各项组织管理工作，它具有日常性、安全性和广泛性的特点与要求，主要包括以下几个方面的内容。

（1）物业设施设备运行的组织分工。组织分工的具体任务主要包括两方面：一是是根据设备操作的技术要求与岗位设置要求，采取合理的劳动组织形式以提高劳动效率；二要在分工与协作的基础上，合理配置人员，加强设施设备管理人员的培训教育工作，提高其职业道德及业务水平。

（2）物业设施设备运行的制度建设。物业服务企业要建立完善的设施设备管理规章制度，以保障物业设施设备的运行，具体来说，相关制度主要包括设施设备管理岗位责任制度、设施设备基础资料管理制度、设施设备运行和维护保养制度、设施设备检修制度、特殊设施设备管理及应急制度、各类机房的出入登记制度等。

3. 物业设施设备维修管理

物业设施设备的维修管理是指对于物业设施设备产生的磨损、疲劳、腐蚀和老化等进行修复、改造和更换等技术管理工作。物业设施设备的维修管理内容主要包括设施设备维修计划的编制和实施，设施设备维修相关制度的制定与实施等。

物业设施设备维修根据设备破损程度可分为：

（1）设备更新和技术改造。是指设备使用一定年限后，因其技术性能落后、效率低、耗能大或污染日益严重，需要加以更新，以改善技术性能。

（2）大修工程。是指对房屋设备定期进行全面检修，对设备全部进行解体，更换主要部件或修理不合格零部件，使设备基本恢复原有性能，更换率一般超过30%。

（3）中修工程。是指对设备进行正常的和定期的全面检修，对设备部分进行解体修理和更换少量磨损零部件，以保证能恢复并达到应有的标准和技术要求，是设备正常运转，其更换率约为10%~30%。

（4）零星维修工程。是指对设备进行日常的保养、检修以及为排除运行故障而进行的局部修理。

（5）故障维修。是指房屋设备在使用过程中发生突发性故障，检修人员所采取的紧急修理措施，通过排除故障，使设备恢复功能。

（6）设备维修日常工作。设备维修工作包括制订定期维修计划，接听、接待业主保修，准备经常性维修材料等工作。

4. 物业设施设备的风险管理

物业设施设备种类繁多，涉及面广，存在很多危险源，需要物业服务企业在日常工作中进行管理，以避免人身伤害，减少设施设备的损失。

物业设施设备的风险来源可分为人的不安全行为、物的不安全状态、环境的不安全因素。

（1）人的不安全行为包括：管理人员不安操作规程进行设备操作、不遵守管理要求私自脱离岗位、不按要求设置警示标牌、身体带病上岗以及业主违规装修、私拉乱接电力线路等。

（2）物的不安全状态主要包括：设施设备未设置防护装置、电力变压器长时间超负荷运行、电梯安全回路被任意短接、消防管网缺水、阀门没有在正常开启状态等。

(3) 环境不安全因素主要包括：电梯机房因无通风空调设备温度过高、配电房电缆地沟长期积水、操作规程不健全、高空作业时气候恶劣、化粪池一氧化碳超标等。

针对这些安全风险来源，物业设施设备的安全风险管理主要涉及维修操作人员安全作业的培训与教育、业主和使用人的安全教育和宣传、健全设备的安全管理措施及安全责任制度。

参考案例

荡秋千腿被卡折，向物业索赔败诉

2015 年 3 月 15 日，一名 12 岁男孩在小区健身设施区域荡秋千时腿被卡折，向物业索赔却败诉。法院认为，造成这起事故的责任在孩子及其法定代理人。

12 岁的小韩（化名）和几名同学于去年 7 月到其居住的天筑小区健身设施区域玩耍，荡秋千时，因小区自设的秋千空挡处无横栏，小韩的腿被卡折。小韩家长认为健身秋千存在严重安全隐患，物业公司管理不善导致事故。小韩遂起诉物业公司，索赔医疗费、护理费、交通费、住院伙食补助费、营养费、残疾赔偿金及精神损害抚慰金。

法院经审理，认为涉诉秋千的质量符合相关国家标准。检查记录表显示：物业公司已委派专人定期对健身器材进行安全质量巡查，已尽安全管理责任。物业公司在公共健身区域入口处设置了公告警示牌，明示"未成年人应在监护人的监护下使用健身器材"。而事故是因小韩肆意攀爬秋千后站立失衡而导致，小韩作为已满 10 周岁的限制行为能力人，对自己的行为有一定认知和控制能力，故玩耍过程中对自身安全有一定的注意义务。同时，小韩的监护人应在其从事危险性行为时进行必要的监护和指导。综上，小韩及其法定代理人应对此次事故承担全责，法院故判决驳回了小韩的全部诉求。

海淀法院经审理，根据《公共文化体育设施条例》和《物业管理条例》的规定，居民小区内的公用健身器材，一般由物业公司管理或日常维修养护；公共开放性场所（街心公园等）的公用健身器材，则一般由其所有者或相关管理部门等管理和维护。根据《侵权责任法》第 37 条规定，公用健身器材所有者或管理者在管理中存在过错而造成安全事故时，应根据过错程度承担赔偿责任。

而生产者或销售者承担公用健身器材涉诉秋千担保责任。《侵权责任法》第 43 条规定，因产品存在缺陷造成损害的，被侵权人可向产品生产者或销售者请求赔偿。当公用健身器材的质量不符合相关国家安全标准，或在销售过程中产生安全质量隐患而致人损害时，赔偿责任可追溯到健身器材的生产者或销售者。

不过，公用健身器材具有公益性质，一般设置在开放式公共场所。使用者应参照使用说明，正确安全地使用健身器材，未成年人使用时，一般应由监护人陪同指导。若因受害人未遵照安全使用说明或故意毁损健身器材等造成损害，受害人也应承担相应的责任。

第三节 几种典型物业设备的管理

一、给排水设备系统管理

给排水设备设施的状况直接影响着给排水系统能否正常运行，直接影响业主使用人的工作和生活，也直接关系着物业服务企业工作的难度、好坏和成败。因此，给排水设备系统的管理是物业管理日常管理服务的一项基本工作。

（一）管理工作主要内容

给排水设备管理主要分为供水设备管理、中水设备管理和排水设施设备管理，主要包括以下内容。

1. 综合管理

（1）组建给排水专业技术队伍，负责物业管理区域内室内外给排水设施设备的运行管理和维修保养工作；

（2）建立给排水设备运行管理、水质管理和维修保养管理制度及设备安全操作规程，并严格执行，确保设备、用水安全；

（3）完善给排水工程技术档案，特别是隐蔽管线和水质检验的管理资料，以便随时查阅；

（4）配备必要的工具、安全防护用品，准备相应数量的零备件和易损易耗品；

（5）完善紧急情况的应急预案，及时有效处理紧急事件。

2. 供水设备管理

（1）制订供水、用水计划，保证供水水压、水质符合标准，满足需求，如需限水、停水，必须提前通知用户；

（2）按规定巡检和记录供水设备运行情况，随时调整运行参数，排除设备、系统故障，避免事故发生，确保安全运行。

（3）做好供水设备日常保养，包括清扫、润滑、调整，保持设备、机房卫生、通风、照明、防火、防水淹、防污染措施完好；

（4）二次供水水箱、水池必须加盖、上锁，以防污染和投毒；按规定定期进行水池（水箱）进行清洗、消毒、水质化验，确保水质达到国家饮用水卫生标准；

（5）按计划对设备进行预防性维修保养，保证设备完好；

（6）做好节约用水工作，防止跑、冒、滴、漏，实现节约用水；

（7）对公共用水和保洁用水、绿化用水进行计量和测算，为物业管理成本测算提供数据。

3. 中水设备管理

（1）严格按设备说明书进行运行操作，确保处理后的水质达到规定的标准，并保证设备安全；

（2）每次中水处理都要进行水质化验，并做好记录，归档保存；

（3）每次中水处理后都必须对设施设备进行彻底清洗，始终保持设施设备清洁；

（4）中水处理的污物要及时清理，以防污染环境；

（5）对中水处理设施设备按规定做好维修保养，确保设施设备完好。

4. 排水设施设备管理

（1）对排水设施、设备、管道、井渠要定期巡检，发现堵塞或损坏，要及时安排维修、疏通，确保排水畅通；

（2）定期对排水系统进行疏通和清挖，雨季或冬季到来之前，要特别注意检查；

（3）对机械排水设备要按规定进行巡检，发现问题及时排除，定期对其进行清理，以防堵塞；

（4）对建筑屋面排水设施定期巡检、清扫、维护，确保排水设施完好、排水畅通。

（二）管理注意事项

（1）应注意消防用水的基本储备；

（2）北方地区应注意冬季管道防冻，避免发生水管冻裂爆管、漏水事故；

（3）餐饮厨房的排水必须加设隔油池，杜绝油污水直接排入排水管道，一定要定期清理隔油池和化粪池，防止污水排放管道堵塞；

（4）采用分流排放的排水系统要坚持雨水和污水分流排放，绝不允许污水排入雨水系统。

二、空调设备系统管理

空调冷源按工作原理可分为压缩式制冷机和吸收式制冷机；按冷源设备布置的情况可分为中央空调和独立空调等。

（一）管理工作主要内容

（1）配备足够符合要求的专业技术人员负责空调系统的管理，并进行阶段性的岗位培训。

（2）建立空调系统技术档案。

（3）根据空调设备生产厂家和安装单位提供的技术资料和说明书，制定空调系统运行和保养制度，制订大修、中修、小修计划和测试调整计划。

（4）备齐空调维修、测试用工具，准备恰当数量的零配件、润滑油和制冷剂等，建立空调专业维修服务公司和零件供应商档案。

（5）根据物业性质和人流规律等特点，确定每年空调的开停日期和每日的开停时间，以及空调在各个时间的工作状态。

（6）进行空调用电用水计量和空调运行成本核算，测算空调收费。

（7）在空调设备新装和改装时要重点考虑用电负荷问题和噪声污染问题。

（8）在业主和住户自己安装局部空调时提供技术指导，主要内容有：

①用电负荷的计算和供电线路的匹配；

②安装位置和安装方式的选定，主要考虑空调的工作效率、建筑物外观的美观和统一性、空调安装的安全性及噪声和滴水对环境的影响等内容。

（9）在空调系统停机一段时间（如冬季停机）重新投入运行或空调送暖和送冷交替之前，要对空调系统进行严格细致的检查调整工作，主要内容有：

①对冷冻机的密封部分进行检查、鉴定和调整；

②清理各管道内的灰尘；

③检查各类测试和指示仪器仪表是否准确并进行调整；

④检查各类泵、水塔等设备是否工作正常；

⑤检查、清洁和更换各类密封垫、过滤材料，检查冷却水的水质是否合格，检查添加冷媒液和润滑油等。

（10）定期对空调系统进行测试，以便进行相应的调整和改进，使空调系统保持在最佳运行状态。

（二）管理注意事项

1. 节能

空调系统运行消耗的水、电和其他能源在物业管理公共用水用电和耗能中占有很大比例，空调管理应该把节能运行作为一项重要的工作。常用的几种节能措施有：

（1）使用节能程序改变机器的启动和停止时间，对不同性质的负荷区别对待，这是空调节能的重要手段；

（2）保证和加强相关管道的保温；

（3）尽可能消除或减少空调房间内各种干扰源的影响；

（4）保证冷媒液的恰当用量；

（5）冷凝水的排除等。

2. 噪声

空调系统运行产生的噪声是物业噪声污染的主要来源之一，从物业的总体环境考虑，空调噪声的测量、评估、减小等工作不应被空调管理人员所忽视。

3. 清洁

中央空调系统是保证建筑物内空气质量的重要设备，应注意恰当地控制新风比例并注意采取隔尘、杀菌和消毒措施。

三、强电系统设备管理

强电系统设备管理分为：高低压变配电设备管理、动力照明设备管理和避雷设备管理三个部分。

（一）高低压变配电设备管理

高低压变配电设备管理主要是运行管理、维修保养和定期检测，确保安全供用电，满足用户需求。

（1）高低压变配电室要建立24小时值班制度，配备合格的专业工程技术人员和相应数量的操作工和维修工；

（2）制定严格的运行制度及安全操作规程，并认真执行，根据季节和用户用电负荷变化，编制科学合理的运行方案，实现经济运行；

（3）配备各种必要的工具、仪器仪表和安全防护用品、常用零配件和易损易耗品，并建立零配件供应渠道和供应商名册；

（4）建立供配电系统技术档案；

（5）建立临时用电管理制度，对任何新增加的用电都应当进行用电负荷计算，进行合理的负荷分配，尽可能保障三相平衡，任何情况下都不允许超负荷供、用电；

（6）定时进行设备巡检，记录设备运行状态参数，必要时及时调整，随时排除设备故障，确保设备安全、合理运行；

（7）与上级供电单位保持联系，及时沟通信息；

（8）定期对用电计量仪表进行检查与校验，确保用电计量单位的准确性，随时进行用电统计分析，做好用电调度和用电计划工作；

(9) 建立火警、水灾、台风、地震等灾害时的供电预防措施；

(10) 按规定对供配电设备、机房进行整理、整顿、清扫，始终保持整洁卫生；

(11) 搞好机房的通风、照明、防水、防鼠、防火、门窗、锁具、非工作人员出入登记管理；

(12) 有计划地对设备进行维修保养，保证设备清洁、完好、达标；

(13) 定期对高低压变配电设备、工具、防护用品进行检验和校验，确保其绝缘等级、接地电阻与防雷达到标准；

(14) 重视电容补偿，提高功率因数，改善用电质量，提高电网效率；

(15) 限电、停电要提前通知用户，以便做出安排；

(16) 做好节约用电工作，降低损耗；

(17) 进行公共用电的测量和统计工作，为物业服务费的计算和收取提供依据。

(二) 动力、照明设备管理

(1) 建立动力、照明设备管理制度，包括：使用、巡检、维修保养、安全管理制度及安全操作规程；

(2) 按规定进行动力、照明设备巡检、清扫、调整，保证设备处于良好的使用状态；

(3) 按计划做好动力、照明配电柜、控制柜的维修保养，包括：清扫、紧固、调整、电气元件的检测，保证设备完好；

(4) 按规定进行各类设备的电动机的维修保养，包括：清扫、紧固、调整、三相电流及绝缘和温度的检测，保证各项指标符合规定；

(5) 随时或定期进行照明线路、灯具的检查、维修，维持良好的照明环境及设备完好率。

(三) 避雷设施设备管理

(1) 完善避雷设施设备管理制度，进行规范管理；

(2) 定期进行避雷设施设备的巡检，发现问题，及时安排解决；

(3) 定期对避雷设施设备进行维修保养，包括：紧固、防腐油漆、接地电阻检测，保证设施设备完好；

(4) 按规定申请避雷系统专业检测，确保达到标准。

四、电梯设备系统管理

(一) 运行管理

在保证方便业主使用的前提下，根据房屋的类型、客流量和节约的原则，物业服务企业须确定科学合理的运行制度。同时，为了掌握电梯运行状态和搞好经营，应执行记录和报表制度。记录和报表应有电梯运行记录、保修单、电梯运行月报、电梯设备年报、电梯运行维护费用报表，以及电梯维修工程费用等。

（二）维修管理

1. 维修制度与计划

要制订电梯操作制度、保养维修计划，并建立保养维修档案。

2. 维修人员

匹配合格的维修人员，不具备此条件的，应请专业电梯保养公司来负责电梯的保养维修工作，以保证电梯和自动的维修质量。

3. 维修时间

（1）保养时间固定，须贴公告，并尽量避开节假日和上下班高峰用梯时间。

（2）因故障或计划维修的电梯，尽量缩短操作时间，在安全可靠的情况下，只要电梯能运行，对老、弱、病、残、孕要给予优先照顾。

（三）基础资料管理

基础资料主要包括设备原始和维修管理资料。原始资料主要有包括电梯验收文件、设备登记表、大中修工程记录、事故记录，以及更新记录等。

维修资料包括保修单、运行记录、普查记录、运行月报、考评材料、技术革新材料等。

（四）安全管理

为防止电梯因使用不当造成损坏或引起伤亡事故，必须加强电梯使用安全管理。电梯使用安全管理主要包括：安全教育、司梯人员的操作安全管理、乘梯人员的安全管理。

1. 实施安全教育

由电梯管理员负责对电梯机房值班人员、电梯司梯人员和乘梯人员进行安全教育，使他们树立安全第一的思想，熟知电梯设备的安全操作规程和乘梯安全。

2. 电梯司梯人员操作安全管理

为了确保电梯的安全运行，司梯人员要经有关部门同意考试，合格后才可上岗。物业服务企业工程部电梯管理员负责制定司梯人员安全操作守则，并监督执行。

3. 加强对乘梯人员的安全管理

制定“乘梯须知”并张贴或悬挂在轿厢内，向用户宣传电梯安全使用知识，对破坏破坏电梯设备要依法责令赔偿等。

参考资料

物业管理中的电梯事件

随着电梯这种便利的短距离通行工具的大面积存在，很多人在上下楼梯的时候就不会再选择走楼梯。但是近年来，电梯事故的频发给人们敲响了警钟，不是高科技的产品就没有出错的时候，特别是面对没有完全自我保护能力的孩子时，遇到这一类的电梯事故往往会受到比较大的伤害。

瓜瓜小朋友家住苏州某小区，在星期天跟父亲出门游玩之后打算乘坐单元楼的电梯回家，但是瓜瓜在电梯门打开后，前脚踏入电梯，后脚还没有跨入电梯时，电梯突然启动上升，直到上门框的地方才停止，瓜瓜被夹在电梯中半小时后才被消防队员救出。在送到医院经过医生检查后诊断瓜瓜为会骶骨骨折、双侧臀部皮肤挫伤。司法鉴定中心最终出具的鉴定书显示瓜瓜的此次外伤导致其骨盆骨折，遗有耻骨联合分离的伤残等级评为十级。

瓜瓜的父母找到了小区的物业公司，物业公司声称瓜瓜的这次事故可能是电梯电脑板误操作造成，而在小区业主跟物业公司签订的合同上能看出电梯的运行、检测和维修都是由物业公司负责。双方人员在争论过程中的焦点是瓜瓜的父亲在这件事情上是否承担责任。在争执不下的情况之下，瓜瓜的父亲就将物业公司告上了法庭。

法院认为，物业公司作为电梯的管理人，对电梯的日常运行负有管理义务，应当保障电梯的安全运行，并且物业公司也未能证明自己没有过失。而瓜瓜的父亲已经陪同瓜瓜一起搭乘电梯，已经尽到法定代理人的义务，所以不存在过错。最终法院判决物业公司承担瓜瓜医疗费、住院伙食补助、营养费、残疾赔偿金、护理费、交通费、精神损害抚慰费、司法鉴定费以及其他损失共计九项合计人民币80余万元。

第四节　物业公共能源管理

物业公共能源管理是指物业服务企业对辖区内物业的共用部位、共用设施设备及场地在使用、维修中消耗能源的节能管理。通过管理，达到合理用能、节能减排、降低能耗费用，实现绿色、生态建筑目标的要求。加强物业公共能源管理，树立“节约型”物业管理理念，是物业管理行业健康发展的根本保证。

根据物业管理实践，物业设施设备节能的手段可归纳为管理手段节能、技术手段节能、合同能源管理节能。

一、管理手段节能

管理手段节能即通过运用各种管理手段，在不投资或少量投资的情况下杜绝能源浪费，减少各种非正常的能源消耗。

管理手段的节能措施主要包括：

（一）制订节能管理制度和计划

首先，物业服务企业应加强内部管理，提出各种具体的有利于物业设施设备节能管理的措施和手段，建立物业设施设备节能管理制度，设立相应的监督考评体制，通过制度激励节约行为和有利于节约的创新行为，减少内部资源消耗。其次，物业项目的业主及使用人应通过完善《业主公约》等业主自我管理制度，增加物业设施设备节能管理的有关管理规定，积极促进业主和使用人参与。

（二）加强节能管理宣传和培训

首先，物业服务企业要做好内部的培训宣传，使各个岗位上的员工树立节约意识和成本控制意识，为业主树立一个好的榜样，帮助业主养成自觉节能的习惯。其次，物业服务企业应做好与业主的沟通工作，做好日常的宣传工作。无论是住宅小区还是办公型建筑，物业服务企业作为管理者，有义务做好节电、节水、节气的宣传工作，如在电梯或走廊内设置与节能有关的公益广告等，培养业主的节能意识。

（三）加强设施设备的维修保养

物业服务企业要加强物业实施设备日常的维修保养工作，提高设备运行效率，减少设备系统的跑、冒、滴、漏现象。比如，及时对空调水管道系统清洗、除垢，能够降低热阻系数，提高传热效率；及时清洗、清扫空调风过滤网、风管等，能够降低送风阻力。同时，要提高设施故障事故的应急处理能力和速度，尽量减少能源损耗。

（四）合理设置和运行设施设备

物业服务企业在设置和运行设施设备时，可采取以下措施，提高运行效率，实现节能效果：①尽量安排设备能够连续、满载开动使用；②调整设备运行时间；③合理设定运行参数。

具体到各项设施设备，可采取的节能措施的表现形式各有不同，具体内容如下：

1. 供配电设备运行管理节能措施

供配电设备运行管理节能措施主要包括：①合理优化高压线路设计，减少输配电线路损耗；②提高变压器利用率，减少空载损耗；③利用低谷电价差，降低能耗费用；④提高供电功率因数，保障能源利用效率。

2. 用电设备管理节能措施

用电设备管理节能措施的主要包括：①控制照明电路中的高次谐波，合理设置开关的设置范围；②正确设置变频器，提高节能效率；③选用高效光源，使用高效节能型照明附件；④根据物业服务协议的约定和用户实际需求以及季节变化，合理调整照明灯开关时间；⑤正确选用不同区域的照明照度，合理控制照明电压。

3. 电梯管理节能措施

电梯管理节能措施主要包括：①加强电梯设备维修保养，提高运行效率；②合理设置电梯使用台数，减少空耗；③实行多台电梯群控，实现合理运行。

4. 空调系统管理节能措施

空调系统管理节能措施主要包括：①合理设置空调供冷水温度，尽量避免系统产生冷凝水；②合理设置空调房间空气状态参数，避免空气过冷、过热；③充分利用新风，在满足空调需求的情况下，不供冷、热源，只开风机送风；④及时利用空调系统的热能回收装置，扩大热能回收率；⑤合理调整空调新、回风比例，降低冷、热源消耗；⑥及时调整冷、热源主机的运行参数，在满足用户需求的情况下，适当提高制冷机的蒸发温度，提高制冷效率，适当扩大空调水系统温差，降低水循环设备耗能。

5. 给排水系统管理节能措施

给排水系统管理节能措施主要包括：①充分利用建筑中水设备，提高中水利用率；②合理设置变频供水、气压稳压供水系统压力，避免超高压运行，降低能耗；③热水供应要合理设置供水温度，做好管道保温，降低热能消耗。

二、技术手段节能

技术手段节能是指利用新技术、新工艺、新材料对设备或工艺进行局部或全部改造，必要时包括对耗能较大设备的更换，提高设备技术水平或工艺水平，降低能源消耗。

物业管理中的技术手段节能主要包括以下方式：

（1）利用高效率的机电设备改造老设备，提高设备使用效率；

（2）合理利用变频技术，实现随系统负荷变化无极调节能力，降低能源消耗；

（3）利用电梯储存的势能、动能再利用新技术，有效降低电梯耗能；

（4）利用国家电网谷峰电费差价政策，应用冰蓄冷、蓄热技术，降低供冷、供热能耗费用，提高电网运行效率和社会效益；

（5）广泛推广应用空调热泵技术，提高空调系统效率和能源利用率；

（6）提倡推广低温地板辐射采暖技术，结合利用太阳能和热泵技术，实现节能环保供暖；

（7）进行空调大温差、小流量加变频技术改造，有效降低空调系统能耗，提高系统效率；

（8）进行新光源和太阳能利用，改造老照明光源，降低照明耗能；

（9）利用雨水回收技术，节约公共水耗；

（10）利用太阳能热水器，减少热水能耗；

（11）推广楼宇设备智能化控制技术，实现楼宇设备智能化控制，有效节约能源。

三、合同能源管理

（一）合同能源管理基本运作机制

合同能源管理（EMC）是指合同能源管理公司（ESCO）通过与客户签订能源服务合同，由自己担负风险为客户提供节能改造的一整套服务，并从客户节能效益中收回投资和取得利润的一种商业运作模式，其实质就是一种以减少能源费用来支付节能项目全部投资的运营方式。

在合同期内，项目的所有权归节能服务公司所有，并负责管理整个项目工程。节能服务公司的投资回收和合理利润由产生的节能效益来支付。合同结束后，节能服务公司将全部节能设备无偿移交给耗能企业，此后由耗能企业自己负责经营项目。节能服务公司承担节能改造的全部技术风险和投资风险。

（二）合同能源管理模式的基本类型

结合国内外合同能源管理的实践，合同能源管理模式目前主要有以下5种基本类型。

1. 节能量保证支付型

此种模式是在项目合同期内，合同能源管理公司向耗能企业承诺某一比例的节能量，用于支付工程成本，而达不到承诺的节能量的部分，由合同能源管理公司自己负担；超出承诺节能量的部分双方分享，直到合同能源管理公司收回全部节能项目投资后，项目合同结束，先进高效的节能设备无偿移交给耗能企业使用，耗能企业享有以后产生的全部节能收益。

2. 节能效益分享型

此种模式是在节能改造项目合同期内，由合同能源管理公司与耗能企业双方共同确认节能效率之后，双方按比例来分享节能效益。此外，在合同期内双方分享节能效益的比例可以变化。项目合同结束后，先进高效节能设备无偿移交给耗能企业使用，耗能企业享有以后产生的全部节能收益。

3. 能源费用托管型

此种模式是指合同能源管理公司向耗能企业提供能源系统管理和改造服务，承包能源费用和运行费用；承诺为客户实施节能改造并规定节能效果；双方的经济利益来自于提高能源管理水平和节能改造产生的节能效益。

4. 改造工程施工型

耗能企业委托合同能源管理公司做能源审计，节能整体方案设计、节能改造工程施工，按普通工程施工的方式，支付工程前的预付款、工程中的进度款和工程后的竣工款。

5. 能源管理服务型

此种模式是指耗能企业委托合同能源管理公司进行能源规划，给予整体节能方案设计、节能改造工程施工和节能设备安装调试。合同能源管理公司不仅提供节能改造业务，还提供能源管理业务。

合同能源管理是一种运用市场机制实现能源节约的方式，物业服务企业可在获得业主支持的基础上，根据物业的具体情况，选择合适的合同能源管理模式，进行物业项目的节能减排技术改造，以最少的资金投入并且不承担风险而实现物业项目的节能减排技术改造，最终实现节能目标。

本章小结

1. 房屋的基本功能与要求包括实用性、艺术性和节能性。房屋损坏的原因包括自然环境损坏、突发事件损坏和人为因素损坏。

2. 房屋维修的概念有广义与狭义之分。狭义的房屋维修仅指物业服务企业为维护和延长房屋实用功能而采取的各项维修养护活动，广义的房屋维修则还包括为改善房屋的艺术性功能、节能性功能而开展的装饰、改建、改造等特殊性维修活动。

3. 房屋维修管理是指物业服务企业按照国家有关房屋维修管理标准和要求，运用科学的管理原理和方法，对所管房屋的维修活动所进行的管理。

4. 房屋建筑的常用设备一般由房屋建筑卫生设备和房屋建筑电气工程设备两大类组成，但是，随着智能化技术的应用，房屋建筑增加了一些智能化技术设备。

5. 物业设施设备管理具有综合性强、专业性与技术性要求高、服务性功能强、可延续性要求高等特点。

6. 物业公共能源管理是指物业服务企业对辖区内物业的共用部位、共用设施设备及场地在使用、维修中消耗能源的节能管理。

7. 物业设施设备节能的手段主要包括管理手段节能、技术手段节能、合同能源管理节能。

复习题

1. 房屋损坏的原因有哪些？

2. 房屋维修管理主要包括哪些内容？

3. 物业设施设备管理具有哪些特点？

4. 物业公共能源管理的手段有哪些？

问题与应用

1. 某住宅小区房屋总建筑面积为32万平方米，该小区在每年四季度由物业管理处对房屋共用部分、共用设施设备进行完好率评定，今年四季度的评定结果如下：①完好房屋26万平方米，基本完好房屋4万平方米，一般损坏房屋1.8万平方米；②部分房屋的主体结构安全隐患。

（1）根据①中的信息，该住宅小区的住宅完好率是（　　）。

A. 81.25%　　B. 93.75%　　C. 96.28%　　D. 96.85%

（2）对②中发现的部分房屋的主体结构安全隐患，物业管理处该如何处理（　　）。

A. 把这些房屋评定为危房

B. 书面报告建设单位，由其处理

C. 书面报告所在地房地产安全管理机构进行安全鉴定

D. 书面报告业主委员会，由其处理

2. 某超高层办公楼产权属单一业主，分散出租。该办公楼采用中央空调制冷，运行时间为每年5月1日至9月30日。空调能源费按每月每平方米实行定期收费，由物业服务企业收取，盈亏包干。一家具有国家备案资质的节能服务公司来本大厦调研后，提出可实行合同能源管理模式实施节能管理。方案主要内容如下：由节能服务公司出资，采用一种经实验室论证成功的创新技术改造空调设备（主要是主机及其配套设备）：改造工程时间自今年2月25日起实施，周期60天（若出现改造工程逾期情况，节能服务公司将提前10天告知）；预计改造后空调节能率可达30%，节省的能源费用按8∶2的比例在节能服务公司与物业服务企业之间进行分配，合同期为6年。

问题：

（1）根据上述条件，本方案实施中，业主和物业服务企业可能遭遇的重大风险是什么？简要说明理由。

（2）若实施节能改造，被更换拆除的设备设施处置权归谁所有？简要说明理由。

（3）业主提出：同意上述节能改造方案。但在合同期满后，节省的能源费用应归业主所有。此要求是否合理？简要说明理由。

第十章　物业环境管理

学习目标

物业环境管理是物业管理基本内容之一，包括物业管理区域内物业共用部位、共用设施和场地的清洁卫生、园林绿化和卫生虫害防治、物业环境污染与防治等管理服务。本章介绍了物业环境管理相关知识。

1. 知识目标

➢理解物业环境与物业环境管理的含义；

➢了解物业环境管理的范围；

➢掌握物业保洁管理和绿化管理的基本要求与管理内容；

➢掌握做好物业环境管理的注意事项。

2. 能力目标

➢具备做好物业清洁管理和绿化管理的能力。

知识结构导图

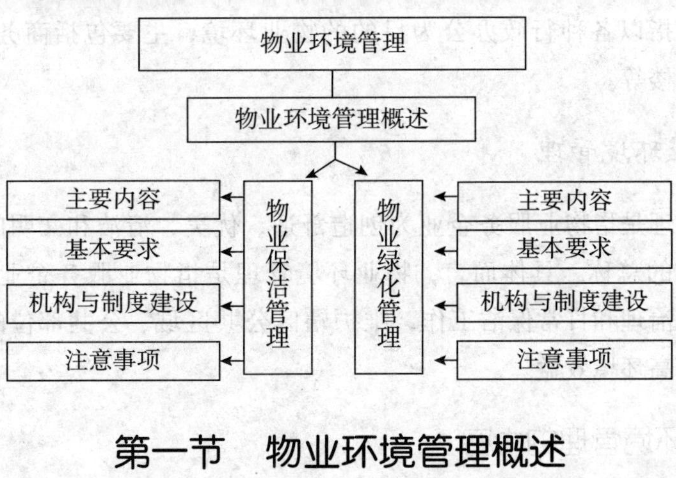

第一节　物业环境管理概述

一、物业环境管理的含义

物业区域环境质量的好坏直接影响业主的生活质量，因此人们非常重视物业的环境管理。一般而言，物业管理服务合同中对此有非常明确的约定。本章只讨论物业清洁、物业绿化两项环境管理问题。

（一）物业环境

物业环境是指物业管区内的周围环境及公共设施。它是与业主和使用人的生活和工作密切相关的各种必须条件和外部变量因素的综合。物业环境按物业用途的不同，可分为生活居住环境、生产环境、商业环境和办公环境等。

1. 生活居住环境

生活居住环境指提供给人们居住的物业环境，包括内部居住环境和外部居住环境两个方面。其中，内部居住环境是指住宅（以家庭为居住单位的建筑）的内部环境；外部居住环境是指居住物业所在区域内，与居民生活居住密切相关的各类公共建筑、公共设施、绿化、院落和室外场地等设施与设备的情况和条件。外部居住环境与内部居住环境的有机组合，构成了居住物业的生活居住环境。

2. 生产环境

生产环境是指提供给企业及其生产者从事产品生产的相关设施与条件。

3. 商业环境

商业物业环境是指用于商业目的的物业，包括商店（商场、购物中心、商铺、市场等）、旅馆（宾馆、饭店、酒店、招待所、旅店等）、餐馆（饭庄、酒楼、酒家、茶楼等）、游艺场馆（娱乐城、歌舞厅等）和商务写字楼等，其所在区域的情况和条件。

4. 办公环境

办公环境是指以各种行政办公为目的的物业环境，主要包括商务写字楼、宾馆、各种类型的办公楼等。

（二）物业环境管理

物业环境管理是指物业服务企业为创造舒适、优美、清洁和文明的物业环境所进行的一系列活动的总称。具体而言，物业环境管理是指物业服务企业通过宣传教育、制度建设、监督治理和日常保洁工作，维护辖区公共区域、公共部位的清理卫生，保持环境整洁，提高环境效益。

二、物业环境管理的内容

物业环境管理主要是协调业主或物业使用人与环境保护的关系，组织并管理业主或物业使用人的生产和生活活动，限制业主或物业使用人损害环境质量、破坏自然资源的行为。一般来说，物业环境管理主要包括以下几个方面。

（一）物业环境保护管理

物业环境保护是指物业服务企业执行国家有关的环境保护法律法规，采取各种可行、有效的措施，防治物业管理区域内的大气污染，实现废气、废水的达标排放，减少噪声对业主的影响，减少地面扬尘，减少垃圾的产生并将已产生的垃圾给予妥善处理等。

（二）物业环境卫生管理

物业环境卫生管理是物业管理中一项经常性的管理服务工作，其目的是净化环境，给物业业主和使用人提供一个清洁宜人的工作、生活的优良环境。良好的环境卫生不但可以保持物业区域容貌的整洁，而且对于减少疾病、促进身心健康十分有益，同时，对社会精神文明建设也具有很重要的作用。

（三）物业环境绿化管理

物业环境绿化管理是指物业服务企业通过行使组织、协调、督导和宣传教育等职能，并通过建绿、护绿及养绿活动，创造优美的生态小环境。绿化是城市生态系统的主体，对城市生态系统的平衡起到至关重要的作用。绿化也是物业辖区内唯一有生命的基础设施，对改善小气候和净化空气，提供良好的休闲场所，保持业主与使用人的身心健康都有极大的好处。

（四）物业区域内的违章搭建管理

违章搭建是对整个物业区域和谐环境的破坏。它既有碍观瞻，又影响人们的日常工作和生活，还可能带来交通、消防等方面不安全的问题。因此，物业服务企业一定要协助有关部门，认真做好清除和及时防止物业区域内的违章搭建的管理工作。

（五）物业人文环境管理

新型的人文环境应该是和睦共处、互帮互助的生活环境；互利互惠、温馨文明的商业环境；融洽和谐、轻松有序的办公环境；安全舒适、相互协作的生产环境等。新型的人文环境可以使人们焕发热情，提高工作效率，热爱生活，充满爱心，并对社会治安状况的好转有着很大的促进作用。

三、物业环境管理的基本原则

（一）以防为主，防治结合

环境污染一旦发生，一般在短期内难以消除，不少环境要素遭到破坏后，要恢复正常极为困难，有的甚至是不可恢复的，所以要以预防为主，控制污染源，从源头上解决问题，将一切可能的污染源消灭在萌芽状态。光着眼于对新污染的“防”尚不够，同时还要对已有的污染与破坏采取积极有效的措施进行治理。

（二）专业管理与群众参与相结合

环境管理要取得最佳效果，离不开物业服务企业、业主和物业使用人的积极参与。物业服务企业应当履行物业服务合同的约定，给业主和物业使用人提供专业高效的管理，为他们创造舒适、整洁的物业环境。同时，只有业主和物业使用人都了解环境管理的意义及自己的义务，做到严于律己，与物业服务企业相互监督，才能使社区物业环境达到最佳效果。

（三）整体效益最优原则

整体效益最优原则要求物业服务企业在物业环境管理中既要考虑诸如大气、水体、土壤、生物和非生物之类的环境因素，又要考虑社会、政治、经济、文化、科学技术、法律等方面的情况。在坚持可持续发展的原则上，保持生态环境的良性循环和控制污染。确保生态与经济达到整体效益最优。

（四）制度约束与宣传教育相结合

物业环境管理离不开严格的制度约束及监督检查，所谓“没有规矩，不成方圆”。贯彻“谁污染，谁负责”的方针，严惩那些违反环境保护法、污染物业环境的人，根据情节严重程度，令其承担相应的法律责任、损害补偿责任甚至刑事责任。同时对广大业主和物业使用人进行有效的宣传教育，加强社会主义文明建设，这样制度约束才能达到预期效果。

第二节　物业保洁管理

一、保洁的主要内容

（一）公共场地保洁

公共场地保洁主要包括道路清洁、游乐场等公共设施清洁、公共绿地清洁、停车场清洁、排水沟的清洁等。清洁方式以扫、捡、洗等为主。清洁工作的好坏直接影响到一个小区的形象，对居民的生活及环境的美化具有很大的影响。

（二）公用设施设备保洁

1. 管道疏通

管道疏通服务主要是对公共区域内的雨水污水排水主管、排水沟及化粪池等定期进行清掏，确保其通畅不溢漏，同时为业主户内排水管道的堵塞提供上门疏通服务。

2. 泳池清洁

泳池清洁包括泳池水面漂浮物处理、池壁清洁、水质处理等，也包括定期对泳池水的 pH 值、氯含量、浑浊度、细菌含量等进行测试。经过清洁的泳池应确保水质达到国家卫生防疫部门要求的标准，确保使用者的健康安全。

（三）房屋公共部位的保洁

1. 建筑内公共区域的保洁

建筑内公共区域的保洁主要包括大堂清洁、楼梯及公共走道清洁、墙面清洁、电梯及卫生间清洁等。清洁对象涉及玻璃、地毯、各种石材、各种金属及其他种类的建筑装饰材料等，故对清洁专业知识、技能及设备等的要求较高。

2. 外墙清洗

外墙清洗是指为了维护整个建筑的外观形象，减缓其老化，而定期对建筑物的外墙进行清洗的保洁工作。它是保洁工作中安全风险较大、操作技术要求较高的一项工作。

（四）垃圾的收集与处理

垃圾的收集与处理包括公共区域及业主日常生活垃圾、装修及施工垃圾的收集和分类，以及将垃圾统一清运到市政垃圾填埋场进行填埋或焚烧等工作。

二、保洁管理的基本要求

（一）保洁效果要求

1. 卫生干净整洁

公共区域内干净、整洁、美观，没有随意堆放的垃圾、杂物等影响环境的情况，无异味，无老鼠、苍蝇、蟑螂、蚊子等虫害。

2. 垃圾清理及时

垃圾箱周围整洁，无散落、存留垃圾和污水。垃圾收集容器、收集设施应无残缺、破损，封闭性好。

3. 环境整然有序

建筑物外墙、设施和树木上没有乱贴乱画的广告、晾晒衣服杂物、污迹等情况。无车辆乱停、杂物乱堆、摊点乱摆等现象。

（二）保洁人员要求

（1）穿着整洁统一。保洁人员按企业规定穿着工作服，佩戴企业胸卡。仪容整洁，仪表端庄。

（2）服务专业规范。保洁人员根据清洁区域内的人、车流情况，合理安排作业时间和方式，主动避开行人和车流高峰，以免发生安全事故。

（3）工作积极主动。礼待业主和物业使用人，在清洁的过程中，如遇有人乱丢、乱吐的情况，保洁人员应用文明、礼貌用语劝阻。

（三）保洁制度要求

1. 保洁制度完整

岗位职责清晰、各项清洁工作的标准操作工艺流程规范，建立清洁质量检查与预防纠正机制、员工行为规范等相关管理规章制度。

2. 制度执行有力

保洁管理与服务人员应了解与熟悉各项保洁制度，并且使各项制度在工作中能得到贯彻执行。

参考资料

万科物业环境保洁现场检查考核标准

序号	类别	检查标准	扣分标准
1	检查制度	在出示公司有效证件，并讲明进行业务检查的情况下，门岗阻扰检查人员进入小区检查，时间超过 3 分钟	10
2	通用要求	清洁过程中有安全隐患或造成不便的部位或设施，设有明显标识或采取有效防范措施	2
3		排放油烟、噪声等符合国家环保标准、对外墙无明显污染	1

续表

序号	类别	检查标准	扣分标准
4	楼内	公共楼梯、走道、电梯厅、大堂等公共部位无烟头纸屑、无蜘蛛网、无乱贴乱画、无擅自占用和堆放杂物现象；地面无灰尘、无污迹、无脚印，呈本色，石材地面和胶质地面定期打蜡或晶面处理，保持光亮；拖地后地面无明显水迹，空气清新	1
5		地下车库、消防楼梯、架空层、走廊无烟头纸屑、无积水、无明显油迹、无异味、无蜘蛛网、无乱贴乱画、无擅自占用和堆放杂物现象	1
6		人体接触不到的楼内设施设备目视无明显灰尘、无污迹、无蜘蛛网；人体能接触到的设施设备无灰尘、无污迹、无明显手印，呈本色	1
7		距地面2米以下的玻璃，纸巾擦拭50厘米无明显污迹；2米以上的玻璃目视无明显灰尘，窗框、玻璃上无污垢、无泥沙	1
8		烟灰盅内置物（水、石米、沙）保持清洁	1
9	外围	外围道路、广场、绿化无烟头纸屑、无杂物、无建筑垃圾、无明显污迹，新丢弃的纸屑等在10分钟内清扫干净；绿化带中无较明显的枯枝叶，并定期组织专人清理	1
10		儿童娱乐设施、运动健身设施、休闲桌椅、雕塑小品、宣传栏、信报箱、标识等无明显灰尘和污迹，手摸无污迹感	1
11		喷泉水景水质不浑浊、无青苔、明显沉淀物和漂浮物；沟渠河等无异味、无杂物、无污水横流、无大量泡沫、无漂浮异物、水面无明显孑孓（蚊的幼虫）	1
12		路灯杆、草坪灯上无泥沙、无蛛网，高杆灯上无明显灰尘	1
13		公共洗手间、地面、台面等无积水、无水迹、无污迹、无纸屑烟头等杂物；镜面无水迹，便池无污垢、无异味，纸篓内容量不超过2/3，各项设施完好；洗手间总体干净整洁无异味	2
14		排水沟、明沟无淤堵、无蚊蝇、无杂物及污水横流，盖板完好；排污井、暗沟部分无明显蚊蝇蟑螂活动、无堵积、沉淀物不超过管径1/5、井盖完整，覆盖紧贴，车辆碾压无噪声	1
15		下雨后地面积水、桌椅上的积水在30分钟内清理干净	1
16	空置房	无异味、无杂物、无明显积尘，门窗、水电总开关处于关闭状态，设备设施无损坏现象，建立定期清洁制度	0.5

续表

序号	类别	检查标准	扣分标准
17	办公场所	地面无污迹、无水迹并符合相应材质地面清洁要求	0.5
18		墙面与天花板无污迹、灰尘、蜘蛛网	0.5
19		门窗、开关、电脑、打印机、复印机、灯具、风扇、空调、百叶窗等目视无尘无污	0.5
20		家私物品上无灰尘和污迹，定期用家私蜡进行保养；各类纺织品无异味、拍打无较大灰尘	0.5
21		电脑、电话等电子设备无污迹、无水印，连接线不缠绕，办公用品摆放整齐，私人物品按规定摆放	0.5
22		垃圾篓不满出，碎纸机内容量不超过 2/3	0.5
23		办公区人走灯灭，椅子归位，无乱堆放现象	0.5
24		洗手间洗手液、纸巾、花瓣香料等补充及时	0.5
25	垃圾清运	小区内垃圾箱、垃圾中转站等环卫设施完备设置符合功能需要	1
26		垃圾中转站的垃圾日产日清，收倒过程不干扰用户正常工作、生活	1
27		垃圾车辆清洁干净，摆放整齐，无强异味，停放于指定地点，每天至少彻底清洗一次	1
28		垃圾中转站、垃圾桶（箱）无超载、无强异味、无蚊蝇滋生、无污水横流、无有碍观瞻，外表无污迹、油迹，垃圾无满溢	1
29		小区内的生活垃圾至少每天上下午各清运一次，其他时间循环清运，垃圾应袋装运输	1
30		建筑垃圾及时清理，不在服务现场堆放	1
31	环境消杀	每月定期进行消杀作业，消杀工作计划及临时安排的大面积消杀工作须提前 3 天向住户公示	1
32		投放与喷施消杀药品的场所须设置醒目、符合消杀工作要求的警示性标识，必要时采取有效措施防范	1
33		消杀药品应符合国家的相关规定，无使用国家或地方禁止药品的情况	1
34		架空层、绿化带等阴暗处，无蚊虫成群出现；垃圾桶（箱）等处无普遍性的苍蝇飞舞；下水井中的蟑螂不超出“双五标准”；公共区域无明显的鼠洞、鼠迹；夜间公共照明灯光附近无明显蚊虫、苍蝇飞舞	2

续表

序号	类别	检查标准	扣分标准
35	环境消杀	无明显的鼠洞、鼠粪、鼠路，无蟑迹（粪便、蜕皮、残蟑等）	0.5
36		评估选择专业白蚁防治公司定期对物业项目进行白蚁防治；房屋共用部位、共用设施设备部分发现的蚁害有专业公司提供消杀服务	1
37		对消杀药品的领取与使用环节进行有效控制，无人身伤害事件发生	1
38		消杀人员必须持证上岗	0.5
39	供方管理	清洁洗地、绿化修剪、消杀服务作业过程中，现场有作业警示标识	2
40		清洁洗地、绿化浇水等用水作业现场工作人员无浪费水资源现象，且取水用具无破损等影响观感、浪费水资源的情况，现场所用器材工具摆放整齐不影响行人的正常通行	2
41		现场作业人员无聚岗超过5分钟、窜岗、怠岗现象	2
42		供方工作人员当班期间不从事与工作无关的行为，如：拾荒、观看住户打牌、聊天、私自提供家政服务	2
43		现场工作人员配备的工具用品无明显破损、不影响正常使用、无影响观感等情况	2
44		工作时间穿工装，服装穿着整齐、无破损等影响观感的情况，且佩戴工牌	2
45		头发色泽自然，切勿标新立异，前发不过眉，侧发不盖耳，后发不触后衣领，每日剃刮胡须	1

三、保洁管理机构设置与制度建设

（一）保洁管理的模式

保洁管理有外包管理和自行作业两种模式。

1. 外包管理模式

外包管理是指物业服务企业将保洁工作交由专业保洁公司具体实施，物业服务企业只需配备1～2名物业环境卫生检查与监督人员负责工作对接即可。

2. 自行作业模式

自行作业是指物业服务企业在自己所管辖的物业管理区域内自行实施保洁服务

工作。

（二）保洁管理的机构设置

保洁管理的机构设置可根据物业类型、区域分布、面积大小、清洁对象的需求等因素设置。一般要设置一个保洁部，部下面设置相应的班，班下面设置组，比如，如果所管物业中有高层建筑，则可设置一个高空外墙清洁组；如果所管物业类型多、面积大，可设多个清洁服务组。对于一个物业服务面积大、物业类型多、清洁设施设备齐全的物业服务企业，其机构设置一般较多。

（三）保洁管理的职责划分

1. 经理的工作职责

（1）按照区域经理的指示和企业的管理目标，组织落实清洁服务工作的正常运行。

（2）每日巡查各区域清洁卫生的完成状况，发现问题及时组织人员解决，完成每日工作日记。

（3）检查各工作人员的工作状况，关心他们的生活，并及时调整各种清洁工具和人力的配备。

2. 技术员的工作职责

（1）配合经理制订清洁服务工作的实施方案。

（2）配合经理完成特定的清洁工作及日常养护。

（3）定期对清洁专用的设施设备进行养护和维修。

3. 清洁员的工作职责

（1）遵守物业管理服务企业的清洁管理规定，统一着装，持证上岗。

（2）听从部门经理安排，严格按照清洁程序作业，保质保量地完成职责范围内的清洁工作。

（3）检查物业管辖区域内的清洁质量，发现卫生状况，及时清洁打扫。

（四）保洁管理的制度建设

为了保证保洁管理工作的有序有效开展，在建立保洁管理组织机构的基础上，建立完善的保洁管理制度是非常必要的。

保洁管理制度主要包括：各岗位的岗位职责、各项清洁工作的标准操作工艺流程、各岗位的操作质量标准、清洁质量检查及预防纠正机制、员工行为规范等相关管理规章制度。

四、保洁管理的注意事项

（一）保洁时间的选取

保洁时应避开人员出入频繁的时间段，避免给业主带来不便，同时能提高清洁工作效率。在清洁更衣室、洗手间等私密地方时，应注意回避业主，工作时应当在室外悬挂“工作进行中”的标识，避免与业主发生尴尬。清洁后应及时将地面擦干，不留积水，工作现场应该设有“小心地滑”等安全标识。

（二）保洁安全的防范

保洁过程中要特别注意安全，规避风险，主要注意以下几方面的安全问题。

1. 高处作业安全

（1）高空作业人员须身体健康，且经专业培训后持证上岗，严禁酒后、过度疲劳及情绪异常时登高作业；

（2）高处作业须在合适气候环境下操作，风力过大、雨雪天、夜间不适合进行高处作业；

（3）高处作业须正确配戴安全带、保护绳、安全帽，并且所有安全保护装置在每次使用前必须全面检查，确保符合安全要求；

（4）高处作业必须有专门的安全防护及监督人员。

2. 药物使用安全

（1）清洁药剂根据不同的清洁对象做好分类存放，并且每类药剂上必须有清晰的药剂名称、使用方法、适用对象、稀释倍数等说明；

（2）强腐蚀性、强挥发性、易燃易爆类、剧毒性等危险药物必须单独存放于危险品仓库，并由专人进行保管；

（3）药物存放处必须做好防火、防爆、防腐蚀、防中毒的相应措施，确保安全；

（4）必须建立完善的进、出、存、销的登记制度；

（5）药物在不同的清洁对象上使用必须严格按说明浓度做好配比，新药物或新清洁对象使用药物时，须先进行局部试验，没问题后方可大面积使用；

（6）稀释药物时，应将浓液往稀释液中倒，而不能将稀释液往浓液中倒；

（7）使用药物时，须戴好相应的防护装置，避免药物对人造成伤害；

（8）使用完的药物容器须回收，并按环保要求进行处理，不可随便丢弃。

3. 机械使用安全

（1）所有机械操作人员须经专门培训，合格后方可上岗；

（2）使用前须检查机械、电线、插头等有无损坏，电线与转动部分是否保持适当距离，用电场所有无水湿等情况，确保用电安全；

（3）所有带转动装置的机械必须确保转动部位有完善的保护装置，避免将物品、人员等卷入；

（4）使用洗地机、打磨机、扫地车等高速运转的设备时，须将机械周围物品及人员清离，避免造成损害；

（5）所有机械设备应按使用说明进行操作，避免长时间运行造成损害；

（6）无人看守时须关闭所有机械设备；

（7）蓄电池类设备在充电时应远离明火和电火花；

（8）进行机械操作时，应戴好相应的防护装置，避免机械及药物对操作人员造成伤害。

4. 消防安全

（1）所有清洁人员均应进行相关的消防知识培训，学会逃生及扑灭初起火灾；

（2）所有储存清洁药物、机械的地方均应使用防爆灯，并配备相应的消防设备设施；

（3）清洁操作需使用电源时，须检查插头、电线等安全，避免连接不好起火；

（4）清洁过程须注意做好对烟感、喷淋、报警器等消防设备设施的保护，避免造成损害。

5. 其他安全

（1）对井下等密闭空间进行清洁作业时，须注意做好通风及防爆工作，避免造成人员窒息及爆炸；

（2）在交通道路及车场进行保洁时，须穿着反光衣并做好警示，避免发生交通安全事故；

（3）在有人员通过的区域进行较大保洁作业时，应竖立工作警示牌，必要时做好隔离防护，避免对他人造成影响；

（4）进行深水区域清洁时，须由会水性的人员进行操作，并做好救生防护工作；

（5）进行其他危险性作业时，须做好相应的安全防护措施，避免发生安全问题。

参考案例

拖地滑倒业主 物业被判赔偿

2011年1月24日，李女士清晨上班乘坐电梯行至一层，由于物业服务企业工作人员用湿拖把拖地，导致一层大厅地面结冰，李女士在走出电梯时滑倒摔伤，后被救护车送往医院接受治疗，经诊断为轻微脑震荡等致使行动不便，经治疗后在家休养两周。李女士认为，物业公司作为物业管理人，在打扫卫生时未尽到安全保障义务，致使自己滑倒摔伤，自己多次向物业公司索赔，均被拖延拒绝赔偿，为此诉至法院，要求物业公司支付医疗费5251.6元、误工费2000元、交通费748.4元、精神抚慰金2000元，共计1万元。

物业公司辩称，对原告摔伤的事实无异议，当时保洁人员用湿拖把拖地，但地面一层大厅结冰不是事实，我们是在楼内不是在室外，不存在结冰的问题；原告摔倒后，我们马上将其送到医院；事发后，我们也积极与原告联络并赔付了3000元；我们是按照物业合同的有关规定进行操作，保洁属于正常作业，拖地肯定是要用湿拖把；医疗费已经报销，不同意支付；交通费、误工费合理部分同意支付，精神损害抚慰金不同意支付。

法院经审理认为：被告作为物业管理人，在进行卫生清扫时未尽到应尽的安全保障义务，因地面湿滑，造成原告受伤，对此，被告应当承担赔偿责任；对原告要求被告赔偿医疗费、误工费、交通费的合理诉讼请求，本院应予支持；原告要求误工费、交通费数额过高，由法院酌定；原告要求被告支付精神抚慰金，依据不足，法院不予支持。判决，被告赔偿原告医疗费5251.6元，误工费700元，交通费500元，驳回原告的其他诉讼请求。

第三节 物业绿化管理

一、绿化管理的主要内容

绿化管理是指对绿化植物及园林小品等进行养护管理、保洁、更新、修缮，使其达到改善、美化环境，保持环境生态系统的良性循环的效果。物业绿化管理除了日常绿化养护管理工作外，还包括绿化翻新改造、花木种植、环境布置、绿化有偿服务等工作。

（一）绿化日常管理

绿化的日常管理包括浇水、修剪造型、施肥、中耕除草、病虫害防治、绿化保洁等。另外，日常管理还包括园林建筑及园林小品维护、绿化标识制作、园林观赏鱼喂养等。根据不同地点的园林，室内绿化与室外绿化的质量要求及环境条件各不相同，日常管理也有比较大的差别。

（二）园林绿化的翻新改造

绿化翻新改造内容包括草坪翻新与补植、绿篱翻新补植、林下绿地改造、园林建筑小品翻新、花坛植物更换等。另外，对于一些用时令花卉摆设的花坛也应根据不同时期及节庆要求及时进行更换翻新。

（三）花木种植

花木种植包括苗圃花木种植及工程苗木种植。苗圃花木种植是物业服务企业为了方便绿化管理而自建花木生产基地，用于时令花卉栽培、苗木繁殖及花木复壮养护等。花场花木种植工作包括时令花卉栽培、荫生植物繁殖与栽培、苗木繁殖、撤出花木复壮养护、盆景制作等。

（四）园林绿化灾害预防

不同地方的园林景观特别是园林植物在使用过程中，每年不同的季节均会因自然灾害的影响而或多或少地受到损坏，如寒害、台风灾害以及洪涝灾害、滑坡、旱灾等。为了减少自然灾害的影响，降低自然灾害所造成的损失，应及时根据气候变化情况，在自然灾害发生前及时采取有效措施减少自然灾害的影响。

（五）建筑空间的绿化

建筑空间的绿化是指建筑物垂直方向上的绿化，一般包括建筑物外墙、屋顶、凉台、窗台等的绿化。建筑空间的绿化益处多多，给城市增添绿色美景的同时，盛夏时节能大量减少房顶建筑材料的热辐射和城市的热岛效应，还能降低大气污染，改善城市环境。

参考资料

屋顶绿化与绿色植物墙

1. 屋顶绿化

屋顶绿化被称为“第五立体绿化面”，资料显示，自 1959 年在美国获得成功后，技术日渐成熟，造型设计丰富多彩，目前在许多国家正呈方兴未艾之势，作为一种不占用土地的空中高科技绿化，运用范围越来越广泛。

屋顶绿化给城市增添绿色美景，盛夏时节能大量减少房顶建筑材料的热辐射和城市的热岛效应，降低大气污染，改善城市环境。据测定，每平方米屋顶绿化年平均滞尘量可达 12.3 克，如果一个城市把屋顶面积全部利用进行绿化，那么城市上空的二氧化碳将减少 80% 左右。

2. 绿色植物墙

绿色植物墙作为一种垂直绿化的生态型建筑装饰选择，由于其崇尚美观高雅，推崇环保自然，又兼具功能性及实用性于一身，这种墙普及后，美观、环保，大都市也变得有田园情调，目前已经在欧洲得到了广泛的认可，在美国及日本也受到了极大的关注。

绿色植物墙不只是四季常绿，更能阻隔大量光热辐射，夏季可使建筑内部温度降低 7℃ ~15℃ ，冬季则可使室内保持恒温。此外植物和基质对声音匀具有较强的吸收功能，在建筑中使用后还可降低 70% 的室内噪音，并且能消耗大量的温室气体二氧化碳，还能吸收如甲醛、苯、二甲苯、二氧化硫等千余种空气污染气体。

二、绿化管理的基本要求

（一）保持植物正常生长

这是绿化管理最基本的要求，主要体现在以下几个方面。

1. 防止自然侵害

物业服务企业应加强对植物病虫害、水肥的管理，保证病虫害不泛滥成灾，确保植物正常生长，没有明显的生长不良现象。

2. 防止人为破坏

通过合理设计、及时整改、设置护栏以指示牌、宣传教育等方式减少人为践踏破坏对绿地植被的侵害。

（二）保证环境整洁与安全

为了保证小区环境整洁及安全，应及时清除园林植物的枯枝黄叶，对园林绿地范围进行清扫保洁，每年要对大乔木进行清理修剪，清除枯枝，这样既能美化环境，又能防止枯枝对业主、使用人的伤害。同时，在灾害天气来临前还应巡视所辖物业园林树木，防止其对业主或物业使用人造成潜在危害。

（三）保障业主正常活动

绿地植被在建设时要充分考虑对业主、物业使用人的影响，对妨碍业主、物业使用人活动的绿化植株及时进行改造，如对交通道路行道树进行适当修剪，对因设计不合理而造成的对居民正常生活有明显影响的园路分布进行合理化改造。这样既方便业主、物业使用人，也减轻物业公司绿化补种的压力。

（四）创建社区环境文化

这是绿化管理更高层次的要求。物业服务企业要对主要花木进行挂牌宣传，注明其植物名、别名、学名、科属、原产地、生长习性等方面的知识，丰富大家的知识。园林小品设计体现小区特色，丰富小区物质层文化内涵。引导业主主动参与绿化管理，增强业主对小区环境的自豪感、责任感，提高小区精神层文化层次。

三、绿化管理的机构设置与制度建设

（一）绿化管理的模式

跟保洁管理一样，绿化管理也可采用外包管理和自行作业两种模式。物业服务企业可以将其所管理的物业管理区域内的绿化管理工作委托给专业园林花木公司负责，并由有关人员负责与该公司签订服务外包合同，督促检查合同落实的情况即可；也可以成立专门的绿化管理机构具体负责所管理的物业区域内的绿化管理工作，并聘用绿化工人进行日常的养护工作。

（二）绿化管理的机构设置与职责划分

1. 机构设置

绿化管理机构设置及人员配备应该根据管理的范围和任务简繁程度的具体情况进行设置。一般应设经理 1 名、技术主管或办事人员若干名。下面再根据具体任务和分工不同，设置若干功能组，如养护组、花圃组、技术组、服务组等。各个功能组又相应地配置工人若干名。

2. 职责划分

(1) 经理的工作职责：

①负责绿化管理相关的全面工作，结合公司的有关规定和要求制定绿化管理的工作规划，并安排布置到相关绿化组。

②负责物业区域内绿化管理工作的检查、监督、验收和考核工作。

③负责组织绿化管理人员的岗位培训和技术培训工作。

④公司制订绿化设计要求、绿化植被的购买计划以及维护、改进物业景观的计划。

⑤完成上级领导交办的其他相关任务。

（2）技术员的工作职责：

①负责绿化管理措施的制定和实施。

②负责绿化的技术培训和部门外的绿化经营业务的技术指导。

③定期向部门经理汇报日常工作情况。

④完成上级领导交办的其他相关任务。

（3）养护、管理人员的工作职责：

①熟悉物业小区绿化布局，了解花草树木的品种、数量并逐步掌握花草树木的种植季节、生长特性、培植管理方法。

②对绿化植被进行定期浇水、施肥、清除杂草、整形修枝、防治虫害、补植栽植等。

③保护绿化植被不受破坏，发现违法违章行为要及时加以劝阻，必要时要上报上级，并协作处理。

④维护和保养好自己所使用的各种工作和公用设施、设备。

（三）绿化管理的制度建设

建立绿化管理组织机构后，需建立健全绿化管理制度，为绿化管理工作的有序有效开展提供保障。

保洁管理制度主要包括：各岗位的岗位职责、各项绿化工作的标准操作流程、不同级别不同植物养护的质量标准、绿化质量检查及预防与纠正机制、员工行为规范等相关管理规章制度、绿化养护绩效考核制度等。

四、绿化管理应注意的事项

（一）早期介入注意事项

为确保物业小区的园林绿化得到合理的规划，园林建筑及园林植物得到合理的设计与配置，减少由于规划设计及材料使用、施工等方面的不合理而造成日后管理的困难，绿化管理需要在设计、施工、验收等阶段就对不同的重点进行介入。

1. 规划设计阶段

主要从物业管理的角度针对园路规划及设计合理性、科学性、实用性，园林植物品种的选择、园林树木的分布等提供参考意见，避免由于规划设计的不合理而给日后的物业管理增加负担。

2. 施工阶段

主要针对一些隐蔽工程及给排水、园林回填土材料、管线分布、园路等施工从方便实用的物业管理角度进行介入，提供参考意见，避免由于施工不当而将一些隐藏的问题带入物业管理阶段，增加物业公司的负担。

3. 园林竣工验收及物业综合验收阶段

主要从物业管理的角度对存在的问题提出整改意见，将对物业管理存在的隐患最后清除，同时，对植物品种进行核对清点，评估植物生长状况，对园林建筑及小品、园路、花槽花坛、园林资料等进行验收移交等。

（二）植物选材注意事项

物业服务企业在进行植物选材时需综合考虑以下因素。

（1）气候环境条件。例如，南方高温城市宜选择树干高大、树冠浓密的乔木为主，北方内陆城市宜选择以抗旱为首要条件的树木为主。

（2）建筑高度。例如，离建筑3米范围内不宜种植大型乔木，架空层、高大乔木下等荫蔽区域不宜种植阳性植物。

（3）物业类型。不同类型的物业对植物的选择有不同的要求，如医院物业宜选择无刺激性气味、无飞絮的植物；写字楼物业宜选择一些具有观赏性、能吸收有害物质的植物。

（4）小区区域。不同区域的绿化形式不同，绿化功能各异，所选的植物也会有所差异。如，道路绿化应选择树干高大、树冠浓密的树木；花坛应选择色彩鲜艳的植物。

（三）绿化安全注意事项

1. 药物使用安全

（1）药物使用前的注意事项：

①药物存放处必须做好防火、防爆、防腐蚀、防中毒的相应措施，确保安全；

②药剂的用量及稀释倍数应遵循药物使用说明；并且每种药剂上必须有清晰的药剂名称、使用方法、防治对象等说明。

（2）药物使用过程中的注意事项：

①由专业人员进行。施药人员应穿戴手套、口罩、眼罩及长衣长裤，施完药后应彻底洗漱后方可进食；

②进行药物喷雾时，施药人员应站在上风口施药，且下风口应无其他人员；

③注意场所，施用期间应避开人流高峰期。

（3）药物使用后的注意事项：

①未施完的药及已用完的药瓶、药袋、药具等，严禁到处乱扔乱倒，不允许倒入河、湖等水域，应集中收集处理；

②施药后，应加强巡检，以防出现人身安全事故。

③施药后 2 ~4 小时应对所施药的植物进行观察，发现植物有药害现象应立即用水冲淋以减轻药害。

2. 机械使用安全

（1）机械使用前的注意事项：

①所有机械、工具均应检查一次。检查发现缺油、螺丝松动等小问题，应自己解决并做好记录，对于较大故障无法自己解决的，报请专业技术人员进行检修；

②非专业技术人员不应擅自拆装绿化机具。

（2）机械使用过程中的注意事项：

①使用绿化机械进行操作时，应确保工作区域内没有非相关人员，确保安全；

②在使用机械进行绿化时，应尽量避免休息时段，以免打扰业主休息。

（3）机械使用后的注意事项：

①所有机械、工具入仓前均应做好机身内外清洁卫生工作；

②所有机械、工具均应至少每月检查保养一次，检查发现问题，及时请专业技术人员进行检修。

本章小结

1. 物业环境管理是指物业服务企业通过宣传教育、制度建设、监督治理和日常保洁工作，维护辖区公共区域、公共部位的卫生清理，保持环境整洁，提高环境效益。

2. 物业环境管理的内容包括：物业环境保护管理、物业环境卫生管理、物业环境绿化管理、物业区域内的违章搭建管理和物业人文环境管理。

3. 物业环境管理的基本原则包括：以防为主与防治结合的原则；专业管理与群众参与相结合的原则、整体效益最优原则、制度约束与宣传教育相结合的原则。

4. 物业保洁管理要注意保洁效果、保洁人员、保洁制度三个方面的要求，还需注意保洁时间的选取和保洁安全的防范。

5. 绿化管理是指对绿化植物及园林小品等进行养护管理、保洁、更新、修缮，使其达到改善、美化环境，保持环境生态系统的良性循环的效果。物业绿化管理除了日常绿化养护管理工作外，还包括绿化翻新改造、花木种植、环境布置、绿化有偿服务等工作。

6. 绿化管理的基本要求包括：保持植物正常生长、保证环境整洁与安全、保障业主正常活动、创建社区环境文化。

复习题

1. 物业环境管理包括哪些工作内容？

2. 物业环境管理应遵循哪些基本原则？

3. 物业保洁管理与物业绿化管理的基本要求是什么？

4. 物业保洁管理与物业绿化管理应注意哪些事项？

问题与应用

1. 某物业服务企业职工在进行清洁外墙的施工过程中，一员工爬梯作业时，由于未站稳，不幸坠落下来，造成股骨骨折及脑震荡，需要住院治疗。

（1）物业清洁卫生的管理模式大致可分为（　　）两大类。

A. 外包管理及自行作业　　B. 户内有偿清洁及公共区域日常保洁

C. 垃圾分类收集及统一存放管理　　D. 专业化服务及提供差异化服务

（2）物业环境管理包括物业管理区域内的（　　）。

A. 园林绿化

B. 白蚁和虫害防治

C. 物业共用部位、共用设施设备和场地的清洁卫生

D. 业主专有部分的清洗

（3）清洁卫生服务人员在从事高处作业时该注意哪些事项？

2. 11 岁小女孩在居住的楼下与同学一起打羽毛球时，羽毛球被打到楼上一层平台上，她便攀登草坪边 70 余厘米高的钢筋护栏拿羽毛球，但不慎脚下一滑，倒在了钢筋护栏上的尖头上，该护栏尖头扎进了她的胸部。受伤小女孩家人将小区物业服务企业告上了法庭。

问题：

（1）物业服务企业该不该承担案例中的事故责任？

（2）假如你是物业服务企业的负责人，该如何规避案例中的事故风险？

第十一章　公共秩序管理

学习目标

物业公共秩序管理是物业服务过程中至关重要的一部分，包括物业管理区域内安全防范管理、消防管理和车辆停放管理等内容。本章介绍物业公共秩序管理相关知识。

1. 知识目标

➢掌握物业公共秩序管理的概念与特点；

➢掌握物业公共秩序管理的目标与原则；

➢掌握安全防范管理的内容与注意事项；

➢掌握消防管理的内容与注意事项；

➢掌握车辆停放管理的内容与注意事项。

2. 能力目标

➢具备做好安全防范管理、消防管理和车辆停放管理的能力。

知识结构导图

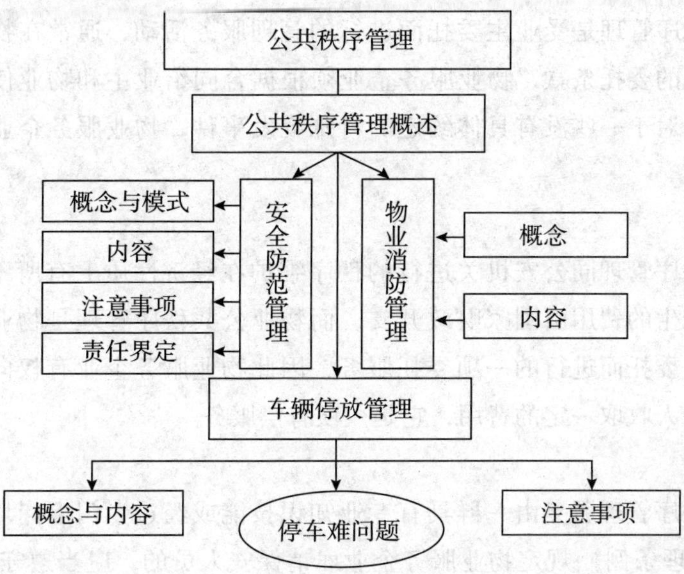

第一节　公共秩序管理概述

一、公共秩序管理的概念与特点

（一）物业公共秩序管理的概念

公共秩序管理是指在物业管理区域内，物业服务企业协助政府相关部门所进行的公共安全防范和公共秩序维护等管理服务活动。物业公共秩序管理主要包括物业区域内的公共安全防范管理、消防管理、车辆停放管理三个内容。

公共秩序管理服务的实施，一要以国家相关法规为准绳，二要以物业服务合同的约定为根据，明确相关各方的责任和义务，不得超越职权范围，不得违规操作。

物业服务企业为业主提供公共秩序管理服务有两种途径：一是通过市场将这一业务外包给专门的安全机构，由安全机构来提供此项服务；二是企业自行组建安保部（科、股、组等）来提供服务。

（二）物业公共秩序管理的特点

物业公共秩序管理有别于社会秩序维护，因此，相比于社会秩序维护，其在管理服务过程中具有以下五点较为鲜明的特点。

1. 履约性

物业公共秩序管理是受业主委托而进行的管理服务活动，通常在物业管理委托服务合同中有相关的委托条款，物业服务企业须根据合同给业主和物业使用人提供相应的服务。但是，对于一些没有具体约定的特殊突发事件，物业服务企业也要尽到善意提醒的义务。

2. 有偿性

物业公共秩序管理同公安机关进行的秩序维护在经济性质上有所不同。公安机关因维护秩序而产生的费用由国家财政开支，而物业公共秩序管理是物业服务企业受业主和物业使用人委托而进行的一项委托服务，因此物业服务企业有权向物业区域内的业主和物业使用人收取一定的费用，它是一项有偿服务。

3. 专业性

物业公共秩序管理服务由一群具有专业知识技能或经过专门上岗培训的专职人员提供。《物业管理条例》规定物业服务企业雇请保安人员的，应当遵守国家有关规定。并且物业范围内还会配备先进齐全的交通、通信及防卫设施设备。

4. 受制性

物业公共秩序管理主要受以下三方面的约束。一是受国家有关法律法规的约束，如《物业管理条例》《保安服务管理条例》；二是受公安和消防等政府机关的约束，物业公共秩序管理需要接受物业当地公安、消防等政府机关的监督和指导，其工作性质及内容具有辅助性、从属性；三是受物业服务合同的约束，物业公共秩序管理不得超越职权范围、不得违规操作。

5. 能动性

物业服务企业的公共秩序管理虽然受到法律法规的约束，需要接受公安消防部门的监督和指导，但这并不代表物业服务企业处于被动接受和执行指示的地位。物业公共秩序管理在受制约的框架内，服务方式是随着业主和物业使用人的安全消费需求，结合社会生活多样性、社会公共秩序复杂性及科学技术发展不断改革提升、与时俱进的。

二、公共秩序管理的目标与原则

（一）物业公共秩序管理目标

物业公共秩序管理的最终目标是实现物业安全，物业安全是指在物业区域内，没有危险、不受威胁和不出事故等。物业安全可从以下三点进行把握。

（1）在物业服务过程中，物业区域内相关人员的人身和财产不受侵害，物业区域内的生活秩序、工作秩序和公共场所秩序保持良好状态。

（2）在物业区域内不存在其他因素导致上述侵害的发生，即没有可能发生危险的状态。

（3）物业安全是物业区域内各方面因素的整体反映，而不是单指物业的某一个方面的安全。

（二）物业公共秩序管理原则

物业服务企业在进行公共秩序管理服务时，牵涉多方人员及各种设施设备。因此，物业服务企业做好公共秩序管理，针对不同的对象需要遵守不同的原则。

1. 预防为主，防治结合

这是公共秩序管理的首要原则。物业服务企业在提供公共秩序管理服务时须谨记“预防为主，防治结合”原则，确保安全防范工作的有效实施，将预防工作放在首位，防患于未然。与此同时，不断完善安全防范措施，确保更加有效地将公共安全隐患扼杀在摇篮。物业服务企业的安全防范是否完善到位直接影响到业主及物业使用人还有潜在客户对物业服务企业的信赖程度。

2. 专防与群防相结合

在不断提高专业工作水平的同时，物业服务企业应主动向广大业主及物业使用人宣传安全知识，提高群众安全防范及公共秩序意识，争取广大群众的理解、支持和配合，调动群众的力量，提供更加全面，优质的服务。

3. 密切联系，内外呼应

任何物业，不论其封闭程度有多大，也只是物业所在地的一个组成部分，其公共秩序管理必然也隶属于物业所在的公共秩序管理。因此，物业服务企业的安保部门应该与社会的安全管理机构——公安、消防机关保持密切联系，了解社会秩序实时情况，积极配合政府相关部门做好物业区域及周边的公共秩序管理。

4. “硬件”与“软件”同步提升

做好物业公共秩序管理，既要靠硬件设施，也要靠相关的“软件”管理。物业服务企业一方面要抓好硬件设施建设，督促建设单位配备先进的公共秩序管理设施（前期介入条件下）、购置管理过程中所必需的设备；另一方面也要抓好相关管理服务队伍的建设，各项规章制度的制定与完善。“软硬兼施”，增强公共秩序管理能力。

第二节　安全防范管理

一、安全防范管理的概念与模式

（一）安全防范管理的概念

物业安全防范管理是指物业服务企业为保障物业区域内财务不受损失，人身不受伤害，用户的工作、生活秩序正常而进行的以防盗、防破坏、防流氓犯罪活动、防意外及人为突发事故而对所管理的物业进行的一系列防范性管理活动。

（二）安全防范管理的模式

安全防范管理根据物业使用性质的不同而有不同的管理方式，主要有以下三种管理方式。

1. 封闭式管理

封闭式管理要求物业入口 24 小时有保安人员值班，业主或物业使用人有专用通行证件，外来人员须征得业主或物业使用人同意并办理登记手续才可入内，尤其是出入的车辆及大物件必须登记成册。在封闭式管理下整个物业为封闭体系。封闭式管理适用于各类有特殊需求的物业，如政府机关、部队或业主有特殊要求的物业。但随着人们安全消费需求的日益提高，我国现有大部分物业采用封闭式管理。

2. 开放式管理

开放式管理方式下业主或物业使用人无须办理专用通行证，且外来人员只需着装整洁就可自由出入。开放式管理适用于部分住宅区与商业楼宇。

3. 半封闭式管理

除上述两种管理方式，有些物业也将两种管理方式结合起来应用，形成半封闭式管理方式。比如，一些商业大厦在营业时间采用开放式管理，而在非营业时间则采用封闭式管理，以保障其物业区域内财产不受损失。

二、安全防范管理的内容

公共安全防范管理的主要内容包括：对进出物业区域的人员、车辆和物品进行管理并提供必要的协助，对物业区域进行安全巡逻，充分运用小区智能化安防系统进行安全防范并对之进行检查和维护，对施工现场的管理，配合居委会和公安机关开展社区管理工作等。公共安全防范的前三个内容一般体现在门岗、巡逻岗和监控岗三个岗位的职责上。

1. 门岗服务

依照国家法律、政策和物业区域的有关规章制度，对出入物业区域的人员、车辆和物品进行严格的检查、验证和登记，防止不法人员进入、物品丢失，以维护物业区域的内部秩序，保证人力、财力、物力的安全。

门岗的岗位职责主要包括以下几个方面：

（1）疏导大门出入口车辆和人员的进出，维护门口交通秩序，保证车辆及行人安全，使大门出入口，整洁、有序、畅通。

（2）严格制止闲杂人员、小商贩、推销人员进入辖区，装修施工阶段重点记录管理施工人员的进出。

（3）提高警惕，发现可疑人员和事情后及时处理并迅速报告领导。

（4）认真履行值班登记制度，详细记录值班中发生、处理的各种情况。

（5）坚持执行大宗和贵重物凭证出入制度。

（6）认真做好非办公（经营）时间用户出入登记工作。

（7）积极配合其他保安员做好各项安全防范工作，把好辖区的大门关。

（8）为业主及使用人提供必要的，可行的服务，如引导、咨询服务等。

2. 巡逻岗服务

保安人员在物业服务区域内有计划的巡回观察，以确保物业区域内的活动安全。

巡逻岗的岗位职责主要包括以下几个方面：

（1）巡视检查辖区内是否有不安全因素和事故隐患，发现情况立即采取措施并及时报告主管部门和领导。例如辖区公共区域内出现可疑人员，应留心观察，必要时礼貌查问。

（2）巡查公共部位设施设备、空置房屋、装修现场等的完好清洁等情况，配合其他部门工作，发现问题及时处理。

（3）发现业主、使用人不当使用物业及违反业主管理规约等行为，及时发现、及时劝阻制止。

（4）巡逻中发现案件或事故，根据现场保护的规定和要求，做好现场保护工作。

（5）巡逻中发生突发性事件或意外事故，如雷电伤人、建筑设施倒塌、爆炸、人员挤伤挤死等事故，全力维护现场秩序，协助相关机关做好人员、物资抢救工作。

3. 监控岗服务

物业企业利用智能安防系统对物业服务区域进行监控。

监控室是物业安防服务中心，很多商住区将电梯、消防、供水供电等系统设备控制放置在监控室，使其成为物业管理服务工作的调度室和指挥中心。

监控岗的岗位职责主要包括以下几个方面：

（1）掌握各类监控设备和警报设备的技术性能及操作方法，正确使用操作。

（2）密切注视屏幕及设备信号显示情况，发现问题立即按规定程序处理。

（3）发现异常情况或火警、匪警等其他危险情况时，立即报告处理。

（4）定期对安防系统进行维护和管理。若发现安保系统出现问题立即向专业管理人员报告，并立即到现场维修。系统较易损坏的器件、设备，必须要有足够的备件，以便及时更换。对系统所做的维修和管理，应当严格记录，并由负责工作人员签字。

4. 施工现场管理

《住宅室内装饰装修办法》第十七条规定：物业管理单位应当按照住宅室内装饰装修管理服务协议实施管理，发现装修人或者装饰装修企业有本办法第五条行为的，或者未经有关部门批准实施本办法第六条所列行为的，或者有违反本办法第七条、第八条、第九条规定行为的，应当立即制止；已造成事实后果或者拒不改正的，应当及时报告有关部门依法处理。

物业服务企业需要在装饰装修活动及其他物业区域内施工现场进行巡查、监督，发现问题，及时登记，向上级或相关政府部门报告。

5. 配合居委会和公安机关开展社区管理工作

物业服务企业除须做好各项物业服务工作外，还应协助公安机关、居委会等政府部门做好社区安全防范工作，共同做好社区管理，创建安全和谐社区。

（1）在社区组织重大活动时，物业服务企业应及时知会辖区派出所及社区居委会，相互协调，避免发生意外。

（2）在物业服务区域内发生治安或意外事故时，应及时通知相关部门，并协助做好调查取证及善后处理工作。

（3）积极配合相关部门做好法律政策宣传教育。

三、安全防范主要措施及注意事项

（一）安全防范主要措施

物业安全防范管理除了需要依靠人的管理服务之外，还须灵活运用先进的安防系统、设备，建立并不断完善安全防范制度，将人防、技防、物防三者有效结合，才能提供优质的安防服务。

1. 人防措施

（1）建立健全科学合理的安防组织机构，并配备相应人员。

对于物业自行负责安全防范服务的物业服务企业，应建立科学合理的安防组织机构，由专门的机构负责安全管理的具体领导、组织和协调，而不能把它作为一个附属的机构放在某一个其他部门里。物业服务企业的主要领导要兼任安全委员会的主任，并选派得力的干部出任保安部的经理，配备必要的安全保卫人员。安全保卫人员必须经过专业岗位培训，要有较高的政治素质、业务素质和思想品德素质。要把安全管理的任务落实到具体的安全管理人员中去，由专人负责。

（2）加强安防人员相关职业道德教育。

《物业管理条例》规定保安人员在维护物业管理区域内的公共秩序时，应当履行职责，不得侵害公民的合法权益。如保安人员不得剥夺、限制公民人身自由；不得搜查他人的身体或者扣押他人合法证件、合法财产；不得辱骂、殴打他人或者教唆殴打他人等。保安人员的素质高低在一定程度上决定了物业安防质量的好坏。因此，物业服务企业在选聘和管理保安人员过程中要特别注意这方面的问题，对相关人员进行定期或不定期的职业道德宣传教育。

（3）建立健全各项安防管理制度。

物业服务企业应根据国家的有关政策法规、规定和要求，结合自己所管物业的实际情况，制定出切实可行的安全管理的制度和办法，如安全管理岗位责任制度、安全管理操作规程、安全防范应急预案等。

（4）与物业项目周边单位建立联防联保制度，并与当地公安机关建立良好的工作关系。

物业服务企业所拥有的权利和可采取的工作措施有限，管理服务工作受各方面的限制，因此应当注意与周边各个物业管理区域的安防部门密切配合，建立联防联保制度。同时，与当地公安机关建立良好的工作关系，接受指导，这样做无论对于打击犯罪，还是减少安防人员的人身威胁都具有重要意义。

2. 技防措施

引进智能安防系统，配备必要的、专业的、现代化的安全管理的设备设施，如中央监控系统、自动报警系统、消防喷淋系统以及其他安全管理器材设备（如交通通信和防卫设备），充分运用先进科学技术增强安全管理的安全系数与效率，保证物业区域内人身和财产的安全。

3. 物防措施

封闭式管理，提高实体屏障防范力，增加围墙高度、围墙设置倒刺、安装高质量防盗门窗等都是增强物防的可行措施，对物业区域进行封闭管理是增强物防能力的有效途径。物业服务企业应根据物业项目的自身条件及周围环境，通过一定措施加强实体防范，在条件允许的情况下采用封闭式管理。

（二）安全防范注意事项

《物业管理条例》规定：对物业管理区域内违反有关治安、环保、物业装饰装修和使用等方面法律法规规定的行为，物业服务企业应当制止，并及时向有关行政管理部门报告。有关行政管理部门在接到物业服务企业的报告后，应当依法对违法行为予以制止或者依法处理。

物业在其中负有劝告、制止、报告义务，但处理权利仍在政府机关手中。因此，物业管理企业应当有风险规避意识，注意以下事项。

1. 在物业区域内设置标识，制定并实施防范措施

在物业区域内易发生人身安全隐患的场所设置明显的安全标识，并制定实施切实有效的防范措施，以保证业主、使用人和物业服务人员的人身安全，避免发生意外。

2. 加强对员工的风险教育，培养其应急能力

如遇有违法犯罪分子正在进行盗窃、抢劫、行凶、纵火等违法犯罪活动时，应立即报警，协助公安机关制止，并采取积极措施予以抢救、排险，尽量减少损失。对于已发生的案件，应做好现场的保护工作，以便公安机关进行侦查破案。切勿自行采取行动，使企业承担不必要的法律责任。

3. 适当引入市场化的风险分担机构

如为其接管的物业公用部位及公用设施设备购买保险（物业管理责任险）来转移和降低风险，一旦发生类似楼宇外墙装饰物脱落击伤人或砸坏车辆等意外时，由保险公司去承担相应赔偿责任。此外还可购买公共责任险、停车场失盗险、游泳池险等。

四、安全防范管理责任界定

一直以来，各界人士对物业服务企业应承担的安全责任争议不休。一般在物业服务合同没有排除公共秩序管理项目的情况下，物业服务企业负有公共秩序的安全防范义务。

《物业管理条例》第三十六条规定：物业服务企业应当按照物业服务合同的约定，提供相应的服务。物业服务企业未能履行物业服务合同的约定，导致业主人身、财产安全受到损害的，应当依法承担相应的法律责任。

值得注意的是，物业服务企业承担的不是保险责任，不负有业主人身及财产的保护、保管义务，业主的人身财产受其本人控制，安全管理由其本人负责。但物业服务企业负有物业区域的公共秩序安全防范义务，若未履行该义务，物业服务企业需要承担过错责任，即物业服务企业承担的是在事故中由于安全防范能力不足造成的责任。

在目前物业服务行业中，有一部分企业将公共秩序管理服务委托给专门的保安公司，由保安公司提供相应人员并按照合约规定提供物业服务企业要求的服务。该做法实际上是物业服务企业与其他主体分担法律风险的措施，但众多保安公司要求排除因物业项目安全事故造成的赔偿责任。因法律目前对保安公司的义务尚没有明确规定，所以聘请专业保安公司分担法律风险也极为有限。

但是，在某些情况下，物业服务企业无须承担责任。因不可预测、不可避免、不可抗力造成的侵害行为，完全超出物业服务企业的安全防范和控制能力的，物业服务企业不承担责任。如属于自然灾害的飓风、暴雨、闪电、地震等引起的设施设备损坏、人员伤害，物业服务企业无须负责。属于其他不可预测的意外事件，如社会骚乱、恐怖事件等导致的后果，物业服务企业无须负责。

参考案例

物业公司是否承担业主家财物被盗赔偿责任

叶女士是浦东新区海阳路某小区201室业主。2010年1月11日早晨7时许，叶女士离家上班，至下午6时下班回家后，却发现其住所已被小偷光顾。叶女士随即报警，公安人员到现场勘查后，经清点，叶女士家中的浪琴牌女士手表、惠普牌笔记本电脑及钻戒、项链等物品被窃。然而，由于该小区未安装监控摄像头等因素致使警方至今无法侦破该盗窃案件。因与物业公司就赔偿事宜协商未果，故叶女士以物业公司对小区的保安管理未尽义务为由向浦东新区法院提起诉讼。

在法庭上，叶女士提出，小区内曾多次发生盗窃，虽公安机关也提醒物业公司提请业委会安装监控探头，但其不予理睬；此前自己也曾申请安装防盗窗，但未获物业公司的准许，而其安保措施又未加强。据此认为，由于物业公司管理不善，未尽保安职责，导致自己家中遭窃，作为物业公司负有不可推卸的过错责任，故起诉要求物业公司赔偿被盗财物经济损失的30%即4.5万元。

物业公司则认为，业主叶女士家中被盗属实，但公司已尽物业保安职责，监控探头系小区开发商未予安装，故其对此并无过错；小区内实行24小时保安制度，负责小区巡视等保安工作，故公司不存在失职行为，且公司没有法定义务对叶女士的财产承担保护责任。综上，不同意叶女士的诉讼请求。

法院审理后认为，本案中，从叶女士提供的相关证据可以证实物业公司作为物业服务企业在小区安保工作上确实存在瑕疵，特别是其在阻止叶女士等业主自行安装防盗设施后未采取进一步的防范措施，故其负有管理未尽职责的过错，理应在其过错范围内对叶女士的被盗损失承担相应的赔偿责任，故法院对叶女士主张的赔偿数额酌定予以支持。据此，法院作出判决，物业公司赔偿业主叶女士损失2万元。

第三节　物业消防管理

一、物业消防管理的概念

消防是预防和扑救火灾的总称。根据《中华人民共和国消防法》的规定，消防工作不仅仅是火灾预防和火灾扑救，还包括消防法规、消防方针、消防组织、消防监督、消防技术和消防管理等一系列内容。

物业消防管理主要是指物业服务企业在物业服务区域内采取各种措施和手段，预防火灾的发生，在火灾发生时采取应急措施最大限度地降低火灾的损失。消防管理在物业管理过程中同样占有重要的位置，物业消防管理是物业安全使用和社会安定的重要保证。物业服务区域内一旦发生火灾，将会给业主和物业使用人的生命和财产带来巨大的威胁。

二、物业消防管理的内容

消防管理的主要内容有：消防队伍的建设、消防管理制度的建立与完善、灭火预案的制定、消防设备设施的完善与维护保养、消防安全检查、消防安全知识宣传教育等。

1. 消防队伍的建设

为加强物业的消防管理，物业服务企业应建立义务消防队，负责消防知识的宣传和教育，消防设施设备及日常消防工作的检查，消防监控报警中心的值班监控以及发生火灾时配合消防部门实施灭火扑救。义务消防队由项目的全体员工组成，可分为指挥组、通信组、警戒组、设备组、灭火组和救援组等。同时，要做好义务消防队的消防实操训练及消防常识的培训。

2. 消防管理制度的建立

消防制度包括消防岗位责任制度、消防值班制度、防火档案制度、消防安全检查制度、消防的定期训练和演习制度、各种消防设施设备管理制度和其他有关消防的规定等。

（1）消防岗位责任制度。建立各级领导负责的逐级防火责任制，明确个人责任，建立全方位的监督制度体系。

（2）消防中心值班制度。消防中心是火警预报、信息通信中心，消防值班员必须严谨负责，认真地做好值班监视工作。

（3）防火档案制度。建立防火档案，对防火隐患、消防设备状况、重点消防部位、当前消防工作概括记录在案，以便随时查阅。

（4）消防安全检查制度。消防安全检查制度主要包括日常性、季节性、专业性的消防安全检查及其火灾隐患处理措施等方面的内容，并应明确检查人员、检查内容、范围、部位及频率。

（5）专职消防的定期训练和演习制度。对消防队员的定期训练和演习是提高消防意识和实战技能的有效方法。

（6）消防设施设备管理制度。消防设施设备管理制度的主要内容包括消防系统运行管理方法和操作规程，消防系统维护、保养及检查，消防装备日常管理方法，消防器材配置。

（7）其他有关消防的规定等。如严禁在物业区域内堆放易燃易爆物品；严禁堵塞防火通道；未经批准，物业区域内装修施工单位不得擅自动用明火，凡进入物业区域内的施工单位都必须遵守物业服务企业的装修安全管理规定，以确保施工中的防火安全。

3. 灭火预案的制定

物业服务企业应结合所管物业项目的消防技术装备和消防队伍的业务素质，制定符合物业实际情况经消防演练证明具有实操性和可行性的灭火预案。灭火预案应包括物业项目单位的基本概况（包括周围情况、水源情况、物资特性及建筑特点、单位消防组织与技术装备）、火灾危险性和发展特点、灭火力量部署、防火措施及战术方法、注意事项及灭火预案图等内容。防火预案还要根据所管物业的情况和火灾特点对火灾隐患较大的地方进行重点标志。针对火灾预案的演练要求有相应的负责人和经费预算，并明确各人员、部门的职责及分工要求。灭火方案须报经当地公安消防大（中）队审核通过和备案。

4. 消防设备设施的完善与维护保养

消防设施设备是消防工作展开的物质技术基础。因此，物业服务企业应完善物业区域内的消防设施设备并进行维护保养，以保证消防质量。常规消防装备是配备在物业区域的战备器材，应定期检查，至少每月进行一次全面检查，发现破损、泄漏、变形或工作压力不够等现象时，应对器材进行维修和调换申购，以防在训练中发生事故或在实际发生事故时不能应急。任何部门和个人（包括物业服务工作人员和业主）都有维护消防设施设备的责任，任何人都不得擅自挪用消防设备与器材或更改其位置、私自占用消防通道等。

5. 消防安全检查

定期对消防设施设备进行功能检测，保证消防设施设备的完好，达到应急要求，发现安全隐患及时通知有关部门或专门负责人及时消除。物业消防安全检查的对象主要包括：消防控制室、自动报警（灭火）系统、安全疏散出口、应急照明与疏散指示标志、室内消防栓、灭火器配置、机房、厨房、楼层、电气线路以及防排烟系统等场所。

6. 消防安全知识宣传教育

“预防为主，教育先行。”消防工作的宣传教育和培训是增强消防工作透明度、发动业主、物业使用人和员工自觉同火灾斗争的重要措施，也是贯彻“预防为主，防消结合”方针的一个重要内容，是提高所管物业区域内全民消防意识，普及消防法规和消防知识的重要途径。

（1）对员工的培训教育。物业服务企业的员工是消防管理的主要力量，对员工的消防知识培训主要从以下三个方面进行：消防理论知识的学习，如对政府的消防法规、防火灭火的基本原理和知识的深入了解学习；常用灭火器材的使用方法掌握，如手提灭火器的使用、防毒面具的穿戴、大楼消防设施的使用等；消防综合演练的开展，在消防演练中提高员工灭火能力及各种应急能力。

（2）对业主的消防宣传教育。对业主和物业使用人的宣传教育应当形式多样，因地制宜、因人而异，要有针对性、多样性和灵活性。常用的宣传教育法有提醒式宣传、集中式宣传、告诫式教育、规劝式教育。向业主和物业使用人普及消防知识有助于减少因其违规或不当操作而造成的火灾，并使其有能力在火灾发生时自救。

参考案例

小区火灾两人身亡，物业公司“瑕疵服务”赔30万元

2009年2月28日凌晨3时54分，无锡市119消防调度指挥中心接到无锡市新区国际花园一期A号楼3102室拨出的火灾报警电话。

当消防队员到达事发小区时，因业主私家车停放在消防通道，造成消防车通行困难。当天凌晨4时13分，消防人员到达火灾现场时，发现在3102室内居住的两人因火灾已死亡。消防人员打开楼内消防栓，管道内没水，后用了20多分钟从楼下铺设水带供水灭火。

两死者亲属提起诉讼认为：事故发生时，物业烟感报警系统未正常投入使用，影响报警时间与案发地的准确报送；消防供水系统未正常投入使用，导致消防人员现场救火时无水可用，延误了援救时机；消防通道未保持畅通，影响消防车辆通行，导致消防人员无法及时赶至现场施救。因此，物业公司在消防设施的配备、管理上存在的过错与死者的死亡有因果关系，应承担相应的赔偿责任。

我国《消防法》规定了居民住宅区的管理单位应当履行如下义务：及时消除火灾隐患，按规定配置消防设施和器材、设置消防安全标志，确保消防设施和器材完好、有效，保障疏散通道、安全出口畅通等消防安全职责，并明令禁止任何单位、个人不得损坏、擅自挪用、拆除、停用消防设施、器材，或堵塞消防通道。

本案中，物业公司在小区消防安全管理上存在的问题均违反了法律禁止性规定，其中，物业公司为了管理方便，擅自关闭消防自动供水，并允许在消防通道停放其他车辆，一旦所在小区发生火患，必然给业主自救和消防部门施救设置障碍，增加了火患引发严重后果的可能性，危害了小区物业财产及广大业主人身的安全性。

江苏省无锡市中级法院终审判决物业公司对小区火灾造成一住户两人死亡案承担部分责任；物业公司赔偿死者亲属死亡赔偿金、丧葬费、精神抚慰金30余万元。

第四节　车辆停放管理

一、车辆停放管理概念

随着经济的发展，人们的生活水平也在不断提高，据报道2014年我国国内汽车保有量将近1.5亿辆，并仍成持续增长趋势。这给物业区域内的车辆管理增加了诸多压

力。车辆停放不当会给物业环境、交通秩序，甚至人身财产安全造成很大的影响。因此，物业服务企业应当加强车辆停放管理工作，解决或避免因停车而产生的矛盾纠纷。

二、车辆停放管理内容

车辆管理的内容包括：车辆管理队伍建设、车位规划与分配、车辆出入管理、车辆停放管理、停车收费管理、相关设施设备的维修养护工作等。

1. 建立健全车辆管理队伍

做好物业区域内车辆管理，提供安全有序的车辆停放管理服务，物业服务企业应根据小区车辆管理实际情况做好人员安排。合理编制小区车辆交通疏导及管理人员、停车场维护人员、车辆收费管理人员等。

2. 车位规划与分配

物业服务企业应充分考虑业主车辆停放的具体需求，做好车位的规划与分配工作。在不影响正常秩序的情况下，最大限度地满足业主及使用人的车辆停放需求。拟订停车位的规划与分配方案前应对物业项目的停车需求情况进行调研分析。分析对象有：建筑平面图、车位布置平面图、通道、出人口、停车场硬件配置情况、本项的车辆拥有情况、规划车位数量、外来车辆情况、周边停车状况、收费标准等。调研分析后，确定停车位的具体设置（包括增设、减少、改建等）、区域划分、数量配置（月卡车辆配置、固定车位配置、临停车位配置）、分配方式等，并向停车场所有权方（如小区地面车位属全体业主所有，地下停车场属产权单位所有等）提交停车位规划与分配方案。在获得权属方批准后予以实施。

3. 车辆出入管理

车辆的出入管理应根据国家法规、物业服务合同、停车场管理合同等约定，现场的设施设备硬件配置情况，区分不同类型的车辆，制定相应的出入管理制度，实现车辆出入的有效管理。

如对物业管理区域内出入及停放的车辆，可采用出入卡证管理。一般对居住在物业区域内的业主及物业使用人，其车辆以办理年卡或月卡的方式，出入时只须出示年卡或月卡即可；外来的车辆或暂时停放的车辆可采用发临时卡的方式进行管理，即每次进入时发给一张临时卡，上面记录进入的时间、道口、车牌号、值班人等，此卡在车辆出去时收回。

若采用人工登记，车场出口岗应要求车主出示行驶证、驾照、身份证进行核实，核实身份后予以登记放行，必要时可上报上级进行查询处理。

对于进出的公检法值勤车辆，门岗应询问进出事由并核实相关车辆证照，登记后予以放行。对于进出车辆装有货物的，应查看货物是否易燃易爆危险品，确认安全后可放行，若是危险品则应阻止进入或报告上级经同意后放行（放行的同时应通知巡逻岗全程跟进）。

4. 车辆停放管理

业主或物业使用人将车辆停放在物业区域内的停车场时，安防人员应对车辆停放的安全、秩序、区域、特殊情况等进行管理，确保车辆停放有序，车道畅通，避免各类停车纠纷的发生。

5. 停车收费管理

物业服务企业应区分各类型车辆，根据各地的价格主管部门发布的《机动车停放服务收费管理办法》制定相应的停放服务费用标准，并报当地价格管理部门备案许可。许可后实施时需按法规规定在车场出入口处设立停放服务费标准公示牌，以便车主查询。同时物业服务企业应建立停车场收费管理制度，公正、及时、准确地收取停车费用，设立完整的停车费账目。

三、车辆停放管理注意事项

（一）强风险管理

1. 认清停车位权利主体，合理收取和处置停车费

《中华人民共和国物权法》第七十四条规定：建筑区划内，规划用于停放汽车的车位、车库应当首先满足业主的需要。建筑区划内，规划用于停放汽车的车位、车库的归属，由当事人通过出售、附赠或者出租等方式约定。占用业主共有的道路或者其他场地用于停放汽车的车位，属于业主共有。

因此，物业服务企业应当认清停车位的权利主体，合理收取并处置停车费，归业主所有的停车位仅向业主收取车辆停放服务费，该类停车位经营所得收入归业主所有。

2. 在物业服务合同中明确约定停车费性质

车辆在小区内毁损、丢失的现象时有发生，车主和物业服务企业的纠纷频繁出现，使得物业服务企业是否应当承担赔偿责任成为该类纠纷争议的焦点。责任到底由谁承担主要看物业服务企业所收取的停车费到底是车辆停放服务费还是车辆保管费。

此类纠纷发生时，物业服务企业多主张其向业主收取的停车费是车辆停放服务费，从而不应对车主损失承担赔偿责任。而车主则持相反观点，认为物业服务企业收取的是车辆保管费，应承担全部损失。

如果物业服务企业收取的停车费是车辆保管费，则在车辆发生毁损、丢失时一般应承担车主丢车的全部损失；而当其收取的停车费为车辆停放服务费时，物业服务企业则不负有保管车辆的义务，而只负责场地卫生、灯光照明、相关设施设备维修养护，

在车辆发生毁损、丢失时，一般不承担赔偿责任。但由于物业企业对小区负有安全防范的义务，物业如果没有尽到应尽的义务，造成车辆毁损、丢失的，应当承担相应的赔偿责任。

因此，在停车费收取问题上，物业服务企业同业主及物业使用人应尽量在合同中对停车费性质予以明确约定。并且国家也应尽快出台相关法律法规，以明确停车费的性质，避免和妥善解决由此引发的纠纷，创建和谐物业。

3. 交通标识及免责告示充足明显

完善的交通标识系统，既可以确保物业区域车辆交通的有序，也可以减少安全事故的发生。而车辆停放票据、卡、证及收费牌上的相关免责提示可以提醒车主做好相应的安全防范措施，减少安全事件的发生，并且避免发生安全事件时引发法律纠纷。

4. 确认停放车辆状况，规避风险

车辆进入停车位停放时，管理人员应及时检查车辆，车辆是否有损坏，车窗是否已关闭，是否有贵重物品遗留车内等，必要时做好记录并通知车主，避免出现法律纠纷。

5. 引导车辆停放使符合消防管理要求

由于停车位紧缺或车主个人因素，经常会出现车辆停放在消防通道上的现象；部分物业公司甚至为了提高车辆停放收入，擅自将部分消防通道划为停车位。这样往往会导致消防通道的堵塞，严重影响消防疏散及抢救。因此，车辆进入后，管理人员应引导车辆停放，确保车辆停放符合消防管理的要求，绝对不能堵塞消防通道。

（二）积极应对“停车难”问题

供不应求直接导致了停车难的问题，物业服务企业应注意采取相关措施以缓解该问题，避免业主与物业服务企业、业主与业主等多方利益主体之间的矛盾激化升级。下面一节将具体介绍停车难问题的处理。

参考案例

广州“5·7”特大暴雨灾害导致水浸车

2010年5月7日，广州出现特大暴雨，包括金海花园、中海康城在内的多个小区车库被淹。中海康城有373台车遭水浸，其中有36名车主未购保险，他们向法院起诉，要求物业公司、开发商赔偿损失近500万元。

法院认为被告作为物业管理公司不能预见“5·7”特大暴雨，下雨时停车场内迅速积水，积水量严重超过停车场正常阻水和排水设施的承受能力，最终导致小区第三期停车场被完全淹没，这是不能避免和克服的。

法院同时认为，中海物业在暴雨黄色预警信号发布后，应该及早采取防御措施，但其采取的一般性排险措施未能有效减缓雨水浸入停车场；在通知车主方面，中海物业仅以消防广播的方式通知车主，通知方式过于简单且效果不佳，因此，中海物业作为车辆保管人，应对原告车辆损害承担一定的赔偿责任。根据《合同法》，法院判决中海物业承担20%的赔偿责任，即按各原告车辆评估确定维修费用的20%进行赔偿。最终法院判决中海物业赔偿36 名车主共计73.5 万元。

四、停车难问题的处理

停车难的问题近年来日益凸显。由于经济的迅速发展，近年来私家车数量也急剧增长，然而原来建设单位做停车规划时却没有用发展的眼光看待停车位和停车场的需求，导致如今停车场及停车位远不及人们的需求。在停车位缺乏的情况下，人们只能随处停放、乱占道路了。由此，车辆乱停乱放又衍生出了其他一系列问题，如占用公共绿化面积，造成环境污染，降低生活质量；占用小区主干道、次干道，甚至是消防通道，影响消防安全和交通安全；业主与业主因停车位发生纠纷，影响邻里和睦。

然而停车难问题本质上并不是物业服务层面上的问题，而是社会层面上的问题，仅靠物业服务企业的力量是难以解决的，因此需要集结多方力量，共同解决。

1. 缓解车位供应紧张矛盾

物业服务企业可采用以下方法缓解车位供应紧张矛盾：

(1) 用价格因素调整供求紧张关系。这样做的前提有两点：一是征得权属人的同意，二是不违背当地价格主管部门的规定。

(2) 重新划定小区内停车位。建设单位设计的停车位一般还有很多可以利用的空间。

(3) 利用共用场地划定新的停车位。经过业主许可和相关政府部门审批（如有必要）后，物业服务企业可以将一些利用效率不高的公共场地及设施划定为新的停车位，以缓解车位紧张的矛盾。但不得占用消防通道或者必需的绿化用地。

(4) 改造部分设施增加停车位。物业服务企业在征得相关各方的同意后，可以将园区内部分设施进行移位或改造，使相关场地可以满足停放车辆的要求。还可利用一些特殊的设施设备将单层地下车库改造成双层停车库。这种改造不得改动主体结构，用来改造的设施设备必须经过有关部门的安全性能鉴定。

(5) 将小区公共场地部分作为临时停车场。这种做法须注意的是：物业服务企业要严格约定车辆进入和取出的时间，对于违规车辆要予以处理，如禁止其进入停放；同时防止漏油、泥污、载重车辆进入，以防污染环境，清洁工人也需在车辆离开后立即清扫，保障环境卫生。

（6）利用小区周边区域停车。小区门前一般都有宽窄不同的社会公共道路等场地，这些地域也可用来停放车辆。这种做法一是须征得政府相关职能部门的同意，二是不可堵塞交通。

（7）利用其他方面的资源。如果上述方法仍然不能解决业主的停车难问题，可疏导业主到小区附近的其他车辆保管场所，以此缓和小区停车位的供需矛盾，减轻业主们对物业服务企业的压力。如果小区周边有机关单位或者写字楼，可以协调错峰车辆停放，充分发挥白天小区内停车资源和写字楼夜间停车资源的互补作用，实现双赢。

2. 规范车辆停放秩序

对在小区内违规停车的要加大处罚力度，特别是消防通道要严禁停车，同时采取措施限制外来车辆的进入和停车过夜。物业服务要加强车辆管理，结合实际，配合业主大会共同制定车辆停放管理制度，针对车多位少的实际情况，合理规划道路动线，确保行车路线畅通，提高车位利用率，切实做好车辆通行和停放秩序的管理。

3. 政府提供政策支持

（1）完善或出台相关法律法规。停车难问题本质上是社会问题，需要政府指导解决。因此，政府部门应当尽快完善或订立相关法律法规，如完善《中华人民共和国物权法》关于停车位权属的阐述，减少因停车难而产生的纠纷；出台类似《小区停车位规划及改造办法》，使老旧小区停车位改造有法可依，新小区停车位规划有标准可遵循。

（2）投资主导一批改造工程。由政府主要投资、群众辅助集资，主导先改造一批老旧小区的停车位，将改造成功有效的案例进行大力宣传，让各利益主体看到其中的效果并认可，由此加快停车位的改造，解决问题。

4. 加强先进技术应用

以前的停车场多采用人工发卡、收卡，难免有疏漏的时候，因为没有随时记录可查，丢车或谎报丢车现象时有发生，给停车场带来诸多麻烦和经济损失，严重影响物业服务企业与业主之间的关系。随着科技的进步和电子技术、计算机技术、通信技术的应用，当今的停车停放管理已经向智能型的方向转变。

（1）智能停车场管理系统。智能停车场系统集感应式智能卡技术、计算机网络、视频监控、图像识别与处理及自动控制技术于一体，对停车场内的车辆进行自动化管理，包括车辆身份判断、出入控制、车牌自动识别、车位检索、车位引导、会车提醒、图像显示、车型校对、时间计算、费用收取及核查、语音对讲、自动取（收）卡等系列科学、有效的操作。这些功能可根据需要和现场实际灵活删减或增加，形成不同规模与级别的豪华型、标准型、节约型停车场管理系统和车辆管制系统。

先进可靠的停车场收费系统在停车场管理系统中的作用越来越大。目前停车场使用的收费系统大多数使用感应卡停车场管理系统。这类感应系统高效快捷、公正准确，是停车场对于车辆实行动态和静态管理的综合。而且这类系统易于操作维护、自动化程度高，可大大减轻管理者的劳动强度，还可杜绝失误及任何形式的作弊，防止停车费用流失。

此外，值得一提的是停车道闸收费系统。停车道闸收费系统可与智能图像识别系统一起使用，可更有效地杜绝偷车、盗车现象，并减少在外被刮伤的车辆进入停车场后再索赔的纠纷，使停车场管理者和使用者得到最大的安全保障。停车场道闸系统还可与红外感应系统一起使用，可有效同步地对车场内车位空置分布情况进行管理，可提前指引车主车辆停放位置，方便车主停放的同时，减少了车场引导人员的配置及车辆拥堵情况，有效提高车辆停放管理效率。

（2）推广立体车库的使用。立体车库是用来最大量存取储放车辆的机械或机械设备系统。与地下车库相比可更加有效地保证人身和车辆的安全，机械车库从管理上可以做到彻底的人车分流。在地下车库中采用机械存车，还可以免除采暖通风设施，因此，运行中的耗电量比人工管理的地下车库低得多。机械车库一般不做成套系统，而是以单台集装而成。这样可以充分发挥其用地少、可化整为零的优势，在住宅区的每个组团中或每栋楼下都可以随机设立机械停车楼。这对眼下车库短缺的小区解决停车难的问题提供了方便条件。但是，在选择库型时要注意库容量、停放车辆规格、存车时间、车位周转率、管理收费方式、土地价格、土地面积、设备投资及回报等各个方面因素。

在国家质量监督检验检疫总局颁布的《特种设备目录》中，按运行机制分可将立体车库分为九大类，具体是：升降横移类、简易升降类、垂直循环类、水平循环类、多层循环类、平面移动类、巷道堆垛类、垂直升降类和汽车专用升降机。其中，升降横移类、平面移动类、巷道堆垛类、垂直升降类，这 4 种类型的车库都是最典型的、市场上采用最多的、市场占有率最高的、最适合大型化发展的。

本章小结

1. 公共秩序管理是指在物业管理区域内，物业服务企业协助政府相关部门所进行的公共安全防范和公共秩序维护等管理服务活动。物业公共秩序管理主要包括物业区域内的公共安全防范管理、消防管理、车辆停放管理三方面的内容。

2. 业安全防范管理是指物业服务企业为保障物业区域内财务不受损失，人身不受伤害，用户的工作、生活秩序正常而进行的以防盗、防破坏、防流氓犯罪活动、防意外及人为突发事故而对所管理的物业进行的一系列防范性管理活动。

3. 物业安全防范管理除了需要依靠人的管理服务之外，还须灵活运用先进的安防系统、设备，建立并不断完善安全防范制度，将人防、技防、物防三者有效结合，才能提供优质的安防服务。

4. 消防管理的主要内容有：消防队伍的建设、消防管理制度的建立与完善、灭火预案的制定、消防设备设施的完善与维护保养、消防安全检查、消防安全知识宣传教育等。

5. 车辆管理的内容包括：车辆管理队伍建设、车位规划与分配、车辆出入管理、车辆停放管理、停车收费管理、相关设施设备的维修养护工作等。

6. 物业服务企业可以从缓解车位供应紧张矛盾、规范车辆停放秩序、政府提供政策支持和加强先进技术应用等方面解决停车难问题。

复习题

1. 物业公共秩序管理有什么特点？

2. 物业服务企业进行公共秩序管理的方式有哪几种？

3. 安全防范管理的主要任务有哪些？

4. 车辆停放管理突出的问题是什么？如何解决该问题？

问题与应用

1. 某小区物业管理处接到火情报告，小区 C 区 A 栋发生火灾，接到报案后，物业管理处采取了以下行动：①通知巡逻岗现场确认火情，确认后启动应急预案，并通知消防主管部门；②救援疏散组组织现场人员进行疏散，在疏散的同时，灭火组进行灭火；③发现有车辆停放在消防通道上，及时联系业主，疏通消防通道。

（1）以下关于义务消防队的说法错误的是（　　）。

A. 分为指挥组、通信组、警戒组、设备组、灭火组和救援组等

B. 由项目工作人员和业主共同组成

C. 设备组由具有消防设备操作及维护知识的维修人员担任

D. 灭火组和救援组由年轻力壮、身体素质好的人员担任

（2）义务消防队员的工作不包括（　　）。

A. 负责消防知识的普及、宣传和教育

B. 负责消防设施设备及日常消防工作的检查

C. 负责消防监控报警中心的值班监控

D. 建立健全消防领导责任制

2. 某小区入住已有两年，多数业主在以下两个方面投诉较集中：

（1）小区内部分楼层防烟防火门经常处于开启状态；

（2）小区周边治安环境恶劣。

请回答：解决上述两个问题的主要措施有哪些？

第十二章　物业客户服务管理

学习目标

客户服务贯穿于物业管理的各个环节，在物业管理中占据着极其重要的地位，实施客户服务管理对物业服务企业意义重大。本章在界定物业客户服务相关概念的基础上，重点介绍了物业客户投诉管理、物业客户满意度管理和客户关系管理。

1. 知识目标

➢掌握物业客户和物业客户服务的概念与特点；

➢掌握物业客户投诉管理的原则与步骤；

➢掌握物业客户满意度调查的方法；

➢掌握物业客户关系管理的四个基本要素。

2. 能力目标

➢具备处理物业客户投诉的能力；

➢具备开展物业客户满意度调查的能力；

➢具备开展物业客户关系管理的能力。

知识结构导图

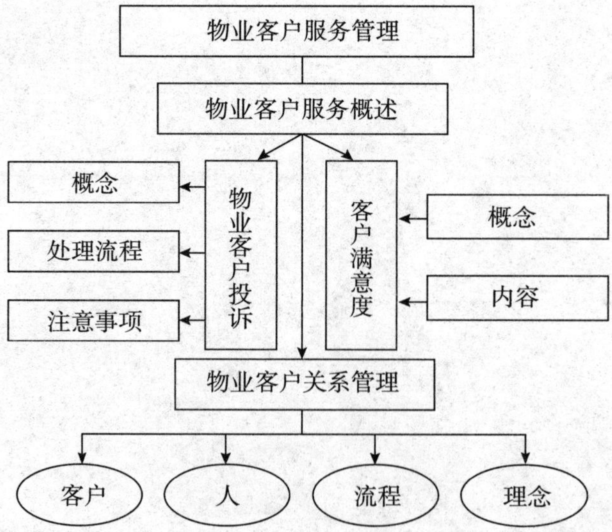

第一节　物业项目客户服务概述

一、物业客户的定义与特点

（一）物业客户的定义

客户是物业服务企业生存的根本，从广义上来说，物业管理中的客户涵盖了物业服务企业在物业管理过程中服务的所有对象，包括建设单位、业主、物业使用人、相关行政主管部门等。狭义上而言，物业管理中的客户是指物业服务企业在经营和服务管理过程中所服务的特殊群体，即业主和物业使用人。本章所定义的客户指的是狭义上的客户，即业主和物业使用人。

（二）物业客户的特点

1. 不同性质的客户具有不同的特点

作为物业的所有权人，业主既希望物业管理能够给自己提供一个安全、舒适、美观的生活、工作环境，又希望通过物业管理使自己的物业保值增值。作为只有使用权的物业使用人一般只关心物业管理能够提供一个安全、舒适、美观的生活、工作环境。

2. 不同类型物业的客户具有不同的特点

主要表现在两个方面：一是不同类型物业的客户性质不一样，比如，住宅小区物业的客户以业主为主，写字楼物业的客户以租户为主，零售商业物业的客户以消费者和租户为主；二是不同类型物业的客户需求不一样，比如，居住类物业的客户更关注物业管理对日常生活的服务，强调安全、舒适，写字楼物业的客户更关注物业管理对工作的服务，强调方便、高效。

二、物业客户服务的概念与特征

（一）物业客户服务的概念

广义而言，任何能提高物业客户满意度的内容都属于物业客户服务的范围之内，因此，物业客户服务既包括了对“物”的管理，如房屋及设施设备的维护、公共区域、部位的卫生清洁等，又包括了对“人”的服务，如客户咨询接待、物业投诉处理等，对“物”的管理和对“人”的服务都能促进客户满意度的提高。本章所定义的物业客户服务仅指对“人”的服务。

（二）物业客户服务的特征

1. 服务的体验性与持续性

一般的产品或服务，它们的服务受众对服务的体验和接受时间一般都比较短、而且频率低，受众对服务的刺激强烈，常常得到一次以后会形成持久的联想。然而，由于物业项目地域和服务对象的固定性，物业客户服务的受众对服务的接受时间长、频率高，受众对物业服务是一个很长的体验与评价过程。

2. 服务的全员参与性

物业服务是服务人员自主的生产过程，同时也是客户的消费和体验过程。物业客户服务中，与客户接触或潜在接触的每一个员工都是服务的生产者，因此，物业项目的所有人员都是客户服务人员，客户服务不只是客服部的事，而是包括保安员、保洁员、维修员以及各级管理者在列的所有人员的事。

3. 服务的复杂性与相对性

物业客户服务的对象规模大、差别大，需求各异，物业服务企业提供的服务内容既要体现一致性，又要体现差别化。同时，由于服务的无形性与体验性特点，很难有统一的标准来衡量服务质量，客户对服务质量的评价主要来自主观判断。因此，不同客户对同一服务人员提供的服务可能评价不一致，服务满意度具有相对性。

4. 服务的时效性

由于服务的无形性及服务的生产和消费同时进行，使得服务不可能像有形的消费品一样储存起来。当然，服务的各种设备可能事先准备好，但生产出来的服务如果不被消费掉，就会造成损失。也就是说，物业服务生产的目的就是为了客户的消费，故生产必须有针对性，根据客户在某一特定时刻的需要生产，取决产品的供求不平衡问题，这样才能避免造成成本的浪费和损失。

三、物业客户服务的类型与内容

（一）物业客户服务的类型

物业客户服务按照服务内容与服务性质的不同可分为常规性的公共服务、有针对性的专项服务和委托性的特约服务。

1. 常规性的公共服务

常规性的公共服务属于物业客户服务的基础性服务，它是指物业服务企业按照法律法规的要求以及物业服务委托合同的约定，为全体业主提供的最基本的公共性服务，例如入住手续办理、装修申请登记、物业服务费的缴纳等。公共服务具有强制性的特点，服务对象是全体业主和物业使用人，单个业主或物业使用人在享受这些服务时既不需要事先再提出或做出某种约定，也无法根据自己的喜好、意愿去选择是否接受该项服务。公共服务的成本包含在物业服务费的构成中。

2. 有针对性的专项服务

物业服务企业为改善和提高住户的工作、生活质量，满足住户的一定需要而提供的各项服务工作。其特点是物业服务企业事先设立服务项目，并将服务内容与质量、收费标准公布，住户可根据需要自行选择。专项服务实质上是一种代理业务，为住户提供工作、生活的方便。如代收水电费，物业服务应根据所管辖区域的基本状况和业主的需求以及自身的能力，开展全方位多层次的专项服务，并不断加以补充和拓展。

3. 委托性的特约服务

物业服务企业根据业主和住户需要，提供各类特别服务，这些通常是有偿的。如室内维修，代送奶送报，看护老人、病人、儿童，订票送票，代为购物，送货上门等。特约服务的基本特征：一是自愿性原则。业主可以根据个人喜好及需求来决定是否采购该服务。因此，特约服务的成本应该单独核算而不能纳入物业服务的公共成本当中。二是市场化原则。物业服务企业应当参照市场行情，制定特约服务价目表并提前向业主公示后，向业主有偿提供服务。

（二）物业客户服务的内容

物业客户服务的内容一般包括：业主档案管理、公共事务处理、业主沟通、特约服务等。

1. 业主档案管理

（1）房屋信息管理。包括房屋的基本信息、承接查验记录、工程保修记录、房屋维修记录、装饰装修记录、房屋使用记录等。

（2）业主信息管理。包括业主的基本信息、公共事务处理记录、业主沟通记录、特约服务记录等。

2. 公共事务处理

（1）入住：入住手续办理、物品资料发放、工程维保问题协助跟进等；

（2）装修：装修登记手续、装修巡查及监管、动火作业申请、消防报建手续等；

（3）搬迁：物品搬出入的验证、放行；

（4）停车：停车位分配、车位租赁登记、停车协议的签订；

（5）费用：各项费用的计算和收取、费用查询、费用催缴；

（6）投诉管理：投诉受理、投诉处理、投诉跟踪、投诉回访。

3. 业主沟通

（1）通知/公告：服务提示、紧急事件的通知、重大事项公告等；

（2）业主大会：协助召开业主大会、定期公布管理工作报告、财务收支报表等；

（3）业主委员会：协助成立业主委员会、定期例会、工作函件沟通等；

（4）社区互动活动：社区互动活动的策划、组织实施、活动记录等；

4. 特约服务

服务接报、服务派工、服务执行、服务跟踪、满意度调查等。

第二节　物业客户投诉管理

一、物业客户投诉概述

（一）物业客户投诉的含义

客户投诉是指客户对企业产品质量或服务上的不满意，而提出的书面或口头上的异议、抗议、索赔和要求解决问题等行为，是客户对自己期望或需求没有得到满足的一种表述。物业服务企业为客户提供的各类客户服务满足不了客户的需求或达不到客户的期望时，就会有投诉发生。

（二）物业客户投诉的心理

1. 求尊重的心理

尽管客户投诉动机可能是自尊心受到伤害，自身利益蒙受损失，甚至是误会、误解所致，但在采取投诉行动之后，都希望别人认为他的投诉是对的，他是有道理的，希望得到理解、同情、尊敬和重视，希望有关人员、有关部门立即受理，向他表示歉意并立即采取相应行动。

2. 求发泄的心理

客户遇到令他不快、烦恼、沮丧的事情时，或者是被讽刺、挖苦甚至辱骂之后，心中充满怒火，要利用投诉的机会发泄出来，以维持他们心理的平衡。

3. 求补偿的心理

当客户的权益受到损害时，他们希望能够及时地得到补充，补偿包括财产上的补偿和精神上的补偿。如弄脏了衣服希望免费为他们洗干净，丢失了东西希望得到赔偿，遭受不礼貌不公平的待遇时希望对方道歉。

（三）物业客户投诉的类型

物业客户投诉按不同的划分标准，有不同的表现形式，通常有以下两种划分方式：

1. 按投诉性质划分

（1）追责性投诉。追责性投诉有两种情况：一是客户对物业服务企业在管理服务、收费、维修养护等方面失职、违法、违纪等行为的投诉，并经过有关行业主管部门查实登记的；二是客户提出的物业管理企业或管理人员故意、非故意或失误造成客户或公众利益受到损害的投诉。

（2）沟通性投诉。沟通性投诉有求助型投诉、咨询型投诉和发泄型投诉。求助型投诉是指客户有困难或问题需给予帮助解决的。咨询型投诉是指客户有问题或建议向物业服务企业联络的。发泄型投诉是指客户因受委屈或误会等，内心带有某种不满，要求把问题得到解决的。

沟通性的投诉若处理不当，会变成失职性投诉，所以必须认真处理沟通性投诉。

2. 按投诉内容划分

（1）对物业硬件的投诉。业主或物业使用人对设备设施设计、选型不合理或对设备运行质量不满意产生的投诉，如电梯经常停电、停梯维修，供电供水设备经常出现故障等。对房屋质量、物业环境、公共秩序等问题的投诉。如，房屋漏水、环境卫生差等。

（2）对服务态度的投诉。业主或物业使用人对服务态度的投诉主要包括：不负责任的答复行为，冷冰冰的态度，爱理不理的接待方式等。由于管理人员与客户都由不同个性的人组成，所以，此类投诉随时都可能容易发生。

（3）对服务质量的投诉。由于物业服务企业管理服务工作不到位，导致业主或物业使用人的投诉，例如，对车辆管理、环境的净化、美化管理服务不到位，业主邻里纠纷问题处理不及时等。减少客户对服务态度与服务质量的投诉的最好方法是加强对服务人员的培训。

（4）对突发紧急事件的投诉。由于对物业正常的工作、生活秩序维护、管理不到位，或采取的安全措施不当，导致存在安全隐患或发生安全事故等而引起的投诉。如停电、停水、电梯困人、溢水及室内被盗、车辆丢失等突发事件。这类问题虽有其“偶然性”和“突发性”，但因事件本身很重大，对用户的日常工作和生活带来较大麻烦而导致强烈的投诉。

二、物业客户投诉的处理

（一）物业客户投诉处理的原则

1. 先感情后事件原则

投诉的客户心情自然不好，客服人员应先关心客户的心情，安抚客户的情绪，等客户情绪平和了，再考虑投诉的处理问题。在处理投诉的过程中，同样要把客户的感情放在第一位，以客户满意为目标，秉承“管理是为了更好的服务”的服务理念。

2. 时效性原则

在客户投诉处理过程中，要做到尽可能高效迅速地受理并处理投诉，因为时间拖延得越久，客户的满意度就会越低。物业客服部门在接到客户投诉时，登记事由并以最快的时间确定负责人，并在规定的时间进行有效处理，不能及时处理完毕的应按时跟进进展情况，并适时通知客户。

3. 客观合理性原则

尊重客观事实，对客户投诉进行多方面的调查和分析，属于物业服务企业的责任要果断采取补救措施。对于造成的损失，在双方友好协商的基础上达成共识，实施赔偿。如果不是物业服务企业的责任，也需要有理有节的协调处理。

（二）物业客户投诉处理的步骤

物业客户投诉处理可分为接待投诉、判断投诉、处理投诉和跟踪投诉四个步骤，具体内容如下。

1. 接待投诉

在处理客户投诉过程中，第一步是倾听客户的意见，让客户能够充分表达心中的不满，充分道歉并表示关心。待客户情绪稳定后，填写客户投诉登记表，详细记录客户投诉的内容，如投诉人、投诉对象、投诉的要求等。对于客户提出的各种问题，要进行合理答复。

2. 判断投诉

客户投诉有可能并不是企业本身的失误，而是由于客户自身的原因造成的。因此，服务人员在弄清楚客户投诉的原因之后，要判断客户投诉的理由是否充分，投诉要求是否合理。如果投诉不成立，可以用委婉的方式答复客户，取得客户的谅解，消除误会。如果投诉成立，针对具体投诉内容，初步给予合理答复。

3. 处理投诉

对于有效投诉，物业服务企业要根据客户投诉的内容，确定相关的具体受理部门和受理负责人。根据实际情况，参照客户的要求，提出解决投诉的具体方案，并征求客户意见。然后，及时实施处理方案，处理完后通知客户，并尽快地收集客户的反馈意见。

4. 跟踪投诉

物业服务企业解决客户投诉问题之后，还需要跟踪服务，向客户了解处理方案是否有效，所投诉问题是否得到解决，是否还有其他问题。跟踪服务体现公司对客户的诚意，有效的跟踪服务能够给客户印象深刻，打动客户，加强客户的忠诚度。

参考资料

某物业服务企业客户投诉处理流程

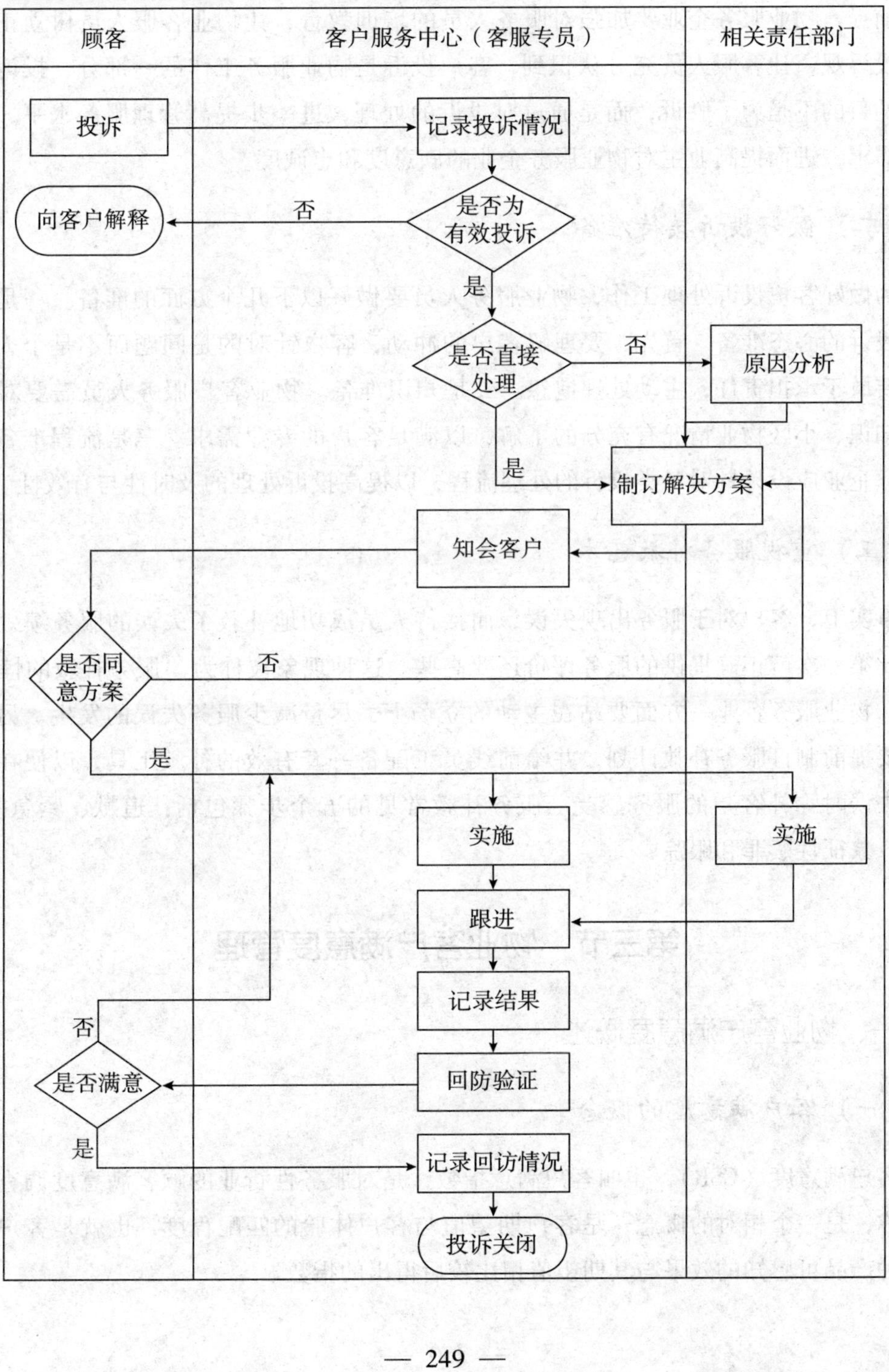

三、物业客户投诉管理注意事项

（一）正确对待客户投诉

思想决定行为，对客户投诉的合理理解是物业客户人员有效做好物业客户投诉的重要前提。物业服务企业要加强对服务人员的培训教育，让物业客服人员树立正确的客户投诉观，让客服人员充分认识到，客户投诉是物业服务工作的一部分，投诉处理工作的目的不是为了胜诉，而是通过对投诉的处理，进一步提高管理服务水平，满足业主需求，进而提高业主对物业服务企业的满意度和忠诚度。

（二）做好投诉接待准备

为做好客户投诉处理工作，物业服务人员要做好以下几个方面的准备。一是面对客户投诉的心态准备。首先，要理解客户的冲动，客户针对的是问题而不是个人；其次，要敢于承担责任，主动处理抱怨。二是知识准备。物业客户服务人员需要对物业管理知识、小区物业情况有充分的了解，以满足客户的专业需求。三是流程准备。物业服务企业应设计针对各类投诉的处理流程，以提高投诉处理的及时性与有效性。

（三）重视服务补救艺术

事实上，客户对于服务出现失误，而接待人员成功地补救了失误的服务绩效的评价要比第一次就正确提供的服务评价还要高些。这种现象被称为“服务补救的悖论”。因此，物业服务企业一方面要站在主动的立场上，尽量减少服务失误的发生。另一方面，要提前制订服务补救计划，并给前线员工配备一套有效的补救工具，以便在发生服务失误时弥补客户的服务感受。服务补救常见的五个步骤包括：道歉、紧急复原、移情、象征性赎罪和跟踪。

第三节　物业客户满意度管理

一、物业客户满意度概述

（一）客户满意度的概念

客户满意度（CSR），也叫客户满意指数，是对服务性行业的顾客满意度调查系统的简称，是一个相对的概念，是客户期望值与客户体验的匹配程度，也就是客户通过对一种产品可感知的效果与其期望值相比较后得出的指数。

客户对服务的需求和以往享受服务的经历以及周围对企业服务的口碑共同构成了客户对服务的期望值。作为企业，在为客户提供服务的时候，也在不断地去了解客户对于服务的期望值是什么，而后根据自己对于客户期望值的理解去为客户提供服务。

（二）客户满意度的特征

1. 主观性

客户满意是建立在其对产品或服务的体验上，感受对象是客观的，结论是主观的。它既与自身条件如知识和经验、收入、生活习惯和价值观念等有关，还与传媒新闻和市场中假冒伪劣产品的干扰等因素有关。

2. 层次性

著名心理学家马斯洛指出人的需要有五个层次，处于不同层次的人对产品或服务的评价标准不一样，这可以解释处于不同地区、不同阶层的人或同一个人在不同的条件下对某个产品的评价可能不尽相同。

二、客户服务满意度调查

客户满意度的测评，就是将预期服务与实际服务感受进行比较而得到的结果。物业服务企业对客户满意度的测评指标主要有两种：一种是客户满意率，另一种是客户满意度指数。

客户满意率，即指在一定数量的目标客户中，表示满意的客户所占的百分比。这种方法只能处理单一变量和简单现象总体的问题，无法处理多变量和复杂现象总体的问题。

客户满意度指数，是运用了计量经济学的理论来处理多变量的复杂总体，全面、综合地度量客户满意程度的一种指标，它能综合反映复杂现象总体数量上的变动状态，表明客户满意程度的综合变动方向和趋势；能分析总体变动中受各个因素变动影响的程度；能对不同类别的服务进行趋于“同价”的比较。

（一）客户满意度测评的方法

客户满意度的测评可以分为直接和间接的方法。间接测评，包括对客户投诉的分析、对客户流失的分析、对销售业绩的分析以及神秘客户调查等。直接测评，就是开展客户满意度测量。

客户满意度测量，是依据相应的客户满意度模型来设计测量问卷，并对问卷的结果进行定性和定量分析的一种方法，常用的有三种方式。

1. 访谈答卷

由调查员上门与业主面谈，并按照既定的问卷内容向业主提问。其好处是：可以深入了解客户想法及意见，获得额外的信息。其弊端是：调查者可能带个人成见而影响问卷结果；调查时间长。

2. 自主答卷

由业主自行填写问卷。其好处是：方便答卷者；获得相对真实完整的答案。其弊端是：较难征询额外的信息；有时候答卷者不能完全理解所提出问题而出现答题偏差。

3. 网络答卷

与自主答卷的区别是通过网络进行提交。其好处是：可以减少误差并提高数据的完整性；数据收集迅速。其弊端是：回收率会较低。

（二）客户服务满意度测评模型

目前，关于客户服务满意度的测评模型很多，常见的有 ACSI 模型、RATER 指数模型、服务质量缺口模型、SCSB 模型等。这里只介绍 ACSI 模型和 RATER 指数模型。

1. ACSI 模型

ACSI 是科罗思咨询集团的创始人兼董事长费耐尔等人在瑞典顾客满意指数模式（SCSB）的基础上创建的顾客满意度指数模型。该模型利用顾客的消费认知过程，将总体满意度置于一个相互影响相互关联的因果互动系统中，该模型可解释消费经过与整体满意度之间的关系，并能指示出满意度高低将带来的后果，从而赋予了整体满意度前向预期的特性。

ACSI 模型共有 6 个结构变量，顾客满意度是最终所求的目标变量，顾客预期、感知质量和感知价值是顾客满意度的原因变量，顾客抱怨和顾客忠诚则是顾客满意度的结果变量。模型中 6 个结构变量的选取以顾客行为理论为基础，每个结构变量又包含一个或多个观测变量，而观测变量则通过实际调查收集数据得到。

（1）顾客预期（Customer Expectations）。顾客预期是指顾客在购买和使用某种产品或服务之前对其质量的估计。决定顾客顶期的观察变量有 3 个：产品顾客化（产品符合个人特定需要）预期、产品可靠性预期和对产品质量的总体预期。

（2）感知质量（Perceived Quality）。感知质量是指顾客在使用产品或服务后对其质量的实际感受，包括对产品顾客化即符合个人特定需求程度的感受、产品可靠性的感受和对产品质量总体的感受。

（3）感知价值（Perceived Value）。感知价值体现了顾客在综合产品或服务的质量和价格以后对他们所得利益的主观感受；感知价值的观察变量有两个，即：“给定价格条件下对质量的感受”和“给定质量条件下对价格的感受”。顾客在给定价格下对质量的感受，是指顾客以得到某种产品或服务所支付的价格为基准，通过评价该产品或服务质量的高低来判断其感知价值。

（4）顾客满意度（Customer Satisfaction）。顾客满意度这个结构变量是通过计量经济学变换最终得到的顾客满意度指数。ACSI 模型在构造顾客满意度时选择了 3 个观察变量；实际感受同预期质量的差距、实际感受同理想产品的差距和总体满意程度。顾客满意度主要取决于顾客实际感受同预期质量的比较。同时，顾客的实际感受同顾客心目中理想产品的比较也影响顾客满意度，差距越小顾客满意度水平就越高。

（5）顾客抱怨（Customer Complaints）。决定顾客抱怨这个结构变量的观察变量只有 1 个，即顾客的正式或非正式抱怨。通过统计顾客正式或非正式抱怨的次数可以得到顾客抱怨这一结构变量的数值。

（6）顾客忠诚（Customer Loyalty）。顾客忠诚是模型中最终的因变量。它有两个观察变量；顾客重复购买的可能性和对价格变化的承受力，顾客如果对某产品或服务感到满意，就会产生一定程度的忠诚，表现为对该产品或服务的重复购买或向其他顾客推荐。

2. RATER 指数

RATER 指数是用来衡量客户服务质量和客户服务满意度的有效方法，RATER 是五个英文单词的缩写：Reliability（信赖度）、Assurance（专业度）、Tangibles（有形度）、Empathy（同理度）、Responsiveness（反应度）。RATER 指数越高，表示客服服务质量越高，客户对企业的服务满意度同样取决于 RATER 指数的高低。

（1）信赖度（Reliability）。是指一个企业是否能够始终如一地履行自己对客户所做出的承诺，当这个企业真正做到这一点的时候，就会拥有良好的口碑，赢得客户的信赖。

（2）专业度（Assurance）。是指企业的服务人员所具备的专业知识、技能和职业素质。包括：提供优质服务的能力、对客户的礼貌和尊敬及与客户有效沟通的技巧。

（3）有形度（Tangibles）。是指有形的服务设施、环境、服务人员的仪表以及对客户的帮助和关怀的有形表现。服务本身是一种无形的产品，但是整洁的服务环境、餐厅里为幼儿提供的专用座椅、麦当劳里带领小朋友载歌载舞的服务小姐等，都能使服务这一无形产品变得有形起来。

（4）同理度（Empathy）。是指服务人员能够随时设身处地地为客户着想，真正地同情理解客户的处境，了解客户的需求。

（5）反应度（Responsiveness）。是指服务人员对于客户的需求给予及时反应并能迅速提供服务的愿望。当服务出现问题时，马上回应、迅速解决能够给服务质量带来积极的影响。作为客户，需要的是积极主动的服务态度。

客户服务的满意度与客户对服务的期望值是紧密相连的，物业服务企业需要站在业主和使用人的角度不断地通过服务质量的五大要素来衡量自己的服务，只有所提供的服务超出业主和使用人的期望值时，才能获得满意的物业服务满意度，才能维持或培养业主和使对物业服务企业的忠诚度。

三、客户满意度管理的注意事项

（一）客户满意是相对的

客户满意经营是企业应当遵循的基本理念，但客户满意是相对的。不管企业如何努力，要实现百分百的客户满意是不可能的。研究表明，具有较高满意度的企业可以有效阻止竞争对手提高市场份额。但提升客户满意度是需要成本的，客户满意度达到多少才是合适的这需要企业综合考虑竞争对手的客户满意度、提高客户满意度的投资与提高市场份额的收益之间关系、上述投资的机会成本等因素。

（二）企业间的客户满意度不具有可比性

企业之间的客户满意度测评数据不具有可比性，主要基于以下两个方面的原因：一方面，不同企业所采用的客户满意度模型、测量方式、评价方法、评价问题等可能存在很大的不同；另一方面，客户满意与否，更多是取决于客户的期望与客户实际感受的比较。而客户期望，又受过往消费经历、自身专业知识、企业服务承诺、企业服务口碑等诸多因素的影响。

（三）客户满意度不等同于服务质量

物业服务是一项综合性服务，它包括了对人的服务以及对物业的管理。由于缺乏专业知识或者是无法感知后台工作情况，客户对物业服务企业的满意度评价通常只限于其能够感受到的服务，这些服务往往只是物业服务的一部分，因此，基于少数部分服务的感受而得出的服务质量评估是片面的。对服务质量的评价，还需要其他方面的数据或事实补充。

（四）满意率不等同于满意度

满意率是指接受调查的人口中，对服务表示“满意”的人所占的比例，其计算公式为：满意率 = Σ（选择“非常满意”“满意”“基本满意”的抽样户数）/抽样总户数。而满意度是指接受调查人口对服务满足其需求和期望程度的主观感受，常用具体分值来表示，其计算公式为：满意度指数 = Σ（各分值×各分值对应抽样户数）/抽样总户数。显然，两者存在本质的区别。

参考资料

万科客户满意度调查问卷（物业管理部分）

您对万科的物业管理在这些方面的满意程度如何？请用5分制打分，5表示非常满意，1表示非常不满意。

	非常满意		一般		非常不满意	没体验过/无法评价	
社区安全管理服务	5	4	3	2	1	7	____
公共区域卫生清洁服务	5	4	3	2	1	7	____
园林绿化养护工作	5	4	3	2	1	7	____
蚊蝇、老鼠的杀灭	5	4	3	2	1	7	____
小区公共设施设备的维修、维护	5	4	3	2	1	7	____
缴费的便利性和缴费方式	5	4	3	2	1	7	____
会所服务	5	4	3	2	1	7	____
万科提供的有偿维修服务	5	4	3	2	1	7	____
万科提供的有偿家政服务	5	4	3	2	1	7	____
管理处组织的社区活动	5	4	3	2	1	7	____
对投诉的处理	5	4	3	2	1	7	____

第四节 物业客户关系管理

客户关系管理（CRM）是企业的一项商业策略，它按照客户细分情况有效的组织企业资源，培养以客户为中心的经营行为以及实施以客户为中心的业务流程，并以此为手段来提高企业的获利能力、收入以及客户满意度。客户关系管理从分析客户需求、规划策略、选择和培训人员、制定流程以及选择软件和技术进行实施五个方面来实现服务客户和提高客户满意度的目的。因此，客户关系管理既是一种管理理念，又是一种软件技术。

客户是企业存在和发展的基础，是企业最重要的资源，而客户关系管理正是一种以客户为中心的经营理念。物业管理作为服务行业，把 CRM 运用到客户服务中以提高客户满意度，培养和维持客户忠诚度很有必要。

本节主要围绕客户关系管理的四个关键要素：客户、人员、理念和流程，分析物业服务企业如何加强物业客户关系管理。

一、客户

物业客户关系管理中，物业服务企业要通过与客户进行有效沟通、了解客户需求，在此基础上，提供让客户满意的服务，在帮助客户实现价值的同时，培养客户对物业服务企业的忠诚。

（一）了解客户需求

物业管理属于服务性行业，客户服务是核心。物业管理应该提供哪些服务、质量标准如何，主要取决于客户的需要；而物业服务的质量如何、业主是否满意，则主要取决于客户的心理体验和评价。无论是客户需求，还是客户体验，都是无形的，缺乏客观的可以衡量的标准，这就要求物业服务企业准确掌握客户的各方面需求，在提供服务的同时，有效进行沟通，妥善处理投诉，做好客户的印象管理，最终获得客户的满意评价。

（二）与客户进行有效的沟通

在物业管理服务活动中，沟通是一种常见的管理服务行为，也是物业客户管理的一个重要组成部分。科学掌握沟通的方式方法对提高物业管理服务的品质，顺利完成物业管理服务活动，满足业主（或物业使用人）的需求有着积极和重要的作用。物业管理客户沟通的内容一般包括以下方面。

（1）与建设单位就早期介入、承接查验、物业移交等问题的沟通交流。

（2）与政府行政、业务主管部门、辖区街道居委会等在法规监管、行政管理服务方面的沟通交流。

（3）与市政公用事业单位、专业服务公司等相关单位和个人的业务沟通交流。

（4）与业主大会和业主委员会物业管理事务的沟通交流。

（5）与业主（或物业使用人）的沟通交流。

二、人员

物业客户关系管理体系中的人是指物业服务企业的管理与服务人员，他们既是管理物业的管理者，又是服务业主的服务者，更是物业客户关系管理的主体，在物业客户关系管理中扮演着非常重要的角色。

根据所处组织结构层次的不同，物业管理与服务人员可划分为高层人员、中层人员和基层人员，分别在物业管理中扮演着不同的角色。物业客户关系管理需要三个层次紧密配合，形成协同效应，提高战略制定的质量和执行的效果。

（一）高层管理人员

高层管理人员站在物业服务企业的立场上，对整个企业实行综合指挥和统一管理，高层的主要职责是制定战略，包括确定物业管理的管理目标和实施路径，制定物业管理过程中的经营发展策略等。高层在制定战略时要充分考虑基层的执行能力。

（二）中层管理人员

中层管理人员的主要职责是将纲领性的战略转化为各部门可理解的目标，可执行的计划，并且相互协同，有效地执行。物业服务企业的中层管理人员一般包括行政部、会计部、工程部、管理部、保安部、人事部等部门的负责人。

（三）基层工作人员

基层人员是战略的执行者，需要同时了解部门的战略和战术，清楚在整个战术中所处的位置以及对战术结果的贡献。物业客户对物业服务质量的体验与感受和对物业服务企业形象的评价都来源于基层人员的执行力。

三、流程

流程是执行力的保障，是专业化的体现，是物业客户关系管理成功实施不可缺少的部分。要使得物业管理中的流程达到平稳运行的目的，需要对其进行有效的管理。流程管理是一种系统化的管理方法，优秀的流程管理能提高物业管理效率，减少管理运营成本。

物业管理中的业务流程主要包括：入住流程、投诉处理流程、报修处理流程、有偿特约服务流程、装修流程、停车管理流程、紧急事件处理流程等。为了提高管理与服务效率，物业服务企业应重视流程建设，可以通过流程再造，优化业务流程，提高客户服务能力。

四、理念

理念是物业客户关系管理成功的关键因素，是客户关系管理的基础和土壤。理念是企业精神文化的重要部分，它会影响企业的制度文化、管理文化、生活文化和物质文化的建设。

合适有效的物业服务理念能够指导物业服务人员的行动，激发服务人员的使命感与责任感。因此，客户关系管理要求物业服务企业定义适合企业的服务理念，并通过培训教育等方法让员工真正理解并接受该服务理念。

服务最终是由物业服务人员提供的，特别是由那些直接与客户发生交互作用的基层工作人员所提供，因此，物业服务企业的服务理念在满足客户需求的同时还要满足员工的需求。

参考资料

服务理念

沃尔玛的服务理念：

第一条，顾客永远是对的。

第二条，如果对此有疑义，请参照第一条。

沃尔玛服务理念的升级版：

第一条：客户绝对不会有错。

第二条：如果发现客户有错，一定是我看错。

第三条：如果我没看错，一定是因为我的错才会使客户犯错。

第四条：如果是客户自己的错，只要客户不认错，他就没有错。

第五条：如果客户不认错，我还坚持他有错，那就是我的错。

第六条：总之，客户绝对不会有错，这句话绝对不会错。

本章小结

1. 从广义上来说，物业管理中的客户涵盖了物业服务企业在物业管理过程中服务的所有对象，包括建设单位、业主、物业使用人、相关行政主管部门等。狭义上而言，物业管理中的客户是指物业服务企业在经营和服务管理过程中所服务的特殊群体，即业主和物业使用人。

2. 物业客户服务具有服务的体验性与持续性、服务的全员参与性、服务的复杂性与相对性、服务的时效性等特征。

3. 物业客户服务按照服务内容与服务性质的不同可分为常规性的公共服务、有针对性的专项服务和委托性的特约服务。

4. 客户投诉是指客户对企业产品质量或服务上的不满意，而提出的书面或口头上的异议、抗议、索赔和要求解决问题等行为，是客户对自己期望或需求没有得到满足的一种表述。

5. 物业客户投诉处理可分为接待投诉、判断投诉、处理投诉和跟踪投诉四个步骤。

6. 客户满意度是一个相对的概念，是客户期望值与客户体验的匹配程度。

7. 物业客户关系管理包括客户、人员、理念和流程四个关键要素。

复习题

1. 物业客户服务具有哪些特征？
2. 物业客户投诉处理的步骤有哪些？
3. 物业客户满意度管理需注意哪些事项？
4. 如何理解物业客户关系管理的四个要素？

问题与应用

1. 某物业服务企业发现，最近一个月有许多业主到客服部来投诉小区的停车场管理，为了解业主和使用人对停车场管理服务的满意情况，物业管理处开展了一次问卷调查，统计结果如下：回收有效问卷 360 份，非常满意（50 份）、满意（130 份）、一般（120 份）、不满意（80 份）、非常不满意（10 份）。

（1）根据案例信息，从调查分析结果可知，该物业服务企业提供的特约服务的业主满意率为（　　）。

A. 40%　　B. 50%　　C. 60%　　D. 70%

（2）以下关于客户满意管理注意事项说法错误的是（　　）。

A. 客户满意是相对的

B. 不同企业之间的客户满意度测量数据可以进行比较

C. 客户满意度并不等同于服务质量

D. 注意区别满意率和满意度的差别

2. 某小区入住已有两年，多数业主在如下三个方面投诉较集中：

（1）小区内部分楼层防烟防火门经常处于开启状态；

（2）部分房屋屋面出现渗漏水；

（3）小区周边治安环境恶劣。

请回答：物业服务企业处理业主投诉的一般程序包括哪些？

第四部分　面向运营的物业管理

第十三章　物业项目的资金管理

学习目标

物业项目的资金管理是项目正常运行的保障，也是物业服务企业可持续经营的重要因素。本章对物业服务企业的收支管理、物业服务费用的测算和住宅专项维修资金的管理进行了具体分析。

1. 知识目标

➢了解物业服务资金的主要类型及核算方式；

➢掌握物业服务企业的营业收入、成本费用的构成；

➢掌握包干制和酬金制下物业服务费的构成；

➢掌握住宅专项维修资金的使用条件及列支程序。

2. 能力目标

➢具备进行物业服务费测算的能力。

知识结构导图

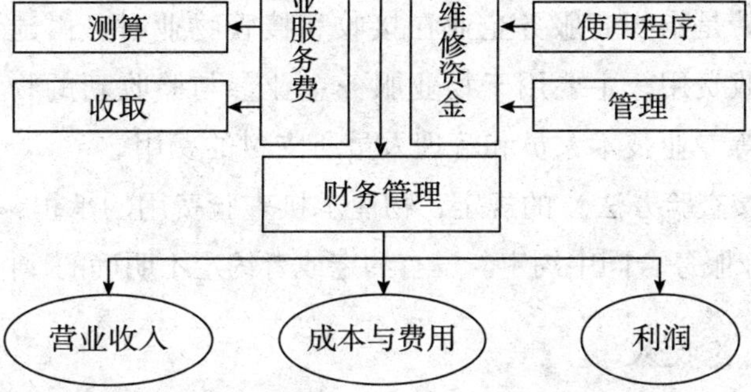

第一节　物业服务资金概述

一、物业服务资金的类型

企业资金是指以货币形式表现的，由企业支配的各种财产、物资，以及支付职工劳动报酬的货币的总和。企业资金根据分类方法的不同可分为不同类型，如按资金来源可分为企业资本金和借入资金，按运动领域分为流通资金和生产资金。物业管理过程中涉及的资金主要包括物业服务费、专项维修资金、注册资本、物业承接查验费、物业质量保证金、早期介入咨询费、多种经营收入等。

（一）物业服务费

物业服务收费是指物业管理企业按照物业服务合同的约定，对房屋及配套的设施设备和相关场地进行维修、养护、管理，维护相关区域内的环境卫生和秩序，向业主或使用人所收取的费用。根据《物业服务收费管理办法》规定，实行物业服务费用酬金制的，预收的物业服务支出属于代管性质，为所交纳的业主或使用人所有，物业服务企业不得将其用于物业服务合同约定以外的支出。

（二）住宅专项维修资金

住宅专项维修资金是指专项用于住宅共用部位、共用设施设备保修期满后的维修和更新、改造的资金。根据《住宅专项维修资金管理办法》规定，业主交存的住宅专项维修资金属于业主所有，从公有住房售房款中提取的住宅专项维修资金属于公有住房售房单位所有。

（三）物业承接查验费

物业承接查验费是指物业服务企业在接收和接管物业时，由建设单位向物业服务企业交纳的专项验收费用，主要用于物业服务企业参与验收新的物业和接管旧的物业时组织水电、管道等专业技术人员和管理人员所支付的费用。

根据《物业承接查验办法》的规定，物业承接查验费用的承担，由建设单位和物业服务企业在前期物业服务合同中约定。没有约定或者约定不明确的，由建设单位承担。

（四）多种经营收入

多种经营是指一个企业同时经营两个以上行业的经营策略。传统模式下的物业服务盈利难已经成为不容忽视的事实，面对这一困境，不少物业服务企业开始通过转型、拓展业务范围，以此谋求改变赢利困境。根据《2014 中国物业服务百强企业研究报告》显示，百强企业的多种经营业务收入占比为 32.1%，万科、绿城等物业公司的多种经营收入已占据物业服务总收入的约一半，成为物业企业赢利的增长点。物业服务企业开展多种经营的收入属于物业服务企业所有。

二、物业服务资金的核算主体

会计主体是指会计工作为其服务的特定单位或组织，是会计人员进行会计核算时采取的立场以及在空间范围上的界定。会计主体既可以是一个企业，也可以是若干个企业组织起来的集团公司，既可以是法人，也可以是不具备法人资格的实体。

物业项目的资金管理因具有不同的特性，其与普通的财务管理不同。从目前物业管理项目机构财务管理的现状来看，主要分为独立核算与非独立核算两种形式。

（一）独立核算的会计主体

独立核算是指具有完整的会计凭证、会计账簿和会计报表体系，全面地记录所发生的经济业务，并定期编制财务报表的单位所进行的会计核算。实行独立核算的单位一般拥有一定数额的资金，有独立经济的自主权，独立开设银行账户，办理各项收支结算业务，设置独立的会计机构进行全面的会计核算，单独编制预算和计算盈亏。

实施独立核算的物业服务企业将企业本部和每个物业服务项目分别作为会计主体，并编制合并会计报表。物业管理项目机构的财务管理，在机构设置上一般都设有财务部或专职会计和出纳员，物业服务企业对其财务权限给予一定的限制。

（二）非独立核算的会计主体

非独立核算是指没有完整的会计凭证和会计账簿体系，只记录部分经济业务的单位所进行的会计核算。实行非独立核算的单位本身没有资本，其财产物资由上级单位拨付，也没有独立的银行账户，其一切收入均存入上级单位账户，一切支出也由上级单位审核支付。非独立核算单位通常不设置会计机构，仅配备会计人员进行原始凭证的填制、审核、整理和汇总，以及实物明细账的登记工作，不单独编制预算和计算盈亏。

实施非独立核算的物业服务企业把各项目管理处的会计核算集中到企业，以物业服务企业自身作为会计主体，按物业管理项目进行分别核算，各项目管理处只负责各项费用的收取和部分费用的直接支出。

三、物业服务资金管理的法律依据

物业管理遵循等价有偿的原则，物业服务企业向业主提供服务，业主缴纳相应的费用。《物业管理条例》规定，物业服务收费应当遵循合理、公开以及费用与服务水平相适应的原则，区别不同物业的性质和特点，由业主和物业服务企业按照国务院价格主管部门会同国务院建设行政主管部门制定的物业服务收费办法，在物业服务合同中约定。

2003 年国家颁布了《物业服务收费管理办法》，该办法对物业服务收费的定价形式、收费形式、费用构成等方面做出了具体规定。

2004 年国家发展改革委和建设部联合印发《物业服务收费明码标价规定》，该规定进一步规范了物业服务收费行为。

2007 年国家发展改革委和建设部联合印发《物业服务定价成本监审办法（试行）》，对合理核定物业服务定价成本和提高政府制定物业服务收费的科学性和合理性进行了规范。

2007 年国家建设部制定《住宅专项维修资金管理办法》，对住宅专项维修资金的交存、使用和监督管理等方面进行了具体规定。

2010 年国家住房城乡建设部印发《物业承接查验办法》，对物业承接查验费进行了说明。

参考资料

国内 TOP 200 物业服务企业的经营情况

根据《2013 年物业管理行业发展报告》显示，2013 年国内 TOP 200 企业年经营总收入 551. 17 亿元，其中，物业管理收入 435. 63 亿元，物业经营收入 59 亿元，物业大修收入 4. 31 亿元。

表 13 – 1　　TOP 200 物业服务企业的经营情况

指标名称	总收入（万元）	企业均值（万元）
总资产	4498703. 3	22493. 52
年经营总收入	5511688. 9	27558. 44
其中：物业管理收入	4356299. 5	21781. 50

续表

指标名称	总收入（万元）	企业均值（万元）
物业经营收入	590047.1	2950.24
物业大修收入	43115.5	215.58
其他业务收入	522226.8	2611.13
经营成本	4671001.5	23355.01
年净利润	300569.5	1502.85
年度纳税总额	386050.7	1930.25

第二节 物业服务企业的财务管理

为规范物业服务企业的财务行为，1998 年财政部印发了《物业管理企业财务管理规定》，对物业服务企业的营业收入、成本和费用、利润的核算进行了界定。

一、物业服务企业的营业收入

营业收入是指物业服务企业从事物业管理和其他经营活动所取得的各项收入，包括物业服务主营业务收入和其他业务收入。

（一）主营业务收入

主营业务收入是指物业服务企业在从事物业管理活动的过程中，为物业产权人、使用人提供维修、管理和服务所取得的收入、物业经营收入和物业大修收入。

1. 物业服务收入

物业服务企业向物业产权人、使用人收取的公共性服务费收入、公众代办性服务费收入和特约服务收入。

2. 物业经营收入

物业服务企业经营物业产权人、使用人提供的房屋建筑物和共用设施取得的收入，如房屋出租收入和经营停车场、游泳池、各类球场等共用设施所取得的收入。

3. 物业大修收入

物业服务企业接受物业产权人、使用人的委托，对房屋共用部位、共用设施设备进行大修取得的收入。物业大修收入应当经业主管理委员会或物业产权人、使用人签证认可后，确认为营业收入的实现。

（二）其他业务收入

其他业务收入是指物业服务企业从事主营业务以外的其他业务活动所取得的收入，包括房屋中介代销手续费收入、材料物资销售收入、废品回收收入、商业用房经营收入及无形资产转让收入等。

（三）物业经营收入与商业用房经营收入的区别

主营业务中的物业经营收入强调的是，业主或使用人提供的房屋或设施已具备某种经济功能，物业服务企业无须再添加任何设施而直接开展经营活动而取得的收入，比如对小区已有停车场、游泳池的经营收入。

其他营业收入中的商业用房经营收入是指物业服务企业利用物业产权人、使用人提供的商业用房，从事经营活动取得的收入。该收入强调的是，物业服务企业根据经营需要，对商业用房进行装修改造，使其具有或强化某种经济功能，以此开展经营活动所取得的收入。比如，利用业主或使用人的商业用房开办商店、理发店等的经营收入。

二、物业服务企业的成本和费用

物业服务企业在从事物业管理活动中，为物业产权人、使用人提供维修、管理和服务等过程中发生的各项支出，按照国家规定计入成本、费用。

（一）成本与费用的构成

物业服务企业在从事物业管理活动中发生的各项直接支出，计入经营成本。企业成本包括直接人工费、直接材料费和间接费用等。实行一级成本核算的企业，可不设间接费用，有关支出直接计入管理费用。

（1）直接人工费包括企业直接从事物业管理服务活动等人员的工资、奖金及职工福利费等。

（2）直接材料费包括企业直接从事物业管理服务活动中直接消耗的各种材料、辅助材料、燃料和动力、构配件、零件、低值易耗品、包装物等。

（3）间接费用包括物业服务企业所属物业管理单位管理人员的工资、奖金及员工福利费、固定资产折旧费及修理费、水电费、取暖费、办公费、差旅费、邮电通信费、交通运输费、租赁费、财产保险费、劳动保护费、保安费、绿化维护费、低值易耗品摊销及其他费用等。

（二）成本与费用的管理

（1）企业经营共用设施设备，支付的有偿使用费，计入营业成本。

（2）企业支付的管理用房有偿费，计入营业成本或者管理费用。

（3）企业对管理用房进行装饰装修发生的支出，计入递延资产，在有效使用期限内，分期摊入营业成本或者管理费用。

（4）企业可以于年度终了，按年末应收账款余额的0.3%～0.5%计提坏账准备金，计入管理费用。

（5）企业发生的坏账损失，冲减坏账准备金。收回已核销的坏账，增加坏账准备金。不计提取坏账准备金的企业，发生的坏轧钢内损失，计入管理费用。收回已核销的坏账，冲减管理费用。

（三）物业服务企业的成本控制

传统物业管理模式下，一个物业项目一旦入住率达到100%，其主要收入来源（如物业服务费）是有限度的，即使增加其他的经营收入，其开源的空间也还是有限的。随着用工成本的持续刚性上涨，物业服务的成本急剧上涨，以广州为例，最低工资标准从2010年的1100元/月上调至2015年的1895元/月，涨幅达72.3%。因此，加强成本控制，做好节流，是物业服务企业生存与发展的重要措施。

物业服务企业开展成本控制，可以事先限制各项费用和消耗的发生，有计划地控制成本的形成，使其不超过预先制定的标准，达到降低成本、提高效率和效益的目的。物业服务企业可从以下方面进行成本控制。

1. 成本项目和价格标准控制

成本项目和价格标准的确定应结合物业服务企业和小区实际情况科学规划。其中合理的价格标准应考虑以下几点因素，一是管理服务人员的素质。按一般规律，素质和薪金成正比，这就直接影响着薪金的开支标准。二是物业管理项目的档次。一般而言，项目档次越高，管理服务人员的工资水平、设施设备的档次也越高。三是成本项目核算的形式。比如，由管理处或物业公司负责的项目与外包的项目的标准也有所区别。

2. 用工成本控制

物业服务的性质决定了用工成本在物业服务企业成本费用中的大比重。其中占的比例最大的主要是基层服务人员的工资，包括保安、保洁等人员的工资。物业服务企业可从以下方面降低人力资源成本。

（1）物业服务企业要科学设置公司职能部门，根据管理小区的面积和小区的实际情况来进行人员定编定岗，以降低物业服务企业的成本费用。

（2）物业服务企业可通过科技手段来降低人工成本。比如，在道口增设电脑自动收费系统；在小区内设立巡更机、监控等智能化管理设施，既安全可靠，又能减少保安员岗位，降低人力资本的支出。

（3）发挥规模优势控制成本。比如，由一个管理成熟的大型小区向周边几个小区辐射管理，实现管理人员的共享，从而大大降低成本。

3. 能源消耗控制

物业服务企业在日常运营中应该加强节约意识，做好节流工作。在日常工作中要杜绝浪费和贪污，把好容易出问题的环节，如耗材、水电费等。可以通过对水、电的测算来防止公共设施设备的露、冒、滴、漏等情况发生，更换声光控开关、改进线路等办法来节约水、电；充分挖掘公司内部的节约潜力，做到处处精打细算，增收节支，把浪费、损失消灭在事前，防患于未然；对一线员工进行培训，强化企业职工节约意识。

三、物业服务企业的利润构成与计算

物业服务企业的利润指企业在物业管理过程中各种收入扣除各种耗费后的盈余，反映企业在报告期内实现的盈亏总额。物业服务企业利润包括营业利润、投资净收益、营业外收支净额以及补贴收入。

计算公式：

利润总额＝营业利润＋投资净收益＋营业外收支净额＋补贴收入

1. 营业利润

营业利润包括主营业务利润和其他业务利润。其中，主营业务利润是指组应业务收入减去营业税金及附加，再减去营业成本、管理费用及财务费用后的净额。其他业务利润是指其他业务收入减去其他业务支出和其他业务缴纳的税金及附加后的净额。营业税金及附加包括营业税、城市维护建设和教育费附加。

计算公式：

营业利润＝主营业务利润＋其他业务利润

其中：

主营业务利润＝主营业务收入－营业税金及附加－营业成本－管理费用－财务费用

其他业务利润＝其他业务收入－其他业务支出－其他业务缴纳的税金及附加

营业税金及附加＝营业税＋城市维护建设＋教育费附加

2. 投资净收益

投资净收益指企业投资收益减投资损失后的净额。投资收益和投资损失是指企业对外投资所取得的收益或发生的损失。投资收益扣除投资损失后的净收益。

计算公式：

投资净收益＝投资收益－投资损失

3. 营业外收支净额

营业外收支净额指企业在一定会计期间内正常经营活动以外的各项收入与支出相抵后的余额，是指与企业的生产经营活动无直接关系的各项收支。营业外收支虽然与企业生产经营活动没有多大的关系，但从企业主体来考虑，同样带来收入或形成企业的支出，也是增加或减少利润的因素，对企业的利润总额及净利润产生直接的影响。

计算公式：

营业外收支净额 = 营业外收入 − 营业外支出

4. 补贴收入

补贴收入是指国家拨给物业服务企业的政策性亏损补贴和其他补贴，包括政府对保障性住房小区物业服务费的政策性亏损补贴、政府对达到服务标准的奖励性补贴等。如，2015 年昌吉市给予达到奖励标准的 13 家物业服务企业政府奖励补贴 98.54 万元。这部分补贴收入应并入企业利润总额。

计算公式：

补贴收入 = 政策性亏损补贴 + 其他补贴

参考案例

表 13－2　　某物业服务企业的利润表（2014 年 12 月 30 日）

序　号	项　目	本次金额（元）
1	一、主营业务收入	600000.00
2	减：主营业务成本	500000.00
3	主营业务税金及附加	3000.00
4	管理费用	20000.00
5	财务费用	5000.00
6	二、主营业务利润（亏损以“－”号填列）	72000.00
7	加：其他业务利润（亏损以“－”号填列）	25000.00
8	三、营业利润（亏损以“－”号填列）	97000.00
9	加：投资收益	8000.00
10	营业外收入	7000.00

续表

序 号	项 目	本次金额
11	补贴收入	5000.00
12	减：投资损失	6000.00
13	营业外支出	6000.00
14	四、利润总额（亏损以“－”号填列）	105000.00
15	减：所得税	26250.00
16	五、净利润（亏损以“－”号填列）	78750.00

第三节　物业服务费的测算与管理

一、物业服务费概述

物业服务费是指物业服务企业按照物业服务合同的约定，对房屋及配套的设施设备和相关场地进行维修、养护、管理，维护相关区域内的环境卫生和秩序，向业主所收取的费用。

（一）物业服务费的定价形式

根据《物业服务收费管理办法》的规定，物业服务收费应当区分不同物业的性质和特点，分别实行政府指导价和市场调节价，具体定价形式由省、自治区、直辖市人民政府价格主管部门会同房地产行政主管部门确定。

物业服务收费实行政府指导价的，有定价权限的人民政府价格主管部门应当会同房地产行政主管部门根据物业管理服务等级标准等因素，制定相应的基准价及其浮动幅度，并定期公布。具体收费标准由业主与物业服务企业根据规定的基准价和浮动幅度在物业服务合同中约定。实行市场调节价的物业服务收费，由业主与物业服务企业在物业服务合同中约定。

物业服务企业应当按照政府价格主管部门的规定实行明码标价，在物业管理区域内的显著位置，将服务内容、服务标准以及收费项目、收费标准等有关情况进行公示。

（二）物业服务费用的收费原则

《物业服务收费管理办法》规定，物业服务收费应当遵循合理、公开以及费用与服务水平相适应的原则。因此，物业服务费用的测算应该遵循以下几个原则。

1. 合理合法原则

合理合法原则表现为以下三个方面：一是物业服务成本或物业服务支出中各项费用测算的主要技术、经济指标应当符合行业标准或者社会公允水平；二是物业服务费水平应与我国经济发展状况和人们现实生活水平相一致；三是物业服务费用的标准与测算过程要符合《物业服务收费管理办法》和《物业服务收费明码标价规定》等相关政策。

2. 公开透明原则

根据《物业服务收费明码标价规定》的相关规定，物业服务收费应当明码标价，物业服务企业应在物业管理区域内的显著位置向业主公示物业服务企业名称、物业服务内容、服务标准、收费项目、收费计价方式和收费标准。物业服务企业还应当向业主大会或者全体业主公布物业服务资金年度预决算并每年不少于一次公布物业服务资金的收支情况。

3. 费用与服务水平相适应原则

物业服务费的收取应该考虑不同层次的需求而制定不同的收费标准，同时，物业服务企业所提供的服务水平应该与所收取的物业服务费水平相一致，按质论价。

（三）物业服务费的收费方式

业主与物业服务企业可以采取包干制或者酬金制等形式约定物业服务费用。

1. 包干制

包干制是指由业主向物业服务企业支付固定物业服务费用，盈余或者亏损均由物业服务企业享有或者承担的物业服务计费方式。实行物业服务费用包干制的，物业服务费用的构成包括物业服务成本、法定税费和物业管理企业的利润。

2. 酬金制

酬金制是指在预收的物业服务资金中按约定比例或者约定数额提取酬金支付给物业管理企业，其余全部用于物业服务合同约定的支出，结余或者不足均由业主享有或者承担的物业服务计费方式。实行物业服务费用酬金制的，预收的物业服务资金包括物业服务支出和物业服务企业的酬金。

根据《2013 年物业管理行业发展报告》显示，在对 327 家物业服务企业所管理的 18852 个项目的调查中显示，16211 个项目实行包干制收费，占 86%，2641 个项目实行酬金制收费，占 14%。

二、物业服务费的测算

物业服务费的测算一般包括支出成本的编制、支出成本的汇总、物业服务酬金或利润的计算、法定税费的计算等步骤。

（一）支出成本的核算

根据物业服务费支出（成本）项目和内容进行分解，然后由各部门或相关人员分别测算各单项费用，各单项费用测算完毕后进行加总。

物业服务成本或者物业服务支出（C）一般包括以下部分。

1. 人员费用（c_1）

人员费用主要包括管理服务人员工资、按规定提取的工会经费、职工教育经费，以及根据政府有关规定应当由物业服务企业缴纳的住房公积金和养老、医疗、失业、工伤、生育保险等社会保险费用。

2. 物业共用部位、共用设施设备的日常运行、维护费用（c_2）

该部分费用是指为保障物业管理区域内共用部位共用设施设备的正常使用和运行、维护保养所需的费用。不包括保修期内应由建设单位履行保修责任而支出的维修费、应由住宅专项维修资金支出的维修和更新、改造费用。

3. 物业管理区域清洁卫生费用（c_3）

清洁卫生费是指保持物业管理区域内环境卫生所需的购置工具费、消杀防疫费、化粪池清理费、管道疏通费、清洁用料费、环卫所需费用等。

4. 物业管理区域绿化养护费用（c_4）

绿化养护费是指管理、养护绿化所需的绿化工具购置费、绿化用水费、补苗费、农药化肥费等。不包括应由建设单位支付的种苗种植费和前期维护费。

5. 物业管理区域秩序维护费用（c_5）

秩序维护费是指维护物业管理区域秩序所需的器材装备费、安全防范人员的人身保险费及由物业服务企业支付的服装费等。其中，器材装备不包括共用设备中已包括的监控设备。

6. 办公费用（c_6）

办公费是指物业服务企业为维护管理区域正常的物业管理活动所需的办公用品费、交通费、房租、水电费、取暖费、通信费、书报费及其他费用。

7. 物业管理企业固定资产折旧（c_7）

固定资产折旧是指按规定折旧方法计提的物业服务固定资产的折旧金额。物业服务固定资产指在物业服务小区内由物业服务企业拥有的、与物业服务直接相关的、使用年限在一年以上的资产。

8. 物业共用部位、共用设施设备及公众责任保险费用（c_8）

物业共用部位共用设施设备及公众责任保险费用是指物业服务企业购买物业共用部位共用设施设备及公众责任保险所支付的保险费用，以物业服务企业与保险公司签订的保险单和所交纳的保险费为准。

9. 管理费用分摊（c_9）

管理费分摊是指物业服务企业在管理多个物业项目情况下，为保证相关的物业服务正常运转而由各物业服务小区承担的管理费用。

10. 经业主同意的其他费用（c_{10}）

经业主同意的其他费用是指业主或者业主大会按规定同意由物业服务费开支的费用。

物业服务成本或物业服务支出的测算可用以下公式表示：

$$C = \sum c_i$$

式中：C 表示总物业服务成本或总物业服务支出（元）；c_i 表示各单项费用（元）；i 表示单项项数（$i=1$，2，3，…，10）。

（二）酬金或利润的核算

实行包干制的，物业服务企业应获得一定的利润（P）。物业服务企业的利润率一般由各省、自治区、直辖市政府物价主管部门根据物业的类型以及本地区实际情况确定。比如，《湖南省物业服务收费管理办法》规定，住宅物业服务成本利润率最高不得超过8%。

需要注意的是，利润率分为销售利润率、成本利润率、产值利润率等形式，在计算物业服务企业利润时，一般采用成本利润率。

物业服务企业的利润计算公式为：

$$\text{利润} = \text{成本} \times \text{利润率}$$

即：

$$P = T \times R$$

其中，P 表示利润（元）；T 表示成本（元）；R 表示利润率。

实行酬金制的，物业服务企业应获得一定的酬金（R）。由物业服务企业与业主事先约定酬金计提的比例或者数额。计提基数可以是预收的物业服务资金，也可以是实际年终决算的物业服务支出，具体由双方通过物业服务合同约定。

根据酬金提取的方式不同，物业服务企业酬金的计算公式有两种形式。

按固定计提比例提取酬金时：

$$R = T \times k$$

按固定计提数额提取酬金时：

$$R = m$$

其中，R 表示酬金（元）；T 表示物业服务实际支出或者预收物业服务资金（元）；k 表示固定计提比例；m 表示固定计提数额。

（三）法定税费的核算

在实行包干制的模式下，物业服务费中包含了法定税费（T）。法定税费是指物业服务企业在开展物业管理活动时按照税费规定应缴纳的税金和费用。物业服务企业应缴纳的税费主要是营业税及附加，其中，营业税附加包括城市建设维护税和教育费附加。具体参见表 13－3。

表 13－3　　法定税费的核算

税　种	税　率	计算基数
营业税	5%	营业收入
城市建设维护税	7%	营业税
教育费附加	3%	营业税

包干制下模式下，物业服务企业法定税费的计算公式如下：

$$T = T_1 + T_2 + T_3$$

$$T_1 = C \times 5\%$$

$$T_2 = T_1 \times 7\%$$

$$T_3 = T_1 \times 3\%$$

其中：T 表示法定税费；T_1、T_2、T_3 分别表示营业税、城市建设维护税、教育费附加。在计算时，营业税及附加可合计为营业收入的 5.6%。

（四）物业服务费标准的计算

分别根据包干制和酬金制下物业服务费的计算公式计算物业服务费标准（F）：

包干制下：

$$F = (C + T + P)/(12 \cdot S)$$

酬金制下：

$$F = (C + R)/(12 \cdot S)$$

其中：F 表示物业服务费标准［元/（月·平方米）］；C 表示物业服务成本或物业服务支出；T 表示法定税费；P 表示利润；R 表示酬金；S 表示可收费面积（平方米）。

参考案例

项目物业服务费的测算

【项目背景】

某项目总建筑面积为20万平方米，可收费面积为10万平方米，物业服务企业的酬金为50万元，营业税及附加为营业收入的5.6%，利润率为成本的10%。物业服务支出（物业服务成本）由以下部分构成。

（1）管理服务人员的工资、社会保险和按规定提取的福利费等；

（2）物业共用部位、共用设施设备的日常运行、维护费用；

（3）物业管理区域清洁卫生费用；

（4）物业管理区域绿化养护费用；

（5）物业管理区域秩序维护费用；

（6）办公费用；

（7）物业服务企业固定资产折旧；

（8）物业共用部位、共用设施设备及公众责任保险费用。

【物业服务费的测算过程与结果】

第一步：测算成本支出

一、单项测算方法

（一）人员费用（c_1）

根据相关法规要求和公司规章制度进行人工费用的测算，人员费用包括：工资、社会保险费、福利费等。

1. 工资的测算（元/月）

按照公司工资福利标准和当地平均工资水平进行人员工资、奖金、补贴的测算。

2. 社会保险费（元/月）

物业服务企业给员工交纳的社会保险费应按照当地相关政策执行，一般包括住房公积金、养老保险、医疗保险、失业保险、工伤保险、生育保险，统称为“五险一金”。

3. 福利费的测算（元/月）

按规定提取的福利费包括以下三类：

（1）福利基金：按工资总额的14%计算；

（2）工会经费：按工资总额的2%计算；

（3）职工教育经费：按工资总额的1.5%计算。

（二）物业共用部位、共用设施设备的日常运行、维护费用（c_2）

1. 分包费用

物业服务企业将专业性较强的服务内容外包给有关专业公司的，该项服务的成本按照外包合同所确定的金额核定，一般可以采用分包方人员人数×人员标准、分包面积×单价的方式进行测算。

2. 物料费用

根据小区配置的设施、设备的清单，按照设备的每天实际运行情况进行维修物料消耗的测算。主要包括：

3. 公共电费（元/月）

公共电费包括电梯系统电费、公共照明系统电费、供配电系统电费、消防系统电费、给排水系统电费、泳池系统电费（收费泳池不计此项）等，可根据小区设施、设备的清单，按照设备的功率、每天实际工作时间进行公共电费的测算。

4. 公共水费（元/月）

公共税费包括绿化水费、清洁用水、泳池用水（收费泳池不计此项）和小区景观用水，可根据小区用水区域面积、用水时间和水费单价进行测算。

5. 电梯运行费

电梯运行费包括电梯保养费和电梯年检费，根据电梯数量、保养费单价和保养周期进行测算。

6. 公共设施养护费

根据小区配置的设施、设备的清单，按照设施、设备的使用寿命及保养周期进行维修费用测算。

（三）物业管理区域清洁卫生费用（c_3）

1. 分包费用

物业服务企业将专业性较强的服务内容外包给有关专业公司的，该项服务的成本按照外包合同所确定的金额核定，一般可以采用分包方人员人数×人员标准、分包面积×单价的方式进行测算。

2. 物料费用

根据物业服务所需配置的保洁材料的费用。

（四）物业管理区域绿化养护费用（c_4）

1. 分包费用

物业服务企业将专业性较强的服务内容外包给有关专业公司的，该项服务的成本按照外包合同所确定的金额核定，一般可以采用分包方人员人数×人员标准、分包面积×单价的方式进行测算。

2. 物料费用

环境、绿化物料消耗根据物业服务的绿化面积及绿化品种，按养护的需要测算材料的消耗。包括楼道绿化盆栽放置及裙楼绿化、施肥、杀虫、植物药剂、小区消杀等。

（五）物业管理区域秩序维护费用（c_5）

1. 分包费用

物业服务企业将专业性较强的服务内容外包给有关专业公司的，该项服务的成本按照外包合同所确定的金额核定，一般可以采用分包方人员人数×人员标准、分包面积×单价的方式进行测算。

2. 物料费用

根据小区配置的安保设施设备的清单，按照设备的每天实际运行情况进行维修物料消耗的测算。

（六）办公费用（c_6）

办公费是指物业服务企业为维护管理区域正常的物业管理活动所需的办公用品费、交通费、房租、水电费、取暖费、通信费、书报费及其他费用。

（七）物业管理企业固定资产折旧（c_7）

单价在2000元以上、使用年限在一年以上的资产，按使用年限进行折旧

折旧费用＝固定资产的原值/（固定的使用年限×12）

（八）物业共用部位、共用设施设备及公众责任保险费用（c_8）

购买保险是业主及物业服务公司规避风险的一种管理手段，所以必须计提，必须投保。业主如有异议，必须经业主大会决定并形成法律文件。

保险费＝（需投保的公共设施、设备）总金额×保险费率÷保险受惠物业的总面积

二、单项测算结果

经测算该项目全年各项费用如表13－4所示。

表13－4　项目全年各项费用

标　号	项目名称	金额（万元）
c_1	员工的工资、社会保险和按规定提取的福利费	60
c_2	物业共用部位、共用设施设备的日常运行、维护费用	20
c_3	物业管理区域清洁卫生费用	20
c_4	物业管理区域绿化养护费用	15
c_5	物业管理区域秩序维护费用	15
c_6	办公费用	10
c_7	物业服务企业固定资产折旧	5
c_8	物业共用部位、共用设施设备及公众责任保险费用	5

三、总物业服务成本或支出的计算

$$C = \sum c_i = c_1 + c_2 + c_3 + c_4 + c_5 + c_6 + c_7 + c_8 = 150(\text{万元})$$

第二步：计算利润或酬金

该项目管理的利润率为成本的10%，如果该项目采用包干制，管理该项目的物业服务企业的利润计算如下：

$$P = C \times r = 150 \times 10\% = 15(\text{万元})$$

该项目的酬金为50万元，如果该项目采用酬金制，则管理该项目的物业服务企业的酬金计算如下：

$$R = 50\ (\text{万元})$$

第三步：计算法定税费

该项目的营业税及附加为营业收入的5.6%，法定税费的计算公式如下：

$$T = C \times 5.6\% = 150 \times 5.6\% = 8.4(\text{万元})$$

第四步：计算物业服务费标准

分别根据包干制和酬金制下物业服务费的计算公式计算物业服务费标准（F）。

包干制下：

$$\begin{aligned} F &= (C + T + P)/(12 \cdot S) \\ &= (150 + 8.4 + 15)/(12 \cdot 10) \\ &= 1.45[\text{元}/(\text{月} \cdot \text{平方米})] \end{aligned}$$

酬金制下：

$$\begin{aligned} F &= (C + R)/(12 \cdot S) \\ &= (150 + 50)/(12 \cdot 10) \\ &= 1.67[\text{元}/(\text{月} \cdot \text{平方米})] \end{aligned}$$

三、物业服务费的收取

（一）物业服务费的交纳主体

1. 由建设单位承担物业服务费的情况

纳入物业管理范围的已竣工但尚未出售、出租，或者因建设单位原因未按时交给物业买受人的，物业服务费用由建设单位交纳。

物业买受人在查验收房时，物业因存在不符合法律法规规定和购房合同约定的条件而需要整改的，整改期间的物业服务费由建设单位交纳。

2. 由业主或使用人承担物业服务费的情况

物业竣工验收合格后，建设单位根据购房合同书面通知买受人办理交付手续，经物业买受人查验收房后，物业服务费由买受人交纳。

物业买受人无正当理由拖延办理交付手续的，物业服务费从建设单位书面通知买受人办理交付手续的次月开始计收，由物业买受人交纳，但首先由建设单位垫付并负责追缴。建设单位与物业买受人另有约定的，从其约定。

（二）物业服务费的收缴率问题

物业服务费收缴率低已成为困扰物业管理行业的一个老大难问题，《北京市物业服务企业经营状况调研报告》显示，2013 年在对 2740 个物业项目的统计数据显示，物业服务费平均欠缴率达到 21.51%，有 57 万户业主欠缴物业费，欠缴总额达 20.53 亿元。因拖欠物业服务费而引起的法律纠纷日益剧增，据统计，在近五年所调查的北京 36 家单位共 3740 件纠纷诉讼中，因物业服务费用产生的纠纷达 2855 件，占 76.34%。

为解决物业服务费收缴率低的问题，物业服务企业在日常的物业管理中可采取以下措施，提高业主缴纳物业服务费的积极性与主动性。

1. 加强宣传，提高业主们对物业服务费的认识

通过宣传，让业主们认识到物业服务费属于全体业主所有，认识到物业服务“以收定支”的性质，物业服务企业先收取全体业户的物业服务费，然后进行投入，为全体业户提供约定的等值的服务。

2. 提高物业服务费管理的透明度

按照“明码标价”的要求，物业管理企业在其服务区域内的显著位置或收费地点，采取公示栏、公示牌、收费表、收费清单、收费手册、多媒体终端查询等方式实行明码标价，让业主知道物业服务费的收取与开支。

3. 提高服务质量，提高业主们缴纳物业服务费的意愿

目前，物业服务服务费收缴率低有一部分原因是业主对物业服务企业提供的服务不满意，因此，物业服务企业要做好日常的服务管理工作，提高业主对服务的满意度。

对于那些违反物业服务合同约定逾期不交纳服务费用或者物业服务资金的业主，物业服务企业可通过书面催交、委托业主委员会催交、司法追缴等方式进行处理。

参考资料

空置房的物业服务费缴纳问题

空置房的物业服务费缴纳问题一直困扰着诸多购买多套房的市民，由此常引发物

业纠纷甚至导致业主和物业公司对簿公堂。物业公司认为自己提供了服务应该收取物业费，但业主却认为自己并没有享受到服务，拒绝缴纳。

按照《物业管理条例》第42条规定：业主应当根据物业服务合同的约定交纳物业服务费用。业主与物业使用人约定由物业使用人交纳物业服务费用的，从其约定，业主负连带交纳责任。已竣工但尚未出售或者尚未交给物业买受人的物业，物业服务费用由建设单位交纳。

也就是说，业主从开发商处接收房屋时起，业主已实际占有了房屋，就应该开始交纳物业服务费，至于业主是否实际使用，并不影响物业服务企业收取物业服务费。因为物业服务公司提供的是物业区域的公共事务管理服务，即建筑物及其设备、共用设施、绿化、环境卫生、公共秩序等项目的日常维护、管理服务，这种公共性服务不会因为某一个人或几个人不在此居住，管理成本就会相应减少。只要物业公司按照合同约定提供了相关服务，则物业服务费的交纳义务对全体业主而言都是均等的，无论房屋是否空置都应按照合同约定交纳物业费，除非管理规约或者物业服务合同另有规定或约定。

一些地方对空置房屋的物业服务费做出了规定，如，青岛市规定，空置一年以上房屋可与物业公司协商缴纳不超过80%的物业费，湖南省也制定了相关办法，已办理交付手续但未使用的物业，物业服务费按照90%交纳。这种规定无论是对物业公司还是业主来说都是一个利好消息。

第四节　住宅专项维修资金管理

为了加强对住宅专项维修资金的管理，保障住宅共用部位、共用设施设备的维修和正常使用，维护住宅专项维修资金所有者的合法权益，建设部2007年颁布了《住宅专项维修资金管理办法》，对住宅专项维修资金的管理作了明确规定。

一、住宅专项维修资金概述

（一）住宅专项维修资金的含义

住宅专项维修资金，是指专项用于住宅共用部位、共用设施设备保修期满后的维修和更新、改造的资金。业主交存的住宅专项维修资金属于业主所有，从公有住房售房款中提取的住宅专项维修资金属于公有住房售房单位所有。

其中，住宅共用部位，是指根据法律法规和房屋买卖合同，由单幢住宅内业主或者单幢住宅内业主及与之结构相连的非住宅业主共有的部位，一般包括：住宅的基础、承重墙体、柱、梁、楼板、屋顶以及户外的墙面、门厅、楼梯间、走廊通道等。

共用设施设备，是指根据法律法规和房屋买卖合同，由住宅业主或者住宅业主及有关非住宅业主共有的附属设施设备，一般包括电梯、天线、照明、消防设施、绿地、道路、路灯、沟渠、池、井、非经营性车场车库、公益性文体设施和共用设施设备使用的房屋等。

（二）住宅专项维修资金的来源

1. 首期交存

（1）商品住宅的业主、非住宅的业主在办理房屋入住手续前将首期住宅专项维修资金存入住宅专项维修资金专户。

商品住宅的业主、非住宅的业主按照所拥有物业的建筑面积，每平方米建筑面积交存首期住宅专项维修资金的数额为当地住宅建筑安装工程每平方米造价的5%～8%。

（2）已售共有住房的业主在办理收入房屋入住手续前，将首期住宅专项维修资金存入公有住房住宅专项维修资金专户或者交由售房单位存入公有住房住宅专项维修资金专户。公有住房售房单位在收到房款之日起30日内，将提取的住宅专项维修资金存入公有住房住宅专项维修资金专户。

出售公有住房的，按照下列规定交存住宅专项维修资金：业主按照所拥有物业的建筑面积交存住宅专项维修资金，每平方米建筑面积交存首期住宅专项维修资金的数额为当地房改成本价的2%。售房单位按照多层住宅不低于售房款的20%、高层住宅不低于售房款的30%，从售房款中一次性提取住宅专项维修资金。

2. 续交

业主分户账面住宅专项维修资金余额不足首期交存额30%的，应当及时续交。已成立业主大会的小区，续交的方案由业主大会决定，未成立业主大会的小区，续交的具体管理办法由直辖市、市、县人民政府建设（房地产）主管部门会同同级财政部门制定。

3. 其他收益转存

根据《住宅专项维修资金管理办法》的规定，下列收入应当转入住宅专项维修资金滚存使用：①住宅专项维修资金的存储利息；②利用住宅专项维修资金购买国债的增值收益；③利用住宅共用部位、共用设施设备进行经营的，业主所得收益，但业主大会另有决定的除外；④住宅共用设施设备报废后回收的残值。

（三）住宅专项维修资金的用途

住宅专项维修资金应当专项用于住宅共用部位、共用设施设备保修期满后的维修和更新、改造，不得挪做他用。

下列费用不得从住宅专项维修资金中列支：

（1）依法应当由建设单位或者施工单位承担的住宅共用部位、共用设施设备维修、更新和改造费用；

（2）依法应当由相关单位承担的供水、供电、供气、供热、通信、有线电视等管线和设施设备的维修、养护费用；

（3）应当由当事人承担的因人为损坏住宅共用部位、共用设施设备所需的修复费用；

（4）根据物业服务合同约定，应当由物业服务企业承担的住宅共用部位、共用设施设备的维修和养护费用。

（四）住宅专项维修资金的分摊

住宅共用部位、共用设施设备的维修和更新、改造费用，按照下列规定分摊。

（1）商品住宅之间或者商品住宅与非住宅之间共用部位、共用设施设备的维修和更新、改造费用，由相关业主按照各自拥有物业建筑面积的比例分摊。

（2）售后公有住房之间共用部位、共用设施设备的维修和更新、改造费用，由相关业主和公有住房售房单位按照所交存住宅专项维修资金的比例分摊；其中，应由业主承担的，再由相关业主按照各自拥有物业建筑面积的比例分摊。

（3）售后公有住房与商品住宅或者非住宅之间共用部位、共用设施设备的维修和更新、改造费用，先按照建筑面积比例分摊到各相关物业。其中，售后公有住房应分摊的费用，再由相关业主和公有住房售房单位按照所交存住宅专项维修资金的比例分摊。

（4）住宅共用部位、共用设施设备维修和更新、改造，涉及尚未售出的商品住宅、非住宅或者公有住房的，开发建设单位或者公有住房单位应当按照尚未售出商品住宅或者公有住房的建筑面积，分摊维修和更新、改造费用。

二、住宅专项维修资金的使用程序

（一）住宅专项维修资金划转业主大会管理前的使用程序

住宅专项维修资金划转业主大会管理前，需要使用住宅专项维修资金的，按照以下程序办理。

（1）物业服务企业根据维修和更新、改造项目提出使用建议；没有物业服务企业的，由相关业主提出使用建议。

(2) 住宅专项维修资金列支范围内专有部分占建筑物总面积2/3以上的业主且占总人数2/3以上的业主讨论通过使用建议。

(3) 物业服务企业或者相关业主组织实施使用方案。

(4) 物业服务企业或者相关业主持有关材料，向所在地直辖市、市、县人民政府建设（房地产）主管部门申请列支；其中，动用公有住房住宅专项维修资金的，向负责管理公有住房住宅专项维修资金的部门申请列支。

(5) 直辖市、市、县人民政府建设（房地产）主管部门或者负责管理公有住房住宅专项维修资金的部门审核同意后，向专户管理银行发出划转住宅专项维修资金的通知。

(6) 专户管理银行将所需住宅专项维修资金划转至维修单位。

（二）住宅专项维修资金划转业主大会管理后的使用程序

住宅专项维修资金划转业主大会管理后，需要使用住宅专项维修资金的，按照以下程序办理。

(1) 物业服务企业提出使用方案，使用方案应当包括拟维修和更新、改造的项目、费用预算、列支范围、发生危及房屋安全等紧急情况以及其他需临时使用住宅专项维修资金的情况的处置办法等。

(2) 业主大会依法通过使用方案。

(3) 物业服务企业组织实施使用方案。

(4) 物业服务企业持有关材料向业主委员会提出列支住宅专项维修资金；其中，动用公有住房住宅专项维修资金的，向负责管理公有住房住宅专项维修资金的部门申请列支。

(5) 业主委员会依据使用方案审核同意，并报直辖市、市、县人民政府建设（房地产）主管部门备案；动用公有住房住宅专项维修资金的，经负责管理公有住房住宅专项维修资金的部门审核同意；直辖市、市、县人民政府建设（房地产）主管部门或者负责管理公有住房住宅专项维修资金的部门发现不符合有关法律法规、规章和使用方案的，应当责令改正。

(6) 业主委员会、负责管理公有住房住宅专项维修资金的部门向专户管理银行发出划转住宅专项维修资金的通知。

(7) 专户管理银行将所需住宅专项维修资金划转至维修单位。

（三）紧急情况下住宅专项维修资金的使用程序

发生危及房屋安全等紧急情况，需要立即对住宅共用部位、共用设施设备进行维修和更新、改造的，按照以下规定列支住宅专项维修资金。

（1）住宅专项维修资金划转业主大会管理前，按照住宅专项维修资金划转业主大会管理前的使用程序中的第四项、第五项和第六项的规定办理。

（2）住宅专项维修资金划转业主大会管理后，按照住宅专项维修资金划转业主大会管理后的使用程序中的第四项、第五项、第六项和第七项的规定办理。

发生危及房屋安全等紧急情况后，未按规定实施维修和更新、改造的，直辖市、市、县人民政府建设（房地产）主管部门可以组织代修，维修费用从相关业主住宅专项维修资金分户账中列支；其中，涉及已售公有住房的，还应当从公有住房住宅专项维修资金中列支。

三、住宅专项维修资金的管理

（一）业主大会成立前的管理

（1）业主大会成立前，商品住宅业主、非住宅业主交存的住宅专项维修资金，由物业所在地直辖市、市、县人民政府建设（房地产）主管部门代管。

直辖市、市、县人民政府建设（房地产）主管部门应当委托所在地一家商业银行，作为本行政区域内住宅专项维修资金的专户管理银行，并在专户管理银行开立住宅专项维修资金专户。开立住宅专项维修资金专户，应当以物业管理区域为单位设账，按房屋户门号设分户账；未划定物业管理区域的，以幢为单位设账，按房屋户门号设分户账。

（2）业主大会成立前，已售公有住房住宅专项维修资金，由物业所在地直辖市、市、县人民政府财政部门或者建设（房地产）主管部门负责管理。

负责管理公有住房住宅专项维修资金的部门应当委托所在地一家商业银行，作为本行政区域内公有住房住宅专项维修资金的专户管理银行，并在专户管理银行开立公有住房住宅专项维修资金专户。开立公有住房住宅专项维修资金专户，应当按照售房单位设账，按幢设分账；其中，业主交存的住宅专项维修资金，按房屋户门号设分户账。

户管理银行、代收住宅专项维修资金的售房单位应当出具由财政部或者省、自治区、直辖市人民政府财政部门统一监制的住宅专项维修资金专用票据。

（二）业主大会成立后的管理

（1）业主大会成立后，住宅专项维修资金的管理由业主大会负责。

住宅专项维修资金划转后的账目管理单位，由业主大会决定，业主大会应当建立住宅专项维修资金管理制度。业主大会开立的住宅专项维修资金账户，应当接受所在地直辖市、市、县人民政府建设（房地产）主管部门的监督。

（2）业主交存的住宅专项维修资金按以下程序进行划转。

①业主大会应当委托所在地一家商业银行作为本物业管理区域内住宅专项维修资金的专户管理银行，并在专户管理银行开立住宅专项维修资金专户。开立住宅专项维修资金专户，应当以物业管理区域为单位设账，按房屋户门号设分户账。

②业主委员会应当通知所在地直辖市、市、县人民政府建设（房地产）主管部门。

③直辖市、市、县人民政府建设（房地产）主管部门或者负责管理公有住房住宅专项维修资金的部门应当在收到通知之日起30日内，通知专户管理银行将该物业管理区域内业主交存的住宅专项维修资金账面余额划转至业主大会开立的住宅专项维修资金账户，并将有关账目等移交业主委员会。

（三）住宅专项维修资金的过户与返还

房屋所有权转让时，业主应当向受让人说明住宅专项维修资金交存和结余情况并出具有效证明，该房屋分户账中结余的住宅专项维修资金随房屋所有权同时过户。

受让人应当持住宅专项维修资金过户的协议、房屋权属证书、身份证等到专户管理银行办理分户账更名手续。

房屋灭失的，按照以下规定返还住宅专项维修资金：

（1）房屋分户账中结余的住宅专项维修资金返还业主；

（2）售房单位交存的住宅专项维修资金账面余额返还售房单位；售房单位不存在的，按照售房单位财务隶属关系，收缴同级国库。

（四）住宅专项维修资金的监督管理

1. 管理单位的义务

直辖市、市、县人民政府建设（房地产）主管部门，负责管理公有住房住宅专项维修资金的部门及业主委员会，应当每年至少一次与专户管理银行核对住宅专项维修资金账目，并向业主、公有住房售房单位公布下列情况。

（1）住宅专项维修资金交存、使用、增值收益和结存的总额；

（2）发生列支的项目、费用和分摊情况；

（3）业主、公有住房售房单位分户账中住宅专项维修资金交存、使用、增值收益和结存的金额；

（4）其他有关住宅专项维修资金使用和管理的情况。

业主、公有住房售房单位对公布的情况有异议的，可以要求复核。

2. 专户管理银行的义务

专户管理银行应当每年至少一次向直辖市、市、县人民政府建设（房地产）主管部门，负责管理公有住房住宅专项维修资金的部门及业主委员会发送住宅专项维修资金对账单。直辖市、市、县建设（房地产）主管部门，负责管理公有住房住宅专项维修资金的部门及业主委员会对资金账户变化情况有异议的，可以要求专户管理银行进行复核。

专户管理银行应当建立住宅专项维修资金查询制度，接受业主、公有住房售房单位对其分户账中住宅专项维修资金使用、增值收益和账面余额的查询。

3. 审计、财政部门的监督管理

（1）住宅专项维修资金的管理和使用，应当依法接受审计部门的审计监督。

（2）住宅专项维修资金的财务管理和会计核算应当执行财政部有关规定。

财政部门应当加强对住宅专项维修资金收支财务管理和会计核算制度执行情况的监督。住宅专项维修资金专用票据的购领、使用、保存、核销管理，应当按照财政部以及省、自治区、直辖市人民政府财政部门的有关规定执行，并接受财政部门的监督检查。

案例研究

住宅专项维修资金使用难问题

当房屋出现屋顶或墙面漏水、电梯年久失修、公共区域设施设备损坏等情况时，每一个普通居民首先想到的是动用住宅专项维修资金。

然而，这一房屋和居者的可靠保障在使用和支取中却要面对重重“障碍”，资金使用率、使用效率“双低”现象突出，一些房屋也因此被阻滞在“应修未修”的状态下。

巨额住宅专项维修资金在“沉睡”

公共维修基金，又称“住宅专项维修资金”，是住宅共用部位、共用设施设备在保修期满后，用于维修和更新、改造的专项资金。随着住宅专项维修资金制度的普及，我国各个城市已经归集起了数额庞大的维修资金，其总规模可能已突破万亿元。

然而，在全国范围内，这笔资金的使用率却并不高，大量资金长期“沉睡”在银行账户中。自1998年实行“公维”基金制度以来，截至2013年年底，北京市的住宅专项维修资金累计归集金额超过350亿元，但使用额仅约8亿元，基金使用比例为2.3%。

南宁市自2009年实施专项维修资金管理办法以来，累计归集的维修资金已达20亿元左右，但截至2013年年底，巨额资金支取比例不足1%。山东省公共维修基金使用率也普遍较低，全省部分城市甚至从未使用过，2012 年该省调查的 165 个需要维修的住宅项目中，只有 9 个成功直接申请到了维修资金。

多重因素致维修资金难解住宅“燃眉之急”

维修资金的使用效率低，一个重要原因就是制度设计上的桎梏。按照相关法律规定，住宅专项维修资金划转业主大会管理前若需要使用，应由物业服务企业根据维修和更新、改造项目提出使用建议；没有物业服务企业的，由相关业主提出使用建议。同时，还必须满足列支范围内专有部分占建筑物总面积 2/3 以上的业主，且占总人数 2/3 以上的业主同意。

而在实际操作中，虽然业主们对维修资金普遍很重视，但对建筑物共有部分承担义务的意识却十分欠缺，“事不关己、高高挂起”的现象较凸出，使得签字同意的“保障线”变成了“高门槛”。使用维修资金的难点首先在于“双三分之二”，由于部分业主参与公共事务的积极性差，需要业主签字表决时非常困难。

同时，许多小区迟迟未能成立业委会，且开发商与前期物业之间、不同物业管理公司之间的移交衔接出现问题，导致小区本身支取维修资金的基础工作严重欠缺，为日后的支取使用增加了更多不确定因素，导致需要动用专项维修资金时却久拖不决，难解“燃眉之急”。

本章小结

1. 物业管理过程中涉及的资金主要包括物业服务费、专项维修资金、注册资本、物业承接查验费、物业质量保证金、早期介入咨询费、多种经营收入等。

2. 营业收入是指物业服务企业从事物业管理和其他经营活动所取得的各项收入，包括物业服务主营业务收入和其他业务收入。其中主营业务收入包括物业服务收入、物业经营收入和物业大修收入。其他业务收入是指物业服务企业从事主营业务以外的其他业务活动所取得的收入。

3. 物业服务企业在从事物业管理活动中发生的各项直接支出，计入经营成本，企业成本包括直接人工费、直接材料费和间接费用等。

4. 物业服务企业可通过成本项目与价格标准控制、用工成本控制、能源消耗控制等方法控制物业管理成本。

5. 物业服务企业的利润指企业在物业管理过程中各种收入扣除各种耗费后的盈余，反映企业在报告期内实现的盈亏总额。物业服务企业利润包括营业利润、投资净收益、营业外收支净额以及补贴收入。

6. 业主与物业服务企业可以采取包干制或者酬金制等形式约定物业服务费用。包干制模式下物业服务费用的构成包括物业服务成本、法定税费和物业管理企业的利润。实行物业服务费用酬金制的，预收的物业服务资金包括物业服务支出和物业管理企业的酬金。

7. 住宅专项维修资金，是指专项用于住宅共用部位、共用设施设备保修期满后的维修和更新、改造的资金。住宅专项维修资金的使用需按照《住宅专项维修资金管理办法》的规定进行。

复习题

1. 物业服务资金包括哪些类型？
2. 物业服务企业的营业收入与成本费用分别由哪几部分构成？
3. 包干制、酬金制下物业服务费的构成有什么不同？
4. 住宅专项维修资金的使用条件是什么？

问题与应用

1. 某住宅项目总建筑面积为31万平方米，项目可收费总面积20万平方米。项目拟通过公开招标形式选聘合适的物业服务企业为小区提供物业管理服务。在物业服务费收取方面，要求采用酬金制，其中，酬金比例为8%，停车场收入可用于物业服务支出，但不计酬金。A物业服务企业符合投标要求，准备参与投标，在投标方案设计时，经初步测算，物业服务支出为500万元/年，停车场收入为90万元/年。

问题：

（1）该项目要达到收支平衡，物业管理服务费标准应为多少？

（2）若管理费标准确定为1.78元/（月·平方米），酬金比例为多少时，该项目能实现收支平衡？

2. 某住宅小区交付使用已有8年，该小区1号楼自来水主管道老化，发生大范围漏水，危机房屋安全，物业服务企业向业主委员会提出列支住宅专项维修资金。

问题：

（1）在本案例，住宅专项维修资金使用包括哪些程序？

（2）简要介绍划转业主大会管理前住宅专项维修资金使用的基本程序。

第十四章　物业管理资源经营

学习目标

传统物业管理已无法满足物业服务企业扩大再生产的需要，也无法满足业主日益增长的多元化服务需求。物业管理资源经营可以为企业提供新的经济增长点，也能满足业主不断增长的服务需求。本章是传统物业管理内容的延伸。

1. 知识目标

➢掌握物业管理资源的内涵以及经营原则；

➢了解物业管理资源经营的类型与内容；

➢掌握一些典型物业管理资源的经营方法；

2. 能力目标

➢具备运用物业管理资源经营理论开展资源经营实践活动的能力。

知识结构导图

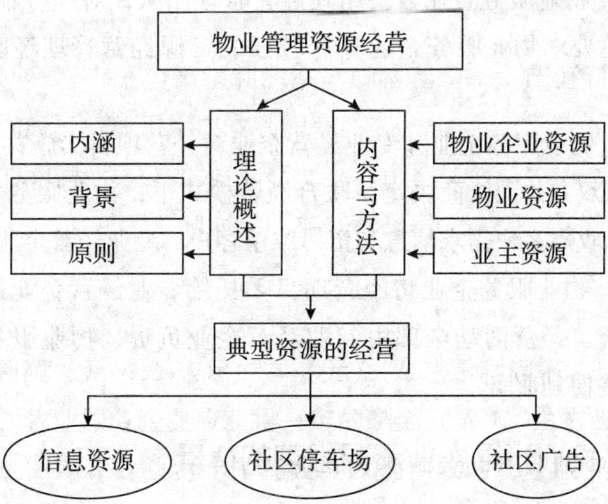

第一节　物业管理资源经营概述

一、物业管理资源的内涵

物业管理资源经营是指物业服务企业利用物业管理中的各种资源开展多种经营，通过直接向业主提供经营服务或者通过搭建平台间接促成商家与业主之间的交易的方式，来获得物业服务费以外的收入。

资源是物业服务企业开展经营活动的前提和条件，物业管理资源特指物业管理中所涉及的各类有形资源和无形资源。

根据不同的标准和分类方法，物业管理资源有不同的类型。

（1）物业业态。按物业业态的不同，物业管理资源可分为住宅物业管理资源、写字楼物业管理资源、零售商业物业管理资源、工业物业管理资源、学校物业管理资源、体育场馆物业管理资源等。

（2）资源产权属性。按资源产权属性的不同，物业管理资源可分为物业服务企业资源、业主资源和物业资源，其中，物业服务企业资源归属于物业服务企业，业主资源归属于单个业主，物业资源归属于部分或全体业主。

（3）资源形式。按资源形式的不同，物业管理资源可分为有形资源和无形资源。有形资源包括房屋以及配套的设施、设备和场地等，无形资源包括人才、信息、知识等。

物业服务企业开展物业管理资源经营可采用以下形式。

（1）自主经营。物业服务企业自行组建经营管理团队，对经营项目实施经营管理，自负盈亏。自主经营要求物业服务企业具有较强的资源经营管理经验和储备有相应的专业经营管理人才。

（2）联合经营。物业服务企业和专业经营企业对经营项目实施共同经营管理，经营成本、利润的分配由双方共同协商决定。联合经营模式下，物业服务企业一般主要负责提供消费群体平台、收集客户需求信息和招揽维系客户，专业经营企业负责具体的运营。

（3）委托经营。物业服务企业将经营项目委托给专业经营企业进行经营管理，并向其收取一定的佣金。经营活动全部由专业经营企业负责，物业服务企业可为专业经营企业经营提供一些便利服务。

二、物业服务企业开展物业资源经营的背景

（一）业主需求为物业管理资源的经营提供了市场

随着经济收入和生活水平的日益提高，业主对物业管理服务不断提出新的更多需

求，为满足和适应业主的这些需求，物业服务企业可在传统物业管理服务基础上，充分利用小区的各种物业资源开拓各类专项服务和特约服务。

（二）物业服务企业自身发展是物业管理资源经营的内在动力

在传统物业管理模式下，物业管理行业常常被赋予“微利行业”的标签，物业管理资源经营是物业管理行业摆脱传统物业管理“微利行业”形象的一次机会；另外，随着成本的日益上升，“节流”越来越难，“开源”空间巨大，在物业管理内涵不断延伸的情况下，突破传物业管理内容的局限，拓阔经营范畴是物业服务企业良性发展的需要。

（三）信息技术的发展为物业资源经营提供了技术支持

现代信息技术和网络系统的开发与运用为延伸和拓展物业资源经营提供了前所未有的技术支撑。同时，社区 O2O、移动互联网等新经济形式的到来，激发了消费者更多潜在需求，这为物业管理行业寻找新的经济增长点和生存发展空间提供了机会。

在“互联网 +”的新经济模式里，物业可以借助移动互联平台、云架构数据中心，整合社区内外资源，以面向业主提供更好、更广、更便利的服务为宗旨，通过服务外延、服务创新创造新的赢利空间。比如：基于物业私有云平台，实现社区微电商服务、社区互助服务、社区养老服务、社区医疗服务等。

案例研究

万科物业的经营之道

万科物业高度注重住宅物业管理的可持续发展，近两年提出了“幸福社区计划”。在保障服务品质的同时，紧扣客户房屋保值增值、日常生活需要推出“资产管家、房务管家、生活管家”，提供“住这儿 APP”等多种经营服务，收获了可喜的业主满意度和良好的企业经营绩效。2013 年万科物业年经营收入 32.6 亿元，利润 2.1 亿元，其中，向业主收取的物业服务费 17.3 亿元，社区服务多种经营收入 15.3 亿元，多种经营收入成为万科物业利润的主要来源。

万科物业前几年的社区服务，包括便利店、洗衣店、药店、银行和菜市场的老“五菜一汤”式的搭配，为业主提供最基本的生活服务，广受业主欢迎。近几年万科物业不断创新社区服务，初步形成了“拎包入住”、第五食堂、“万物仓”、幸福驿站、“橡树汇”长者服务和万科租售中心等升级版的可以在万科在管项目全面复制的多种经营，被称之为新“五菜一汤”。既满足了业主不断增长的各类需求，也对提高万科物业的经营绩效起到了积极作用。

以“拎包入住”和“租售中心”为例，2013 年有 2 万名业主选择万科物业提供“为业主配售家具、家电和售后服务，以及提供住房内部的局部改造”的“拎包入住服务”，交易额超过 3 亿元，万科物业获取 10% 的佣金；2013 年始开展房屋租售代理和托管业务的万科租售中心当年业务收入达 1.13 亿元，实现利润 3523 万元。

三、物业管理资源经营的原则

（一）处理好物业管理服务与物业经营的关系

传统物业管理是基于管理服务，强调的是物业基本功能的正常发挥和业主服务满意度最大；物业经营是基于利润，强调的物业服务企业经营利润的最大化。因此，在开展物业资源经营活动时，物业服务企业要正确处理好经营与服务的关系。经营活动的开展是建立在做好物业管理基本服务的基础上，物业服务是基础，是主要任务，物业经营是补充，是次要任务，物业资源经营不得影响物业管理基本服务的开展。

（二）处理好市场机会与企业自身条件的关系

在经营项目的经营方式的选择上既要考虑业主需求、业主群体特征以及物业项目特征等外部环境，又要考虑物业服务企业自身的条件。在具体实施中，可运用 SWOT（优势、劣势、机会、威胁）分析法，全面分析与评估外部环境的机会与危险、企业内部环境的优势与劣势，以便对外部环境与自身条件有客观的认识。同时，可运用头脑风暴法、名义小组法等方法对经营项目和经营方式进行比较分析，最终选出适合物业服务企业的经营项目与经营方式。

（三）处理好业主利益与物业企业利益的关系

《物业管理条例》规定：“利用物业共用部位、共用设施设备进行经营的，应先征得业主、业主大会、物业服务企业的同意后，按照规定办理有关手续。”因此，物业服务企业在开展物业资源经营前，先要明确物业资源的归属，取得权益人的同意并签署相关协议。如果未经授权就擅自经营，属于侵权行为。对于产权属于业主的资源，物业服务企业要与业主签订服务协议，明确收益分配，以免引起纠纷。

第二节　物业管理资源经营内容与方法

一、物业服务企业资源

物业服务企业的资源可分为有形资源和无形资源，其中，有形资源包括物业服务企业的设备、人员、物资、组织等；无形资源包括物业服务企业在经营管理过程中所积累的管理技术、信息、品牌、商标、专利等。通过对这些资源的有效经营能够为物业服务企业创造经营效益。

（一）管理技术资源

物业服务企业在长期实践中形成的物业管理技术可以以对外提供物业管理顾问咨询服务的方式进行输出。在顾问咨询服务中，一般在输出技术资源的同时，还能输出管理资源和品牌资源。如，万科、深物业等一些物业服务企业依靠其成熟的物业管理技术通过为其他中小物业服务企业提供顾问、培训服务活动获利。

（二）自有设施设备资源

这里所指设施设备是物业服务企业自有的设施设备，有别于小区业主共有的设施设备，包括物业服务企业自身所拥有的工程维修、保洁、绿化、秩序维护等各种专业操作、检测设施设备。物业服务企业可利用这些设施设备开展经营活动，以提高该类资源的利用效益。

（三）人力资源

物业服务企业聚集、整合了各类专业技术人员人才。利用和发挥这些人才的作用，在增加企业盈利的同时，也能激发从业人员的工作热情，促使物业管理行业变成能实现个人价值的一个领域。

二、物业资源

物业资源是指物业管理服务区域内的各类房屋及与之相配套的设施设备和场地等。具体而言，物业资源可分为两类：一是物业管理区域内可直接使用或经营的资源，如可租售的停车场、运动场等物业空间与场地；二是由物业建筑、配套设施设备和场地派生出的可经营资源，如屋顶广告、电梯广告等。

物业服务企业可通过以下方式获取物业资源的经营管理权。

（一）向开发商争取物业资源

物业服务企业可以在早期介入和接管物业时向开发商争取一些产权属于开发商的物业资源的经营权，如地下停车场、会所等设施。

（二）购买或租用物业资源

物业服务企业可以购买或者租用管辖区内的商物业资源开展经营活动，如租用商业用房开便利店、理发店等。

（三）替业主经营物业资源

物业服务企业通过与权益主体签订相关协议，明确利益分成，为业主经营物业资源。

物业服务企业对物业资源开展经营活动必须明确物业资源的产权属性，明晰经营收益的分配，以免引起物业纠纷。

三、业主资源

（一）业主资源的类型

业主资源包括业主需求资源、业主财产资源、业主无形资产资源等。其中，业主的需求资源指的是业主在日常生活中的生活、健康、娱乐、教育等需求，这些需求构成了社会消费的基础，具有非常大的经营价值，也是经营实践中涉及最多的一种业主资源。业主财产资源包括业主的房屋、汽车、家电、有价证券等；业主的无形资产资源包括业主知识资源和业主社会关系资源。

（二）业主资源经营的方式

1. 特约服务和综合经营

物业管理中的特约服务是指物业服务企业围绕所管物业开展的与服务对象（业主、使用人）生活、工作、学习、娱乐等相关的各种专门性、收益性服务。只要是服务对象所需的都可成为服务项目，如餐饮、购物、康乐、室内装修、搬家、房屋代租售、家政、室内绿化装饰等各个方面。

2. 社区服务集成商

社区服务集成商是指物业服务企业在利用业主需求资源的过程中，不提供具体的商品服务，而是搭建专业的信息服务平台，让业主的需求与社会服务资源的利用在这个平台上实现对接，从社会服务资源的提供方处获取佣金收入。物业服务企业的主要工作是在业主需求调查的基础上寻找、组织和整合社会服务资源，通过提供间接服务、渠道服务和信息服务，实现经营利润。

第三节　典型资源的经营管理

一、物业管理信息资源的经营

经济学界把信息、材料、能源并称为当今社会经济发展的三大支柱。在人们的经济活动和企业的计划与决策中，信息被喻为财富的源泉、经济发展的催化剂、市场竞争的法宝。开发并用好信息资源，是企业掌握生产主动权和经营管理“制高点”的重要举措。

信息是企业生产及管理过程中所涉及的一切文件、资料、图表和数据等信息的总称，信息资源是指经过人工选取、组织和序化的有用的信息集合。信息是企业决策的基础与依据。在一定程度上，信息能够决定了一个企业的成败。

（一）物业管理信息资源的类型

物业管理中的信息资源可分为三类：一是物业开发建设过程中形成的各类资料；二是物业服务企业运行中形成的各类资料；三是物业服务企业在提供管理服务的过程中搜集和掌握的各类信息，如设施设备的使用信息、业主的需求信息、房屋信息等。这些信息资源既可单独开发，也可作为管理技术资源、品牌等资源的组成部分。

（二）物业管理信息资源的获取

1. 在调查中获取信息

根据需要，调查人员有针对性地对物业管理区域内的物业和业主进行调查，把调查结果进行加工整理。例如，调查人员定期开展物业服务满意度、物业服务需求等专项调查，从中获取业主和使用人的信息。

2. 在服务过程中获取信息

一方面对物业承接查验、物业入住时获得的信息进行加工整理；另一方面，在日常物业管理中，把物业使用记录、物业维修记录、物业服务记录等信息进行加工整理。

3. 通过信息网站平台收集信息

搭建物业服务企业与业主、业主与业主之间的沟通平台，从网络平台获取信息资源。例如，小区 BBS、小区微信群、社区 APP 等网络平台的建立有助于物业服务企业掌握最新的信息。

（三）物业管理信息资源的整理与分析

在物业管理信息资源收集的基础上，将原始信息按照一定的标准进行分明别类，并分类别建立信息资源数据库。如，可分别建立客户信息数据库、物业服务企业信息数据库、设施设备信息数据库等。

信息资源数据库的建立能够帮助企业准确定位目标消费者的物业服务需求，以最合适的产品满足消费者的需求。建立信息资源数据库后，经营者要对数据库中的信息进行综合分析，挖掘和甄别可用于经营的信息资源，有些信息可以单独作为资源进行开发，有些信息需要跟其他资源搭配才能产生效益。在对各类信息资源价值分析的基础上，建立信息需求数据库。

（四）物业管理信息的保密管理

对于收集到的信息要保密，在未经当事人同意的情况下，不得向外泄露业主的个人信息。一方面要建立健全信息安全保密管理制度，实行严格的信息安全保密责任制，加大信息泄露的惩罚力度，防治信息被非法转让、传播等行为的发生。另一方面，要加强网络信息的管理，建立定期的系统测试与维护制度，及时发现并消除网络系统安全漏洞，提供系统的未定型和安全性，防治信息被盗取。

二、社区广告资源的经营

社区广告是以物业共用部位和共用设施设备为基础，这些资源属于业主所有，经营所产生的收益应归业主共有。因此，广告经营的开展须征得全体业主的同意，同时收益及收益的分配也需要向全体业主公示。

社区广告资源的类型可分为电梯广告、屋顶与外墙广告、厅堂广告、停车场广告、宣传栏广告、社区路灯广告、公益性广告和企业形象展示广告。下面重点介绍几种常见的广告经营。

（一）电梯广告

电梯广告经营已经是一种很成熟的物业资源经营方式了，基本上物业管理较为成熟的地区，电梯广告均进入了小区。电梯广告既能使乘客在乘坐过程中避免了单调和无聊，通过阅读和视觉享受得到信息，又能为业主和物业服务企业创收。

电梯广告分为桥箱内壁广告和侯梯厅广告，桥箱内壁广告是指在电梯轿厢的内壁上悬挂特质镜框或者设置液晶显示器，镜框内放入可更换的广告画面，或者播放视频广告；侯梯厅广告是指在电梯侯梯厅墙壁的适当位置设置镜框或者液晶显示器，放置平面广告或者播放视频广告。

电梯广告的诉求对象是电梯乘客，一方面，由于乘电梯的时间不长，所以观看广告的时间很短；另一方面，由于电梯为乘梯者每天上下至少四次必经之路，所以电梯广告被观看的频率很高。电梯广告经营应充分考虑诉求对象的这一特征，广告的设计及内容须简洁明了，冲击力强，在短时间内即能感染观众；广告画面的文字内容要短小精悍，朗朗上口；电梯广告的内容应定期更换，若长期保持不变，势必会引起观众的厌烦。

（二）屋顶与外墙广告

屋顶与外墙广告是指在小区楼宇屋顶及外墙统一规划成广告位，以静态彩色画面、LED灯光和画面、特制霓虹灯等形式吸引消费者注意。屋顶与外墙广告的诉求对象为小区内外人群，以社会受众为主。这种形式的广告已经非常普及，收益也是非常可观，尤其是那些处于黄金地段的物业，其屋顶与外墙广告收入已远远超出了常规物业管理服务的收入。

屋顶与外墙广告经营需注意以下几点。

1. 安全性

屋顶与外墙广告的安置不得影响房屋质量，在小区安放广告牌，一定要按照国家和地方相关法律法规要求办理户外广告申请手续，户外广告牌的安装要严格做好安全防范措施，如防风、防雷电等。

2. 整体性

屋顶与外墙广告位置的设计要服从于物业项目的整体美观，不能影响业主的使用，也不能影响业主的正常工作与生活。对于超高层物业的屋顶与外墙广告还得考虑对城市形象的影响。

3. 合法性

屋顶与外墙广告位置的设计要征求业主的同意，还须征得城市管理部门等单位的同意。广告发布的形式与内容均要合法，还要考虑业主的精神感受。

（三）停车场广告

随着中国汽车型社会的到来，停车场广告成为具有巨大潜力前景的广告传媒。停车场广告的诉求对象为有车的业主及家人，他们一般都具有很高的消费能力，也有一定的社会影响力和个人素质，是典型的“高收入、高消费、高素质”的白领一族，对高质量消费需求大。

1. 停车场广告的位置选择

停车场广告安放位置包括：停车场出入口，停车场管理人员岗亭，直接放置到地面的灯箱、喷涂在地面的文字及图案，地下停车场的四周墙壁、天顶、立柱，在停车场内的空间悬挂气球，灯箱等广告载体，其他停车场设施设备，停车场管理人员散发平面广告等。

2. 停车场广告的内容选择

基于诉求对象的特征，停车场广告诉求应摆脱普通的消费和日常生活，向高档消费方面努力。例如，汽车换代更新产品信息，休闲度假胜地，理财健康娱乐，高档美食场所，住房销售，医疗业务，等等。

3. 地下停车场的经营要注意广告对驾驶的影响

为解决地下停车场光线较暗的问题，地下停车场广告一般采取灯箱广告或灯光投射的方式来传播文字或画面信息，因此在设置地下停车场广告时要注意光线对车主正常驾驶的影响。此外，地下停车场广告牌的设置还要注意避免对车辆出入的影响。

三、社区停车场资源的经营

汽车消费时代的到来和私家车数量的大量增长，导致停车难问题的出现，但是停车难问题为物业服务企业创造了一个难得的市场机遇，合理开发与经营小区停车场资源既能满足业主停车的需求，又能为企业创造更多的经济效益。对于住宅小区而言，停车场的经营是物业服务企业最好的物业管理资源之一。对于很多物业服务企业，停车场经营收益已经成为物业收入的主要来源。

停车场产权及经营收益归属问题是停车场经营应重点关注的问题，社区停车位和停车费用问题已成为当前物业纠纷中的热点问题。

（一）停车场经营的产权问题

根据《物权法》和《最高人民法院关于审理建筑物区分所有权纠纷案件具体应用法律若干问题的解释》的相关规定，建筑区划内在规划用于停放汽车的车位之外，占用业主共有道路或者其他场地增设的车位，应当认定为业主共有。建筑区划内的绿地，除属于城镇公共绿地或者明示属于个人的，属于业主共有；建筑区划内的道路，除属于城镇公共道路的，属于业主共有。

基于法律法规规定，小区停车场的产权可进行以下界定。

（1）建筑区划内规划用于停放汽车的车位的产权属于建设单位。

（2）同时符合以下两个条件的停车位归业主共有：其一，停车位系建筑区划内规划用于停放汽车之外的车位；其二，停车位系占用业主共有道路或者共有的绿地建设的车位。

（二）停车场经营的费用问题

物业服务企业并不是停车费的收费主体，物业公司只是受业主大会或业主委员会的委托，对业主停车进行收费。原则上物业服务企业只能收取管理服务费用，如果在经营上有付出，应该与建设单位或业主委员会协商收取经营所得中属于企业付出经营劳动应得的部分。

停车场的收费标准应该根据国家和地方相关政策的规定进行确定，不得任意定价和涨价。

根据《机动车停放服务收费管理办法》的相关规定，具有自然垄断经营性质的机动车停放服务（机场、码头、车站、旅游景点、住宅区的露天或地下配套停车场等停放服务）收费，实行政府指导价或政府定价。由市县价格主管部门结合当地实际，制定机动车停放服务收费指导标准，停车场经营者在政府指导价范围内根据不同时段自主确定具体执行收费标准。

非自然垄断经营性质的机动车停放服务（商场、娱乐场所、宾馆酒店、写字楼等建筑物的配套停车场等停放服务）收费，实行市场调节价。收费标准由停车场经营者依据经营成本和市场供求等因素，按照补偿合理成本、依法缴纳税费、获取合理利润的原则自主确定。

（三）停车场经营的方法与策略

1. 重视停车场经营的风险

如何规避停车场经营管理中的风险是众多经营停车场的物业服务企业及其他停车场经营单位所关注的焦点。小区停车场经营风险主要包括车辆丢失风险、车辆损坏风险和物业管理区域内交通事故风险。

物业服务企业可通过以下方式加强停车场经营风险的防范。首先，通过制度、培训和监管，增强停车场经营管理人员的风险意识。其次，可通过购买停车场专项保险，或者鼓励车主购买保险，转移和分担风险。最后，把停车场经营管理工作委托给专业企业负责，进而降低经营风险。

参考资料

2014 年广州停车场收费标准

表 14－1　　商业配套停车场停放服务收费标准

时段 地区	白天		夜晚			24 小时最高限价（元）
	收费时段	收费标准（元/15 分钟）	收费时段	收费标准（元/15 分钟）	最高限价（元）	
一类	8：00—22：00	4	22：00—次日 8：00	1	10	128
二类	8：00—19：00	3	19：00—次日 8：00			96
三类		1				32

表 14－2　　咪表停车场停放服务收费标准

时段 地区	白天		夜晚			24 小时最高限价（元）
	收费时段	收费标准（元/15 分钟）	收费时段	收费标准（元/15 分钟）	最高限价（元）	
一类	8：00—22：00	4	22：00—次日 8：00	1	10	128
二类	8：00—19：00	3	19：00—次日 8：00			96
三类		1				32

表 14－3　　住宅区停车场停放服务收费标准　　元/辆

车型　时间　地区		小车			摩托车	
		每小时	12 小时限价	月保	按次计费（12 小时）	月保
一类	室内	4	12	500	—	—
	露天	2	6	200		
二类、三类	室内	2.5	7.5	400	2	60
	露天	1	3	150		

2. 科学选择停车场经营方法

停车场的经营模式和收费方式应该根据不同类型停车场的特征区别设定。比如，小区地上停车可采取计时收费、非固定车位方式，以便充分盘活小区停车资源。地下车库则采取固定车位方式，按月、季或年进行收费。独立车库一般属于业主专有，物业服务企业可根据业主需求提供有偿服务。

3. 提供停车场配套服务

在提供停车管理服务的基础上，物业服务企业可以应业主的需求，充分利用停车场经营的丰富资源，与相关专业企业合作，开设一些相关的配套服务项目，增加经营收益。比如，可根据业主的需求，开设汽车美容、装饰和养护业务，二手汽车的估价、翻新和修复业务等。

参考案例

小区停车位归谁所有

因小区内车位权属发生纠纷，开发商将小区物业公司及业委会诉至法院，要求确认小区内停车位归其所有，并要求物业公司与业委会连带支付车位收益款、补偿款共计130余万元。

开发商诉称，公司依规划承建了小区停车位并办理了停车场，地面非机械式218个车位（地面周边142个、地面平台76个）。2005年，公司与物业公司签订《车位管理委托协议》，约定将上述车位委托该公司管理，物业公司应向公司支付相应的补偿费，期限至2010年12月。自2011年开始，经公司多次要求，物业公司未与公司签订新的委托管理协议，且未向公司支付补偿费，却仍管理原有车位并向业主收取车位使用费和管理费，称剩余收益归小区全体业主所有。故起诉至法院，以维护公司的合法权益。

物业公司辩称，公司不要求车位收益权，也没有具体使用该车位，物业公司只是行使车位的管理权，并愿意将相应的利益交付相应的权利人，相应权利人应当承担相应的管理费用。公司确与开发商签订有委托协议，同意支付约定的车位补偿款。

业委会辩称，开发商提供的证据证明不了其对争议车位享有权利，小区地面车位是占用小区公用绿地设置的，且根据小区物业管理规约规定，争议车位应属小区业主所有。我们没有拿到物业公司一分钱，没有处分收益，我们对物业公司用在哪里也不知道，要求我们承担连带责任没有事实依据。

法院经审理后认为，开发商配套建设并投入使用有小区停车位。自2005年始，小区地面停车位实际由物业公司出租小区业主使用，其中就部分平台车位与开发商签订过委托管理协议。根据现场勘验，可确定小区地面周边车位145个、地面平台车位78个。

根据现有相关法律规定与原则，建设单位按照配置比例将车位以出售、附赠或出租等方式处分给业主，建筑区划内在规划用于停放汽车的车位之外，占用业主共有道路或者其他场地增设的车位，应当属于业主共有。据规划许可附图的总平面图可确定其中138个车位系经规划部门许可由开发商建设的。故开发商主张地面车位中的该138个车位所有权，具有相应规划及建设依据，法院予以确认。财产收益系财产所有权中的一项权能，该公司相应地享有该138个车位收益权。业委会并未实际占有相应收益及补偿款，要求其承担连带责任缺乏事实、法律依据，法院对此不予支持。故法院最终判决确认小区内138个车位归开发商所有并判决物业公司支付开发商车位收益款及补偿款共计人民币60余万元。

据此，业委会主张诉争车位归其所有，应当符合两个条件：其一，诉争车位系建筑区划内规划用于停放汽车的车位之外的车位；其二，诉争车位系占用业主共有道路或者共有的绿地建设的车位。现该小区总平面图（北京市规划委员会许可证附图）已经显示诉争车位系建筑区划内规划用于停放汽车的车位。而业委会亦未提供充分确实的证据证明诉争车位全部或部分系占用共有道路或共有绿地建设。因此，上述经规划部门许可由开发商建设的138个车位应当归开发商所有，而相应的车位收益也应当归属开发商。

本章小结

1. 物业管理资源经营是指物业服务企业利用物业管理中的各种资源开展多种经营，通过直接向业主提供经营服务或者通过搭建平台间接促成商家与业主之间的交易的方式，来获得物业服务费以外的收入。

2. 物业管理资源经营需处理好物业管理服务与物业经营、市场机会与企业自身条件、业主利益与物业服务企业利益的关系。

3. 物业管理资源包括物业服务企业资源、业主资源和物业资源，其中，物业资源是指物业服务企业提供物业管理服务区域内的各类房屋及与之相配套的设施设备和场地等。

4. 物业管理中的信息资源可分为三类：物业开发建设过程中形成的各类资料、物业服务企业运行中形成的各类资料、物业服务企业在提供管理服务的过程中搜集和掌握的各类信息。

5. 社区广告资源的类型可分为电梯广告、屋顶与外墙广告、厅堂广告、停车场广告、宣传栏广告、社区路灯广告、公益性广告和企业形象展示广告。

6. 停车场的经营是物业服务企业最好的物业管理资源之一，停车场经营收益已经成为物业收入的主要来源。停车场产权及经营收益归属问题是停车场经营应重点关注的问题。

复习题

1. 物业服务企业开展物业管理资源经营可采用哪些形式？
2. 物业服务企业开展物业管理资源经营时需处理好哪些关系？
3. 物业管理资源包括哪些类型？
4. 社区停车场资源经营应重点关注的问题是什么？

问题与应用

1. 以下物业经营管理资源属于物业资源的是（　　）。

A. 可租售的停车场

B. 屋顶广告、电梯广告

C. 娱乐与教育的需求

D. 业主的需求信息、房屋信息

E. 物业公司自有设施设备资源

2. 拟建的××花园项目地处城市边缘地带，邻近凤凰山风景区，现由 A 物业服务企业派负责为开发商提供物业管理咨询服务。项目总建筑面积 20 万平方米，全部为高层楼房，小户型、单身公寓为、主力户型。物业区域有基本商业配套及健身房、网球场、游泳池、图书馆等。

请回答：如果 A 公司取得该项目的物业管理权，结合本案例提供的具体条件和情况，可以在哪些方面开展多种经营服务？

3. 某小区在前期物业管理活动中，建设单位与物业服务企业，就如下事项达成一致：

（1）地下停车场产权属建设单位，外包给专业公司管理；

（2）因停车位不足，拟将部分消防通道划为临时停车位，同时要求做好警示标志。

请回答：对上述拟办或约定事项判断正误，并简要说明理由。

第十五章　物业风险管理

学习目标

物业管理的微利行业特点使得物业服务企业抗风险能力弱，而物业管理涉及面广，风险无时无处不在，因此，风险管理是物业管理不可缺少的部分。本章重点介绍了物业管理风险的防范和紧急事件的处理。

1. 知识目标

➢掌握风险的要素与风险管理的步骤；

➢掌握物业管理风险的来源与主要内容；

➢掌握物业管理风险的应对措施；

➢掌握紧急事件的特点及处理过程与方法。

2. 能力目标

➢具备应对物业管理风险的能力；

➢具备处理物业管理紧急事件的能力。

知识结构导图

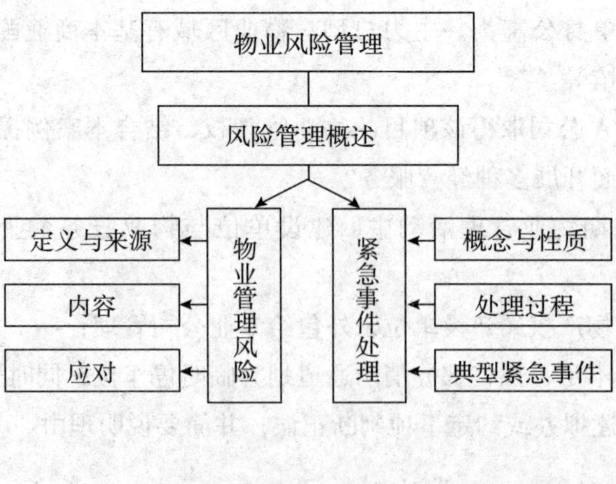

第一节　风险管理理论

一、风险概述

（一）风险的概念

风险是指因未来的不确定性所带来的可能损失，是收益或结果偏离期望值或平均值的可能性。风险由风险因素、风险事故和风险损失三要素组成，三要素的共同作用决定了风险的存在、发生和发展。

1. 风险因素

风险因素是指引起或增加风险事故发生的机会或扩大损失幅度的条件。它是风险事故发生的潜在原因。风险因素可分为物质风险因素、道德风险因素和心理风险因素等。

2. 风险事故

风险事故是指造成财产损失和人身伤亡的偶发事件。只有通过风险事故的发生，才能导致损失。风险事故意味着损失的可能成为现实，即风险的发生。

3. 风险损失

损失是指非故意的、非预期的和非计划的经济价值的减少。

此定义中包含两个条件：一是不可预料的；二是经济价值的减少，判断某一事件是否是损失必须同时满足这两个条件。

风险三要素的关系是：风险因素的增加会导致风险事故发生的可能性增加，而风险事故的发生可能导致损失的出现。

（二）风险的类型

1. 按风险的后果分类

按风险所造成的不同后果可将风险分为纯粹风险和投机风险。

（1）纯粹风险是指只带来损失后果而无获利可能的风险，这种风险的发生，其结果有两种：一是损失；二是无损失，即有惊无险。如火灾、水灾、车祸、疾病等就属纯粹风险；

（2）投机风险则是指其发生既有可能带来损失，也有可能带来赢利的风险，这种风险发生的结果有三种：一是损失；二是无损失；三是赢利。如赌博、买卖股票等就属投机风险。

纯粹风险一般可重复出现，因而可以预测其发生的概率，从而相对容易采取防范措施。投机风险重复出现的概率小，因而预测的准确性相对较差。纯粹风险和投机风险常常同时存在。

2. 按风险的来源分类

按风险的来源不同可将风险分为自然风险和人为风险。

（1）自然风险。自然风险是指由于自然力的不规则变化导致财产毁损或人员伤亡，如风暴、地震等。

（2）人为风险。人为风险是指由于人类活动导致的风险。人为风险又可细分为行为风险、政治风险、经济风险、技术风险和组织风险等。

3. 按风险的形态分类

根据风险的形态可以把风险分为静态风险和动态风险。

（1）静态风险。静态风险是由于自然力的不规则变化或由于人的行为失误导致的风险。从发生的后果来看，静态风险多属于纯粹风险。如自然力不规则运动引起的地震、暴风等自然风险；盗窃等人的故意行为及医疗事故等人的过失行为所致的人为风险。

（2）动态风险。动态风险是由于人类需求的改变、制度的改进和政治、经济、社会、科技等环境的变迁导致的风险。从发生的后果来看，动态风险既可属于纯粹风险，又可属于投机风险。例如，政府经济政策的改变 、新技术的运用、产业结构的调整、人们消费观念的改变、军事政变等所导致的风险。

4. 以风险产生的作用对象分类

根据风险发生的作用对象，可把风险划分为财产风险、人身风险和责任风险三种。

（1）财产风险指可能引起的财产毁损、灭失以及因财产毁损、灭失以及因财产毁损、灭失所致的其他利益损失的风险。例如，厂房、机器设备等因风险事故的发生直接导致厂房、机器设备的经济价值的减少，使企业不能再凭借这些厂房、机器设备获取正常的经济利益的利润损失。

（2）责任风险指因个人的过失行为可能给他人的财产和生命造成损害，依据法律或道义应承担责任的风险。例如，医师的过失行为引致医疗事故的发生，给病人造成的损害，根据法律医师负有损害赔偿责任，这种风险即为责任风险。

（3）人身风险指个人因为疾病、伤残、死亡、失业等导致个人、家庭或企业经济收入减少的风险。

对风险的分类方式，还有其他的标准，如根据风险可否管理分为可管理风险和不可管理风险，根据风险的影响范围分为局部风险和总体风险等。

二、风险管理概述

（一）风险管理的概念

风险管理是指风险管理主体为了有效避免或降低风险带来的损失，运用计划、组织、领导、控制、创新等管理职能对风险识别、风险评估和风险应对进行决策的过程。风险管理的这一定义包含了以下内涵。

（1）风险管理的对象是风险。

（2）风险管理是人们有目的、有意识的行动。

（3）风险管理的主体可以是任何组织和个人，包括个人、家庭、组织（包括营利性组织和非营利性组织）。

（4）风险管理的过程包括风险识别、风险评估、风险应对等。

有效地对各种风险进行管理有利于企业作出正确的决策、有利于保护企业资产的安全和完整、有利于实现企业的经营活动目标，对企业来说具有重要的意义。

（二）风险管理的目标

风险管理是一项有目的的管理活动，只有目标明确，才能起到有效的作用。否则，风险管理就会流于形式，没有实际意义，也无法评价其效果。

风险管理的目标就是要以最小的经济成本获取最大的安全保障效益。因此，它不仅仅只是一个安全生产问题，还包括识别风险、评估风险和处理风险，涉及财务、安全、生产、设备、物流、技术等多个方面，是一套完整的方案，也是一个系统工程。

在风险发生的不同阶段，风险管理的具体目标应该与风险发生的阶段联系起来，风险发生的不同阶段，风险管理目标的表现形式不一样。

1. 风险事故发生前

风险事故发生前应以避免或减少风险事故发生的机会为主要目标，具体包括以下几个方面。

（1）经济目标。在制订风险管理计划、方案和措施时，风险管理主体应对安全计划、保险和防损技术等费用进行准确分析，以实现以最经济的方法预防潜在的损失。

（2）安全目标。风险管理主体应加强安全的宣传，使人们意识到风险的存在，从而有利于人们提高安全意识，防范风险并主动配合风险管理计划的实施。

（3）责任目标。风险管理主体应密切关注与企业经营相关的各种法律法规，履行法律法规以及社会所赋予的各种企业责任，保证企业生产经营活动的合法性。

2. 风险事故发生时

风险事故发生中应以控制风险事故的扩大和蔓延，尽可能减少损失为主要目标。具体包括以下几个方面。

（1）生存目标。实现维持生存目标是企业恢复生产或经营的前提。

（2）经济目标。在控制风险事故时，风险管理主体应对控制措施、技术的使用等费用进行准确分析，以实现以最经济的方法控制损失。

（3）安全目标。在控制风险事故时，风险管理主体应注意不要产生新的安全问题。

3. 风险事故发生后

风险事故发生后以使损失的标的恢复到损失前的状态为主要目标。具体包括以下几个方面。

（1）保持企业生产经营的连续性目标。风险事件的发生给人们带来了不同程度的损失和危害，影响正常的生产经营活动和人们的正常生活，企业有义务提供不间断的服务。

（2）收益稳定目标。保持企业经营的连续性便能实现收益稳定的目标，从而使企业保特生产持续增长。

（3）社会责任目标。尽可能减轻企业受损对他人和整个社会的不利影响，因为企业遭受一次严重的损失会影响到员工、顾客，供货人、债权人、税务部门以至整个社会的利益。

（三）风险管理的步骤

风险管理包括风险识别、风险评估和风险应对三个步骤。

1. 风险识别

风险识别是管理风险的首要步骤，是指通过运用一定的科学方法，系统而全面地识别出可能影响企业目标实现的潜在风险事件并加以适当归类的过程。风险识别是风险管理的基础，只有先正确识别出自身所面临的风险，才能够主动选择适当有效的方法进行应对。

风险识别过程包含感知风险和分析风险两个环节。其中，感知风险是指了解客观存在的各种风险，它是风险识别的基础，只有通过感知风险，才能进一步在此基础上进行分析，寻找导致风险事故发生的条件因素，为拟定风险处理方案，进行风险管理决策服务。分析风险是指分析引起风险事故的各种因素，它是风险识别的关键。

风险识别包含两方面的内容：

（1）识别哪些风险可能影响项目进展及记录具体风险的各方面特征。风险识别不是一次性行为，而应有规律的贯穿整个项目中。

（2）风险识别包括识别内在风险及外在风险。内在风险指项目工作组能加以控制和影响的风险，如人事任免和成本估计等。外在风险指超出项目工作组等控力和影响力之外的风险，如市场转向或政府行为等。

风险识别的方法包括问卷调查，财务报表分析，审查组织的相关数据和文件，对设施设备的自检，专家咨询等。

（1）风险专家调查列举法。由风险管理人员对该企业、单位可能面临的风险逐一列出，并根据不同的标准进行分类。专家所涉及的面应尽可能广泛些，有一定的代表性。一般的分类标准为：直接或间接，财务或非财务，政治性或经济性等。

（2）资产财务状况分析法。即按照企业的资产负债表及损益表、财产目录等的财务资料，风险管理人员经过实际的调查研究，对企业财务状况进行分析，发现其潜在风险。

（3）分解分析法。分解分析法指将一复杂的事物分解为多个比较简单的事物，将大系统分解为具体的组成要素，从中分析可能存在的风险及潜在损失的威胁。

（4）失误树分析法。失误树分析方法是以图解表示的方法来调查损失发生前种种失误事件的情况，或对各种引起事故的原因进行分解分析，具体判断哪些失误最可能导致损失风险发生。

2. 风险评估

风险评估是指对风险事故给人们的生活、生命、财产等各个方面造成的影响和损失的可能性进行量化评估的工作。一般是对已经识别出来的风险进行量化评估，评估的主要因素包括：风险影响、风险概率、风险值。

风险评估的方法主要有：

（1）工作危害分析法（JHA）。从作业活动清单中选定一项作业活动，将作业活动分解为若干个相连的工作步骤，识别每个工作步骤的潜在危害因素，然后通过风险评价判定风险等级，制定控制措施。

（2）作业条件危险性评价法（LEC）。作业条件危险性评价法是一种简便易行的衡量人们在某种具有潜在危险的环境中作业的危险性的半定量评价方法。该方法以与系统风险有关的三种因素指标值之积来评价系统风险的大小，并将所得作业条件危险性数值与规定的作业条件危险性等级相比较，从而确定作业条件的危险程度。

作业条件危险性评价法是以所评价的环境与某些作为参考环境的对比为基础，将作业条件的危险性作因变量（D），事故或危险事件发生的可能性（L）、暴露于危险环境的频率（E）及危险严重程度（C）为自变量，确定了它们之间的函数式，根据实际经验，给出了3个自变量的各种不同情况的分数值，采取对所评价的对象根据情况进行“打分”的办法，然后根据公式计算出其危险性分数值，再在按经验将危险性分数值划分的危险程度等级表查出其危险程度的一种评价方法。

（3）安全检查表方法（SCL）。安全检查表方法是利用检查条款按照相关的标准规范等对已知的危险类别、设计缺陷和与一般工艺设备、操作、管理相关的潜在危险性和有害性进行判别检查。

3. 风险应对

风险应对是指具体管理风险的对策和策略，是指在确定了决策的主体经营活动中存在的风险，并分析出风险概率及其风险影响程度的基础上，根据风险性质和决策主体对风险的承受能力而制定的回避、承受、降低或者分担风险等相应防范计划。风险应对主要包括以下几种基本类型。

应对风险的措施包括规避风险、接受风险、降低风险和分担风险。

（1）规避风险。通过避免受未来可能发生事件的影响而消除风险。规避风险的办法有：①通过公司政策、限制性制度和标准，阻止高风险经营活动、交易行为、财务损失和资产风险的发生；②通过重新定义目标，调整战略及政策，或重新分配资源，停止某些特殊的经营活动。在确定业务发展和市场扩张目标时，避免追逐“偏离战略”的机会；③审查投资方案，避免采取导致低回报、偏离战略，以及承担不可接受的高风险的行动；④通过撤出现有市场或区域，或者通过出售、清算、剥离某个产品组合或业务，规避风险。

（2）接受风险。维持现有的风险水平。做法是：①不采取任何行动，将风险保持在现有水平；②根据市场情况许可等因素，对产品和服务进行重新定价，从而补偿风险成本；③通过合理设计的组合工具，抵消风险。

（3）降低风险。利用政策或措施将风险降低到可接受的水平。方法有：①将金融资产、实物资产或信息资产分散放置在不同地方，以降低遭受灾难性损失的风险；②借助内部流程或行动，将不良事件发生的可能性降低到可接受的程度，以控制风险；③通过给计划提供支持性的证明文件并授权合适的人做决策，应对偶发事件。必要时，可定期对计划进行检查，边检查边执行。

（4）分担风险。将风险转移给资金雄厚的独立机构。例如：①保险。在明确的风险战略的指导下，与资金雄厚的独立机构签订保险合同。②转移风险。通过结盟或合资，投资于新市场或新产品，获取回报。③补偿风险。通过与资金雄厚的独立机构签订风险分担合同，补偿风险。

第二节　物业管理的风险管理

一、物业管理风险概述

（一）物业管理风险的定义

物业管理风险是指物业服务企业在服务过程中，由于企业或企业以外的自然、社会因素所导致的应由物业服务企业承担的意外损失。

物业管理风险有很多类型，如根据风险形成的内在因素可分为项目客观风险、经营管理风险和人为责任风险；根据风险形成的内在原因可分为主观风险和客观风险；

根据风险损失类型可分为财产风险损失、人身风险损失和责任风险损失。根据物业管理的不同阶段可分为早期介入风险、前期物业管理风险和日常物业管理风险。

物业管理服务从整个行业来看，所涉及的空间和时间范围是非常广泛而深远的，同时与众多的业主和业主使用人的生活息息相关，上述特点决定了物业管理服务面临的风险可能是无时不在和无处不在。物业管理行业的低利润特点使得风险的承担可能导致企业正常生产经营活动无法进行，所以风险防范成为物业服务企业的一项重要工作。

（二）物业管理风险的来源

1. 内部风险

物业管理风险的内部来源主要是指物业服务企业由于缺乏风险管理的意识和能力而带来的风险。

（1）企业缺乏风险管理意识。物业服务企业对物业管理风险重视不够，缺乏风险管理意识，导致一些本来可以发现和避免的风险无法规避。同时，由于对风险重视不够，没有建立风险控制与防范机制，在风险来临时无法应对，承受巨大损失。比如，如果没有购买雇主责任险，一旦员工在工作中发生伤亡事故，将会给物业服务企业带来致命性打击。

（2）企业内部管理不规范。一些物业服务企业为追求短期利益，不重视企业内部管理，导致企业经营管理水平和风险风范能力低下。随着物业管理法律法规日益健全和物业管理行业竞争的日益加剧，这些企业将会面临巨大的经营风险。比如，物业财务收支公示制度将使得那些原先靠“高收低出”生存和不重视成本控制的物业服务企业面临生存危机。

（3）物业从业人员能力不足。物业服务人员能力不足，难以应付物业管理中复杂多变的情况。物业服务人员能力不足源于两个方面：一方面，物业管理行业对人才的需求很大，而物业管理人才有效供给不足，导致物业服务从业人员主要来自于其他行业，缺乏物业管理相关知识和经验。另一方面，物业管理行业社会地位低和微利的特点，难以吸引高素质人才，导致行业从业人员整理素质偏低。

2. 外部风险

物业管理风险的外部来源主要是指外部环境、物业管理相关主体给物业服务企业带来的风险。

（1）过度依附房地产开发商。据《2013 年物业管理行业发展报告》显示，TOP 200 物业服务企业中隶属于开发企业的有 77 家，占比为 39%，对于我国近七万多家物业服务企业来说，隶属于开发企业的比例肯定大很多。物业服务企业与开发企业的这种隶属关系导致物业服务企业过度依附于开发企业，缺乏参与市场竞争的经验，同时也承担了处理开发企业遗留问题的责任，这些都为物业服务企业带来了风险。

（2）政府对物业管理支持不够。主要表现在两个方面，一是物业管理法律法规不健全。物业管理法规长期滞后于物业管理行业的发展，使得物业管理中的很多问题缺乏明确的法律依据。从而加大了物业服务企业的风险。二是各行政部门、专业服务部门服务不到位。政府对物业管理中发生的问题不能及时反应，影响物业服务企业工作的开展，例如，对于业主违规装饰装修的行政处理不能及时进行，使得违规装饰装修行为不能得到有效控制。

（3）社会对物业服务消费缺乏正确认识。物业管理在我国是一个新兴行业，社会对物业管理的认识还处在初级阶段，对物业管理的内容、双方关系的性质、双方的权利义务、物业服务费的收取等各方面都缺乏正确认识，给物业服务企业带来了风险。

参考案例

5岁小孩命丧小区窨井，物业公司赔偿31余万元

董某携带5岁独生女菲菲进入某山庄小区的健身设施内玩耍时，菲菲一脚踏上一个生锈的污水井盖，井盖掀翻，菲菲掉入井内，被救起后送往医院，治疗无效死亡。为此，菲菲父母向山庄物业管理公司索赔近37万元。

法院做出一审判决，认为物业管理公司对小区窨井存在疏于安全管理的过错，应承担全部赔偿责任，赔偿遇难者家属死亡赔偿金、丧葬费和精神损害赔偿金等318968元。

法院认为，被告物业公司有向业主收取物业管理费，是某山庄的实际物业管理人，对小区的公共设施负有管理义务。小区健身休闲区内窨井盖松动后，被告物业公司未采取有效防护措施，存在疏于安全管理的过错，该过错造成二原告的女儿林紫菲死亡的后果，被告物业公司的行为构成侵权，应承担全部赔偿责任。被告物业公司虽在健身休闲区内设有警示牌，但均不是对窨井盖松动问题做出的警示，故被告物业公司提出其已尽管理义务的主张不予采纳。原告董小敏作为林紫菲的法定监护人，陪同女儿一起在健身休闲区玩耍，井盖松动导致其女儿落井，原告董小敏难以防范，故认定原告董小敏已尽其监护职责，被告物业公司提出的二原告未尽监护义务，应负事故责任的主张，不予采纳。

二、物业管理风险的内容

（一）经济风险

经济风险是指因经济前景的不确定性，各经济实体在从事正常的经济活动时，蒙受经济损失的可能性。

物业管理中的经济风险主要包括以下几个方面。

1. 获取项目的风险

在早期介入环节，物业服务企业在还没有确定取得项目接管权时就投入较多的人力、物力和财力，后因种种原因未被建设单位选聘，从而蒙受经济损失。

在签订合同环节，物业服务企业为了获取项目，盲目压低物业服务费标准，甚至同意合同中的一些不良条款，结果导致企业入不敷出，蒙受经济损失的同时，也影响了服务质量。

在项目论证环节，物业服务企业在没有进行深入研究的情况下轻率参与物业项目的投标，接管后发现项目的实际情况与之前预期的不一样，投标时测算的物业服务费不能满足实际开支，从而造成经济损失。

2. 物业经营的风险

在经营项目的选择上，缺乏科学的评估和规划，导致所选经营项目与业主或使用人的需求不协调、与企业现有的人力资源不协调、与企业的发展方向与发展阶段不协调等问题的出现，从而影响企业的经济效益。

在经营过程中，物业管理的经济风险体现在经营项目的设计、定位、营销策略，以及具体实施等各个环节，每个环节都可能给物业服务企业带来经济风险。

（二）法律风险

法律风险是指基于法律规定或合同约定，由于企业外部法律环境发生变化或法律主体的行为，而对企业产生负面法律责任或后果的可能性。

物业管理中的法律风险主要体现在以下几个方面。

1. 业主法律意识不足

业主和使用人对物业管理法律概念模糊，对物业管理缺乏正确认识，将给物业服务企业带来法律风险，表现在以下方面：一是将一些不该由物业服务企业承担的责任和义务强加给物业服务企业。比如，将应由建设单位承担的质量保修责任强加给物业服务企业。二是以各种理由少交或拒交物业管理费，有的业主以房屋质量问题、没有入住等原因拒交物业服务费，导致物业服务企业存在亏损的风险。三是对自己的权利义务不清。有的业主以“房子是我的，我想怎么装修都行”为由，违规装饰装饰，这样既可能造成安全隐患、邻里纠纷等问题，又增加了物业管理的运行、维修和维护成本，还会使物业服务企业承担一定的物业装饰装修管理责任。

2. 物业服务企业权限不清

物业服务企业的权利义务来源于两个方面：一是政府法律法规的规定，二是物业服务合同的约定。物业服务企业如果对自己的权限和责任不了解，没有履行责任或超越权限都可能给企业带来风险。例如，如果物业服务企业对物业装饰装修中的违规行为不予以制止，这属于没有履行责任，将受到行政主管部门的警告或罚款。如果物业服务企业对违规装饰装修的行为处以罚款，这属于超越权限，因为物业服务企业没有执法权。

（三）责任风险

责任风险是指因个人或团体的疏忽或过失行为，造成他人的财产损失或人身伤亡，按照法律、契约应负法律责任或契约责任的风险。物业管理是一种受托管理，责任风险是物业服务企业面临最多的一类风险，涉及日常物业管理的方方面面。

1. 业主使用物业过程中的责任风险

在物业日常使用过程中，业主或使用人对物业使用出现不当行为，如高空抛物伤人、损坏公用设施设备、堵塞消防通道妨碍救援、改变物业使用功能引起安全事故等，责任人难以确定时，物业服务企业就要承担一定的责任风险。

在物业日常使用过程中，业主或使用人因物业的瑕疵或当事人的疏忽而发生意外事故，造成他人人身伤害或财产损失的情况下，物业服务企业也要承担一定的责任风险。比如，公共区域路面不平导致行人摔伤，小区水池没安放安全警告标识而发生溺水事故等，这些都会给物业服务企业带来一定的责任风险。

2. 物业服务员工服务中的责任风险

物业服务员工服务中的责任风险体现在两个方面：一是由于物业服务员工违规操作给业主或使用人带来的人身或财产损失，物业服务企业将承担属下员工不当作为的赔偿责任。二是物业服务员工在物业服务过程中由于人为或者自然原因导致员工自身受到伤害，物业服务企业将承担一定的赔偿责任。比如，高空作业时发生跌落伤亡事故。

参考案例

因物业工作人员在冬天用湿拖把拖地导致地面结冰，50 岁的李女士滑倒摔伤后将物业公司告上法庭，要求赔偿医疗费、误工费等共计3万元。

法院经审理认为：被告作为物业管理人，在进行卫生清扫时未尽到应尽的安全保障义务，因地面湿滑，造成原告受伤，对此，被告应当承担赔偿责任。法院最后判决，被告赔偿原告医疗费8251.6元，误工费700元，交通费500元。

（四）对外风险

物业服务企业在从事物业管理活动中除了要跟业主或使用人打交道外，还需要跟房地产开发企业、房地产行政主管部门、物业管理协会、提供专项服务的专业公司、共用事业单位、社会媒体等外部主体来往。物业服务企业在与外部主体交往时可能存在潜在的风险。

1. 舆论风险

舆论风险是指企业在从事经营活动时，可能面临来自社会或者网络的负面信息的影响。物业管理过程中的服务不到位、矛盾缓解不及时、诉讼处理不当、沟通不及时等现象都可能导致物业管理的舆论风险。舆论风险会影响物业服务企业的品牌形象，不利于后期工作的开展。

2. 外包风险

把一些不具有优势的项目外包给专业公司是物业管理中很常见的现象。如果所选外包供应商提供的产品或服务不符合物业管理要求，将给物业服务企业的工作带来风险。

3. 代收代缴风险

物业服务企业在替共用事业单位代收代缴费用时，由于物业服务企业居于收取和缴纳的中间环节，如果业主或使用人不及时或不足额缴纳相应费用，将导致物业服务企业蒙受损失。

4. 房地产开发企业带来的风险

物业服务企业在与房地产开发企业交往时，房地产开发企业一直处于主导地位。物业相关资料的移交、物业管理用房的安排、空置房物业服务费的缴纳以及房屋质量的保修等各方面都离不开房地产开发企业的支持与配合，如果房地产开发企业不支持、不配合，将给物业服务企业的工作带来风险。

三、物业管理风险的应对

（一）掌握法律法规，加强法律法规的宣传与教育

在应对物业管理风险时，物业服务企业应该充分利用好法律这一武器，在规范企

业经营行为的同时，保护企业的合法权益。

1. 物业服务企业熟悉法律规定

掌握并灵活运用物业管理法律规定是物业管理服务人员做好物业管理服务工作的前提和基础。掌握物业管理法律规定，一方面能为物业服务企业工作的开展提供依据，从而避免违法行为的出现，另一方面可以为物业服务企业所用，成为物业服务企业维护企业合法权益的法律武器。

物业管理中涉及的政策法规：《物业管理条例》《住宅专项维修资金管理办法》《物业承接查验办法》《物业服务收费管理办法》《物业服务收费明码标价规定》《物业服务定价成本监审办法（试行）》《住宅室内装饰装修管理办法》《城市危险房屋管理规定》《保安服务管理条例》等。

物业服务企业在签订物业管理相关合同时要注重合同主体的合法性，合同服务的约定应尽可能详尽，避免歧义。同时，在合同中要明确相关服务标准、服务质量、收费事项、违约责任等条款，尽可能避免或减少潜在的风险。

物业管理中涉及的合同主要有以下几类：与建设单位签订的前期物业服务合同；与业主委员会（业主大会）签订的物业服务合同；与业主所签订的与物业管理活动有关的合同，如物业租赁合同、装修管理合同等；与专营公司订立的有关物业管理活动的专项服务合同，如垃圾清运合同、绿化管理或工程承包合同、电梯保养维修承包合同等。

2. 培养业主物业管理法律意识

物业管理中的一些风险是由于业主和使用人对物业管理缺乏正确认识所导致的。因此，物业服务企业在向业主提供服务的同时，可通过宣传栏、发放小册子、举办社区活动等形式向业主和使用人广泛宣传物业管理的相关政策，引导业主和使用人树立正确的物业管理法律意识、消费意识和合同意识。

（二）引入市场机制，转移风险

物业服务企业为了最大限度地减少风险来临后的损失，可以引入市场机制，转移风险。风险转移的方式可以分为非保险转移和保险转移。

1. 保险转移

保险转移是指通过订立保险合同，将风险转移给保险公司（保险人）。物业服务企业可以通过购买相应保险，将风险转移。物业管理工作中涉及的保险的种类很多，包括企业财产保险、家庭财产保险、公众责任保险、物业管理责任保险、职业责任保险、雇主责任保险、建筑工程一切险等，物业服务企业可以根据自己的需要购买相应的保险，下面介绍物业管理工作中常见的三类保险。

（1）物业管理责任保险。物业管理责任保险属于责任保险的一种，它是指保险公司向物业服务企业收取保险费，承担物业服务企业因管理或从事管理的过程中的疏忽或过失造成他人（第三者）人身伤亡或财产损失，依法应由参加物业管理责任保险的物业服务企业承担的经济赔偿责任。物业管理责任保险的承保范围包括基本险和附加险，其中附加险包括电梯责任保险、游泳池责任保险、停车场责任保险、广告及装饰装置责任险等。

（2）雇主责任保险。雇主责任保险是指被保险人即雇主所雇佣的员工在受雇过程中，从事与雇主经营业务有关的工作而遭受意外或患与业务有关的国家规定的职业性疾病，所致伤、残或死亡，雇主根据《中华人民共和国劳动法》及劳动合同应承担的医药费用及经济赔偿责任，由保险公司在规定的赔偿限额内负责赔偿的一种保险。

（3）火灾保险。火灾保险是财产保险的一种，它是对因火灾及保险单中列明的各种自然灾害和意外事故所引起的财产损失给予经济保障的保险。

2. 非保险转移

非保险转移是指通过订立经济合同，将风险以及与风险有关的财务结果转移给别人。在经济生活中，常见的非保险风险转移有租赁、互助保证、基金制度等。

物业服务企业可以与一些专业化公司签订物业外包服务协议，把一些物业服务企业自己不具有优势且相对市场化的服务业务专项外包给相应的专业化公司，把部分风险转移给合作方。比如，物业服务企业可以将公共秩序维护、保洁、绿化等通过市场选择，分包给相应的专业化公司。

（三）加强规范管理，提高管理与服务质量

物业管理服务活动中的风险无时不在，为最大限度地减少物业服务企业在风险来临后的损失，物业服务企业应加强规范管理，做好日常物业管理服务工作。

1. 避免风险事故的发生

在日常物业管理活动中，物业服务企业可通过建立、健全企业内部管理规章制度和加强培训教育，不断提高员工服务意识、服务技能和风险防范意识。通过机制创新、管理创新和科技创新改进经营管理方式，提高管理水平和效率，降低运营成本，增强企业自身的市场竞争能力和抵御风险能力。同时，在项目管理过程中要注意对安全事故隐患的排除，在服务区域的关键位置，设立必要的提示和警示标牌，尽可能避免意外事件的发生。

2. 降低风险事故的损失

在日常物业管理活动中，物业服务企业可通过提供高质量的物业服务，以及开展客户关系管理，以提高物业管理相关主体的满意度和认可度，培养相关主体对企业的

忠诚度。良好的关系和对企业的忠诚能够有效降低物业管理风险事故的发生以及降低风险事故的损失。

物业服务企业要与业主、业主大会、政府、行业协会、新闻媒体等相关部门建立良好的沟通与协调机制，以便在风险与危机发生后，能及时妥善处理，做好相关协调工作，争取各方主体的支持，最大限度地降低风险事故给企业带来的损失。

（四）研究风险规律，增强风险防范与控制的能力

风险作为一种客观性的存在虽然不能完全消除，但其发生具有一定的规律性，而这种规律性通常又不是显性的，因此加强风险发生规律的探索和揭示显得非常必要。物业服务企业应该重视探索物业管理风险发生的规律，从机制和模式上建立切合实际而又富有成效的风险管理体系，提高物业服务企业控制和防范风险的能力。

1. 建立风险管理组织架构

推行风险管理应当建立纵向层次间、横向环节间统一协调、科学联动的组织保障体系。建立物业服务公司—物业项目—员工三级联动风险管理组织体系，以确保风险管理扎实有序推进。

2. 探索风险发生规律

在风险识别的过程中，可以从风险的时间、人员、环境等多角度分别研究物业管理风险发生时各自的规律性，在收集和辨别风险因素的基础上，归纳提取出反映规律性的风险特征。并依托风险特征库建立物业管理风险评定模型和物业管理风险效能评价体系。

3. 构建风险防范与危机管理机制

物业服务企业应当建立事前科学预测、事中应急处理和事后妥善解决的风险防范与危机管理机制，把握风险的规律性，引入先进的风险管理技术规避、转移和控制风险，并针对不同类型的物业管理风险建立相应的应急预案来防范风险和应对紧急事件。

第三节　紧急事件的处理

一、紧急事件概述

（一）概念与性质

物业管理紧急事件，是指物业管理服务活动过程中突然发生，对业主或使用人、物业服务企业和社会公众已经造成或者可能造成严重危害，需要采取应急处置措施予以应对的事件。

紧急事件具有偶尔性、隐蔽性、突然性、破坏性、失衡性等特点。

1. 引发的突然性

紧急事件是事物内在矛盾由量变到质变的飞跃过程，是通过一定的契机诱发的，诱因具有一定的偶然性和不易发现的隐蔽性，它以什么方式出现，在什么时候出现，是人们所无法把握的。

2. 行为的破坏性

不论什么性质和规模的紧急事件，都必然不同程度地给业主和使用人、物业服务企业、社区造成经济上、精神上的破坏与损失。危及正常的工作和生活秩序，甚至威胁到人的生命和社会的和谐。

3. 状态的失衡性

紧急事件的发生会使物业管理工作偏离正常轨道而出现失衡。由于事件的发生，会使人们生活处于不稳定状态，物业服务企业常规工作方式和工作程序将失去作用，必须用特殊的应急手段才能奏效，整个项目处于混乱无序之中。

（二）处理过程

物业管理紧急事件的处理应遵循预防为主、预防与应急相结合的原则。紧急事件的处理可分为事先、事中和事后三个阶段。

1. 事先预防与准备

（1）成立紧急事件处理小组。物业服务企业层面的紧急事件处理小组由企业的高层决策者、公关部门、品质部、技术部的领导及法律顾问共同组成。物业项目层面的紧急事件处理小组应由项目经理担任总指挥，项目安全主管担任副总指挥，其他部门负责人共同参加。

（2）制定紧急事件应急预案。物业服务企业要分析各种可能发生的紧急情况，并建立相应的应急预案。应急预案应当针对紧急事件的性质、特点和可能造成的危害，具体规定紧急事件应急管理工作的组织指挥体系与职责和突发事件的预防与预警机制、处置程序、应急保障措施以及事后恢复与重建措施等内容。

（3）建立紧急事件检测与预警机制。预防是紧急事件管理中最简便、成本最低的方法。物业服务企业应加强监测、预测工作，建立一套规范、全面的危机管理预警体系，及时收集各种信息，并对这些信息进行分析、辨别，有效觉察潜在的危机。从而预防和减少紧急事件及其造成的损失。

2. 事中处置与救援

紧急事件发生后，紧急事件处理小组应迅速做出反应，第一时间对紧急事件的类型、性质、特点和危害程度做出判断。在此基础上，针对紧急事件的性质、特点和危害程度，立刻组织紧急事件处理人员，通知相关部门，调动应急救援队伍和社会力量，采取应急处置措施。

（1）组织营救和救治受害人员，疏散、撤离并妥善安置受到威胁的人员以及采取其他救助措施。

（2）迅速控制危险源，标明危险区域，封锁危险场所，划定警戒区，实行交通管制以及其他控制措施。

（3）协助专业人员处理紧急事件，在保证安全的情况下抢修物质，尽量避免或减少损坏。

对于涉及公众的紧急事件，物业服务企业应指定专人向外界统一、准确、及时发布有关突发事件事态发展和应急处置工作的信息，避免受到干扰，影响紧急事件的正常处理。

3. 事后恢复与总结

紧急事件的威胁和危害得到控制或者消除后，物业服务企业应当对突发事件造成的损失进行评估，有必要时启动赔偿程序。妥善解决因紧急事件引发的矛盾和纠纷，尽快恢复正常的物业管理工作。

物业服务企业应对本次紧急事件的处理进行评估，总结紧急事件处理过程，评估应急方案的有效性。在总结经验教训的基础上，对紧急事件的组织、制度和流程等各方面进行完善，进一步提高物业服务企业应对紧急事件的能力。

二、典型紧急事件的处理

物业管理服务过程中可能遇见的紧急事件包括火警、燃气泄漏、电梯故障、噪声侵扰、电力故障、浸水漏水、高空坠物、交通意外、刑事案件、台风袭击、聚众闹事等。这里重点介绍几种常见的紧急事件的处理。

（一）火警

（1）了解和确认起火位置、范围和程度；

（2）就近取用灭火器材迅速扑灭火；

（3）若火警有发展趋势，应组织人员参与控制火势，同时向公安消防机关报警；

（4）清理通道，准备迎接消防车入场；

（5）组织现场人员疏散。在不危及人身安全的情况下抢救物资；

（6）组织义务消防队，在保证安全的前提下接近火场，用适当的消防器材控制火势；

（7）及时封锁现场，直到有关方面到达为止。

（二）电梯故障

（1）当乘客被困电梯时，消防监控室应仔细观察电梯内情况，通过对讲系统询问被困者并予以安慰；

（2）立即通知电梯专业人员到达现场救助被困者；

（3）被困者内如有小孩、老人、孕妇或人多供氧不足的须特别留意，必要时请消防人员协助；

（4）督促电梯维保单位全面检查，消除隐患；

（5）将此次电梯事故详细记录备案。

（三）燃气泄漏

（1）当发生易燃气体泄漏时，应立即通知燃气公司；

（2）在抵达现场后，要谨慎行事，不可使用任何电器（包括门铃、电话、风扇等）和敲击金属，避免产生火花；

（3）立即打开所有门窗，关闭燃气闸门；

（4）情况严重时，应及时疏散人员；

（5）如发现有受伤或不适者，应立即通知医疗急救单位；

（6）燃气公司人员到达现场后，应协助其彻底检查，消除隐患。

（四）刑事案件

（1）物业管理单位或控制中心应立即派有关人员到现场；

（2）如证实发生犯罪案件，要立即拨打110报警，并留守人员控制现场，直到警方人员到达；

（3）禁止任何人在警方人员到达前触动现场任何物品；

（4）若有需要，关闭出入口，劝阻住户及访客暂停出入，防止疑犯乘机逃跑；

（5）积极协助警方维护现场秩序和调查取证等工作。

（五）高空坠物

（1）有关管理人员立即赶到现场，确定危害情况。如有伤者，要立即送往医院或拨打急救电话；如造成财物损坏，要保护现场、拍照取证并通知相关人员。

（2）尽快确定坠落物来源，及时协调受损/受害人员与责任人协商处理。

（3）事后应检查和确保在恰当位置张贴“请勿高空抛物”的标识，并通过多种宣传方式，使业主自觉遵守社会公德。

参考案例

电梯故障处理不当　物业公司承担赔偿责任

位于福州台江区江滨中大道的世茂外滩花园小区3栋8单元，业主郭先生与另一名女业主，乘电梯从1层到3层时，被困在1层约20分钟，之后维保员将电梯升到3层，随后打开电梯门，两人走出。当郭先生发现皮包落在电梯内后，反身回电梯捡包，刚半身踏入电梯，电梯轿厢突然下坠，郭先生被夹在地板和轿厢门框之间，事后经抢救无效死亡。

经调查，事故初步认定，系维保人员救援操作不当导致。当时维保员操作电梯开门救援时，并未关闭电梯电源，而按操作规范，需关闭电源，这或是导致事后电梯坠落因素之一。

事故发生后，小区物业管理单位长城物业的负责人员上门吊唁道歉，并承诺进行赔偿，赔偿金额初步意向为75万元。

本章小结

1. 风险是指因未来的不确定性所带来的可能损失，是收益或结果偏离期望值或平均值的可能性。风险由风险因素、风险事故和风险损失三要素组成。

2. 风险管理是指风险管理主体为了有效避免或降低风险带来的损失，运用计划、组织、领导、控制、创新等管理职能对风险识别、风险评估和风险应对进行决策的过程。风险管理的步骤包括风险识别、风险评估和风险应对。

3. 物业管理风险是指物业服务企业在服务过程中，由于企业或企业以外的自然、社会因素所导致的应由物业服务企业承担的意外损失。

4. 物业管理风险包括经济风险、法律风险、责任风险和对外风险。经济风险包括获取项目的风险、物业经营的风险等。法律风险主要体现为业主法律意识不足、物业服务企业权限不清。责任风险分为业主使用物业过程中的责任风险和物业服务人员服务中的责任风险。对外风险包括舆论风险、外包风险、代收代缴风险以及房地产开发企业带来的风险。

5. 物业服务企业可通过加强法律法规的宣传与教育、引入市场机制转移风险、提高管理与服务质量以及加强风险防范与控制的能力等方法来应对物业管理风险。

6. 物业管理紧急事件，是指物业管理服务活动过程中突然发生，对业主或使用人、物业服务企业和社会公众已经造成或者可能造成严重危害，需要采取应急处置措施予以应对的事件。

7. 物业管理紧急事件的处理应遵循预防为主、预防与应急相结合的原则。紧急事件的处理可分为事先预防与准备、事中处置与救援和事后恢复与总结三个步骤。

8. 物业管理服务过程中可能遇见的紧急事件包括火警、燃气泄漏、电梯故障、噪声侵扰、电力故障、浸水漏水、高空坠物、交通意外、刑事案件、台风袭击、聚众闹事等。

复习题

1. 风险包括哪些要素？风险管理包括哪些步骤？
2. 物业管理风险的来源有哪些？
3. 物业管理中存在哪些风险？该如何应对？
4. 紧急事件具有哪些特点？该如何处理？

问题与应用

1. 某住宅小区由 A 物业服务企业提供物业管理服务，自接管以来，物业服务企业面临以下困境：①部分业主以物业管理费过高为由不缴纳物业管理费；②业主对清洁卫生服务承包商工作不满意；③业主以前期物业服务合同是建设单位签的为由对合同内容不认可、不执行。

（1）物业服务企业面临的困境①属于哪种风险（　　）。

A. 早期介入的风险

B. 前期物业管理风险

C. 业主使用物业、接受服务中的风险

D. 物业管理日常运作过程中的风险

（2）以下属于防范与应对③中风险的措施的是（　　）。

A. 明确合同中核心内容不存在争议

B. 进场前尽可能多了解信息

C. 提前知会业主收费项目、服务标准

D. 必要时购买雇主责任保险，转移风险

（3）风险管理的方法不包括（　　）。

A. 风险的识别　　B. 风险的评估

C. 风险的分析　　D. 风险的应对

2. 王某家住世景华庭小区，2013 年 5 月 22 日深夜回家时，在小区被不法分子杀害，其所驾高档车也被偷走。凌晨四点巡逻保安人员在小区停车场发现王某尸体，于是报告保安主管，保安主管报告了项目负责人。项目负责人立即赶到现场，考虑到现在是凌晨，而且担心被业主发现，项目负责人决定把王某尸体移到隐蔽处，并于天亮时才报警。经公安机构调查发现，案件嫌疑人为小区的装修工人，装修完工后一直躲藏在小区一空置房内，等待机会犯案。

问题：

（1）根据本案例提供的材料，物业服务企业的工作有哪些不当和错误？简要说明理由。

（2）根据材料反映的具体情况，简要阐述刑事案件危机处理的方法。

（3）简要阐述物业服务企业该如何规避本案例中的风险。

第十六章　物业管理品牌

学习目标

随着物业管理行业竞争日益加剧和规范化发展，物业管理品牌已成为物业服务企业生存与发展的重要工具，因此，物业管理品牌建设应成为物业管理工作的一部分。本章在介绍品牌理论的基础上，重点介绍了物业管理品牌建设的相关知识。

1. 知识目标

➢掌握品牌与品牌管理的概念；

➢掌握物业管理品牌的内涵与特性；

➢了解物业管理品牌建设的必要性、现状及特点；

➢掌握物业管理品牌建设的步骤及注意事项。

2. 能力目标

➢具备运用品牌理论建设物业管理品牌的能力。

知识结构导图

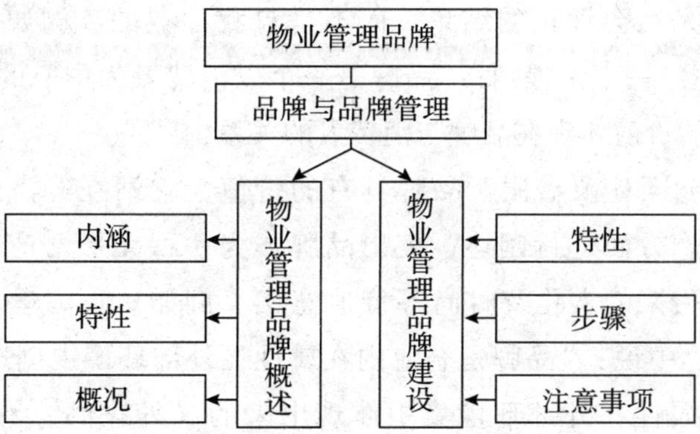

第一节　品牌与品牌管理

一、品牌

（一）品牌的含义

品牌一词来源于英文单词“brand”，原本是指中世纪烙在马、牛、羊身上的烙印，用以区分属于不同的饲养者。美国营销协会（AMA）把品牌定义为：品牌是一个名称、术语、标记、符号或设计，或是这些元素的组合，用于识别一个销售商或销售商群体的商品与服务，并且使它们与其竞争对手的商品与服务区分开来。到了今天，品牌的内涵早已经超出这个范围，众多研究者从不同角度对品牌进行了界定，余明阳在其著作《品牌学教程》中把品牌归纳为以下四类。

（1）符号说。这类定义着眼于品牌的识别功能，它从最直观、最外在的表现出发，将品牌看作是一种标榜个性、具有区别功能的特殊符号。例如，美国营销学家 Philip Kotler 在其《营销管理》一书中提到，品牌就是一个名字、称谓、符号或设计，或是上述的总和，其目的是要使自己的产品或服务有别于其他竞争者。

（2）综合学派。这类定义从品牌的信息整合功能入手，将品牌置于营销乃至整个社会的大环境中加以分析。他们认为品牌不仅包括了品牌名、包装、标志等有形的东西，而且还将品牌放入历史时空，作横向和纵向的分析，指出和品牌密不可分的要素，如历史、声誉问题、法律意义、市场经济意义、社会文化心理意义等这些无形的东西。例如，世界著名的广告大师、品牌研究创始人之一的大卫·奥格威曾经这样概括过品牌所包含的内容："品牌是一种错综复杂的象征，它是品牌属性、名称、包装、价格、历史声誉、广告方式的无形总和。品牌同时也因消费者对其使用的印象，以及自身的经验而有所界定"。

（3）关系说。这类定义从品牌与消费者沟通功能的角度来阐述，强调品牌的最后实现由消费者来决定。这种界定强调品牌是一种偏见，是消费者或某些权威机构认定的一种价值倾向，是社会评论的结果，而不是自我加冕的。例如，我国学者赵军在《名牌在传播中诞生》一书中提到："品牌是一个以消费者为中心的概念，没有消费者就没有品牌，品牌的价值体现在品牌与消费者的关系中。"

（4）资源说。这类定义着眼于品牌具有的价值，它站在经济学的立场上，从品牌的外延如品牌资产方面进行阐述，突出品牌作为一种无形财产时给企业带来的财富和利润，给社会带来的文化及时尚等价值意义。例如，我国学者韩志锋在其文章《品牌是一种资源》中说："品牌是企业内在属性在外部环境中创造出来的一种资源，它不仅是企业内在属性在外部环境集中体现出来的（外化的）有价值的形象标志，而且因为其能整合企业外不同资源对企业内在属性发展产生反作用，它更是一种资源。"

（二）品牌的作用

1. 品牌能促进企业和产品差异化的形成

本身作为一种识别标志和精神象征，品牌具有辨别商品和企业的作用。一个建设得好的品牌可以让企业与竞争对手形成明显的差异化，赋予企业独特性和可识别性，这是企业发展的基础，也是企业行走市场很好的身份证明。品牌差异化可以提高消费者的关注度，使企业在其脑海中留下深刻的印象，成为促使消费者购买该产品的动力。

2. 品牌能促进企业声誉和形象的塑造

声誉和形象的塑造不是一蹴而就的，是在品牌建设的路上慢慢积累沉淀而来的。品牌对于企业的声誉和形象有着极大的作用，有了品牌的企业就会无形中在消费者心中留下某种认知与了解。这种认知与了解会随着品牌建设不断的积累，最终形成认可和不可磨灭的印记。

3. 品牌能够为企业带来大量的附加价值

一个有自己品牌的企业，在发展过程中会延伸出许多有利于企业的附加值。品牌产生的溢价效应，可以让品牌价值得到提升，形成一种无形的品牌资产，带来更高的规模效益，扩大市场需求，增加企业收益。品牌后期产生的附加价值甚至可以形成一种固定的文化，使企业文化渗透进入社会主流价值观当中，潜意识影响消费者。

二、品牌管理

品牌管理，从一般意义上来讲就是对品牌进行管理的一个过程，这个过程中包括对品牌的策划、建立、发展、调整以及由品牌产生的价值过程。品牌管理是一个系统的、复杂的过程，在品牌管理中往往会包括以下几个方面的内容。

（一）品牌定位

品牌定位是企业在市场定位和产品定位的基础上，对特定的品牌在文化取向及个性差异上的商业性决策，它是建立一个与目标市场有关的品牌形象的过程和结果。良好的品牌定位是品牌经营成功的前提，为企业进占市场、拓展市场起到导航作用。品牌定位通过将产品转化为品牌，让消费者认识到企业的品牌与其他的品牌之间的差别以及所具有的优势，从而让品牌在竞争中获得优势。

（二）品牌识别

品牌识别指从产品、企业、人、符号等层面定义出能打动消费者并区别于竞争者的品牌联想，与品牌核心价值共同构成丰满的品牌联想。品牌识别也是品牌管理中一个重要的部分。对于企业来讲，在品牌识别的管理中，或者是传达品牌身份的识别，或者是传达品牌的一些符号，或者是传达品牌的一些文化内涵等，但是不管怎样，一个好的能够得到认可的品牌一定要有丰满、鲜明的品牌识别。

（三）品牌推广

品牌推广是品牌树立、维护过程中的重要环节，也是品牌管理中的重要一部分。品牌推广是指企业塑造自身及产品品牌形象，为使消费者广泛认同而进行的一系列活动，包括传播计划及执行、品牌跟踪与评估等。品牌推广有两个重要任务，一是树立良好的企业和产品形象，提高品牌知名度、美誉度和特色度；二是最终要将有相应品牌名称的产品销售出去。

（四）品牌维护

品牌维护是指企业针对外部环境的变化给品牌带来的影响所进行的维护品牌形象、保持品牌的市场地位和品牌价值的一系列活动的统称。品牌维护是品牌管理实施中的一个重要的部分，它也是品牌能够长期存在于市场，受到消费者认可的一个重要环节。品牌的维护对于企业品牌管理来讲，更多的时候比品牌的开发要难很多，因为其维护的过程中会有很多的竞争产品来与其竞争，所以对于企业来讲，如何维护好品牌，就是如何维护自己已经开拓的市场。

第二节　物业管理品牌概述

一、物业管理品牌的内涵

（一）物业管理品牌的概念

物业管理品牌，现在行业中使用非常频繁的一个词。一般认为物业管理品牌是由物业的品牌与管理品牌共同构成。然而，由于我国关于物业管理品牌方面的理论研究还不深入，对物业管理品牌的定义至今没有一个公认的界定。

本书在已有研究的基础上，结合我国物业管理实践，给出如下定义：物业管理品牌是由物业服务企业在进行物业管理的同时，有计划、有目的地设计、塑造，并由社会公众通过对物业服务企业和物业项目的品质和价值的认知而确定的标志，是公众对物业服务企业和物业项目的理性认识和感性知识的总和。

（二）物业管理品牌的构成

物业管理品牌由企业品牌和项目品牌共同构成，它们两者共同筑起了物业管理品牌，并且之间有着相辅相成的关系。

物业服务企业品牌反映的是企业的整体形象，它包含企业的信誉、实力、环境品质、创新能力和社会责任等，企业品牌的塑造是一个对整体资源整合的过程。从消费者角度来说，表现为公司形象和公司联想，用于描述消费者对公司的态度、情感和认知。企业品牌为项目和服务品牌提供担保，并促进项目和服务品牌的经营。当一个企业品牌在消费者的心目中建立了良好形象的时候，反过来会涉及其项目品牌，将企业的品牌定位、品牌个性、品牌知名度及品牌联想转移到项目品牌上，能够抬升其项目品牌价值。

物业项目品牌代表的是物业服务企业的单个物业项目品牌。物业项目品牌具有时间上的短暂性特点，项目品牌往往在项目运作期间具有很大的知名度，而一旦项目结束，物业服务企业没有后续的项目跟上，项目品牌就很容易被消费者所遗忘。企业品牌的基础是项目品牌，项目品牌塑造的成功会深化和丰富企业品牌外延及内涵，正是因为有无数个优秀项目品牌积累起来，才组成了一个企业品牌的整体框架。

总之，物业服务企业品牌与物业项目品牌相互关联，密不可分。一方面，物业项目形象是物业服务企业品牌形象的一个方面，消费者更多时候都是首先通过项目品牌来认识企业品牌的。物业小区的氛围、环境、安全、价格以及服务等直接反映了项目品牌的形象，而这一形象进而映射到企业品牌上，对企业品牌产生直接的影响。另一方面，物业服务企业品牌能够指导项目品牌的建设，并为项目品牌的建设提供强有力的保证。因此，物业服务企业品牌与项目品牌既不可分割，又存在差异，物业管理品牌是物业服务企业品牌与项目品牌的综合体现。

（三）物业管理品牌的效用

与大多数品牌一样，物业管理品牌具有三大效应。

（1）扩散效应。即物业管理品牌一旦确立，就会通过消费领域的传播和业务范围的扩展迅速占领市场，赢得广大消费者的信赖。

（2）持续效应。只要物业管理品牌不倒，物业管理企业的影响力和知名度就会与日俱增，经济效益就会长期持续下去。

（3）放大效应。企业一旦创立一个品牌，其信誉可以从一个物业项目放大到一批物业项目。

二、物业管理品牌的特性

物业管理行业的特点决定了物业管理品牌具有自身的一些特性。具体来说，物业管理品牌主要具有以下两方面的特性。

（一）物业管理品牌的体验式特性

按照马斯洛的需求层次理论，随着生活水平的提高，消费者对产品或服务的要求将不止于功能上的满足，消费者将追求更高层次的满足，品牌能否超越产品或服务功能而给消费者带来种种的感官、情结或价值上的满足将变得越来越重要。也就是说，品牌不但要具备“功能”上的效益，而且还要有“体验”或“情感”上的效益。对于物业管理品牌而言，由于物业管理的特殊性质，这种“体验”和“情感”效益尤为重要。

一般的产品或服务品牌，它们的服务受众对服务的体验和接受时间一般都比较短、而且频率低，受众对服务的刺激强烈，常常一次得到以后会形成持久的联想。然而，由于物业项目地域和服务对象的固定性，物业管理品牌的服务受众对服务的接受时间长、频率高，受众对物业管理品牌是一个很长的体验与评价过程。因此，为了满足消费者，物业管理品牌更应该重视“体验”上的效果。而且，在物业管理本质差异化不大、服务能力整体大幅度提高的时候，独特的体验价值将成为品牌溢价的重要来源。总之，在体验经济和“品牌化”趋势下，物业管理品牌的建设应该重视品牌与业主和使用人的互动，通过这种互动，使业主和使用人与品牌建立强有力的关系，进而培养业主和使用人对物业管理品牌的高度忠诚度。

（二）物业管理品牌的投入产出特性

品牌之所以受到广大厂商的青睐，首先在于品牌具有投入产出功能。物业管理品牌也一样。物业管理品牌的宣传与推广费用是一种投入，这种费用是企业经营投入中的一种，进入企业成本。对于成功的物业管理品牌而言，随着物业管理规模的扩大，单位成本会随之下降。

从品牌的产出来看，物业管理品牌有两个方面的产出，即“有形”产出和“无形”产出。“有形”产出指的是经营收入。一方面，品牌能为物业管理公司带来经营规模的扩大，从而给物业管理公司带来经营收入的增加。在物业管理服务的低利润率性质下，扩大规模是物业管理企业获利的一种重要形式。运用品牌优势能够帮助物业管理企业扩大经营服务范围，形成规模效益，从而获得可观效益。另一方面，物业管理品牌能够为房地产开发商带来超额经济利润。据调查，有知名物业管理公司管理的楼盘的销售价格较同类楼盘每平方米高出 300 ~ 500 元。物业管理品牌的“无形”产出指的是物业管理的企业形象和项目形象。品牌有助于为物业公司和物业项目在消费者心里创造某种有别于竞争对手的差异，从而提高企业的知名度和消费者对企业的忠诚度。

在产出上，物业管理品牌具有一些自身的特点。首先，由于品牌是一种长期投资，尤其是物业管理品牌，消费者对它的体验和评价是长期的、持续的，因此，物业管理品牌的产出有一定的滞后性。其次，由于物业管理品牌的服务受众比较固定，即业主和使用人，因此，物业管理品牌的“无形”产出在一定阶段具有相对的稳定性。

三、我国物业管理品牌建设概况

（一）物业管理品牌建设的必要性

物业管理行业快速发展的背后是行业竞争的日益加剧。主要表现在两个方面：

（1）国内物业服务企业的飞速增加导致行业竞争激烈。由于物业管理是个新兴行业，不规范、进入门槛低等原因使得国内物业服务企业数量飞速增加，导致行业竞争越来越激烈。

（2）国外物业服务企业的进入加剧了行业竞争。随着中国加入世界贸易组织，很多“洋品牌”加快了进驻我国市场的步伐。例如，英国威格斯、德国杜斯曼、美国世邦魏理仕、美国怡高等境外物管机构都已经或开始在国内接管项目。

在激烈的竞争中以及随着行业市场化的不断深入，品牌已成为物业服务企业生存与发展的重要工具。尤其在现阶段，随着物业服务企业的同质化趋势越来越明显，物业服务企业如果单纯地想通过技术、质量、价格、服务等传统的竞争手段来战胜对手，将会变得越来越困难。此时，品牌将成为决定胜败的重要武器，品牌的强大发散力和文化力能帮助物业服务企业赢得消费者和社会公众的认同，帮助物业管理企业在激烈的市场竞争中占据主动，赢得更大的市场份额和发展空间。因此，品牌竞争势必成为物业管理行业发展的趋势所在。

（二）物业管理品牌建设的现状

随着竞争的加剧，国内很多物业服务企业已经开始重视品牌对物业管理的作用，并已经或开始塑造物业管理品牌。例如，很多物业管理企业积极参与到名牌产品、优秀企业、驰名商标等名牌评选中。这标志着我国物业服务企业的品牌意识在不断增强。但是，我国物业服务企业实施品牌战略的效果并不明显。虽然产生了万科物业、绿城物业等一些优秀的物业管理品牌，但是行业整体品牌水平很低，与国外相比，不管是在单个品牌上还是整体水平上都还存在较大的差距。在品牌建设实践中，我国物业管理企业存在着众多问题，如只重形式不重内容、只重眼前利益不重长期利益、只重常规性服务质量不重个性化服务质量等。

参考资料

品牌效应：改变社会对物业管理的观念

不少业内人士表示，人们对物管行业缺乏认识，主要是物业管理人很少通过媒体与广大民众进行沟通，没有正确引导广大民众对物业管理行业的认知，使一些人只看到物业管理表面的保洁保全的工作，使他们对物管内隐含的一些高科技技术并不了解。

面对如此困难的市场环境，市场竞争的日趋激烈，在物业管理形式与服务同质化的今天，品牌宣传的效应就日益凸显。

品牌是企业塑造形象、知名度和美誉度的基石，帮助企业存储商誉、形象，品牌是企业的一种无形资产，它所包含的价值、个性、品质等特征都能给产品带来重要的价值。为企业赋予个性、文化等许多特殊的意义。

一个好的品牌物业能为物业管理企业带来增值，物管企业要通过较高的知名度、良好的社会信誉来赢得社会和业主的支持。另外，还要通过树立的品牌来赢得更多的客户，争取更大的市场份额。显然，在物管与人们生活工作息息相关的今天，人们越来越注重生活品质，物业管理也成为了人们选择物业房产的重要标准之一。品牌的宣传，能提高社区的知名度，从而提升物业的价值。

第三节　物业管理品牌的建设

一、物业管理品牌建设的特性

物业管理行业与物业管理品牌的特点决定了物业管理品牌建设具有自身的一些特性。主要表现在以下两个方面。

（一）全员式的品牌塑造

作为服务行业，物业品牌的创建和维护与传统有形产品的品牌创建是有区别的。传统的有形产品是在公司内部制作完成后，进入市场，因而品牌与顾客的接触界面只有：产品、销售人员、销售终端和各种沟通媒体。因此，顾客对产品或公司品牌主要是通过产品的质量、相关服务人员（包括销售人员、售后服务人员等）来体验和认识的，而产品的研发人员和生产人员只需保证产品质量和性能即可，并未直接参与品牌的建设中。

物业管理是服务人员自主的生产过程，同时也是顾客的消费和体验过程。物业品牌塑造中，与顾客接触或潜在接触的每一个员工都是物业品牌的创建和维护者。据研究，相比于语言因素，服务接触中员工的非语言行为更容易以情绪感染的方式引起顾客的情感和行为响应，可见，物业服务中保洁、绿化等这些与顾客间无需太多语言沟通的服务人员对物业品牌的建设同样重要。因此，物业品牌塑造是一种全员式的品牌建设工作，不只是决策层和品牌推广部门的事，而是包括保安员、保洁员、维修人员在列的所有服务人员的事。由于物业管理品牌与顾客接触界面的显著增加，因而，在物业管理品牌创建中物业管理公司一般员工对品牌有系统的认识、行为上的协调和对品牌的有力支持，是非常重要的，也是非常必要的。

（二）对服务质量要求的全面性

服务质量对品牌的重要作用已得到众多学者的认可，很多实证研究表明服务质量通过影响顾客感知价值而影响企业口碑与企业形象。因此，物业管理企业采用提高服务质量，借助顾客感知价值提高企业口碑和物业管理品牌的策略是可行的。

物业服务质量一般是业主或使用人在享用物业服务时所获得的感受和满意程度。一般意义上的物业服务质量可以分为技术质量和功能质量两个方面，即标准化服务质量。但是从广义上来看，物业最终服务质量并不是简单的取决于物业标准化服务质量，还取决于个性化与超常化服务质量。根据赫茨伯格的双因素理论，可以把标准化服务看成是保健因素，把个性化与超常化服务看成是激励因素。标准化服务的提供与保证能使业主或使用人“没有不满意”，相反，一旦标准化服务不能提供或保证，业主或使用人则会产生“不满意”，因此，标准化服务质量是物业管理品牌的基础，是物业品牌建设的根本保证。但是要让顾客真正“很满意”，以提高顾客感知价值，进而产生品牌忠诚度，作为“激励因素”的个性化与超常化服务质量至关重要。因此，物业管理品牌的建设既需要标准化服务质量，又需要个性化与超常化服务质量。只有两者都达到了标准才有可能打造出真正强有力的物业管理品牌。

二、物业管理品牌建设的步骤

（一）物业管理品牌的创立

在物业服务行业的发展初期，绝大多数物业服务企业一般都采用“品牌忽视”战略，既不注重品质，也不注重宣传。然而随着市场竞争的加剧和顾客品牌消费意识的增强，品牌竞争已经成为物业管理行业的趋势，因此创立品牌也成为绝大多数物业服务企业的必然选择。

要创立一个物业服务品牌，主要步骤包括：①建立适当的品牌形象；②创造适当的品牌含义；③引起顾客对品牌的正面反应；④创建与顾客之间适当的品牌联系。

物业服务企业在自创品牌的过程中，应该注意以下几个问题。

1. 品牌定位要突出个性

“好的品牌定位是品牌成功的一半”。品牌定位是为了让顾客清晰地识别记住品牌的特征及品牌的核心价值，在服务内容、服务标准、服务过程、服务环境、社区文化、职业礼仪和企业形象展示等方面，都要围绕品牌定位去做。在品牌创立过程中，目标市场选择与市场定位非常重要，要避免品牌战略的程式化而缺乏个性。

2. 确保质量战略、市场战略与品牌战略的同步

质量战略是实施品牌战略的关键与核心，物业服务质量是生命线，严格的质量管理是创立、保持和发展品牌的保障。市场战略是实施品牌战略的根本，创立品牌一定要树立市场导向观念，提高消费者对产品的认知度和忠诚度，从而树立良好的品牌形象。

3. 要重视宣传与沟通

在宣传过程中要突出品牌的定位和核心价值，找准物业管理事项、物业服务质量与顾客之间的情感交汇点，在短时间内让顾客知晓并认同品牌。品牌宣传要做到“品”（服务品质或服务性价比）与“牌”（宣传效果）的统一，避免质价不符的夸大宣传、虚假宣传。

总之，物业服务企业在创立品牌的决策过程中，要充分考虑自身的优势和特点，只有这样才能走上成功的品牌经营之路。

（二）物业管理品牌的管理

物业服务企业在不同时期，应该采取不同的品牌战略管理方法。

1. 创业期品牌战略的管理方法

如果物业服务企业选择建立自己的品牌，那在创业一开始就要树立极强的品牌意识，对品牌进行全面规划，在企业的经营、管理、服务、公关、宣传等多方面都以创立品牌为目标，而不仅仅是依赖传统的战术性的方法，如标志设计和传播、媒体广告、促销等。除了要尽快提高品牌知名度，关键的问题是要确立品牌的核心价值，给顾客（业主）提供一个选择自己服务的独特理由，并力争通过有效的传播与沟通让顾客知晓。

2. 成长期品牌战略的管理方法

当物业服务企业步人成长期时，应把重点放在提高品牌的认知度和美誉度、强化顾客对品牌核心价值和品牌个性的理解上面。品牌认知度和美誉度不等同于品牌知名

度。品牌知名度只是反映了顾客对品牌的知晓程度，并不代表顾客对品牌的理解。建立品牌认知，不仅仅是让顾客熟悉品牌名称、品牌术语、标记、符号或设计，而是要使顾客进一步理解品牌所代表的企业及其服务的特性。

3. 成熟期品牌战略的管理方法

品牌忠诚度是品牌价值的核心，也是物业服务企业实施品牌战略的根本目标，它为品牌产品提供了稳定的不易转移的顾客，从而保证了该品牌产品的基本市场占有，是企业重要的竞争优势。“最好的广告就是满意的顾客”，因此在这一时期，物业服务企业的重点就是培育顾客的品牌忠诚度，并运用顾客对该品牌的忠诚度来影响顾客的行为。这要求物业服务企业提供卓越的服务品质保证，并在创业期和成长期就注意品牌的宣传，在企业和顾客之间建立融洽的关系。

三、物业管理品牌建设的注意事项

既然物业品牌是一种全员式的品牌建设工作，那么物业管理企业在开展品牌建设工作时，要正确对待物业品牌的内涵。

（一）全员参与，共建物业管理品牌

首先，不能把物业品牌的建设看作几个人或几个部门的事，在品牌塑造过程中只注重这些人或部门的作用，而忽视保安、保洁等基层员工对品牌的影响，事实上，顾客从保安、保洁等这些一线服务员工身上所体验和认识到的品牌形象更多也更深刻。因此，物业服务企业应该树立全员品牌创建观。

（二）内外兼修，全面提升品牌管理

在物业品牌的管理上，不能只重视以满足顾客需要的外部品牌管理，而忽视以强调员工作用的内部品牌管理。应该重视内部一致性、协调性和全方位支持对物业品牌建设的重要性。通过品牌愿景的建立以及员工对愿景的认可来实现有效的内部品牌管理目的。

（三）优化投入产出，注重品牌效益

物业品牌投资具有投入产出特征，物业管理企业在开展品牌建设活动时要重视投入产出效果。也就是说，对物业管理品牌的投资，也应当像物质生产领域的投资一样，也要分析“投入—产出”问题，即以较少的投入获得较大的品牌回报，而不是投入越多越好。

参考资料

中国 2015 年物业服务百强企业名单

1	万科物业发展有限公司	13	中航物业管理有限公司	25	世茂天成物业服务集团有限公司	37	远洋物业
2	绿城物业服务集团有限公司	14	重庆新龙湖物业服务有限公司	26	阳光城物业服务（福建）有限公司	38	广州市时代物业管理有限公司
3	长城物业集团股份有限公司	15	深圳市卓越物业管理有限公司	27	北京万通鼎安国际物业服务有限公司	39	厦门联发（集团）物业服务有限公司
4	保利物业管理有限公司	16	上海东湖物业管理有限公司	28	港联物业（中国）有限公司	40	杭州佰全物业管理有限公司
5	金地物业管理集团公司	17	北京凯莱物业管理有限公司	29	北京首欣物业管理有限责任公司	41	上海科瑞物业管理发展有限公司
6	北京首开鸿城实业有限公司	18	北京金融街物业管理有限责任公司	30	北京东光物业管理股份有限公司	42	海亮物业管理有限公司
7	彩生活服务集团有限公司	19	上海银湾互联网物业管理连锁集团	31	上海复瑞物业管理有限公司	43	乐生活（北京）智慧社区投资发展有限责任公司
8	万达物业管理有限公司	20	北京金隅物业管理有限责任公司	32	深业集团（深圳）物业管理有限公司	44	重庆天骄物业管理服务有限公司
9	碧桂园物业服务有限公司	21	幸福基业物业服务有限公司	33	浙江开元物业管理股份有限公司	45	深圳天安物业管理有限公司
10	中海物业管理有限公司	22	上海锐翔上房物业管理有限公司	34	山东省诚信行物业管理有限公司	46	北京科住物业管理有限公司
11	均豪物业管理股份有限公司	23	江苏新城物业服务有限公司	35	深圳市明喆物业管理有限公司	47	北京市北宇物业服务公司
12	金科物业服务有限公司	24	佳兆业物业管理有限公司	36	盛全物业服务有限公司	48	广州颐和酒店物业管理有限公司

续表

49	广州晟汇物业管理有限公司	62	广州和融物业管理有限公司	75	福建福晟物业有限公司	88	北京晟邦物业管理有限公司
50	新鸥鹏物业集团	63	深圳市鹏基物业管理有限公司	76	第一物业服务（北京）有限公司	89	云南实力物业服务有限公司
51	泰禾物业	64	伯恩（福建）物业管理有限公司	77	北京北大资源物业经营管理集团有限公司	90	上海申大物业有限公司
52	上海永升物业管理有限公司	65	上海上置物业集团有限公司	78	重庆同景物业服务有限公司	91	上海保集物业管理有限公司
53	重庆新东原物业管理有限公司	66	深圳市特发物业管理有限公司	79	深圳市莱蒙物业服务有限公司	92	重庆泽京物业管理集团有限公司
54	云南俊发物业服务有限公司	67	上海漕河泾开发区物业管理有限公司	80	天津津滨联合物业服务有限公司	93	四川汇丰物业服务有限公司
55	深圳市莲花物业管理有限公司	68	北京鲁能物业服务有限责任公司	81	浙江大管家物业管理服务有限公司	94	武汉福星惠誉物业服务有限公司
56	广州方圆物业管理有限公司	69	中新苏州和乔物业服务有限公司	82	苏州工业园区圆融商业物业管理有限公司	95	重庆市光华物业管理有限公司
57	深圳市之平物业发展有限公司	70	福建冠深物业管理有限公司	83	北京城承物业管理有限责任公司	96	武汉百步亭花园物业管理有限公司
58	昆明银海物业服务有限公司	71	苏州市会议中心物业管理股份有限公司	84	杭州怡华物业管理有限公司	97	杭州钱塘物业管理有限公司
59	上海景瑞物业管理有限公司	72	浙江绿升物业服务有限公司	85	重庆市长安物业管理有限公司	98	浙江金龙物业管理有限公司
60	广东龙光集团物业管理有限公司	73	禹洲物业服务有限公司	86	云南巨和物业服务有限公司	99	泰安市海纳物业管理有限责任公司
61	浙江颐景园物业服务有限公司	74	重庆晋愉物业服务有限公司	87	奥宸物业管理有限公司	100	沈阳其仕物业服务有限公司

数据来源：中国指数研究院、中国房地产 TOP 10 研究组联合发布的《2015 中国物业服务百强企业研究报告》。

本章小结

1. 品牌管理包括品牌定位、品牌识别、品牌推广和品牌维护等内容。

2. 物业管理品牌是由物业服务企业在进行物业管理的同时，有计划、有目的地设计、塑造，并由社会公众通过物业服务企业和物业项目的品质和价值的认知而确定的标志，是公众对物业服务企业和物业项目的理性认识和感性知识的总和。

3. 物业管理品牌由企业品牌和项目品牌共同构成，它们两者共同筑起了物业管理品牌，并且之间有着相辅相成的关系。

4. 物业管理品牌具有体验式和投入产出特性，物业管理品牌建设具有全员式的品牌塑造、对服务质量要求全面的特点。

5. 物业管理品牌的创立主要包括建立适当的品牌形象、创造适当的品牌含义、引起顾客对品牌的正面反应、创建与顾客之间适当的品牌联系等步骤。

6. 物业管理品牌在创业期、成长期、成熟期应分别采用不同的管理方法。

复习题

1. 品牌管理包括哪些内容？

2. 什么是物业管理品牌？它具有什么特点？

3. 物业管理品牌建设具有什么特点？

4. 如何建设物业管理品牌？应注意哪些事项？

问题与应用

1. 通过查阅资料与现场调研相结合的方式，考察某一物业服务企业的物业管理品牌建设情况，分析该物业服务企业品牌的经验与不足。

2. 运用所学物业管理品牌理论，以某一具体物业项目为例，谈谈可以从哪些方面促进该物业项目品牌的建设。

第十七章　新技术与物业管理

学习目标

随着现代科学技术的快速发展，新技术在物业管理的应用为物业管理提供了新的经济增长点和发展空间，也对物业管理提出了新要求。本章介绍了智能化、信息化、绿色建筑等技术在物业管理中的应用，并阐述了新技术下物业管理的要求。

1. 知识目标

➢掌握新技术的特点及在物业管理中的应用；

➢掌握新技术下物业管理的基本要求与注意事项。

2. 能力目标

➢具备把新技术运用到物业管理活动的能力；

➢具备在新技术条件下从事物业管理活动的能力。

知识结构导图

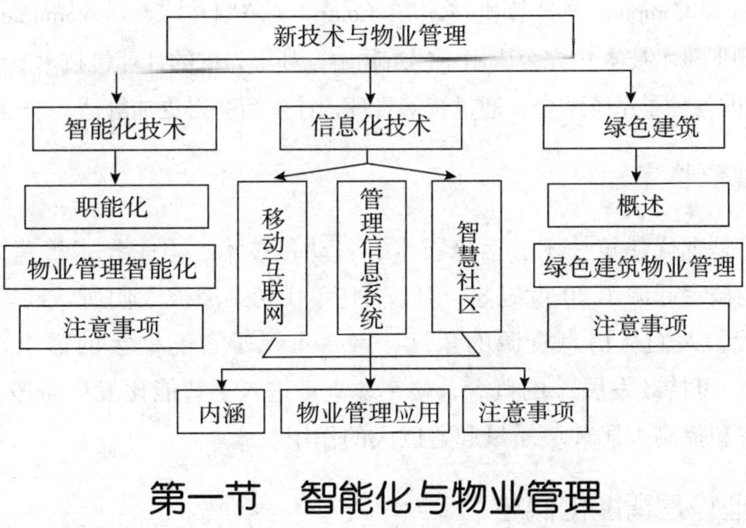

第一节　智能化与物业管理

一、智能化概述

“智能化”是指由现代通信与信息技术、计算机网络技术、行业技术、智能控制技术汇集而成的针对某一个方面的应用。实践中与物业管理相关的智能化概念包括职能建筑、职能小区、职能楼宇。

（一）智能化建筑

美国智能型楼宇学会对智能化建筑的定义是：人们通过促使建筑物的 4 个基本要素——结构、系统、服务、管理以及他们之间的相互联系达到最佳组合，从而提供一个投资合理、高效率运作及舒适、方便的环境。

在建筑行业及地产界中常被提及的所谓超级“5A”大厦、“3A”商厦，就是通过高新科技的应用，出现的带有高度自动化的智能大厦。“5A”或“3A”，代表着多个不同的自动化系统的应用。“5A”包括了：CA（通讯自动化）、BA（楼宇自动化）、MA（管理自动化）、FA（消防保安自动化）、OA（办公室自动化）。

（二）智能小区

随着智能化技术的发展，智能化不再局限于办公建筑，开始向居住建筑渗透。与智能大厦相比，智能小区的目标更注重以人为本的服务和客户应用的个性化需求。选用那些功能，既要考虑技术的发展，也必须考虑小区居住应用所带来的附加值及开发成本，同时物业管理的应用需求也是一个方面。

智能小区是以建筑为平台，兼备建筑、网络通信、信息家电、自动化设备，集系统、结构、服务、管理为一体的高效、舒适、安全、便利、环保的人居环境。智能小区将逐渐成熟的4C 技术，即 Computer（计算机技术）、Control（控制技术）、Communication（通信技术）、CRT（图形显示技术）综合应用于建筑物中，利用先进的计算机技术、综合布线技术，将与生活有关的各种子系统结合，通过统筹管理，让生活变得更加舒适、安全。

（三）智能楼宇

智能楼宇是现代建筑技术、信息技术、自动化技术、电子技术等诸多方面相结合的产物。职能楼宇起源于20 世纪80 年代，90 年代初逐渐被人们所认同。进入到21 世纪的信息时代，人们从信息资源的角度，重新审视了智能楼宇的需求，提出了楼宇“绿色、生态、可持续发展”的概念，楼宇才真正进入了智能化发展阶段。智能楼宇对发展现代经济和提高人居环境质量起着巨大的作用。

二、物业管理智能化概述

（一）物业管理智能化的内涵

物业管理智能化是指在物业管理工作过程中，以现代先进的科学技术为手段，对物业管理活动进行科学的组织和对物业进行有效的管理。

具体来说，智能化物业管理就是利用现代先进的科学技术，对物业的安保、消防、环境等多方面的各种信息进行高效综合的管理，实现物业的办公自动化和业务管理自动化，能整体提高物业管理效率和降低物业管理费用的现代物业。

（二）物业管理智能化系统的组成

要实现对物业的各类信息进行收集、分析、处理和应用，进行高效综合的管理，信息系统平台的集成式关键所在，对于具有先进管理水平的建筑物，它的信息系统应从以下三个方面加以集成。

1. 楼宇管理系统集成

它以开放的楼宇设备自动化系统为核心，广泛地实现对建筑物内包括暖通空调、给排水、供配电、照明、电梯、消防、保安监控、IC 卡等各子系统的集成，在此平台上完成对整个设备层的统一监控和管理。

2. 办公自动化系统集成

主要包括两个方面：一是服务于建筑物本身的办公自动化系统，如物业管理、运营服务等公共管理服务部分；二是大楼本身业务专用的办公自动化系统，如档案管理、公文传递、新闻发布、财务管理、人事管理、行政管理等日常工作的管理。

3. 通信自动化系统集成

以数字程控交换机为核心、以语音为主兼有数据传真与通信的电话网系统，连接各种高速数据处理的计算机网络系统，卫星接收、有线电视视频网络系统，有线广播音频网络系统的集成。

三、智能化物业管理注意事项

智能化技术在物业管理中的应用对物业管理提出了新的要求，需要物业服务企业树立科学的管理观，同时在人才培养、制度建设等方面加强管理，以满足智能化物业管理的需要。

（一）智能化物业管理的基本原则

物业服务企业在应用与管理智能化时需坚持两个基本原则：一是物业智能化必须满足业主的动态需求。物业管理的根本在于服务于业主，满足业主的需求。物业智能化系统必须具有很高的实用性和技术领先性，从而满足业主的需求，更好地为业主提供一个高效、舒适、便利的生活环境和人性化的服务。其次，物业智能化必须满足物业管理的需求。物业智能化系统的建设应适应管理的需求，实现高效化、集约化管理，更好地服务于业主。

（二）智能化物业管理的人才队伍建设

与传统物业管理相比，智能化物业管理的正常运行要求配备较高技术素质的操作人员与专业维护人员，智能化物业管理的水平，直接取决于物业管理与服务人员的技术与素质。因此，培养一支专业化智能化管理与服务人才队伍对物业服务企业来说至关重要。一方面，物业服务可以通过直接引进的方式加强人才队伍建设，另一方面，通过加强现有管理与服务人员的培训，提供员工的智能化管理水平与意识。

（三）智能化物业管理的制度建设

制度是管理实施的基本保障，智能化物业管理与传统物业管理的差别要求物业服务企业建立与之相匹配的制度、规范与流程。物业服务企业要加强智能化系统运行管理制度建设，根据企业和项目的实际情况，制订智能化管理制度，建立智能化系统操作要求与流程，以规范员工行为，提高智能化运行成效。

参考资料

阿里云与万科战略合作：建首批联网小区

阿里云与万科宣布达成战略合作，双方将通过应用云计算、物联网和大数据技术，打造国内首批联网的小区。“未来小区”的人、物、智能设备将实现互联互通和联动控制，变得越来越“聪明和富有人情味”。

“未来小区”计划由万科子公司万睿科技部署实施，阿里云将提供底层云计算平台与大数据方面的支持。作为首个合作项目，万科将把在48个城市运行的设备远程监控管理系统（简称EBA），部署至阿里云计算平台。该系统已实现小区的供电、供水、消防、电梯、空调等设备，运行数据和状态远程监控的可视化管理，同时融入物业管理功能，实现集中运营和集约化管理。

按照万科对“未来小区”的规划，传感器、监视器等物业设备将全部联网，数据实时上传至云端。通过阿里云计算平台的支持，万科将开发出更多创新的、符合社区居民需求的产品。

“云计算、物联网和大数据等新技术，正在让整个世界变得越来越智能，人与物之间的联系变得越来越感性。小区是与人们联系最紧密的社会单元之一，通过云计算带来的机器学习和大数据分析，未来小区将具备思考的能力。”阿里云计算副总裁喻思成表示，云计算的普及为小区往智能化方向发展提供了可能。终端设备和物联网的特点是小尺寸和大数据，在小区里部署大量传感器，伴随物理世界联网而生的是新的数据大爆炸，这些海量数据处理需求都得依靠强大的云计算平台来支持。

第二节 信息化与物业管理

信息化是以现代通信、网络、数据库技术为基础，对所研究对象各要素汇总至数据库，供特定人群生活、工作、学习、辅助决策等和人类息息相关的各种行为相结合的一种技术。1997 年召开的首届全国信息化工作会议，对信息化定义为：“信息化是指培育、发展以智能化工具为代表的新的生产力并使之造福于社会的历史过程。”

在信息技术飞速发展的今天，信息技术已成为物业管理发展的重要驱动力量和主导方向之一。信息化在物业管理的应用既能提升资源的共享利用率，提高物业管理效率，又能满足人们对信息化物业管理的需求，提高物业管理满意度，同时，信息化还能为物业管理提供新的经济增长点和长期可持续的发展空间。

本节重点说明移动互联网、智慧社区、管理信息系统等信息技术在物业管理中的应用。

一、移动互联网与物业管理

（一）移动互联网的内涵

1. 移动互联网的定义

移动互联网（Mobile Internet，MI）是一种通过智能移动终端，采用移动无线通信方式获取业务和服务的新兴业务，是移动通信和互联网融合的产物，继承了移动通信随时随地随身和互联网分享、开放、互动的势，又充分发挥互联的庞大功效，是整合两者优势的“升级版本”。

互联网因其便捷性、广泛性、即时性、交互性等特点，具备了强大的力量，其融入力可谓无处不在，已渗入社会的方方面面。在信息大爆炸和互联网技术飞速发展的今天，物业行业也迎来了新的危机和挑战，这就注定着物业行业必将走上一条变革的道路，网络已成为物业服务企业迈向成功和保持持续发展的必要条件。

2. 移动互联网的特征

移动互联网特点概括起来主要包括以下几个方面。

（1）业务使用的私密性。如手机支付业务等。

（2）终端移动性。移动的终端便于用户随身携带和随时使用。

（3）业务与终端网络的强关联性。其业务内容和形式也需要适合特定的网络技术规格和终端类型。

（4）终端以及网络存在的局限性。其在终端能力方面受终端大小、处理能力以及电池容量等方面的限制。

（二）移动互联网在物业管理中的应用

在新形势下的物业管理行业，移动互联网有着广泛的应用，主要见于企业信息化管理、人力资源远程网络监控、小区管理中心监控、服务平台一体化等领域。可以说，推动物业服务向现代服务业升级转型，移动互联是一个很好的突破口，移动互联网正在成为物业服务企业经营管理的新“管家”。

1. 社区微信服务平台

现在，微信的影响力已经不容小觑。从开始时大家对微信的陌生，到现在它已成为人们的一种生活方式。在用户群上，微信更强调高端商务人士的比例，做到了很多企业盼望的高端化。传统主流媒体也向日益强大的微信“妥协”，电视屏幕、报纸书刊上纷纷出现了二维码。就连央视新闻、南方航空和一些政府相关部门也设置了公众订阅号。潘基文访华时就是用他的微信公众账号同我国用户进行交流的。

从这些就可以看出，微信的影响力是非常巨大的，现在许多的物业服务企业也在用微信服务平台更好地服务于业主，提升自己的品牌形象。这不仅仅是物业服务企业自己的一个媒体平台，更是小区业主的交流平台，业主可以通过微信群促进邻里关系。微信不仅改变了许多人的生活习惯，也改变了许多物业服务企业管理服务的方方面面。如长城物业利用“一应云”微信公众号进行社区库尔勒香梨微信团购，碧桂园物业推出首款可微信操控的智能安防系统，景瑞物业利用微信平台推出“智慧社区·微孝中国”等。

2. 社区 APP

社区 APP 将物业服务、信息通知、物业缴费、周边商铺、社区活动、社区圈子等诸多生活帮助信息及服务整合在一部小小的手机里，为业主带来便捷与实惠。对于物业服务公司而言，一方面可以提升物业服务质量，提高物业公告等信息覆盖率，另一方面，可以节约人力成本，还可通过商家模块，获取一定的经济效益。

在传统的物业管理模式下，用户了解物业服务信息比较慢，信息量小，而物业服务人员处理业主反馈的问题不够及时，如今，这些问题在物业 APP 的帮助下能够很好地解决。物业 APP 程序推出产品介绍、商品优惠、打折信息等，让用户充分感受到科技和信息化所带来的便捷服务。在缴费等为业主提供更细致和人性化服务方面，手机 APP 能够为业主实现更多的功能和体验。

参考案例

移动互联网技术在物业管理中的应用

1. 万科物业："住这儿"

"住这儿"是万科物业开发的业主私属APP平台。通过"随手拍"功能，业主将园区内发现的问题通过图片上传到APP平台上，在业主"有图有真相"的反映、投诉之后，员工对现场进行整改，然后以图片的形式向业主回复整改状况。

通过"住这儿"打造物业服务、社区交流与商圈服务平台的O2O闭环商业。在"住这儿"中，用户可以清晰掌握所在小区的最新公告，热点事情，并且可以由住户自己在APP上发起相关活动。值得注意的是，通过该APP，业主可以直接登录万科房屋交易厅，进行相关交易服务，不过该功能目前仅面向注册业主。

此外，万科APP同样整合了社区用户的生活服务产品，入驻用户可以发起帖子和评论。对于万科物业的商户，万科"住这儿"里单独打造了"良商乐"，集合了附近美食、美发、超市、中介等商家，面对这些商家，万科依靠数据分别推出了"活力排行"和"黑榜"。而生活中房屋报修、邮包、投诉等基础功能已经整合进了万科"住这儿"APP。

2. 彩生活："彩之云"

彩生活社区服务平台"彩之云"是一个移动APP系统，彩之云APP集成衣、食、住、行、娱、购、游在内的各个领域的商户服务资源，融合了社区周边微商圈，有效地提升了彩生活社区业主的服务体验，有效解决业主全家全生命周期的居家生活需求与服务提供，通过彩之云APP服务平台，业主可以完成物业费、水电费等各种费用的缴纳，同时也可以利用这个平台实现小区投诉、报修、咨询等问题。

业主的APP，有六大核心的内容服务，第一个是物业服务，第二个是O2O的服务，第三是虚拟服务，第四是商品服务，第五是智能管家，第六个是连锁经营。

(三) 物业服务企业应用移动互联网的注意事项

移动互联网给物业管理行业的转型发展带了机遇，同时也对物业服务企业造成了一定的冲击，如何利用好移动互联网，是物业管理行业必须认真考虑的问题。物业服务企业在应用移动互联网时需处理好以下几对关系。

1. 供给与需求

在移动互联网技术应用过程中，不管是软件开发商、系统集成商还是物业服务企业在设计服务项目时并没有考虑到使用者的需求。最终导致很多小区平台服务产品众多，但能满足业主和使用人需求的却很少。因此，物业服务企业要先在小区进行实际调研，掌握业主的真实需求，根据业主需求有针对性地来设计和开发服务产品。

2. 经营与服务

移动互联网技术的应用为物业服务企业提供了一个很好的经营平台，为利用好这个平台，很多物业服务物业投入了大量人力、财力和物力在平台上，过分强调平台的经营功能，而忽视它的服务功能。这种“竭泽而渔”甚至“杀鸡取卵”的做法既违背了物业管理的初衷，也不利于平台经营的可持续发展。物业服务企业应时刻把服务放在首位，树立服务第一的意识，在做好服务的基础上实现物业资源的经营。

3. 硬件与软件

物业服务企业不能只重视移动互联网平台的建立，而忽视后期的维护与运营。一方面，物业服务企业要根据物业服务的要求，以及物业服务企业自身的条件，进行内部流程再造，改变不适应移动互联网时代物业服务需要的组织结构，建立能够有效促进智慧小区建设与运营的新组织结构。另一方面，要加强人力资源管理，优化人才结构。移动互联网时代的物业服务需要服务、管理和经营人才，因此，物业服务企业可在现有人才基础上，通过引进、培训等方式优化人才知识能力结构。

二、智慧社区与物业管理

（一）智慧社区的内涵

1. 智慧社区的定义

我国住房与城乡建设部在《智慧社区建设指南》中把智慧社区定义为，通过综合运用现代科学技术，整合区域人、地、物、情、事、组织和房屋等信息，统筹公共管理、公共服务和商业服务等资源，以智慧社区综合信息服务平台为支撑，依托适度领先的基础设施建设，提升社区治理和小区管理现代化，促进公共服务和便民利民服务智能化的一种社区管理和服务的创新模式，也是实现新型城镇化发展目标和社区服务体系建设目标的重要举措之一。

2. 智慧社区建设的原则

推进智慧社区建设，要坚持以下原则。

（1）以人为本，需求导向。把实现社区居民的利益作为智慧社区建设的根本出发点和落脚点，以居民最迫切的现实需求为导向，把社区居民满意程度作为重要考核标准，确保智慧社区建设不偏离服务于民的根本目标。

（2）统筹规划，资源整合。要充分结合社区现有资源，统筹规划，合理布局，最大限度地降低社会成本，避免资源浪费。鼓励以智慧城市公共信息平台和基础数据库为依托，搭建市级或区级统一的智慧社区综合信息服务平台，整合社区治理、小区管理、公共便民服务等专项应用，促进社区管理和服务向集约化方向发展。

（3）政府引导，社会参与。在各级党委政府领导下，充分发挥政府在规划、政策、法规及标准制定、资金投入和监督管理等方面的引导作用，鼓励和支持社会组织、企事业单位、社区居民共同参与智慧社区建设、管理和运行，充分发挥市场在资源配置中的决定性作用，探索低成本、高实效的智慧社区发展模式。

（4）因地制宜，分类指导。坚持从实际出发，充分结合当地经济社会发展现状和趋势，在把握智慧社区建设基本要求的前提下，分类指导，突出重点，分步实施，避免脱离实际的“摊大饼式”建设。

（二）智慧社区的物业管理

1. 民情互动

通过在社区部署多媒体触控大屏，与社区的其他应用系统紧密融合，各应用系统的信息和管理服务内容可通过触摸屏进行展现与互动，为社区居民带来全新的体验，实现信息的推送和居民的交互应用。具体包括：政务信息、服务类信息、招商信息、网上互动、社区引导信息、监督公开信息。

2. 安防消防

严格社区小区出入门禁管理，规范住户门禁卡实名办理，访客实名登记，小区门禁出入视频监控、人脸识别、公安联网比对等安防措施，建立城市建筑消防安全数字化系统，把每个建筑物的消防系统联成网络，实现网络化的监控管理。具体包括：住户门禁卡实名办理、访客实名登记联网比对、门禁联动控制、安居管理。

参考资料

智慧社区的总体框架

智慧社区总体框架以政策标准和制度安全两大保障体系为支撑，以设施层、网络层、感知层等基础设施为基础，在城市公共信息平台和公共基础数据库的支撑下，架构智慧社区综合信息服务平台，并在此基础上构建面向社区居委会、业主委员会、物业公司、居民、市场服务企业的智慧应用体系，涵盖包括社区治理、小区管理、公共服务、便民服务以及主题社区等多个领域的应用，如下图所示。

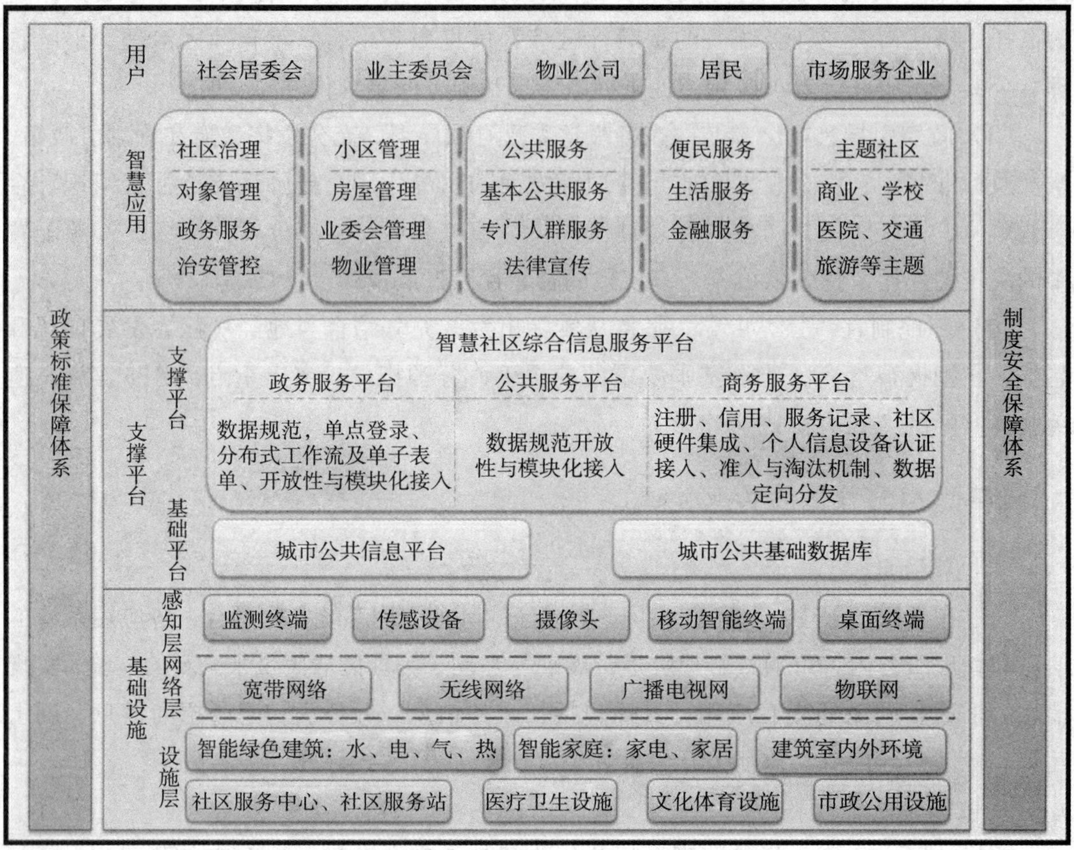

智慧社区的总体框架

3. 便民快递

由物业公司或物流企业等社会组织在小区设置专门场所，共同签订末端物流联盟合作协议，为居民统一收发快件，在有条件的小区可对末端物流签收全过程进行高清视频监控录像取证，以备查证，防止纠纷产生，以解决社区居民快递的种种不方便和快递公司最后送达问题。

4. 智能停车

智能停车场以 RFID、视频监控、IC 卡为载体，通过智能设备使感应卡记录车辆及持卡人进出的相关信息，从而实现对社区车辆停车的引导，实现停车场的管理，通过智能停车能提供车位管理、停车引导和反向找车等功能，提升社区停车的智能化管理。

5. 环境卫生

开展社区绿化美化和义务植树活动，倡导低碳生活方式，推行绿色消费理念，开展社区垃圾分类，对垃圾量和排污进行动态监控，促进垃圾资源化利用，有效提高环境质量和物业管理效率。

（三）智慧社区物业管理的注意事项

1. 以人为本，发展丰富智慧社区服务

（1）要通过不断为业主提供优质服务来提高业主满意度和信任度，把实现业主的利益作为物业服务的根本出发点和落脚点，以业主最迫切的现实需求为导向，把业主满意度作为重要考核标准，确保智慧社区物业管理真正做到服务于业主。

（2）积极推进城市公共智慧服务覆盖到社区。借助开展智慧城市建设的良好机遇，依托智慧社区综合服务设施和专业服务机构，大力推动城市智慧服务体系向社区延伸覆盖。

（3）大力发展社区智能化服务系统。在引进城市智慧服务系统的同时，还要加强社区服务局域智能化系统的建设。

2. 统筹规划，资源整合

要充分结合社区现有资源，统筹规划，合理布局，最大限度地降低社会成本，避免资源浪费。

3. 因地制宜，因企制宜，全局考虑

（1）坚持从实际出发，充分结合当地经济社会发展现状和趋势，在把握智慧社区建设基本要求的前提下，分类指导，突出重点，分步实施。企业应充分认识自身情况，管理规模很大、覆盖区域广的集团型企业，可以创造条件参与和介入“智慧社区”建设。

（2）全面考虑环境、政策、区域、风险等影响因素，认真研究“智慧社区”建设的不同模式和技术特点，制订适合企业的行动计划。

4. 加强社区综合管理服务平台建设

（1）立足于物业管理水平和效率的整体提高，以及为业主提供优质快捷的延伸服务两个重点，坚持管理与服务两个平台建设两手抓。

（2）坚持有所为有所不为，选择好延伸服务的内容，从家政、养老、房屋资产管理等业主迫切需要的项目入手，逐步完善服务类别，扩大智慧社区平台的服务覆盖面。

（3）做好服务平台供应商和加盟商的筛选，选择品牌知名度高、产品质量有保证的商家来提供专业服务，并理清各方权责利，完善服务及产品质量纠纷的处理机制，避免因第三方服务或产品质量缺陷导致业主对物业服务企业的不满。

5. 加强物业服务团队建设

加强培养适应智慧化社区管理与服务的人才团队，应适应智慧社区的现代化发展需求，积极应对挑战，突破传统，给业主提供优质服务。

三、管理信息系统与物业管理

（一）管理信息系统的基本概念

20 世纪 70 年代末 80 年代初，管理信息系统（Management Information System，MIS）一词传入中国，中国很多学者从不同的角度定义了管理信息系统。《中国企业管理百科全书》上的定义是："管理信息系统是一个由人、计算机等组成的能进行信息的收集、传输、储存、加工、维护和使用的系统。管理信息系统能实测企业的各种运行情况；利用过去的数据预测未来；从企业全局出发辅助企业进行决策；利用信息控制企业的行为；帮助企业实现其规划目标。"

（二）物业管理信息系统的内涵

1. 物业管理信息系统的含义

物业管理信息系统是一个由人、计算机等组成的能进行信息的收集、传输、储存、加工、维护和使用的完整系统。物业管理信息系统能实测物业管理的各种运行情况；利用各种数据预测未来；从全局出发辅助物业服务企业进行决策；利用信息控制物业服务企业的行为；帮助物业服务企业实现其规划目标。

2. 物业管理信息系统构成

一个物业管理信息系统通常包括硬件设备、软件资源、数据库、远程通信设备及人员等。

硬件设备指基于计算机的物业管理信息系统中进行输入、处理、储存和输出的物理设备；软件资源指控制计算机工作的程序集合，又称软件包，分为系统软件和应用软件两大类；数据库指机械化的、可共享的、形式化定义的和集中控制的数据集合；远程通讯设备指用于通信信号的电子传输设备，目前主要指计算机网络。

（三）物业管理信息系统在物业管理中的应用

一般来说，物业管理信息系统应具备文字处理、数据处理、图形图像处理、电子报表、电子邮件处理、文档管理、声音处理、查询记录、安全保密、资源共享、辅助决策等基本功能。信息系统在物业管理中的作用主要体现在以下几个方面。

1. 有效储存管理物业档案资料

对于任何一种物业，其相关资料种类都相当之多且数量巨大。不仅传输、查询速度慢、不便于保存，而且其占用空间大、易丢失。如若利用计算机把所有物业有关的资料文件都完整地存入磁盘中，不但可大大减少存储空间，而且还会使得查询、修改、复制、传输等操作都变得非常方便快捷。

2. 高效低成本处理日常事务

通过物业管理信息系统，使物业相关的日常事务工作得以高效低成本处理。具体包括：全方位的快速查询以减少重复劳动；自动计算机各项费用，实现财务电算化，减少工作差错与负担；自动控制各项管理费用的收缴，保证公司利益；加强数据管理，使企业办事效率更高，同时节约大量人力和物力。

3. 加强企业内部及与外界客户的联系

网络的发展实现了信息共享和高速交换。通过使用电子邮件、电子数据交换以及电子文件分发等技术，物业管理的各项工作都可快速高效地完成，而无须像过去那样经历漫长的等待；同时物业管理公司同业主及外界的交流也可以通过计算机完成。业主如果想要了解保存在管理处的房屋资料、费用缴纳情况、获取管理费用使用情况，也可通过计算机对共享的相关数据进行查询。同时，业主或客户的意见、要求及物业服务企业的计划、措施、要求能得到及时的交流，从而增进与业主或客户之间的良好的关系，提高满意度。

4. 扩大企业经营服务的范围和能力

人们生活水平的提高及生活节奏的加快使服务的需求也变得形式多样、层次高低不同。物业服务企业可以利用自己的优势，向社会各界招商，建立门类众多的信息服务平台，扩大企业的经营服务范围，不仅可以获得一定的经营收入，更重要的是，既满足了客户的需求，又提升了企业的整体形象。

5. 提高企业的科学决策能力

物业管理信息系统可以综合处理各类信息，其快速、自动、强大的统计汇总功能和丰富的报表打印系统，使各项数据的统计汇总、分析报表一应俱全，有关管理人员可以随时查阅到最新的详尽情况，并以此作为决策依据，从而提高决策的可行性和科学性。此外，决策支持系统、专家系统还可辅助管理人员进行分析模拟，实现其科学化决策。

第三节 绿色建筑与物业管理

一、绿色建筑概述

（一）绿色建筑的概念与评价

根据国家标准《绿色建筑评价标准》的定义，绿色建筑（Green Building）是指在全寿命期内，最大限度地节约资源（节能、节地、节水、节材）、保护环境、减少污染，为人们提供健康、适用和高效的使用空间，与自然和谐共生的建筑。

绿色建筑不仅仅只是指对建筑物及建筑物周围环境进行绿化，而是指充分利用对环境无危害的自然资源，在不破坏生态平衡的前提下建造的一种有利于可持续发展的建筑。

绿色建筑评价指标体系由节地与室外环境、节能与能源利用、节水与水资源利用、节材与材料资源利用、室内环境质量 、施工管理、运营管理七类指标组成，由低到高又可分为一星、二星、三星三个等级。

（二）绿色建筑的发展历程

绿色建筑在国外发展较早，20 世纪 60 年代，意大利建筑规划师保罗·索勒瑞（Paola Soleri）首次结合生态学和建筑学两词，提出了著名的生态建筑的理念。20 世纪 70 年代，石油危机的暴发，使一些国家开始实行建筑节能类的规范，并且以后逐步提高节能标准，绿色建筑开始了政府化行为。1992 年联合国环境与发展大会的召开，使“可持续发展”这一重要思想在世界范围达成共识。绿色建筑渐成体系并在不少国家实践推广，成为当今世界建筑发展的重要方向。

20 世纪 90 年代，绿色建筑概念开始引入我国。1998 年发布《中华人民共和国节约能源法》，提出建筑节能是国家发展经济的一项长远战略方针。2005—2006 年我国相继推出了《绿色建筑技术导则》和《绿色建筑评价标准》，并设立了“全国绿色建筑创新奖”。2014 年，发布新的《绿色建筑评价标准》。国家对绿色建筑的政策支持促进了绿色建筑产业在我国的发展。

二、绿色建筑物业管理概述

（一）绿色建筑物业管理的内涵

1. 绿色建筑物业管理的定义

绿色建筑物业管理是指保证物业服务的基本要求的前提下，利用科学的管理手段和先进的管理设备，最大限度地节约资源（节能、节地、节水、节材）、保护环境、减少污染，为人们提供优质化的服务和健康、适用和高效的生活空间的绿色环保、节能低碳的物业管理活动。

2. 绿色建筑物业管理的特征

绿色建筑物业管理是在传统物业管理基础上的提升，它除了具有物业管理的一般特点之外，还具有自身的特点，主要体现实施全寿命周期管理、坚持“以人为本”理念、应用节能及智能化技术、注重数据监测与分析等方面。同时，绿色建筑物业管理的管理目标除了保值增值等常规管理目标之外，还包括“四节一环保”，即节能、节水、节地、节材和环境保护的管理目标。

（二）绿色建筑对物业管理新的要求

1. 物业管理理念的要求

传统物业管理遵循的是保值增值、安全使用的理念，对“四节一环保”目标的实现还不够，绿色物业管理理念应该体现出“创造价值”这一点，真正实现“四节一环保”的要求，实现绿色建筑全寿命周期的健康发展。

2. 物业管理制度的要求

目前我国物业管理相关的法律法规仍然不健全，政策上存在缺陷，这就使得绿色物业管理对物业服务企业的制度方面提出了新的要求。制定合理科学的绿色建筑管理制度，高效实现“四节一环保”的要求，这成为物业服务企业实现可持续发展的重要途径。

3. 物业管理模式的要求

传统的物业管理模式为物业服务企业接受业主的委托，进行物业管理服务。因缺少第三方机构的参与评价，同时缺乏激励政策，使得物业管理服务的约束力不强，积极性不高。这就使得物业服务企业在绿色建筑物业管理模式方面必须加强监督和引导，实现提高员工积极性和服务水平，培养员工“绿色”意识的目标。

4. 物业管理技术的要求

传统的物业管理技术相对比较简单，不涉及节能减排的要求，与绿色建筑的设施设备不匹配，无法保证物业管理的顺利进行。因而物业服务企业必须在节能节水技术、垃圾处理技术、环境绿化创新、污染防治技术方面进行优化创新，达到绿色建筑物业管理“四节一环保”的目标要求。

（三）绿色建筑物业管理存在的问题

1. 物业服务人员缺乏“绿色”意识

通过对已投入运行的绿色建筑的调研发现，物业管理人员的素质不高，缺乏“绿色”意识。管理人员对新技术与设备运行不熟悉，不能主动对运行数据进行定期统计分析，缺乏完善的物业运行管理策略，直接影响了绿色建筑的运行效果。

2. 物业管理技术落后

随着绿色建筑的不断建成投入使用，物业管理的技术落后问题不断凸显。物业服务企业缺乏对适用于绿色建筑的管理技术与方法的研究，仍然沿用传统物业管理技术，主要集中在设备及设施维修、绿化养护等方面，不能保证绿色建筑的顺利运行，无法满足“四节一环保”的要求。

3. 物业管理方法陈旧

主要表现为劳动密集型的管理，以人工劳作为主，管理技术落后，科技含量低，无法适应绿色建筑物业管理知识密集、技术密集的特点，难以实现物业管理专业化、精益化和规范化的要求。

4. 物业管理的评价体系不完善

《绿色建筑评价标准》中关于住宅及公共建筑运营管理的指标不够完善，缺乏细致分类，难以反映出绿色建筑运营管理的特点和目标。评价指标中定性指标内容占多数，涉及定量指标较少，难以准确评价绿色建筑运营管理的效果。

5. 缺乏绿色建筑物业管理的标准

绿色建筑物业管理急需一套规范化的标准出台，规范企业管理行为，提高服务水平，使服务行为有标准可依，具体事务责任到人，过程控制有据可查，并通过内外结合的监督机制和持续改进的自我完善机制，保证绿色建筑物业管理的目标。

三、绿色建筑物业管理的注意事项

对于绿色建筑对物业服务企业提出的新的挑战和新的要求，物业服务企业应注重以下几个方面的创新。

（一）管理理念

对于传统的物业管理下的物业服务企业管理理念无法满足绿色建筑物业管理“四节一环保”的目标，必须将环境保护、节约资源、以人为本、可持续发展等思想融入到物业服务企业的管理理念中去，培养业主保护环境、节能节水的意识，以“创造价值”和“以人为本”为核心，贯穿绿色建筑的全寿命周期，形成有利于绿色建筑物业管理更好发展的管理理念，从而提高企业的核心竞争力，促进企业可持续发展。

（二）管理制度

物业管理的制度一般分为两大类，一类是物业服务企业对内部员工制定的工作职责与制度，以便规范化开展工作；另一类是物业服务企业对业主制定的有关行为规范管理条例，以配合物业服务企业更好地开展工作。

绿色建筑物业管理制度的制定应贯穿绿色建筑的管理理念，以人为本，节能环保，实现“四节一环保”的目标，因此其制定应体现以下特点：

（1）环境保护。在所制定的各项规章之中，要树立环境保护意识，防止各类污染源发生与泛滥，要有措施使环境得以保护。

(2) 可持续的思想。要体现当前的环保现实，考虑未来生态、环保的发展。

(3) 优化资源配置、提高效率。尽可能使用再生能源，降低材料和能源的消耗，提高管理服务人员的水平与质量，降低成本，提高效率。

(4) 以人为本的思想。体现以人为本的思想，以“人”为出发点，提供人性化的服务。

(三) 管理模式

物业服务企业应创新模式，注重引导行为。这种包括引导员工和引导业主，企业应建立良好的社区物业管理制度，建立科学完善的人员培训、绩效考核等体系，引导员工技术及服务水平提升，提高员工的综合素质，引导业主“和谐”“绿色”行为，实现绿色建筑物业管理的目标。

(四) 管理技术

物业服务企业应针对绿色建筑的特殊性，采用高新技术，实现智能化管理，用科学的方法提供物业管理服务，实现节能节水、减少污染、保护环境等目标。此外，还应注重信息沟通平台和服务支撑平台的建立，借助信息技术，建立将社区安保、收费和各种服务管理于一体的智能化管理系统信息平台，提高物业管理的水平和效率。

参考资料

绿色建筑畅想“互联网+”模式

在第十一届国际绿色建筑与建筑节能大会上，国务院参事、住房和城乡建设部原副部长、中国城市科学研究会理事长仇保兴透露，中国城科会将于两个月内推出绿色建筑标识的申请咨询监测评估网络系统，且提供免费软件，实现申请、咨询、监测、性能评估、管理一体化。

绿色建筑发展已经到了新常态。按照《国家新型城镇化规划》要求，截至2020年，新建建筑的绿色建筑面积要达到50%以上。绿色建筑未来如何走，如何走得更好，诸如此类问题摆在了行业面前。

互联网被传统行业视作延伸触角的有效方式，积极打造互联网+绿色建筑的模式包括：提供免费软件，如节能评价软件、通风软件、节水节电软件等。收集基础数据，并设计能够将国内数量庞大的基础软件整合起来的云计算软件。同时，要在建筑的新部品、新部件、绿色建材、新型材料、新工艺上互联网化。此外，标识管理要实现互联网化，给建筑安上“芯片”，收集用户电耗、水耗、燃气、供暖等数据，并及时预警、服务。

“互联网 +”模式未来将为物业公司的“绿色”管理助力。目前，我国没有哪一家物业公司能满足可再生能源、中水回用、雨水收集、垃圾分类回用等四个方面需求。绿色建筑物业管理未来称得上是一个庞大的新兴行业。按精细测算，北京 2/3 的建筑倘若采取中水回用、雨水收集等措施，可以节省出超过南水北调的水量。作为万亿级市场，在建筑里面循环可以节约 35% 以上的资源。

本章小结

1. “智能化”是指由现代通信与信息技术、计算机网络技术、行业技术、智能控制技术汇集而成的针对某一个方面的应用。实践中与物业管理相关的几种智能化应用包括智能建筑、智能小区、智能楼宇。

2. 智能化物业管理就是利用现代先进的科学技术，对物业的安保、消防、环境等多方面的各种信息进行高效综合的管理，实现物业的办公自动化和业务管理自动化，能整体提高物业管理效率和降低物业管理费用的现代物业。

3. 智能化技术在物业管理中的应用对物业管理提出了新的要求，需要物业服务企业树立科学的管理观，同时在人才培养、制度建设等方面加强管理，以满足智能化物业管理的需要。

4. 物业服务企业在应用移动互联网技术时需处理好以下几对关系：供给与需求、经营与服务、硬件与软件。

5. 信息系统在物业管理中的作用主要体现在以下几个方面：有效储存管理物业档案资料、高效低成本处理日常事务、加强企业内部及与外界客户的联系、扩大企业经营服务的范围和能力和提高企业的科学决策能力。

6. 绿色建筑物业管理是指保证物业服务的基本要求的前提下，利用科学的管理手段和先进的管理设备，最大限度地节约资源、保护环境、减少污染，为人们提供优质化的服务和健康、适用和高效的生活空间的绿色环保、节能低碳的物业管理活动。

复习题

1. 智能化物业管理的定义是什么？
2. 物业服务企业在应用移动互联网技术时需处理好哪些关系？
3. 智慧社区物业管理需注意哪些事项？
4. 绿色建筑物业管理存在的问题主要有哪些？

问题与应用

阿里云与万科战略合作：建首批联网小区

阿里云与万科宣布达成战略合作，双方将通过应用云计算、物联网和大数据技术，打造国内首批联网的小区。“未来小区”的人、物、智能设备将实现互联互通和联动控制，变得越来越“聪明和富有人情味”。

“未来小区”计划由万科子公司万睿科技部署实施，阿里云将提供底层云计算平台与大数据方面的支持。作为首个合作项目，万科将把在48个城市运行的设备远程监控管理系统（简称EBA），部署至阿里云计算平台。该系统已实现小区的供电、供水、消防、电梯、空调等设备，运行数据和状态远程监控的可视化管理，同时融入物业管理功能，实现集中运营和集约化管理。

按照万科对“未来小区”的规划，传感器、监视器等物业设备将全部联网，数据实时上传至云端。通过阿里云计算平台的支持，万科将开发出更多创新的、符合社区居民需求的产品。

“云计算、物联网和大数据等新技术，正在让整个世界变得越来越智能，人与物之间的联系变得越来越感性。小区是与人们联系最紧密的社会单元之一，通过云计算带来的机器学习和大数据分析，未来小区将具备思考的能力。”阿里云计算副总裁喻思成表示，云计算的普及为小区往智能化方向发展提供了可能。终端设备和物联网的特点是小尺寸和大数据，在小区里部署大量传感器，伴随物理世界联网而生的是新的数据大爆炸，这些海量数据处理需求都得依靠强大的云计算平台来支持。

“云计算、物联网和大数据等新技术，正在让整个世界变得越来越智能，人与物之间的联系变得越来越感性。小区是与人们联系最紧密的社会单元之一，通过云计算带来的机器学习和大数据分析，未来小区将具备思考的能力。”阿里云计算副总裁喻思成表示，云计算的普及为小区往智能化方向发展提供了可能。终端设备和物联网的特点是小尺寸和大数据，在小区里部署大量传感器，伴随物理世界联网而生的是新的数据大爆炸，这些海量数据处理需求都得依靠强大的云计算平台来支持。

喻思成表示，万科在物业设备智能化管理上做了很多探索，这些设备每天会实时采集大量数据。而这些海量数据处理需求，正是新一代云计算架构能够满足的。

除了无限的存储能力和弹性计算资源之外，统一的云计算平台还将带来更多可能。据了解，阿里云已先后与美的、飞利浦、中国气象局等达成战略合作。不同企业在云计算平台上将碰撞出更多的创新服务。比如万科通过和中国气象局合作，为居民提供定制化的气象服务，通过和美的合作，实现未来家电和未来小区的对接。

问题：

1. 结合案例分析，你认为建设“未来小区”需要用到哪些新技术？

2. 结合所学知识，分析进行“未来小区”的物业管理的过程中可能会遇到哪些难题？

3. 根据所学知识，探讨万科如何实现“未来小区”的可持续发展？

参考文献

[1] 中国物业管理协会．物业管理基本制度与政策实务［M］．北京：中国市场出版社，2014.

[2] 中国物业管理协会．物业管理实务［M］．北京：中国市场出版社，2014.

[3] 中国物业管理协会．物业经营管理［M］．北京：中国市场出版社，2014.

[4] 中国物业管理协会．物业管理综合能力［M］．北京：中国市场出版社，2014.

[5] 李松．管理信息系统实用教程［M］．北京：北京大学出版社，2008.

[6] 齐坚．物业管理教程［M］．上海：同济大学出版社，2011.

[7] 刘薇．设施设备管理与维修［M］．北京：清华大学出版社，2006.

[8] 李斌．物业管理——理论与实务［M］．厦门：复旦大学出版社，2012.

[9] 鲁捷．物业管理实务［M］．北京：机械工业出版社，2012.

[10] 郭宗逵．物业管理［M］．北京：化学工业出版社，2007.

[11] 寿金宝，王照雯．物业管理［M］．北京：机械工业出版社，2007.

[12] 戴玉林．商业物业的物业服务与经营［M］．北京：化学工业出版社，2010.

[13] 李斌，物业管理理论［M］．上海：复旦大学出版，2006.

[14] 戴明李，高珂强．物业管理概论［M］．济南：山东科学技术出版社，2007.

[15] 邵小云，吴杰．物业服务前期介入实操全案［M］．北京：化学工业出版社，2012.

[16] 田禹，刘德明．物业管理概论［M］．北京：清华大学出版社，2015.

[17] 赵绍鸿．物业管理实务［M］．北京：中国林业出版社，2005.

[18] 张作祥．物业管理实务［M］．北京：清华大学出版社，2006.

[19] 王青兰，齐坚，关涛．物业管理理论与实务［M］．北京：高等教育出版社，2012.

[20] 刘秋雁．物业管理理论与实务［M］．大连：东北财经大学出版社，2014.

[21] 戴玉林，王媚莎．物业管理实务［M］．北京：化学工业出版社，2007.

[22] 戴明来，高珂强．物业管理概论［M］．济南：山东科学技术出版社，2011.

[23] 张天琪，黄金华．物业环境管理［M］．北京：中国财富出版社，2011.

[24] 于学军，朱宇轩．物业管理实务［M］．北京：北京理工大学出版社，2012.

[25] 臧炜彤．物业管理概论［M］．北京：化学工业出版社，2013.
[26] 周成学．物业安全管理［M］．北京：中国电力出版社，2009.
[27] 苏宝炜．物业服务运营管理实务［M］．北京：电子工业出版社，2012.
[28] 李先国，曹献存．客户服务实务［M］．北京：清华大学出版社，2011.
[29] 徐鹤生．物业综合管理与实务［M］．北京：中国电力出版社，2006.
[30] 胡龙伟，姜东民．物业管理概论［M］．北京：中国电力出版社，2006.
[31] 刘锡荣，赵琼，李海波．物业管理品牌的理论研究［J］．生产力研究，2010（8）．
[32] 李海波．推进智慧小区建设的物业服务创新研究［J］．现代物业，2014（9）．
[33] 李海波，黄蕾．政政府促进保障性住房建设的经济学分析［J］．现代城市研究，2013（9）．
[34] 甘志英．住宅小区物业管理中存在的问题及对策［J］．新疆警官高等专科学校学报，2010（1）．
[35] 潘爱萍．物业管理早期介入的重要性分析［J］．商业经济，2014（12）．
[36] 孔陆军．物业介入是物业管理的首要环节［J］．现代经济信息，2015（2）．
[37] 王建廷，蔡海玉．绿色建筑物业管理创新研究［J］．天津城市建设学院学报，2012（4）．
[38] 周灵芝．城市住宅小区停车难问题的解决对策［J］．宁波工程学院学报，2009，21（2）．
[39] 伍培，常剑．搞好物业设备设施管理的措施与途径［J］．重庆石油高等专科学校学报，2001（3）．
[40] 刘向勇．浅谈办公楼物业设施设备的节能管理［J］．能源应用，2001，10（1）．
[41] 陈秀明．浅谈物业小区节能减排的意义与措施［J］．物业研究，2015，14（1）．
[42] 龚大元．浅析物业设备管理对现代物业的重要性［J］．管理科学，2007，36（5）．
[43] 李洁．对物业设施设备管理的思考［J］．物业研究，2012，11（9）．
[44] 郝成印．浅析解决居住区停车难问题的思考［J］．中国住宅设施，2009（12）．
[45] 韩秀贞．论小区的停车位权属［D］．上海：华东政法大学，2013.
[46] 康文涛．移动互联网发展趋势的研究［J］．电子制作，2015（9）．
[47] 姜巧．互联网与物业管理经营创新［J］．上海房地，2014（11）．
[48] 蔡艳．智慧社区概念及发展［J］．科技风，2012（13）．

[49] 中华人民共和国住房和城乡建设部. 智慧社区建设指南（试行）[EB/OL]. 2014-05-04 [2015-01-17]. http://www.zjjs.gov.cn/jsxx/file/201407/20140731900.pdf.
[50] 李军治. 智慧社区现状与趋势 [J]. 中国物业管理, 2014 (1).
[51] 谈物业管理与"智慧社区"建设——谢家瑾会长在扬州物业管理年度论坛上的讲话 [J]. 中国物业管理, 2013 (9).
[52] 郑从卓, 顾德道, 高光耀. 我国智慧社区服务体系构建的对策研究 [J]. 科技管理研究, 2013 (9).
[53] 中华人民共和国住房和城乡建设部, 等. GB/T 50378—2014 绿色建筑评价标准 [S]. 北京: 中国建筑工业出版社, 2014.
[54] 王建廷, 葛晨. 绿色建筑物业管理模式探索 [J]. 中国房地产, 2013 (20).
[55] 薛明, 胡望社, 杜磊磊. 绿色建筑发展现状及其在我国的应用探讨 [J]. 后勤工程学院学报, 2009 (3).
[56] 雷明远. 我国绿色建筑的发展现状与未来方向 [J]. 建筑设计研究, 2012 (8).
[57] 潘慧萍, 全睿. 探讨绿色建筑发展的现状及展望 [J]. 农业与环境, 2015 (5).
[58] 姜荣. 我国绿色建筑技术现状与发展策略 [J]. 建筑与文化, 2014 (2).
[59] 张冀豪. 绿色建筑物业管理的评价和评级研究 [D]. 杭州: 浙江大学, 2014.